In dieser Reihe sind
bisher erschienen:

Ausdauertraining
Beweglichkeitstraining
Das neue Konditionstraining
Gesundheitstraining
Krafttraining
Radsporttraining
Sporternährung
Überlastungsschäden im Sport

**BLV
SPORTWISSEN**

Fritz Zintl/Andrea Eisenhut

Ausdauer-
training

Grundlagen, Methoden, Trainingssteuerung

Die Deutsche Bibliothek – CIP-Einheitsaufnahme

Ein Titeldatensatz für diese Publikation ist bei
Der Deutschen Bibliothek erhältlich

Bildnachweis

Archiv Salomon: S. 10
Tony Stone Images: S. 2

Grafiken
Typodata, München

Umschlaggestaltung: Joko Sander Werbeagentur, München
Umschlagfoto: Bongarts Sportfotografie

Layout, DTP und Herstellung: Manfred Sinicki

Fünfte, überarbeitete Auflage (Neuausgabe)

BLV Verlagsgesellschaft mbH
München Wien Zürich
80797 München

© BLV Verlagsgesellschaft mbH, München 2001

Satz und Lithos: Typodata, München
Gesamtherstellung: Pustet, Regensburg
Gedruckt auf chlorfrei gebleichtem Papier

Printed in Germany · ISBN 3-405-16051-0

INHALT

INHALT

INHALT

Vorwort

Völlig unerwartet starb am 20. April 1996 Fritz Zintl. Er war als Leiter einer Himalaya-Expedition zum Cho Oyu (8201 m) unterwegs, und niemand zweifelte an einer erfolgreichen Rückkehr von dieser Unternehmung. Wer Fritz Zintl, der am Lehrstuhl für Bewegungs- und Trainingslehre der Technischen Universität tätig war, erlebte, kann mit Sicherheit seine Stellung als Ausnahme-Dozent bestätigen. In seiner Person gingen Sportpraxis und Sportwissenschaft eine ideale Symbiose ein. Als Mittel- und Langstreckenläufer der deutschen Spitzenklasse sammelte er eigene trainingspraktische Erfahrungen und brachte anschließend, neben seiner wissenschaftlichen Tätigkeit, über Jahrzehnte als Trainer Athleten in vielen Sportarten und -disziplinen zu internationalen Erfolgen. Seine wissenschaftlichen Arbeiten sind geprägt durch sein Bestreben, Sachverhalte möglichst systematisch und strukturiert darzustellen.

Dies kennzeichnet auch das Buch »Ausdauertraining«. Vor allem der Einblick in die Trainingsmethodik wird durch eine klare Strukturierung der einzelnen Methoden einschließlich aller Varianten transparent.

In den letzten Jahren sind zum Thema Ausdauer zahlreiche Veröffentlichungen erschienen, die einerseits das theoretische Grundlagenwissen erweitert haben und andererseits die Weiterentwicklung in der Trainingspraxis einzelner Sportarten aufzeigen. Insgesamt zeichnet sich dabei die Tendenz zur Spezialisierung ab, so dass die aus sportartbezogenen Untersuchungen gewonnenen Erkenntnisse einen engen Gültigkeitsbereich haben. In der leistungssportlichen Trainingspraxis muss – aus zwingenden Gründen – für weitere Leistungssteigerungen die komplexe Leistungsstruktur der Ausdauerdisziplinen stärker berücksichtigt und somit den Komponenten Kraft, Schnelligkeit und Bewegungstechnik ein höherer Stellenrang eingeräumt werden. Damit werden in der Trainingsmethodik die Unterschiede zwischen den Ausdauersportarten deutlicher. Im Gesundheitsausdauertraining zeichnet sich eine Richtung ab, die sich auf energieorientierte Ausdauerbelastungen stützt, d.h. dem Energieverbrauch ohne besondere Intensitätsvorgabe Bedeutung zukommen lässt.

Unter diesen Entwicklungstendenzen lässt sich ein Konzept, das die sportmotorische Fähigkeit Ausdauer komplex erfassen möchte, nur noch mit Einschränkung aufrechterhalten. Genaue Angaben zur Steuerung des Trainings sind nur noch in monographischen Bearbeitungen, z.B. »800-m-Lauf-Training« oder »50-km-Skilanglauf-Training« oder »Straßenradsporttraining«, zu realisieren und können somit nicht Anliegen dieses Buches sein.

Es wird auch weiterhin versucht, einerseits übergreifende Aspekte herauszustellen und andererseits die Vielfalt der Ausdauersportarten und ihres Trainings nicht zu übersehen. Letzteres kann allerdings nur in exemplarischer Weise geschehen. »Ausdauertraining« wendet sich in dieser Thematik an Sportlehrer und Sportstudierende, die üblicherweise in das Ausdauertraining allgemein, d.h. sportartunspezifisch, eingewiesen werden, und an Trainer und Übungsleiter, die an Grundsätzlichem und am Hintergrundwissen des Ausdauertrainings interessiert sind. Primär soll der Zusammenhang zwischen trainingspraktischen Gepflogenheiten und theoretischen Grundlagen aufgezeigt werden. Diese überarbeitete Auflage aktualisiert den Wissensstand der 4. Auflage von 1997 mit den trainingswissenschaftlichen und sportmedizinischen Erkenntnissen der letzten Jahre.

Veränderungen erfuhr diese Auflage bezüglich der Ausführungen zum Energiestoffwechsel. Hier wurde versucht, die wesentlichen Zusammenhänge herauszuarbeiten und durch Detailinformationen die Kenntnisse noch weiter zu vertiefen. Ergänzt wurde diese Auflage u. a. mit dem aktuellen Wissensstand zum Höhentraining. Das Höhentraining als Möglichkeit, den Organismus noch höheren Belastungen auszusetzen, um damit weitere Adaptionsprozesse auszulösen, ist aus der heutigen Trainingspraxis nicht mehr wegzudenken. Durch den Bau von Höhenhäusern haben sich zudem mit der dadurch möglichen Variante »living high – training low« neue trainingsmethodische Aspekte eröffnet.

Andrea Eisenhut

Einführung in die Terminologie der Trainingslehre

Die Trainingslehre beschäftigt sich mit dem sportlichen Training, das als komplexer Handlungsprozess das Ziel verfolgt, planmäßig und sachorientiert auf den sportlichen Leistungszustand einzuwirken. In den letzten Jahren haben sich, bedingt durch die Forderung, verallgemeinernde Aussagen zu Problemen, die im Trainingsgeschehen auftauchen, zu finden, Tendenzen zu einer wissenschaftlichen Ausrichtung entwickelt. Dieser Wandel wird auch deutlich im Umbenennen der Trainingslehre in »Trainingswissenschaft«. Die Trainingswissenschaft ist dabei als Teildisziplin der Sportwissenschaft unterzuordnen. Die Problematik dieses Wissenschaftsgebietes liegt vor allem darin, dass einerseits die Erfahrungen von Sportpraktikern und andererseits die Ergebnisse aus sportwissenschaftlichen Untersuchungen einfließen. Des Weiteren leisten verschiedene Wissenschaftsdisziplinen (z. B. Medizin, Biomechanik, Psychologie) Beiträge zu trainingswissenschaftlichen Erkenntnissen, wobei diese meist ihre Fachbegriffe mit einbringen. Dies führt dazu, dass viele Begriffe nicht eindeutig definiert sind und somit bei der fachmännischen Verständigung Missverständnisse auftreten können. Um die Basis für eine Verständigung zu schaffen, wird im ersten Kapitel, in Art einer tabellarischen Übersicht, auf die Terminologie eingegangen, auf die in den folgenden Kapiteln zurückgegriffen wird.

Grundbegriffe der Trainingslehre

Training = planmäßiger Prozess, der eine Zustandsänderung (Optimierung oder Stabilisierung oder Reduzierung) der komplexen (konditionellen, bewegungstechnischen, taktischen, psychischen) sportlichen Leistungsfähigkeit beabsichtigt bzw. mit sich bringt. Aus medizinisch-biologischer Sicht müssen durch Training Anpassungs- und Umstellungsreaktionen im Organismus hervorgerufen werden. Für das Ausdauertraining bedeutet dies, dass Veränderungen metabolischer (den Stoffwechsel betreffend) und morphologischer (die Muskelzellen, Kapillaren u. a. betreffend) Art nachweisbar sind.

Trainingssteuerung = die Abstimmung aller kurz- und längerfristigen Maßnahmen der Trainingsplanung, der Trainingsdurchführung, der Wettkampf- und Trainingskontrollen und der Trainings- und Wettkampfauswertung im Hinblick auf das geplante Erreichen der sportlichen Form (= optimale Leistungsfähigkeit + Leistungsbereitschaft).

Dabei werden im Rahmen der Periodisierung (= längerfristige Zeitabschnitte) und Zyklisierung (= mittel- und kurzfristige Zeitabschnitte) des Trainingsprozesses folgende Untergliederungen unterschieden.

11

Längerfristige Trainingsabschnitte decken dabei einen mehrjährigen Zeitraum (z. B. 4-jährigen Olympiazyklus) ab. Mittelfristige Trainingsabschnitte umfassen Trainingsjahr, Trainingsperioden, Makrozyklen und Mesozyklen. Kurzfristige Trainingsabschnitte erstrecken sich auf Mikrozyklen und Trainingseinheiten.

Im Rahmen der Jahresperiodisierung hat sich folgende Untergliederung etabliert:

Vorbereitungsperiode (VP), **Wettkampfperiode** (WP), **Übergangsperiode** (ÜP) als mehrwöchige bis mehrmonatige Zeitabschnitte des Trainingsjahres,

Makrozyklus (MAZ) = a) Zeitabschnitt, der VP und WP umfasst, oder
b) Zeitraum von 4–6 Wochen; somit mit MEZ identisch

Mesozyklus (MEZ) = im Allgemeinen Zeitraum von 4–6 Wochen

Mikrozyklus (MIZ) = Zeitraum von 5–10 Tagen, meist 1 Woche

Trainingseinheit (TE) = kleinster Zeitraum in der Zyklisierung; Dauer in der Regel 1–4 Stunden

Die weiteren Begriffe lassen sich gemäß ihrer Herkunft in didaktisch orientierte und biologisch orientierte aufteilen.

Die didaktisch orientierten Begriffe haben Eingang gefunden über die Sportdidaktik, die Wissenschaft vom Lehren und Lernen im Sportunterricht. Dazu gehören:

Trainingsziel = Normenvorgabe für das Training

Je nach Grad der Verallgemeinerung kann ein Trainingsziel unterschiedlich formuliert sein:

- Trainingsleitziele (Grobziele) auf oberster Entscheidungsebene sind z. B. Hochleistungssport, Fitness, Gesundheit oder auch im Rahmen des Leistungssports die Platzierung unter den ersten drei bei den nächsten Meisterschaften.
- Trainingsteilziele (Feinziele) auf mittlerer Ebene sind meist konkrete Angaben im Rahmen der Komponenten der sportlichen Leistung wie z. B. Verbesserung der Marathon-Ausdauerfähigkeit oder der Lauftechnik im Skilanglauf-Diagonalschritt.
- Zielfaktoren (Feinstziele) auf unterster Entscheidungsebene sind direkt ins Training übertragbar (operationalisierbar). Meist handelt es sich um Konditionselemente, Formen der Bewegungstechnik oder um bestimmte Taktikvarianten. (Beispiele: Verbesserung der Laufgeschwindigkeit an der anaeroben Schwelle oder Feinstform des Skilanglauf-Diagonalschritts mit optimaler Ausprägung aller Bewegungsphasen.)

Trainingsart = Ausrichtung des Trainings auf die Komponenten der sportlichen Leistung (Kondition, Technik, Taktik) und deren Elemente. Demgemäß sind hier Bezeichnungen wie Konditions-, Technik-, Taktik-, Ausdauer-, Schnelligkeits-, mentales, observatives, Verteidigungs- und Angriffstraining einzuordnen.

Trainingsinhalt (Trainingsübung) = Tätigkeit, die im Training ausgeübt wird, um die Trainingsziele zu erreichen. Die sinnvollste Unterteilung vergleicht die Bewegungsstruktur und die Belastungsstruktur der Trainingsübung mit der Disziplinbewegung:

- Allgemein entwickelnde Übungen sind mit der disziplinspezifischen Bewegung in Umfang und Dynamik nicht verwandt. Z. B. beidbeinige Strecksprünge aus der Hockstellung im Vergleich zur Schlittschuhschritt-Beinarbeit im Skilanglauf.

- Spezialübungen (Imitationsübungen) enthalten einzelne Elemente der Disziplinbewegung und stimmen darin annähernd auch in der Dynamik überein. Z. B. einbeinige Schrittwechselsprünge nach schräg vorwärts im Vergleich zur Skatingtechnik des Skilanglaufs.
- Wettkampfübungen sind im Gesamtbewegungsablauf zumindest annähernd mit der Zieltechnik identisch. Z. B. Schlittschuhschritt-Technik mit dem Skiroller.

In manchen Sportdisziplinen wird nach dem Grad der Übereinstimmung mit der Wettkampfübung hinsichtlich Bewegungsstruktur oder Belastungsstruktur differenzierter als vorher unterschieden: allgemeine Koordinationsübungen, spezielle Techniübungen bzw. allgemeine Konditionsübungen, spezielle Konditionsübungen bzw. komplexe Spezialübungen (mit hohem Verwandtschaftsgrad in beiden Bereichen).

Trainingsform = Verbindung von Trainingsinhalt mit einer bestimmten Belastungsmethode. Z. B. Intervall-Hügelläufe als leichtathletischer Lauf oder auch Skilanglauf-Diagonalschritt bergauf in Verbindung mit der intensiven Kurzzeit-Intervallmethode (20–40 Sek. Belastungsdauer).

Trainingsmittel = Gerät oder Maßnahme, die den Trainingsablauf unterstützt. Übersichtshalber kann die Vielzahl der zum Einsatz kommenden Mittel noch gegliedert werden in solche organisatorischer Art (z. B. Aufstellungsformen, Spuranlagen), informativer Art (z. B. Bewegungserklärungen, audiovisuelle Medien) und gerätemäßiger Art (z. B. Gewichtswesten, Hanteln, Schwimmflossen).

Trainingsmethode = planmäßiges Verfahren, das gemäß dem Trainingsziel die Trainingsinhalte, Trainingsmittel und die Belastungsweise festlegt. Im Konditionstraining haben sich als eigenständige Grundmethoden die Dauermethode, Intervallmethode, Wiederholungsmethode und Kontrollmethode herauskristallisiert. Charakterisiert sind sie durch die jeweils typische Belastungsgestaltung. Innerhalb dieser gibt es viele Varianten (z. B. Pyramidenmethode im Krafttraining, Mittelzeit-Intervallmethode oder variable Dauermethode im Ausdauertraining). Davon sind jedoch die Methoden des Techniktrainings (Ganzheitsmethode, Teilmethode und die Ganz-Teil-Ganz-Methode) klar abzugrenzen.

Trainingsstufe (Trainingsabschnitt) = zeitlicher Abschnitt im langfristigen (mehrjährigen) Trainingsaufbau. Im spitzensportorientierten Training werden für den langfristigen Leistungsaufbau die Trainingsstufen **Allgemeine Grundausbildung, Nachwuchstraining** und **Hochleistungstraining** unterschieden. Das Nachwuchstraining wird weiter untergliedert in ein Grundlagentraining, ein Aufbautraining und ein Anschlusstraining, das den Übergang zum Hochleistungstraining vorbereitet. Erfahrungsgemäß erstreckt sich bis zum Erreichen eines Spitzenleistungsniveaus jede Stufe auf ca. 3–4 Jahre.

Trainingsklasse = alters- bzw. entwicklungsstufenangepasster Trainingsabschnitt, der den biologisch-motorischen Entwicklungsstand und das geistig-seelische Niveau bei der Auswahl von Trainingszielen, Trainingsinhalten und Trainingsmethoden berücksichtigt. Demnach werden Kinder-, Jugend- und Erwachsenentraining unterschieden. Eine Zuordnung von Trainingsstufen und Trainingsklassen (allgemeine Grundausbildung = Kindertraining, Nachwuchstraining = Jugendtraining, Hochleistungstraining = Erwachsenentraining) ist nicht korrekt. Nur in wenigen Sportarten trifft dies inhaltlich zu.

Trainingsalter = zurückliegender Zeitraum, in dem ein kontinuierliches, zielgerichtetes Training durchgeführt wurde. Die Zeitangabe erfolgt meist in Jahren.

Trainingsdokumentation = schriftliches Festhalten der wichtigsten Merkmale (Dauer der Trainingseinheit, quantitative Angaben zu den Trainingsformen, Trainings- und Wettkampfleistungen, Rahmenbedingungen, Beanspruchung des Sportlers) des tatsächlich in der Trainingseinheit absolvierten Trainings. Im Rahmen der Trainingssteuerung ermöglicht die Trainingsdokumentation eine gezielte Trainingskontrolle.

Trainingsmaßnahmen = trainingsbegleitende Aspekte wie Wiederherstellungsmaßnahmen (z. B. Massage, Ernährung, aktive Erholung)

Biologisch orientierte Begriffe haben Eingang gefunden, da Training biologisch betrachtet nichts anderes als ein Reagieren des menschlichen Organismus nach einer Ursache-Wirkungs-Kette ist (Abb. 1). Zentrale Bedeutung in diesem Ursache-Wirkungs-Komplex haben Belastung und Anpassung.

Abbildung 1
Training als biologische Ursache-Wirkungs-Kette

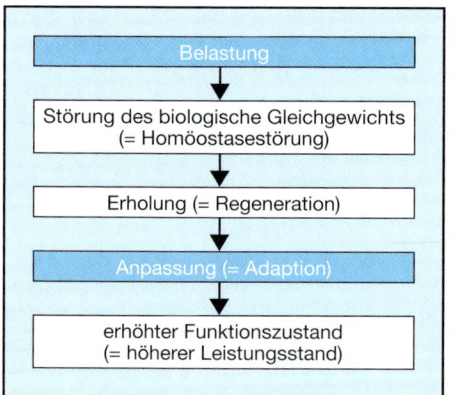

Trainingsbelastung = Gesamtheit der auf den Organismus einwirkenden Belastungsreize. Gewöhnlich wird zwischen äußerer und innerer Belastung unterschieden. Die äußere Belastung wird über die Belastungskomponenten (siehe S. 15 f.) durch Angaben zu Wegstrecken, Übungswiederholungen, Zeiten etc. quantitativ erfasst. Hinsichtlich ihrer Größe kann sie in stimulierende, stabilisierende und abtrainierende Belastungen klassifiziert werden. Als stimulierend werden sie bezeichnet, wenn positive Adaptionen ausgelöst werden. Von stabilisierenden Belastungen spricht man, wenn das Leistungsniveau aufrechterhalten wird. Abtrainierende Belastungen führen zur Abnahme der Leistungsfähigkeit. Die innere Belastung (= Beanspruchung) stellt die biologische Reaktion der Organsysteme auf die äußere Belastung dar. Die Art der Reaktion des Organismus hängt vom aktuellen Trainingszustand ab und kommt in der Veränderung physiologischer und biochemischer Parameter (z. B. Herzfrequenz, Blutlaktatwerte, Serum-Harnstoff, Ammoniak etc.) zum Ausdruck.

Trainingsanpassung (Adaption) = die funktionelle und morphologische Veränderung der Organsysteme auf wirksame Belastungsreize. Sie vollzieht sich stufenweise (NEUMANN/SCHÜLER 1989, siehe S. 199) Bis zu einer relativ stabilen Veränderung werden folgende Stufen durchlaufen: Stabilisierung des momentanen Funktionszustands, Optimierung dieses Zustands über gewisse Vorhalteregulationen, Veränderung der Struktur des Funktionssystems, Stabilisierung dieser veränderten Struktur. Dies erfordert einen biologisch vorgegebenen Zeitrahmen von

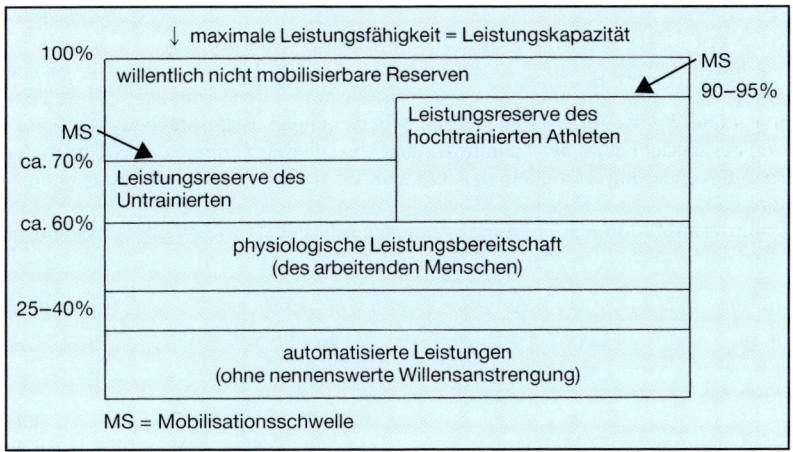

100% ↓ maximale Leistungsfähigkeit = Leistungskapazität

willentlich nicht mobilisierbare Reserven → MS 90–95%

MS ca. 70% — Leistungsreserve des hochtrainierten Athleten

Leistungsreserve des Untrainierten

ca. 60%

physiologische Leistungsbereitschaft (des arbeitenden Menschen)

25–40%

automatisierte Leistungen (ohne nennenswerte Willensanstrengung)

MS = Mobilisationsschwelle

Abbildung 2
Schema der verschiedenen Leistungsbereiche (nach Angaben von DE MARÉES 1992). Die sog. Leistungsreserven oberhalb der physiologischen Leistungsbereitschaft sind nur mit höchster Willensanstrengung zu erschließen. Bei Untrainierten liegt die Obergrenze dafür (= Mobilisationsschwelle) relativ niedrig (ca. 70%). Der Hochleistungssportler hat durch jahrelanges Training meist seine Mobilisationsschwelle weiter vorgeschoben. Der verbleibende Rest der potentiellen Leistungskapazität kann nur durch Ausnahmesituationen (z.B. Todesangst, Drogen, Doping) erschlossen werden.

4–6 Wochen. Langfristig äußert sich die Adaption gewöhnlich zweifach: in einer Vergrößerung der Leistungsreserven (damit auch der Leistungskapazität) und in der Fähigkeit zu einer stärkeren willentlichen Ausschöpfung der Leistungsreserven. Letzteres soll bei hochtrainierten Athleten bis zu 90–95% der Leistungskapazität möglich sein, während für Untrainierte dieser Grenzbereich mit ca. 70% angesetzt wird (Abb. 2).

Belastungskomponenten (Belastungsnormative, Belastungsmerkmale) = maßgebende Größen für die Festlegung (Dosierung) der Trainingsbelastung. Es sind dies Belastungsintentität, -dauer, -dichte, -umfang und Belastungshäufigkeit. Sie beeinflussen sich gegenseitig (z.B. Umfang und Intensität gegensinnig). Bei der Veränderung einer Komponente ist dies stets zu beachten.

Belastungsintensität (Trainingsintensität) = Stärke des einzelnen Belastungsreizes bzw. die Leistung als Arbeit in der Zeiteinheit. Sie wird im Ausdauerbereich durch die Fortbewegungsgeschwindigkeit, Herzfrequenz pro Minute oder durch Blutlaktatwerte erfasst. Aussagefähig sind auch Rangskalen (Tab. 1, S. 16), wenn für die einzelnen Intensitätsstufen subjektive Erfahrungwerte vorliegen.

Belastungsdauer (Reizdauer) = Zeitdauer eines Einzelreizes oder einer Übungsserie. Sie wird durch Zeitangaben (Sekunden, Minuten, Stunden) oder durch die Anzahl der Übungswiederholungen erfasst.

Belastungsdichte (Reizdichte) = Zeitspanne zwischen den einzelnen Belastungsreizen, mit der der Wechsel zwischen Belastung und Erholung reguliert wird. Es wird damit auch eine Aussage über die Pausenlänge zwischen den Belastungsreizen getroffen. Grundsätzlich gibt es zwei Funktionen der Belastungspausen: Abbau der Ermüdung bei **vollständiger Pause** und weiterer Ablauf von Anpassungsvorgängen bei **unvollständiger** (= lohnender) **Pause** (Abb. 3, S. 16).

Im Rahmen des Ausdauertrainings wird die lohnende Pause mittels Pulsmessung bestimmt. Sie geht zu Ende, wenn nach maximaler bis submaximaler Belastung die Pulsfrequenz von ca. 120 pro Minute unterschritten wird. Eine vollständige Pause ist

Tabelle 1
Rangskala für
die Belastungs-
intensitäten

	Kraft Prozent der Maximalkraft	Schnellkraft Prozent des maximalen Impulses	Schnelligkeit Prozent der maximalen Bewegungs- schnelligkeit	Ausdauer Prozent der maximalen Sauerstoff- aufnahme	Prozent der maximalen Herzfrequenz (HF)
maximal	100–90	100–90	100–95	100–95	100–90
submaximal	90–80	unter 90	95–85	95–85	90–80
mittel	80–70	–	–	85–70	80–70
leicht	70–50	–	–	70–55	70–50
gering	50–30	–	–	< 55	< 50

Abbildung 3
Schematische Dar-
stellung der voll-
ständigen und
»lohnenden« Pause
anhand der expo-
nentiellen Erho-
lungskurve und
Drittelung der
Erholungszeit
(in Anlehnung an
SCHMOLINSKY
1973)

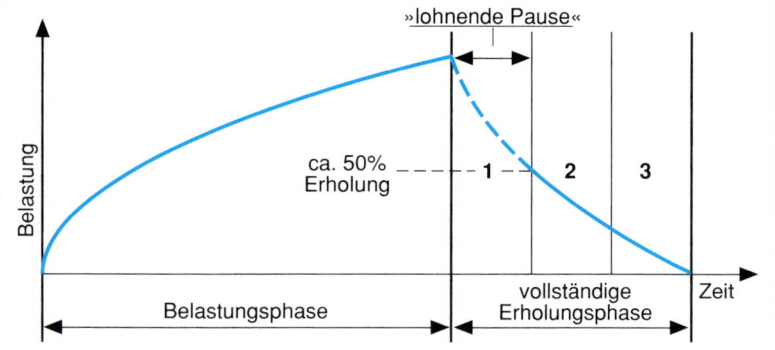

dann gegeben, wenn die Herzfrequenz im Ausdauertraining unter 100 pro Minute absinkt. Bei passivem Verhalten sollte nahezu die Ruheherzfrequenz erreicht werden.
Belastungsumfang (Trainingsumfang, Reizumfang) = Gesamtmenge an Belastungsreizen in einer Trainingseinheit oder auch über längere Trainingsabschnitte
(Mikro- und Makrozyklen). Messgrößen sind im Ausdauerbereich entweder die
zurückgelegten Trainingsstrecken (Kilometer) oder die effektive Gesamtbelastungszeit (Sekunden, Minuten, Stunden).
Trainingsfrequenz (Trainingshäufigkeit) = Anzahl der Trainingseinheiten, meist
auf den Mikrozyklus (1 Woche) bezogen.

Trainingsprinzipien

Trainingsprinzipien (-grundsätze, -maxime) sind **übergeordnete Handlungsanwei-
sungen** für den Trainingsprozess mit einem hohen Grad an Allgemeingültigkeit. Sie
stellen daher eher eine Orientierungsgrundlage als eine konkrete Handlungsricht-
linie dar, so dass dem Trainer und Athleten für den Trainingsprozess Ermessens-

spielräume offen bleiben. Inhaltliche Basis der Trainingsprinzipien bilden neben wissenschaftlichen Erkenntnissen auch trainingspraktische Erfahrungswerte.

Es existiert bislang noch kein allgemein akzeptiertes Gliederungssystem, weshalb in der Literatur namentlich und zahlenmäßig die unterschiedlichsten Lösungen anzutreffen sind. HARRE (1982) gliedert z. B. in didaktische Prinzipien (Bewusstheit, Planmäßigkeit und Systematik, Anschaulichkeit, Fasslichkeit), die für das Lehren und Lernen von Bedeutung sind, und in die »primär von den Anforderungen an die Trainingsbelastung abgeleiteten« (Steigerung der Belastungsanforderungen, kontinuierliche Belastungsanforderung, zyklische Gestaltung). Bei MARTIN et al. (1991) findet man gar 25 Trainingsgrundsätze, die gruppiert sind in pädagogische Prinzipien (8), Prinzipien zum Aufbau und zur Organisation des Trainings (8) und Prinzipien der inhaltlich-methodischen Gestaltung (9).

Für die hier getroffene Reduktion der Auswahl (Tab. 2) waren 2 Gesichtspunkte maßgebend: der Zusammenhang zu einem biologischen Hintergrund und der Charakter möglichst hoher Allgemeingültigkeit.

Die pädagogisch orientierten Grundsätze werden nicht weiter behandelt. Die Darstellung der übrigen erfolgt hier nur so kurz wie unbedingt notwendig.

Bedeutung für das Geschehen	Trainingsprinzip (P)	Biologischer Einflussfaktor
Auslösung der Anpassung	P. des wirksamen Belastungsreizes	Reizstufenregel
	P. der progressiven Belastungssteigerung • allmählich • sprunghaft	parabolischer Kurvenverlauf des Adaptionsprozesses
	P. der Variation der Trainingsbelastung	Reizstufenregel
Sicherung der Anpassung	P. der optimalen Gestaltung von Belastung und Erholung	Heterochronizität der Adaption
	P. der Wiederholung und Kontinuität	Deadaption
	P. der Periodisierung und Zyklisierung	Phasencharakter des Adoptionsverlaufs
Spezifische Steuerung der Anpassung	P. der Individualität und Altersgemäßheit	individuelle Adaptionsfähigkeit
	P. der zunehmenden Spezialisierung	spezifische Adaption
	P. der regulierenden Wechselwirkung einzelner Trainingselemente	Wechselwirkung von spezifischer und unspezifischer Adaption

Tabelle 2
Übersicht zu den Trainingsprinzipien und zugehörigen biologischen Gesetzmäßigkeiten/ Einflussfaktoren

Prinzip des wirksamen Belastungsreizes

Dieser Grundsatz besagt, dass im Organismus nur dann Anpassungsreaktionen ausgelöst werden, wenn die Trainingsbelastung eine bestimmte Intensitätsschwelle überschreitet. Biologischer Hintergrund ist die **Reizstufenregel** (häufig auch als Arndt-Schulz-Regel bezeichnet, was historisch nicht korrekt ist), nach der im Hinblick auf funktionelle und morphologische Anpassungsänderungen unterschwellige (= unter der wirksamen Reizschwelle), überschwellig schwache, überschwellig starke und zu starke Reize unterschieden werden. Unterschwellige Reize bleiben wirkungslos, überschwellig schwache erhalten das Funktionsniveau, überschwellig starke (= optimale) lösen physiologische und anatomische Änderungen aus, zu starke Reize schädigen die Funktion. Der Stellenwert des Belastungsreizes hängt vom Leistungszustand des Sportlers ab. Im aeroben Ausdauertraining wird die trainingswirksame Schwelle bei einer 50%igen Inanspruchnahme der maximalen Herz-Kreislauf-Leistung gesehen. Diese entspricht bei einem untrainierten 30-Jährigen einer Belastungsintensität von ca. Herzfrequenz = 130 Schläge pro Minute.

Prinzip der progressiven Belastungssteigerung

Da der Organismus die Fähigkeit zur Anpassung besitzt, werden Trainingsbelastungen, die über längere Zeit konstant bleiben, trainingsunwirksam. Das bedeutet, dass z. B. ehemals überschwellig stark wirkende Belastungsreize nur noch unterschwellig wirken und somit keine weitere Leistungssteigerung erreicht wird. Als Konsequenz ergibt sich daraus eine Steigerung der Trainingsbelastung, die der Zunahme der Leistungsfähigkeit entsprechen muss, in gewissen Zeitabständen. Je nach biologischem Alter, Trainingsalter und Entwicklungsniveau der entsprechenden sportmotorischen Fähigkeit kann diese Belastungssteigerung **allmählich** oder **sprunghaft** geschehen. Die Steigerung in kleinen Schritten (allmählich) ist immer sinnvoll, solange über diese Art noch eine Leistungsverbesserung erreicht wird. Im Grundlagen-, Aufbau- und auch größtenteils noch im Anschlusstraining sollte sie die grundsätzliche Verfahrensweise zur Belastungssteigerung darstellen. Damit lassen sich möglicherweise die unangenehmen Begleitumstände von Belastungssprüngen (erhöhte Schädigungsmöglichkeit, Leistungsinstabilität) vermeiden. Ein sprunghafter Belastungsanstieg wird jedoch bei hohem Trainingszustand notwendig, wenn die geringen Erhöhungen der äußeren Belastung keine Adaptionsvorgänge im Organismus hervorrufen. Eine beträchtliche und damit abrupte Erhöhung der Anforderungen zwingt den Organismus zu weiteren Anpassungsvorgängen. Voraussetzung dazu ist eine bereits gut entwickelte Leistungsfähigkeit. Zu berücksichtigen ist allerdings, dass, um Stabilität des dann erhöhten Leistungszustandes zu erreichen, längere Zeitspannen notwendig sind als beim kleinstufigen Fortschreiten. Zudem müssen kurz- und mittelfristige Einbußen in der Leistungsfähigkeit in Kauf genommen werden.

Da die Antwortreaktion des Organismus auf Belastung bei hohem Anpassungszustand geringer ausfällt, zeigen biologische Reaktionen, mathematisch dargestellt, nicht einen linearen, sondern einen ansteigenden Kurvenverlauf, der sich asymptotisch der Anpassungskapazität nähert. Daraus resultiert ein immer weiteres »Aufscheren« zwischen der Trainingszustandskurve und der Belastungskurve (Abb. 4, S. 19).

Möglichkeiten der progressiven Belastungssteigerung sind gegeben über Änderung der Belastungskomponenten, durch höhere koordinative Ansprüche und durch die Zahl der Wettkämpfe. Langfristig ist die Änderung der Belastungskomponenten in folgender Reihenfolge sinnvoll: Erhöhung der Trainingshäufigkeit (Trainingsein-

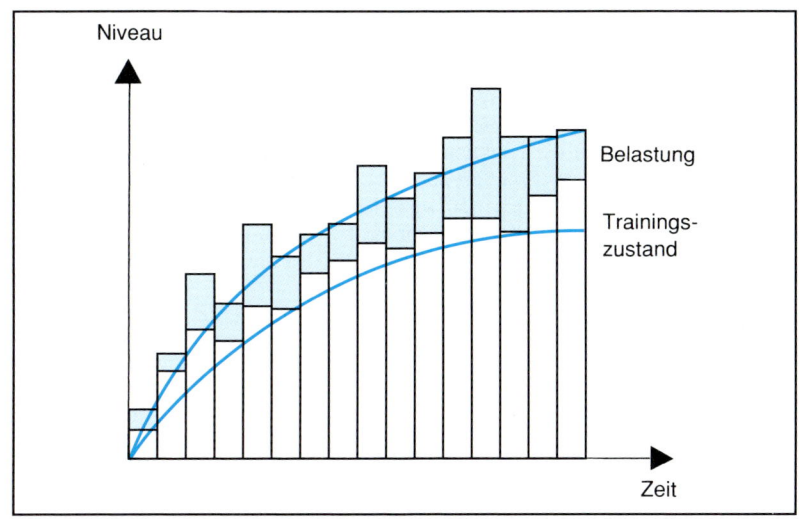

Niveau

Belastung

**Trainings-
zustand**

Zeit

Abbildung 4
Zunehmende Divergenz zwischen Belastungsniveau und Trainings-zustandsniveau im Laufe eines mehrjährigen Trainings

heiten pro Woche), Erhöhung des Trainingsumfangs innerhalb der Trainingseinheit, Verkürzung der Pausen, Erhöhung der Trainingsintensität.

Prinzip der Variation der Trainingsbelastung

Im Rahmen wirksamer Trainingsbelastungen darf die Rolle des sympathischen vegetativen Nervensystems (Sympathikus) nicht übersehen werden. Der Sympathikus versetzt den Körper in den Zustand hoher Leistungsbereitschaft, was eine notwendige Voraussetzung für wirksame Trainingsbelastungen ist. Ständig gleichbleibende Trainingsbelastungen bewirken wegen der Belastungsmonotonie eine Abnahme des ergotropen (leistungssteigernden) Effekts (Tab. 3, S. 20) und führen damit zu einer Stagnation in der Trainingswirkung. Durch Änderung der Belastungscharakteristik (= Unterbrechung der Belastungsmonotonie) kann wieder eine wirkungsvolle vegetative Stimulationslage erreicht werden. Im praktischen Trainingsgeschehen hat sich die Variation nicht nur auf Intensität und Umfang, sondern auch auf die Bewegungsdynamik, die Übungsauswahl und Pausengestaltung zu beziehen.
Das Prinzip der Variation spielt eine wesentliche Rolle im Hochleistungstraining, weil dort im Zuge der notwendigen Spezialisierung mit eingeengter Trainingsmethodik das Eintreten von Leistungsbarrieren gewissermaßen vorprogrammiert ist. Änderungen der Trainingsbelastung innerhalb einer gewissen Bandbreite der Abweichungen sind notwendig.

Prinzip der optimalen Gestaltung von Belastung und Erholung

Dieser Grundsatz berücksichtigt die Tatsache, dass nach einer wirkungsvollen Trainingsbelastung (Trainingseinheit) eine gewisse Zeit der Wiederherstellung not-

Tabelle 3
Wirkungen der vegetativen Nerven, die den ergotropen Effekt des Sympathikus und den trophotropen Effekt des Parasympathikus widerspiegeln

	Wirkung des Sympathikus	Wirkung des Parasympathikus
Herz		
– Frequenz	beschleunigt	verlangsamt
– Kontraktionskraft	erhöht	vermindert
– Sauerstoffverbrauch	erhöht	vermindert
Lunge		
– Bronchien	erweitert	verengt
Darm		
– Peristaltik	gehemmt	gefördert
– Durchblutung	gehemmt	
Harnblase		
– Entleerung	gehemmt	ermöglicht

wendig ist, um eine erneute gleichgeartete Belastung (nächste Trainingseinheit) bei günstigen Voraussetzungen durchführen zu können. Belastung und Erholung sind gewissermaßen als Einheit zu betrachten. Nachfolgend werden zwei Erklärungsmodelle vorgestellt, die zwar die biologischen Prozesse stark vereinfachen, aber dennoch Trainern und Athleten als Leitlinie für die Trainingskonzeption dienen können.

1. Superkompensationsmodell

Dieses Modell wurde von JAKOWLEW (1977) vorgestellt und beschreibt in erster Linie das Zeitverhalten der Wiederherstellungsprozesse nach vorausgegangener Belastung. Abb. 5 zeigt den Ablauf der 4 Phasen im Superkompensationsmodell. Nach dem Belastungs-Erholungs-Verhalten (Phase 1+2) kommt es in Phase 3 zu einer überschießenden Wiederherstellung mit daraus resultierender erhöhter Leistungsfähigkeit. An diese knüpft dann die Abnahme der Leistungsfähigkeit in Form einer gedämpften Schwingung bis zum Ausgangsniveau an. Dem Superkompensa-

Abbildung 5
Superkompensation. Phasen der Veränderung der Leistungsfähigkeit. 1 = Phase der Abnahme, 2 = Phase der Wiederherstellung (Kompensation), 3 = Phase der Superkompensation (Überkompensation), 4 = Phase des Auspendelns (Reversion)

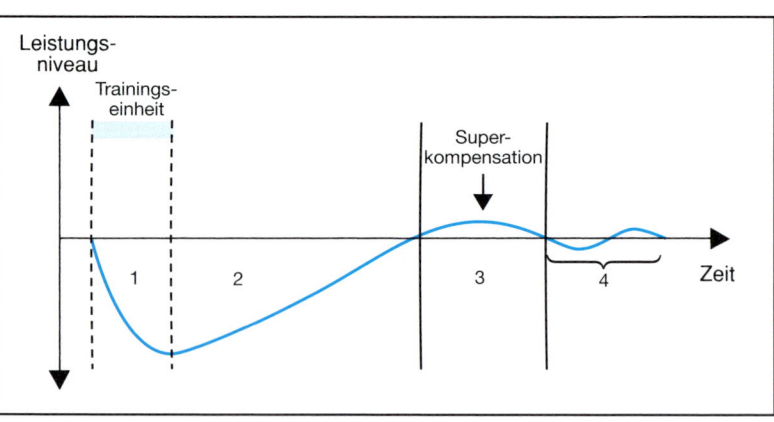

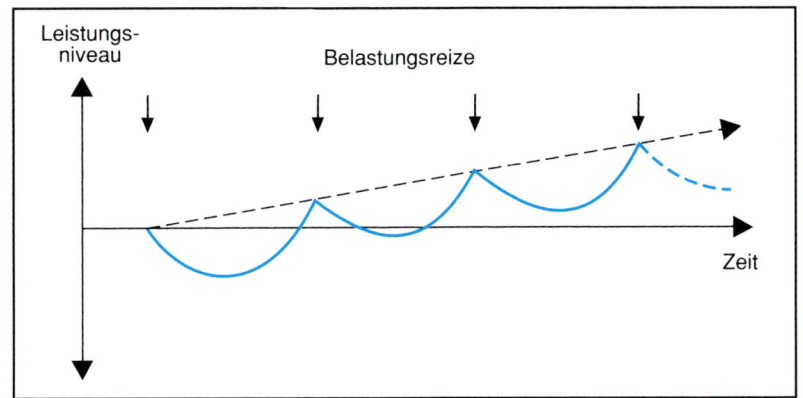

Abbildung 6
Verbesserung der
Leistungsfähigkeit
durch optimal ge-
setzte Belastungen

tionsmodell entsprechend ist für die optimale Gestaltung von Belastung und Erholung die nächste Belastung in der Superkompensationsphase anzusetzen (Abb. 6).
Dies bedeutet (nach JAKOWLEW) jedoch nicht, dass in der praktischen Umsetzung
innerhalb einer Trainingseinheit und auch in der zeitlichen Anordnung der Trainingseinheiten immer danach zu verfahren ist. Im Rahmen der grundsätzlichen
Gültigkeit dieses Superkompensationsphänomens sind zwischenzeitlich auch Lösungen mit stabilisierender Wirkung (Abb. 7) und nach dem Schema der »summierten Wirksamkeit« (MATWEJEW 1972, 87; Abb. 9, S. 22) kein Widerspruch,
zumal sich die Trainingswirkungen erst nach mehrfacher Wiederholung der Belastungen einstellen. Größe und Dauer der Superkompensation sind außerdem abhängig von Intensität und Umfang der vorausgegangenen Belastung. Mit Zunahme des
Leistungsniveaus (Anpassungsniveaus) wird der Superkompensationseffekt auch
immer geringer. Die logische Folge ist, dass sich die Überkompensation trotz progressiver Belastungssteigerung einmal nicht mehr einstellt.

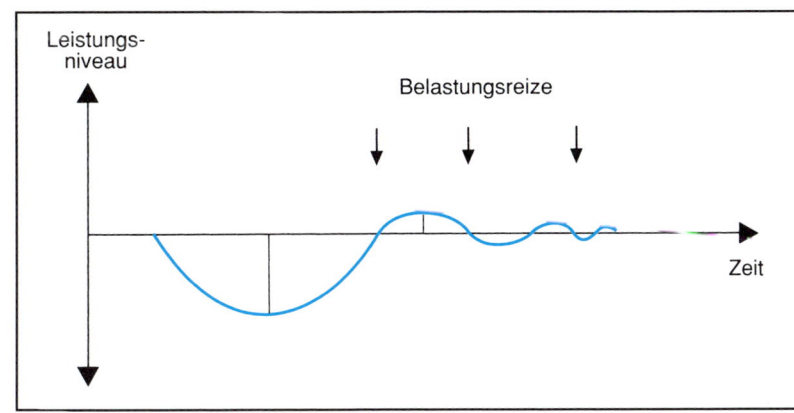

Abbildung 7
Belastungszeit-
punkte, die ledig-
lich dem Erhalt
des vorhandenen
Leistungsniveaus
dienen

Abbildung 8
Verfrühte Belastungszeitpunkte, die auf längere Sicht zu einer Abnahme des Leistungsniveaus führen

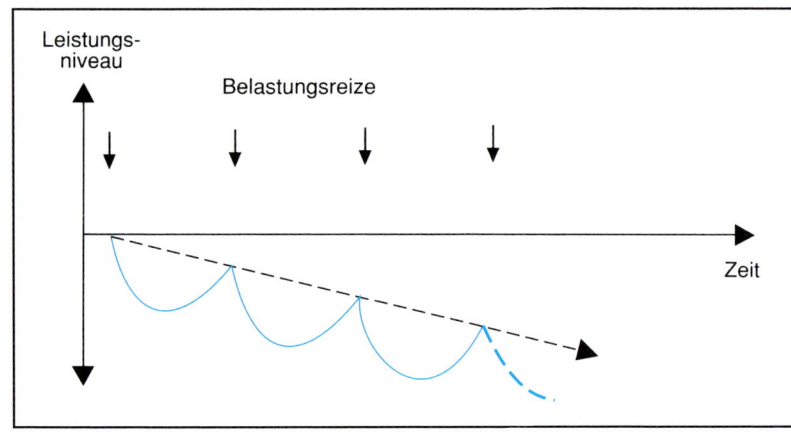

Abbildung 9
Belastungszeitpunkte nach dem Gesichtspunkt der »summierten Wirksamkeit«

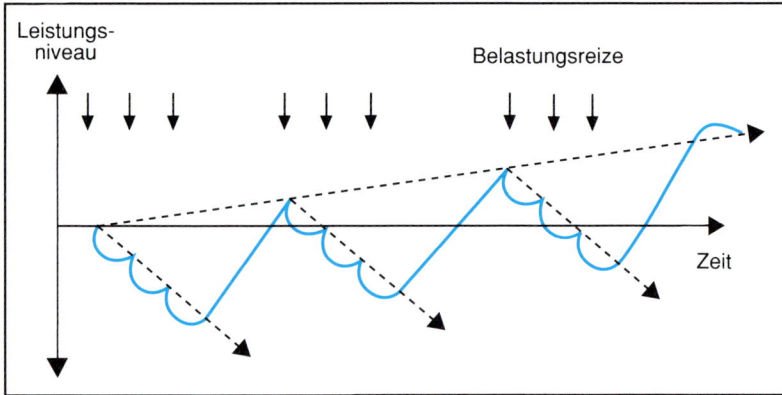

Das Modell der Superkompensation als Erklärungstheorie für Anpassungsprozesse nach Trainingsbelastungen wurde in jüngerer Vergangenheit mit verschiedenen Begründungen (MARTIN et al. 1991, 95; MADER 1990, 41) in Frage gestellt. Wenn den Begründungen auch zuzustimmen ist, so ist dennoch festzuhalten, dass das Zeitverhalten des Jakowlew-Schemas tatsächlich existiert (MADER 1990, 42), was hier in Zusammenhang mit dem besprochenen Trainingsprinzip von Bedeutung ist.

2. Das Zwei-Faktoren-Modell (Leistungszuwachs-Ermüdungs-Theorie)

Dieses Modell geht von dem Ansatz aus, dass durch Training nicht nur Ermüdungsprozesse entstehen, sondern auch ein Leistungszuwachs (z.B. durch koordinative Verbesserungen) erreicht wird. Das heißt, der Trainingseffekt unmittelbar nach dem Training lässt sich als Kombination aus den zwei Prozessen 1. Leistungszuwachs und 2. Ermüdung darstellen. Die aktuelle Leistungsfähigkeit ergibt sich aus der summarischen Wirkung dieser zwei Prozesse. Nach ZATSIORSKY kann davon

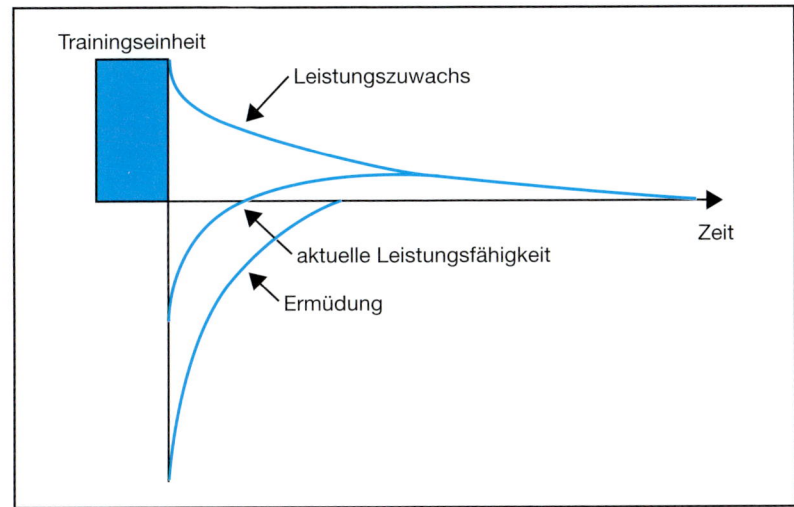

Abbildung 10
Zwei-Faktoren-Theorie des Trainings (modifiziert nach ZATSIORSKY 1996, 30). Die aktuelle Leistungsfähigkeit wird bestimmt durch die zwei Prozesse 1. Leistungszuwachs durch das Training und 2. Ermüdung durch das Training

ausgegangen werden, dass der Leistungszuwachs durch die vorausgegangene Trainingseinheit zwar nur gering, aber lang anhaltend ist. Demgegenüber fallen die Ermüdungswirkungen deutlich höher aus, wobei die Regenerationszeit relativ kurz ist. ZATSIORSKY gibt an, dass für eine mittlere Trainingsbelastung sich die Dauer des Leistungszuwachses und des Ermüdungseffekts um den Faktor 3 unterscheiden. Für eine mittlere Trainingsbelastung (z. B. extensiver Dauerlauf 60–90 Minuten) würde dies bedeuten, dass die negative Wirkung der Ermüdung nach ca. 24 Stunden abgeschlossen wäre, demgegenüber aber die positiven Effekte über 72 Stunden erhalten bleiben.

Vergleicht man beide Modelle, so stellt man fest, dass der optimale Zeitpunkt für die nächste Trainingseinheit (mit gleich gearteter Belastung) nach dem Superkompensationsmodell scharf umgrenzt ist, da diese möglichst den Superkompensationsgipfel treffen sollte. Nach dem Zwei-Faktoren-Modell ist die nächste Trainingseinheit ab dem Zeitpunkt sinnvoll, wenn die Kurve der aktuellen Leistungsfähigkeit das Ausgangsniveau überschreitet (x-Achse schneidet, Abb. 10).

Hinsichtlich der zeitlichen Planung und inhaltlichen Gestaltung der Trainingseinheiten ergeben sich die größten Unterschiede im Hinblick auf die direkte Wettkampfvorbereitung. Legt man bei der Trainingsplanung das Superkompensationsmodell zu Grunde, so müsste man die Anzahl der Trainingseinheiten reduzieren, nicht aber die Belastung innerhalb der Trainingseinheiten (2–3 intensive TEn. in der Vorwettkampfwoche). Plant man die Vorwettkampfwoche auf der Basis des Zwei-Faktoren-Modells, so wird die Trainingsbelastung in der Trainingseinheit reduziert, die Anzahl jedoch beibehalten.

Die Problematik bei beiden Modellen liegt darin, dass nach der Trainingsbelastung eine gewisse Regenerationszeit, in der dann letztendlich die Anpassungsprozesse im Organismus ablaufen, einzuhalten ist, bis eine erneute gleich geartete Belastung

Abbildung 11
Heterochronizität des Regenerationsverlaufes bei gleichzeitigen trainingsbegleitenden Maßnahmen (GROSSER, 2000, modifiziert nach LIESEN et al. 1985, 8)

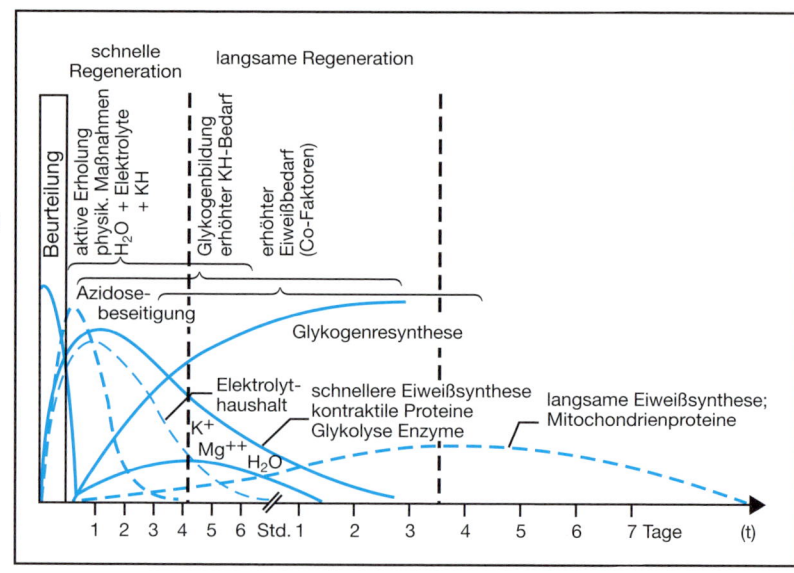

durchgeführt werden kann. Da aber die Wiederherstellung der verschiedenen Energiespeicher bzw. biologischen Beanspruchungsbereiche einem unterschiedlichen Zeitverlauf unterliegen, ist es bei der Trainingsplanung äußerst schwierig, diesem **Heterochronismus der Regeneration** (Abb. 11) exakt Rechnung zu tragen.

Abb. 12, S. 25 zeigt als Beispiel die Verhältnisse hinsichtlich der Glykogenreserven, die bei Ausdauerbelastungen ja eine bedeutende Rolle spielen können. Zeitlich länger (5–7 Tage) dauern die Regenerationszeiten, wenn z. B. der Elektrolyt- und Hormonhaushalt durch die Belastung stark beansprucht wurde oder Mitochondrieneiweiße in Mitleidenschaft gezogen wurden. In der Trainingspraxis ist es nicht einfach, die richtige Zeitdauer des Erholungsintervalles und die entsprechende Messgröße für die Optimierung dieser Zeitspanne zu finden, da außer der vorausgegangenen Belastung auch die individuelle Anpassungsfähigkeit, die Ernährung und sonstige trainingsbegleitende Maßnahmen Einflussfaktoren auf den Zeitverlauf sind. Letztlich führen neben dem theoretischen Wissen nur Erfahrung und Beobachtung der individuellen Verhältnisse zu konkreten Ergebnissen. Tab. 72, S. 201, gibt einige orientierende Hinweise. Dabei ist zu beachten, dass die Regenerationszeiten außer von der typischen Belastung auch noch von der vorausgegangenen Erholung und der Aufsummierung des Belastungsumfangs (z. B. Mikrozyklus) abhängig sind.

Prinzip der Wiederholung und Dauerhaftigkeit (Kontinuität)

Zum Erreichen einer optimalen Anpassung ist es notwendig, mehrfach die Belastung zu wiederholen, da für eine stabile Anpassung der Organismus zunächst eine

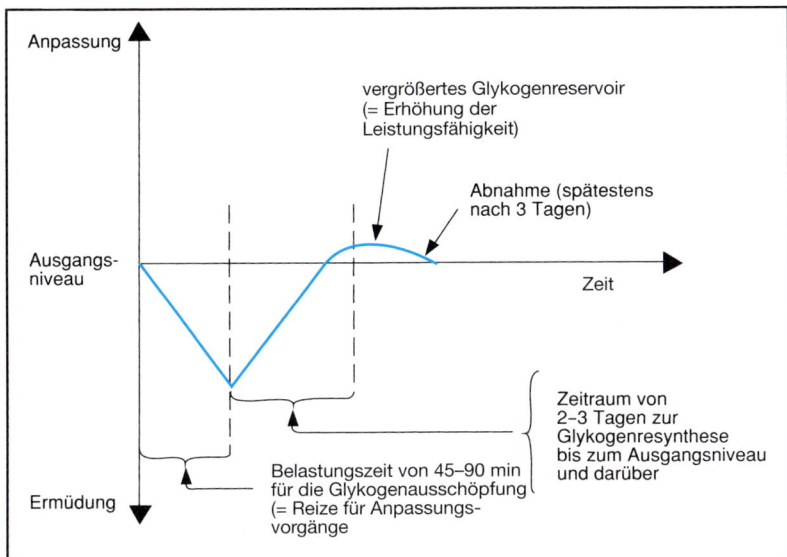

Abbildung 12
Veranschaulichungsschema des zeitlichen Ablaufs der Glykogenspeicher-Superkompensation (modifiziert nach JAKOWLEW 1977)

Reihe von akuten Umstellungen einzelner Funktionssysteme durchlaufen muss. Die endgültige Adaption ist erst erreicht, wenn über die Anreicherung von Substraten (= energiereiche Stoffe) hinaus auch in anderen Funktionssystemen (z.B. Enzymsystem, Hormonsystem) Umstellungen erfolgten und vor allem auch das Zentralnervensystem als die Führungsinstanz von Bewegungsleistungen sich angepasst hat. Es ist bekannt, dass sich die metabolischen und auch enzymatischen Umstellungsvorgänge relativ schnell vollziehen (2–3 Wochen) und für strukturelle (morphologische) Änderungen längere Zeitspannen (mindestens 4–6 Wochen) anzusetzen sind. Die steuernden und regelnden Strukturen des Zentralnervensystems benötigen die längste Anpassungszeit (Monate).

Für die 4 Stufen einer relativ stabilen Anpassung (S. 199) ist z.B. schon eine Zeitspanne von 4–6 Wochen mit regelmäßigen Trainingsbelastungen erforderlich. Für eine langfristige Anpassung auf hohem Niveau bedarf es eines mehrfachen Durchlaufs solcher 4–6-Wochen-Phasen.

Die Rückbildung der Anpassungsprozesse auf funktioneller und morphologischer Ebene wird als **Deadaption** bezeichnet. Diese ist dann zu beobachten, wenn über einen längeren Zeitraum überschwellige Belastungsreize fehlen, und geht mit einem Stabilitätsverlust der Steuer- und Regelsysteme einher.

Prinzip der Periodisierung und Zyklisierung

Ein Sportler kann nicht ganzjährig im Hochleistungszustand sein, da er sich damit im Grenzbereich seiner individuellen Belastbarkeit befindet. Sehr leicht ist damit die Gefahr verbunden, dass die anabole (= aufbauende Stoffwechsellage) Gesamt-

Abbildung 13
Gestaltung der MIZ-Belastung innerhalb eines MEZ (6 Wochen). Nach dreiwöchiger progressiver Belastungssteigerung ist ein entlastender MIZ notwendig, um die Adaptionsprozesse zu erleichtern (siehe S. 199).

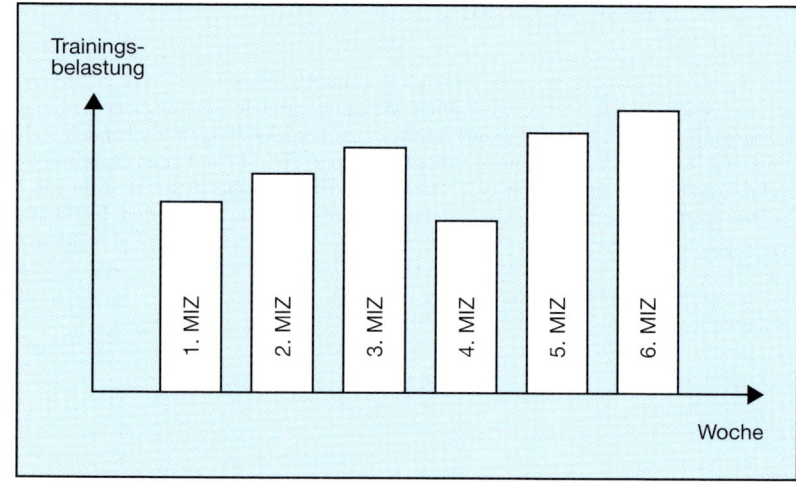

situation in eine katabole (= abbauende) übergeht. Aus biologischen Gründen ist also ein Belastungswechsel notwendig. Der **Phasencharakter des Adaptionsverlaufs** mit Steigungs-, Stabilisierungs- und Reduktionsphasen verlangt sowohl langfristig nach Einteilung des Trainingsjahres in aufbauende, stabilisierende und reduzierende Belastungsperioden (Vorbereitungs-, Wettkampf-, Übergangsperiode) als auch mittelfristig im Rahmen der Makrozyklen und Mesozyklen einen Wechsel von belastungssteigernden, belastungserhaltenden und belastungsreduzierenden Mikrozyklen (Abb. 13). Dadurch können einerseits Belastungsüberforderungen vermieden und andererseits höhere Leistungsspitzen zu bestimmten Zeiten erreicht werden.

Zudem sind im Rahmen der MIZ-Gestaltung Variationen hinsichtlich der Belastungshöhe der TE notwendig (Abb. 14).

Abbildung 14
Belastungsdynamik im Mikrozyklus (H = hohe, M = mittlere, L = leichte, R = regenerative Trainingsbelastung in der Trainingseinheit)

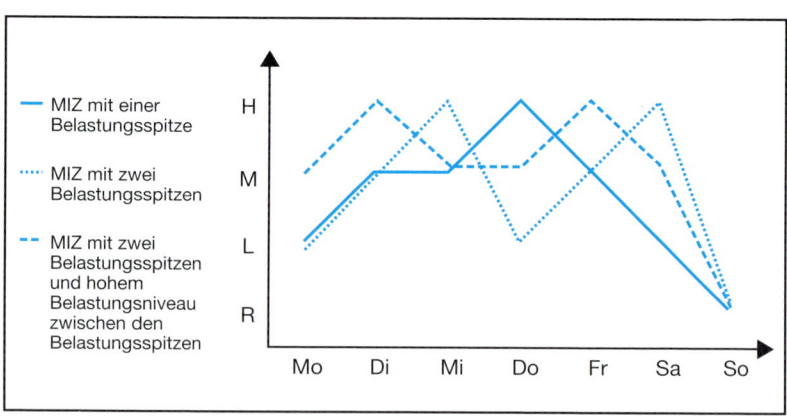

Prinzip der Individualität und Altersgemäßheit (Entwicklungsgemäßheit)

Da sportliche Leistung immer von mehreren Einflussfaktoren bestimmt wird, können identische Leistungsresultate aus unterschiedlich gewichteten Einzelfähigkeiten erwachsen. Deshalb ist es wesentlich, für eine optimale Leistungsentwicklung die persönlichen Gegebenheiten des Sportlers zu berücksichtigen. Es handelt sich in erster Linie um die stark anlagebedingten körperlichen Fähigkeiten (sportmotorische Begabung, Konstitutionstyp, Trainierbarkeit) und die mehr umweltbeeinflussten geistig-seelischen Eigenschaften (u. a. Temperament, Motivation, Intellekt). Letztlich unterliegen diese Persönlichkeitsmerkmale der biologischen Entwicklung, d. h. dem biologischen Alter. Die so genannten sensitiven Phasen für konditionelle und koordinative Fähigkeiten als Zeitabschnitte erhöhter Anpassungsfähigkeit (= Trainierbarkeit) sind dafür ein gutes Beispiel. Somit ist es nahe liegend, Individualität und Altersgemäßheit in einem Trainingsgrundsatz zusammenzufassen. Biologisch ist das Prinzip zu begründen mit der individuellen Anpassungsfähigkeit (= **Adaptabilität**), der zufolge bei quantitativ und qualitativ gleichwertigen Belastungsreizen die Individuen eine unterschiedliche Reizverarbeitung zeigen. In der Wechselwirkung von Organismus und Umwelt zeigen die entsprechenden Erbanlagen eben eine eigene Entfaltung (= Genexpression). Die individuelle Anpassungsfähigkeit steht auch im Modell von WERCHOSCHANSKI/MADER (1988) (in MARTIN/CARL/LEHNERTZ 1991, 96) im Vordergrund. Dieses geht davon aus, dass die Anpassungskapazität eines Individuums genetisch beschränkt ist. Für die Trainingspraxis bedeutet dies, dass Trainingsbelastungen so auszuwählen sind, dass sie hinsichtlich der gewünschten Leistungsentwicklung optimal wirken (siehe »Prinzip der zunehmenden Spezialisierung«, unten). Alle trainingsbedingten Anpassungen des Organismus, die nicht zielgerichtet erfolgen (z. B. ein forciertes Hypertrophietraining für einen Langzeitausdauersportler), reduzieren die mögliche Anpassungskapazität und beschränken somit die individuell maximal mögliche Leistungsentwicklung.

Prinzip der zunehmenden Spezialisierung

In Abhängigkeit von der Spezifität der Belastungsreize unterscheidet man **unspezifische** und **spezifische Anpassungen** des Organismus. Die spezifische Adaption erstreckt sich in starkem Maße auf die unmittelbar beanspruchten Organsysteme und äußert sich mehr eingeschränkt (lokal) wie z. B. in der Skelettmuskulatur und im zugehörigen Versorgungs- und Steuersystem. Die unterschiedliche spezielle Ausdauer (= spezifische Adaption) von Langstreckenläufern, Skilangläufern, Straßenradfahrern und Langstreckenschwimmern liegt deshalb primär in der vom Bewegungsablauf geprägten Funktionsmuskulatur begründet, in zweiter Linie erst in der Sauerstoffaufnahme und Herzfunktion. Die nahezu übereinstimmenden Ausprägungen in den letztgenannten Bereichen ergeben die gemeinsame Grundlagenausdauer (= unspezifische Adaption). Die Entwicklung zu einem hohen Leistungsniveau in bestimmten Fähigkeitsbereichen erfordert nun – auf der Basis unspezifischer Anpassungen – spezifische Adaptionen und damit tätigkeitsspezifische Belastungsreize.

27

Eine rechtzeitige Spezialisierung ist notwendig, da wie zuvor erwähnt (siehe »Prinzip der Individualität«, S. 27), die Anpassungskapazität des Organismus zwar individuell verschieden groß, jedoch beschränkt ist.

Daraus ergeben sich folgende Konsequenzen für das Trainingsgeschehen:

a) Innerhalb der Trainingsstufen (allgemeine Grundausbildung, Nachwuchstraining, Hochleistungstraining) nimmt der Anteil des speziellen Trainings gegenüber dem allgemeinen Training zu;

b) das Verhältnis Konditions-, Technik-, Taktik- und intellektuelles Training erfährt eine zunehmend disziplinbezogene Ausrichtung;

c) das Training der leistungsbestimmenden konditionellen Fähigkeit und technomotorischen Fertigkeit erhält im Rahmen der übrigen optimierenden Trainingsmaßnahmen Vorrang (z.B. im Hindernislauf das Training der Mittelzeitausdauer und Hürdentechnik neben der Grundlagenausdauer, Sprungkraft und Beweglichkeit).

Prinzip der regulierenden Wechselwirkung der einzelnen Trainingselemente

Angesprochen ist hier die dosierte Abstimmung des Trainings der verschiedenen konditionellen Fähigkeiten und des Verhältnisses von Konditions- und Techniktraining. Gerade im Leistungs- und Hochleistungstraining ist die permanente Integration der sich verändernden konditionellen Fähigkeiten in die Bewegungstechnik für den Leistungsfortschritt entscheidend. Weiter ist zu berücksichtigen, dass sich die verschiedenen Elemente des Trainings negativ und positiv beeinflussen können. Die Kenntnis von diesen Zusammenhängen ist notwendig, wenn die individuelle sportartspezifische Höchstleistung entwickelt werden soll.

Hintergrund stellt wiederum die **unspezifische** und **spezifische Reaktion** des Organismus auf unterschiedliche Belastungsreize und ihre Wechselwirkungen dar. Die unspezifischen Anpassungen erstrecken sich nicht wie die spezifischen Anpassungen primär auf den durch die Bewegungstätigkeit geforderten Nerv-Muskel-Bereich, sondern in erster Linie auf die »Zuträgersysteme«. Damit finden sie vorwiegend in den vegetativ-nerval und hormonell gesteuerten Organen und deren Regulationszentren (Herzkreislauf, Atmung, Stoffwechsel) ihren Niederschlag.

Diese unspezifische, mehr übergreifende Anpassung gewährleistet – nach vorheriger spezifischer Anpassung – erst den richtigen Funktionsablauf der zusammenarbeitenden Systeme auf höherem Leistungsniveau. Man darf nicht übersehen, dass bei spezifischer Anpassung die hochgradige Ausbildung eines Systems in der Regel auf Kosten anderer Bereiche abläuft.

Aus der dargelegten Wechselwirkung von spezifischer und allgemeiner Adaption wird deutlich, dass zum Erreichen und zum Erhalt eines hohen sportlichen Leistungsniveaus spezielle und allgemeine Trainingsbelastungen im Wechsel notwendig sind. Im Ausdauerbereich ist diese regulierende Wechselwirkung vor allem in den Disziplinen der Kurzzeit-, Mittelzeit-, Kraft- und Schnelligkeitsausdauer von Bedeutung.

Das in der Umgangssprache als Abhärtung bezeichnete Phänomen (medizinisch: positive Kreuzadaption), das sich als eine allgemeine Steigerung der organischen

Trainingsstufe	Trainingsprinzipien (P.)
Grundlagentraining	• P. des wirksamen Belastungsreizes • P. der optimalen Relation von Belastung und Erholung • P. der Variation • P. der Altersgemäßheit
Aufbautraining	zusätzlich • P. der Wiederholung und Kontinuität • P. der allmählichen Belastungssteigerung
Anschlusstraining	zusätzlich • P. der zunehmenden Spezialisierung • P. der Periodisierung • P. der regulierenden Wechselwirkung
Hochleistungstraining	zusätzlich • (P. der periodisierten Regeneration)

Tabelle 4
Übersicht über die in den Trainingsstufen relevanten Trainingsprinzipien

Widerstandskraft infolge eines dosierten Ausdauertrainings zeigt, ist ein gutes Beispiel für unspezifische Anpassung.

Die genannten **Trainingsprinzipien** stehen nicht so isoliert nebeneinander, wie sie der Übersicht wegen dargestellt worden sind. Sie überschneiden sich inhaltlich, ergänzen sich und schließen sich teilweise auch gegenseitig aus. Sie sind deshalb nicht alle gleichzeitig anwendbar. Es muss vielmehr immer geprüft werden, welche Prinzipien wann in Abstimmung mit der zutreffenden Trainingsstufe, Trainingsklasse und dem jeweiligen Periodisierungsabschnitt praktisch umzusetzen sind. Tab. 4 zeigt eine Übersicht der in den Trainingsstufen vorrangig relevanten Trainingsprinzipien.

An dieser Stelle sei auch ausdrücklich darauf hingewiesen, dass die formulierten Grundsätze nicht als überflüssiger theoretischer Hintergrund des Trainingsgeschehens zu betrachten sind, sondern eigentlich große Praxisrelevanz haben. Erfahrungsgemäß sind nämlich Maßnahmen der praktischen Trainingssteuerung, die der Trainer ergreift, nichts anderes als die Umsetzung einzelner Trainingsprinzipien.

Charakterisierung der konditionellen Fähigkeit Ausdauer

Der Begriff **Ausdauer** wird heute in der einschlägigen Literatur (Trainingswissenschaft, Sportpädagogik, Sportmedizin) sehr weit gefasst. Zudem ist das Spektrum dessen, was zur Ausdauer gezählt wird, sehr groß. Ein Extremum stellt z.B. die Ultra-Langzeitausdauer eines Mehrfach-Triathlon dar. Dem steht als anderes Extremum die Kurzzeitausdauer eines 400-m-Läufers gegenüber.

Teilweise enthalten die verschiedenen Definitionen der Ausdauer einen Hinweis auf die Belastungsintensität in Verbindung mit einer »langen« Dauer, teilweise wird allein auf die Belastungsdauer als ein wesentliches Kriterium verwiesen. Gemeinsam ist den meisten Definitionen der Begriff »Widerstand gegen Ermüdung bzw. **Ermüdungswiderstandsfähigkeit**«.

Definition der Ausdauer

Berücksichtigt man die einleitend aufgeführten Aspekte, so lässt sich feststellen, dass Ausdauer von Leistung, Ermüdung und Wiederherstellung abhängt. Somit wird die Ausdauer von energetischen, koordinativen, biomechanischen und psychologischen Faktoren beeinflusst.

Das Bemühen, diese verschiedenen Gesichtspunkte zusammenzufassen, führt zu einem komplexen Begriff von Ausdauer mit folgender Definition:

Ausdauer = die Fähigkeit,
1. physisch lange einer Belastung zu widerstehen, deren Intensität und Dauer letztendlich zu einer unüberwindbaren Ermüdung (= Leistungseinbuße) führt,
2. trotz eintretender Ermüdung die Belastung bis zur individuellen Beanspruchungsgrenze fortzusetzen (psychische Komponente),
3. sich in Phasen verminderter Beanspruchung (z.B. Pausen im Training und Wettkampf) bzw. nach Beendigung der Belastung rasch zu regenerieren.

Knapp ausgedrückt:
Ausdauer = Ermüdungswiderstandsfähigkeit + Ermüdungstoleranz + rasche Wiederherstellungsfähigkeit

Eine weiter reichende Präzisierung der Definition kann nur unter Berücksichtigung der verschiedenen Erscheinungsformen der Ausdauer erfolgen. Diese werden im Kapitel 3 behandelt.

Formen der Ermüdung

Ermüdung, definiert als vorübergehende (reversible) Minderung der Leistungsfähigkeit, steht in entscheidendem Zusammenhang mit der Ausdauer, da letztendlich das Aufrechterhalten eines gewissen Krafteinsatzes bzw. einer gewissen
Schnelligkeit (repräsentiert in der Belastungsintensität) durch das Auftreten von Er-
müdungserscheinungen begrenzt ist.
Beim sportlichen Leistungsvollzug kann Ermüdung in unterschiedlicher Gestalt
auftreten. Die Ermüdung eines Marathonläufers ist eine andere als die eines Sprin-
ters oder Sportschützen. Prinzipiell kann man unterscheiden:

- **Physische** (körperliche) Ermüdung als reversible Funktionsminderung auf muskulärer Ebene. Die daraus resultierende Abnahme der Leistungsfähigkeit kann
  teilweise durch einen vermehrten Einsatz kompensiert werden.
- **Psychische** Ermüdung, auch zentrale Ermüdung genannt. Die Minderung der
  Leistungsfähigkeit tritt hier infolge einer gestörten zentralnervösen Steuerung
  auf. Eine zentrale Stellung nimmt dabei die Formatio reticularis, ein Bereich des
  Gehirns, ein, der die übrigen motorischen Systeme des zentralen Nervensystems
  hemmt. Diese Hemmprozesse wirken sich u. a. in einer verlangsamten Informa-
  tionsvermittlung, in der Beeinträchtigung der Sinneswahrnehmung sowie in der
  Verschlechterung der Bewegungskoordination aus.

Wenn im Rahmen von Ausdauertraining natürlich in erster Linie die physische Ermüdung gesehen wird, sollte der Aspekt der psychischen Ermüdung nicht außer
Acht gelassen werden. Beispielsweise sei hier an die Bewegungsmonotonie erinnert.
Gerade im Leistungssport ist es nicht selten, dass die psychische Ermüdung vor der
physischen (= muskulären) Ermüdung zur Abnahme der Leistung führt. Allerdings
treten die Formen der Ermüdung nicht isoliert, sondern meist in Kombination auf,
da die Ursachen für die Ermüdung unterschiedliche Wirkungsrichtungen haben.
Als mögliche **Ermüdungsursachen** sollten – im Hinblick auf die Zielsetzungen
des Ausdauertrainings – festgehalten werden:

- Verarmung der Energiereserven (z. B. Kreatinphosphat, Glykogen),
- Anhäufung von Stoffwechselzwischen- und -endsubstanzen (z. B. Laktat, Harn-
  stoff),
- Hemmung der Enzymaktivität durch Übersäuerung oder Konzentrationsände-
  rungen der Enzyme,
- Elektrolytverschiebung (z. B. Kalium und Calcium an der Zellmembran),
- Verarmung von Hormonen bei ständig starker Beanspruchung (z. B. Adrenalin
  und Noradrenalin als Transmittersubstanzen, Dopamin im Zentralnervensystem),
- Veränderung an Zellorganellen (z. B. Mitochondrien) und am Zellkern,
- Hemmprozesse im Zentralnervensystem wegen monotoner Belastungen (Über-
  forderung durch Unterforderung),
- Regulationsänderungen im zellulären Bereich auf der Ebene einzelner Organ-
  systeme und bezüglich der integrierenden Steuerzentrale.

Aufgrund dieser Ermüdungsursachen zeigen sich subjektive und objektive Ermü-
dungssymptome (Tab. 5, S. 32), die für die Einschätzung bzw. Beurteilung des
Ermüdungsgrades herangezogen werden. Zudem ist zu beobachten, dass trotz auf-
tretender Ermüdung die Ermüdungsprozesse über einen gewissen Zeitraum mehr

31

Tabelle 5
Symptome der
Ermüdung
(abgeändert nach
FINDEISEN et al.
1980, 242)

subjektive Zeichen der Ermüdung	objektiv erfassbare Zeichen der Ermüdung
– Augenflimmern – Ohrensausen – Atemnot – Übelkeit – Abgeschlagenheit – Apathie gegen äußere Reize – Muskelschmerz	– verminderte sportliche Leistung – Nachlassen der Muskelkraft, verlängerte Refraktärzeit, Ansteigen der Reizschwelle, verminderte Reflexantworten, Muskelzittern, Koordinationsstörungen – Elektrolytverschiebungen, Laktatanstieg, pH-Änderungen, Glykogenverarmung, Hormonspiegeländerung u. a. – Veränderung der Hirnstromaktivität (EEG) – Leistungsminderung bei Arbeitsversuchen, Konzentrations- und Aufmerksamkeitsminderung, Verschlechterung der Wahrnehmungsfähigkeit

oder weniger kompensiert werden können. Folgende Faktoren beeinflussen die Höhe der Ermüdungsresistenz:

- Ausgangslage (Trainingszustand, Alter, Gesundheitszustand, Geschlecht etc.),
- die vorausgegangene Belastung (Dauer, Intensität, Trainingsform),
- Einstellung des Athleten zur Belastung (Motivation, Interesse),
- psychische Belastbarkeit.

Da der Trainingszustand und die Motivation eine starken Einfluss auf das Endergebnis haben, ist ihnen eine übergeordnete Bedeutung bei der Feststellung des Abfalls der körperlichen Leistungsfähigkeit beizumessen.

Aufgaben der Ausdauer

Im sportlichen Geschehen hat Ausdauer verschiedene Aufgaben zu erfüllen. Die Eigenart der Sportart ist darin maßgeblich bestimmend. Von Bedeutung ist vor allem, ob zyklische oder azyklische Bewegungsabläufe, kontinuierliche oder intervallartige Belastungen, hohe oder niedrige Krafteinsätze bzw. Bewegungsgeschwindigkeiten vorliegen und ob hohe oder geringe Konzentration erforderlich ist. Unter diesem Blickwinkel wird wiederum deutlich, dass es eigentlich einen einheitlichen Ausdauerbegriff nicht geben kann, da die Spezifik der Belastung eben mehrere Ausprägungsformen (= **Ausdauertypen**) schafft.

Im Überblick lassen sich folgende Funktionen der Ausdauer herausstellen:

- möglichst langes Aufrechterhalten einer optimalen Belastungsintensität über die vorgegebene Belastungsdauer (z.B. in vielen zyklischen Ausdauersportarten),
- Geringhalten unumgänglicher Intensitätsverluste bei längeren Belastungen (z.B. bei Stundenläufen, Marathonläufen),
- Erhöhung der Belastungsverträglichkeit bei umfangreichem Belastungspensum im Training und in Wettkämpfen, bei einer unbestimmten Vielzahl von Einzelhandlungen (z.B. Mehrkampf, Spielturnier, Kampfsportarten),
- Beschleunigung der Wiederherstellung nach Belastung (in Training und Wettkampf),

- Stabilisierung der sportlichen Technik und Konzentrationsfähigkeit bei technisch komplizierten Sportarten (z. B. Wasserspringen, Eiskunstlauf bzw. Sportschießen, Bogenschießen).

Ausdauer als Element der Kondition

Vor allem unter dem Aspekt des Trainings darf Ausdauer nicht als unabhängige konditionelle Fähigkeit gesehen werden. Sportliche Belastungen sind immer komplexer Natur, sie ergreifen mehrere Organsysteme des menschlichen Körpers. Die elementaren konditionellen Fähigkeiten Ausdauer, Kraft und Schnelligkeit lassen sich deshalb im Training kaum isoliert erfassen. Der folgende Konditionsbegriff und die Strukturierung der Kondition (Abb. 15) zeigen, dass enge Verflechtungen mit den anderen Konditionskomponenten vorliegen.

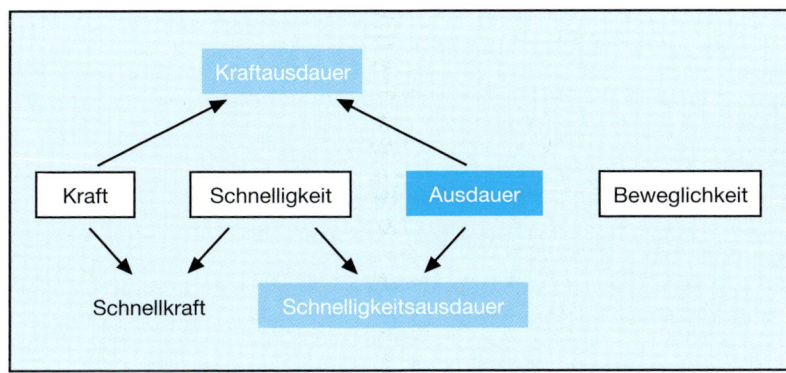

Abbildung 15
Kondition als Summe aus elementaren und komplexen konditionellen Fähigkeiten (Ausdauerfähigkeiten hervorgehoben)

Kondition = die gewichtete Summe aller leistungsbestimmenden physischen Fähigkeiten und ihre Realisierung durch Bewegungsfertigkeiten/ -techniken und Persönlichkeitsmerkmale (z. B. Wille, Emotion, Temperament)

Strukturierung der Ausdauer

Einteilungsmöglichkeiten

In der trainingswissenschaftlichen und sportmedizinischen Literatur wird Ausdauer nach verschiedenen Kriterien unterteilt. Demzufolge existiert eine Vielzahl von Ausdauerarten (Ausdauerformen), die in Tab. 6, S. 35, zusammengestellt sind.

Alle diese Gliederungsgesichtspunkte und Ausdauerformen haben je nach Problemstellung, mit der man die konditionelle Fähigkeit Ausdauer betrachtet (z. B. sportmedizinische Untersuchung, Trainingsmethodik), ihre Berechtigung. Nicht alle existierenden Begriffe sind aus der Sicht des praktischen Trainings relevant; sie sollten jedoch bekannt sein, da sie mitunter für die genaue Erfassung bzw. Erklärung der für die Praxis wesentlichen Ausdauerarten erforderlich sind. Im Folgenden erfahren sie deshalb eine kurze Erläuterung.

Gliederungsschema der Sportmedizin

Nach HOLLMANN/HETTINGER (2000, 263) werden für eine Gliederung der Ausdauer drei Kriterien herangezogen.

1 Nach dem Größenumfang der eingesetzten Muskulatur wird in **lokale** und **allgemeine Ausdauer** getrennt. Die Angabe der Größenordnung von $^1/_7-^1/_6$ (ca. 15%) der gesamten Skelettmuskulatur als Differenzierungsgröße beruht auf der festgestellten Tatsache, dass unterhalb dieser Größe bei dynamischer Arbeitsweise der Muskulatur das gesunde kardiopulmonale System als Sauerstofftransporteur keine Rolle für die Leistungsfähigkeit spielt. Leistungsbegrenzend für die lokale Ausdauer wirken vielmehr Faktoren der beanspruchten Muskeln wie z. B. die Kapillarisierung, der Myoglobingehalt, der aerobe bzw. anaerobe Enzymbesatz, die Größe der Phosphat- und Glykogenspeicher. Bei Einsatz von mehr als ca. 15% der Skelettmuskulatur – also bei allgemeiner Ausdauer – ist die Leistungsfähigkeit bei dynamischer Arbeitsweise vor allem von der Kapazität des kardiopulmonalen Systems, vom Stoffwechsel und von der disziplinspezifischen Koordination bestimmt. Die Muskelmenge von weniger als $^1/_7-^1/_6$ entspricht in etwa der Muskulatur einer Extremität. Lokale Ausdauerbeanspruchungen liegen z. B. vor bei einarmigen Curls (= Armbeugen) oder bei einbeinigem Fahrradkurbeltreten. Die lokale Ausdauer ist die konditionelle Fähigkeit, die durch Training am stärksten zu verbessern ist. Wie verschiedene Untersuchungsergebnisse zeigen, lassen sich durch ein mehrwöchiges Training Verbesserungen von mehreren 100 bis 1000% gegenüber dem Ausgangswert erreichen (HOLLMANN/HETTINGER 2000, 280 f.), zum Vergleich: allgemeine aerobe Ausdauer ca. 40%, Maximalkraft ca. 40%, Schnelligkeit ca. 15–20%.

Anmerkung: Für die Gliederung der Ausdauer nach Saziorski (Tab. 6) konnte keine erklärende Begründung gefunden werden.

Kriterium	Name	Charakteristik	Quelle, Autor
Umfang der beanspruchten Muskulatur	– lokale Ausdauer – regionale Ausdauer – globale Ausdauer	$< 1/3$ der Muskulatur $1/3 - 2/3$ der Muskulatur $> 2/3$ der Muskulatur	Saziorski
	– lokale Ausdauer – allgemeine Ausdauer	$< 1/6 - 1/7$ der Muskulatur $> 1/6 - 1/7$ der Muskulatur	Hollmann/Hettinger
Art der vorrangigen Energiebereitstellung	– aerobe Ausdauer – anaerobe Ausdauer	bei ausreichendem Sauerstoffangebot ohne Sauerstoffbeteiligung	Hollmann/Hettinger
Arbeitsweise der Skelettmuskulatur	– dynamische Ausdauer – statische Ausdauer	bei kontinuierlichem Wechsel von Spannung und Entspannung bei Dauerspannung	Hollmann/Hettinger
Zeitdauer der Beanspruchung bei höchstmöglicher Belastungsintensität	– Kurzzeitausdauer – Mittelzeitausdauer – Langzeitausdauer I – Langzeitausdauer II – Langzeitausdauer III – Langzeitausdauer IV	35 s–2 min 2 min–10 min 10 min–35 min 35 min–90 min 90 min–6 h über 6 h	Harre/Pfeifer
Zusammenhang mit anderen kondtionellen Fähigkeiten bzw. Belastungssituationen	– Kraftausdauer – Schnellkraftausdauer – Schnelligkeitausdauer – Sprintausdauer – Spiel-/Kampfausdauer – Mehrkampfausdauer	80- bis 30%iger Maximalkraftanteil explosive Bewegungsausführung submaximale Geschwindigkeiten maximale Geschwindigkeiten variable Belastungsphasen hohe Belastungsdichte bzw. wechselseitige Beeinflussung	Nett, Matwejew
Bedeutung für sportartspezifisches Leistungsvermögen	– Grundlagenausdauer* (allgemeine Ausdauer) – spezielle Ausdauer	Basisvermögen für verschiedene sportliche Bewegungtätigkeiten Anpassung an die Beanspruchungsstruktur einer Ausdauerdisziplin	Saziorski, Nabatnikowa, Martin

* Grundlagenausdauer wird nach Nabatnikowa auch als ein Teil der spezifischen Ausdauer gesehen. Sie bereitet die wettkampfspezifische Ausdauer vor.

Tabelle 6
Strukturierung der Ausdauer nach verschiedenen Einteilungskriterien

2 Nach der vorrangigen Art der Energiebereitstellung wird in **aerobe** und **anaerobe Ausdauer** unterteilt. In reiner Form kommen die Ausdauerformen in der Wettkampfpraxis äußerst selten vor (Tab. 7).
Bei **aerober Ausdauer** (aerob = sauerstoffabhängig) steht genügend Sauerstoff zur oxidativen Verbrennung von Glykogen und Fettsäuren zur Verfügung. In einer Vielzahl von Reaktionsschritten werden die Energiespeicher zu den energetisch

Tabelle 7
Prozentuale Anteile aerober und anaerober Energiegewinnung auf den leichtathletischen Wettkampfstrecken. Oben: Pauschalangaben (nach SUSLOW 1971, 23). Mitte: bezüglich persönlicher Bestleistung im mittleren Leistungsniveau (nach SAZIORSKI 1972, 75). Unten: bei Weltrekordleistungen (nach MATTHEWS 1990, 265; PERONNET/THIBAULT 1989; LEGER et al. 1986). Aus dem Vergleich wird deutlich, wie mit steigendem Leistungsniveau im Bereich der Kurz- und Mittelzeitausdauer (400–3000 m) die aerobe Leistungsfähigkeit von immer größerer Bedeutung für die Endleistung wird.

	100 m	200 m	400 m	800 m	1000 m	1500 m	5000 m	10000 m	Marathon
aerob	5	10	25	45	50	65	90	95	99
anaerob	95	90	75	55	50	35	10	5	1

Strecke (m)	Zeit (min)	m/s	O_2-Verbrauch (%)	O_2-Schuld (%)	Milchsäuregehalt im Blut
100	0:11.2	8.92	4	96	132 mg% = 14.65 mmol/l
200	0:23.6	8.47	6	94	198 mg% = 21.98 mmol/l
400	0:51.8	7.72	8	92	227 mg% = 25.20 mmol/l
800	1:56.1	6.89	23	77	211 mg% = 23.42 mmol/l
1500	3:58.1	6.29	49	51	163 mg% = 18.09 mmol/l
5000	16:10.1	5.15	73	27	109 mg% = 12.10 mmol/l
10000	33:13.6	5.07	87	13	64 mg% = 7.10 mmol/l

Strecke (m)	Zeit (min)	m/s	aerob %	anaerob ges. %	anaerob alakt. %	lakt. %
100	0:09.83	10.17	8	92	70	22
200	0:19.75	10.12	14	86	40	46
400	0:43.29	9.24	30	70	10	60
800	1:41.73	7.86	57	43	5	38
1500	3:29.46	7.16	76	24	2	22
3000	7:29.45	6.67	88	12	–	12
5000	12:08.23	6.42	93	7	–	7
10000	27:08.23	6.14	97	3	–	3
42195	126:50	5.58	99	1	–	–

nicht weiter brauchbaren Endprodukten Wasser und Kohlendioxid abgebaut. Diese Endprodukte werden vom Körper ausgeschieden (Oxidationswasser z. B. über Urin und Schweiß, Kohlendioxid über die Abatmung). Bei einer Belastungsintensität mit aerober Energiebereitstellung liegt ein **Sauerstoff-steady-state** vor. Sauerstoffaufnahme und Sauerstoffverbrauch sind im Gleichgewicht. Da sich das Atmungs- und das Herz-Kreislauf-System erst an die gegebene Belastung anpassen müssen, erfolgt der Anstieg der Sauerstoffaufnahme zeitlich verzögert. Werden große Muskelgruppen dynamisch belastet, dauert es ca. 2 Minuten, bis die maximale O_2-Aufnahme erreicht wird. Der verzögerte Anstieg der Sauerstoffaufnahme bringt ein **Sauerstoffdefizit** mit sich. Nach der Belastung wird dieses durch die Sauerstoffmehraufnahme wieder abgetragen.

Die allgemeine aerobe Ausdauer wird unterteilt in:

- **aerobe Kurzzeitausdauer** (3 – 10 Minuten),
- **aerobe Mittelzeitausdauer** (10 – 30 Minuten),
- **aerobe Langzeitausdauer** (über 30 Minuten).

Das Unterteilungskriterium ist der mögliche prozentuale Anteil der maximalen Sauerstoffaufnahme während der Belastungszeit. Ein **hoch Ausdauertrainierter** kann bis zu 10 Minuten 100%, bis 30 Minuten 95%, bis 60 Minuten 85–90% und bis 2 Stunden 80% seiner maximalen Sauerstoffaufnahme einsetzen. Bei Ultra-Langzeitausdauerbelastungen wie z.B. 24-Stunden-Lauf reduziert sich der eingesetzte prozentuale Anteil der VO_2max von 90% zu Belastungsbeginn auf knapp unter 50% am Ende der Laufzeit (HOLLMANN/HETTINGER 2000, 359).

Beim **Untrainierten** fällt der bei Belastung nutzbare Prozentsatz der VO_2max deutlich niedriger aus. Bei einer einstündigen Belastung kann der Untrainierte lediglich 50% seiner VO_2max einsetzen.

Infolge der hohen Reizintensität bei aerober Kurzzeit- und Mittelzeitausdauer reichen die aerob ablaufenden Stoffwechselvorgänge allein zur Gewinnung der nötigen Energie nicht aus. Es wird zusätzlich auch Energie auf anaerobem Weg freigesetzt, was mit entsprechend hohen Laktatwerten verbunden ist. Darauf weisen auch die energetischen Verhältnisse bei leichtathletischen Laufergebnissen (z.B. 1500 – 10000 m) hin (Tab. 7, S. 36), wobei ein deutliches Absinken der Laktatproduktion von der 5000- zur 10000-m-Distanz erkennbar ist (Abb. 16).

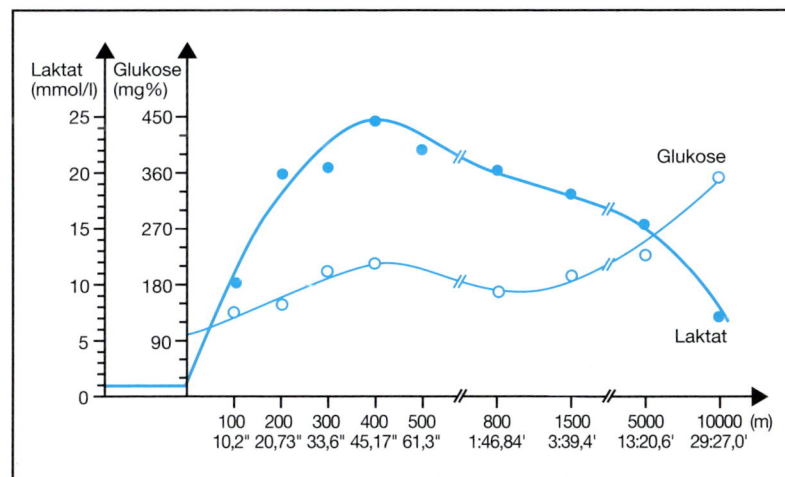

Abbildung 16
Der Glukose- und Laktatspiegel nach Wettkämpfen über die 100- bis 10000-m-Distanz (nach KEUL, 1975)

37

Anaerobe Ausdauer liegt vor, wenn die Sauerstoffzufuhr zur oxidativen Verbrennung unzureichend ist und Stoffwechselvorgänge, die ohne Beteiligung von Sauerstoff ablaufen (anaerob = anoxidativ), eine wesentliche Rolle spielen. Im Mittelpunkt der anaeroben Energiewandlung steht die **anaerobe Glykolyse,** der Weg des Zuckerabbaus zur **Milchsäure** (Laktat = Salz der Milchsäure). Der anaerobe Weg der Energiebereitstellung wird immer dann beschritten, wenn ein hoher Energiebedarf durch die aerobe Oxidation nicht mehr gedeckt werden kann. Die anhaltende Milchsäurebildung führt zur »Übersäuerung« des Muskels. In der Muskelzelle werden viele biologische Reaktionen gebremst, weshalb die hohen Belastungsintensitäten abgebrochen bzw. wesentlich gedrosselt werden müssen. Das Laktat gelangt durch die Muskelzellwand ins Blut und wird über den Kreislauf verteilt. Leber, Nieren, Herzmuskel und die ruhende Skelettmuskulatur nehmen das Laktat auf und verarbeiten es (wie der Herzmuskel) weiter zu Kohlendioxid und Wasser oder bauen es zum Ausgangsprodukt Glykogen wieder auf (Leber, Nieren, ruhende Muskulatur). Die Sauerstoffmehraufnahme nach der Belastung dient einmal dem Wiederauffüllen der Kreatinphosphatspeicher (= alaktazide Sauerstoffschuld) und dem oxidativen Abbau des gebildeten Laktats (= laktazide Sauerstoffschuld). Darüber hinaus ist ein vergrößerter Sauerstoffbedarf noch vorhanden wegen der erhöhten Herzmuskel- und Atemmuskeltätigkeit und wegen der Wiederauffüllung der Sauerstoffspeicher (Myoglobin).

Die allgemeine anaerobe Ausdauer (speziell bei dynamischer Arbeitsweise) wird nach HOLLMANN/HETTINGER unterteilt in

- **anaerobe Kurzzeitausdauer** (6–20 Sekunden),
- **anaerobe Mittelzeitausdauer** (20–60 Sekunden),
- **anaerobe Langzeitausdauer** (60–120 Sekunden).

Für diese Unterteilung ist das Anteilsverhältnis von alaktazider und laktazider Energiebereitstellung maßgebend. Anaerobe Kurzzeitausdauerbelastungen basieren überwiegend auf dem alaktaziden Stoffwechsel. So wird die Energiebereitstellung bei einer maximalen dynamischen Beanspruchung von 10 s Dauer zu etwa 85% allein durch die energiereichen Phosphate abgedeckt. Bei anaeroben Mittelzeitbeanspruchungen dominiert die Glykolyse, die bei ca. 40-sekündiger Belastung ihr Maximum erreicht und bei 60-sekündiger Belastung immer noch mit 65–70% am Gesamtenergiebedarf beteiligt ist. Anaerobe Langzeitausdauerbeanspruchungen sind durch die Zunahme der Glykogenoxidation gekennzeichnet, wobei nach 2-minütiger Belastungszeit der prozentuale Anteil von aeroben und anaeroben Stoffwechsel ausgeglichen ist (siehe auch S. 50 ff.).

3 Nach der Arbeitsweise der Skelettmuskulatur wird zwischen **dynamischer** und **statischer Ausdauer** unterschieden. Letztendlich läuft der Unterschied auf die Art der Energiebereitstellung hinaus, da mit zunehmendem statischem Arbeitsanteil der Muskelinnendruck die Blutzufuhr – und damit die Sauerstoffzufuhr – in den Kapillargefäßen drosselt. Bei statischer Arbeitsweise wird ab ca. 15% der maximalen Muskelspannung die Durchblutung bereits behindert, ab ca. 50% kommt es zum vollen Durchblutungsstopp. Damit wird die Energiebereitstellung immer mehr anaerob (Tab. 8, S. 39). Bei dynamischer Arbeitsweise ist selbst bei höheren Belastungsintensitäten durch den Wechsel von Spannung und Entspan-

Arbeitsweise	Muskelspannung in % der maximalen Spannung			
statisch	–15%	15–30%	30–50%	> 50%
dynamisch	–25/30%	30–50%	50–70%	> 70%
		Energiebereitstellung		
	↓	↓	↓	↓
	aerob	dominant aerob	dominant anaerob	anaerob

Tabelle 8
Energiebereit-
stellung in Abhän-
gigkeit von der
Arbeitsweise der
Skelettmuskulatur

nung (Pumpwirkung der Muskulatur, vor allem für den venösen Rückstrom) die Durchblutung länger gesichert und ein höherer aerober Anteil gewährleistet.

Die statische Ausdauerleistung wird außer von der Durchblutung (Antransport von Sauerstoff, Abtransport von Stoffwechselschlacken) auch durch die nervale Ermüdung begrenzt (Hemmimpulse des Zentralnervensystems, Erschöpfung der Transmittersubstanzen). Dies scheint der primäre Grund für die höhere Ermüdbarkeit bei statischen Ausdauerleistungen zu sein.

Trotz Herzfrequenzerhöhungen, die sich bei statischen Ausdauerbelastungen zeigen, liegt weder eine Wirkung auf das Herz-Kreislauf-System vor, noch kann die statische Ausdauerleistung über das Herz-Kreislauf-System verbessert werden.

Verbesserungen der statischen Ausdauer (aerober und anaerober Art) sind in erster Linie durch Vergrößerung der statischen Maximalkraft zu erreichen, da damit die Reizschwelle hinaufgeschoben wird, jenseits deren das anaerobe Stoffwechselgeschehen einsetzt. Statisches Kraftausdauertraining ist deshalb auch methodisch mehr eine Angelegenheit des Krafttrainings.

Verbindet man die drei Einteilungskriterien (Muskelmasse, Energiebereitstellung, Arbeitsweise), so führen die Kombinationsmöglichkeiten zum **Einteilungsschema der Ausdauer nach** HOLLMANN/HETTINGER (Abb. 17).

In der Sportpraxis werden in umgangssprachlicher Benennung die Kombinationen mit vorwiegend anaerober Energiebereitstellung als **Stehvermögen** und die vorwiegend aeroben als **Dauerleistungsvermögen** bezeichnet.

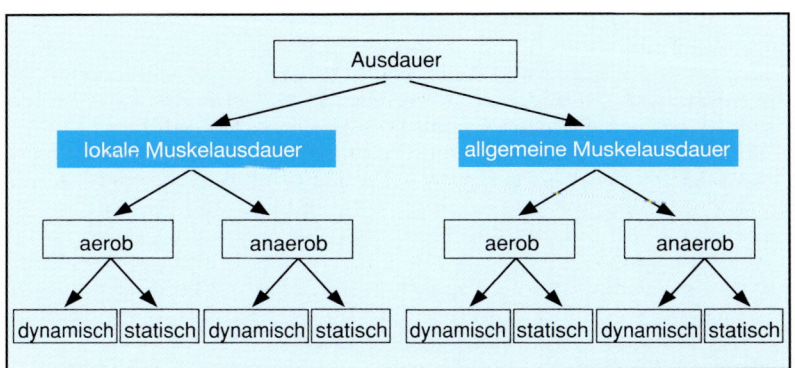

Abbildung 17
Schema der ver-
schiedenen Formen
von Ausdauer-
leistungsfähigkeit
(nach HOLLMANN/
HETTINGER 2000,
263)

Kurzzeitausdauer (KZA), Mittelzeitausdauer (MZA), Langzeitausdauer (LZA)

Bei manchen Autoren (HARRE 1982, 157; KEUL 1975, 632) wird die Klassifizierung der Ausdauer aus der Sicht der konkreten Wettkampfanforderungen und damit nach der Wettkampfdauer (Tab. 6, S. 35) vorgenommen. Zur Begründung wird der Gedanke eingebracht, dass die physischen und psychischen Anforderungen an die Ausdauer primär von der zeitlichen Belastungsdauer abhängig sind. Dabei muss über die vorgegebene Zeitdauer die höchstmögliche Belastungsintensität vorliegen, da nur so die typischen Stoffwechselverhältnisse bezüglich des aerob/anaeroben Mischungsverhältnisses erreicht werden.

Die Untersuchungen dazu wurden bei leichtathletischen Läufen durchgeführt, weshalb die Ergebnisse auch nur für die Laufbelastungen zutreffen. Die Übertragung auf andere Sportarten ist nur bedingt möglich.

Unterschiede in den Zeitangaben für die Abgrenzung von KZA, MZA und LZA (Tab. 9) und in den prozentualen aeroben bzw. anaeroben Anteilen (Tab. 7, S. 36) sind darauf zurückzuführen, dass einerseits die Stoffwechselverhältnisse nach verschiedenen Untersuchungsmethoden (über die Sauerstoffschuld oder über den Kalorienverbrauch) festgestellt und andererseits verschiedene absolute Laufleistungen untersucht wurden.

Mit der unteren zeitlichen Abgrenzung der KZA (45 bzw. 20 Sek.) wird auch die Abgrenzung der Ausdauerdisziplinen zu anderen Disziplinen (Schnelligkeits-, Schnellkraft-, Kraftdisziplinen) angesprochen. Vom Bereich der Ausdauer im engeren Sinne ausgeschlossen wird auf alle Fälle die so genannte **Sprintausdauer**, d. h. der zeitliche Belastungsbereich, in dem die anaerob-alaktazide Energiegewinnung eine leistungsbestimmende Komponente darstellt (z. B. beim 100- und 200-m-Sprint, 500-m-Eisschnelllauf, 500-m-Radsprint).

Pauschal kann zur Charakterisierung der drei Ausdauerformen durch die Stoffwechselverhältnisse festgestellt werden:

- **KZA: charakterisiert durch eine überwiegend anaerobe Energiebereitstellung** (der anaerobe Energieanteil beträgt bei 1 Minute maximaler Belastung

Tabelle 9
Zeitliche Abgrenzung von KZA, MZA, LZA bei verschiedenen Autoren*

Autor	KZA	MZA	LZA		
Harre (1971)	45 s–2 min	3–8 min		> 8 min	
Keul (1975)	20 s–1 min	1–8 min		> 8 min	
Harre (1979)	45 s–2 min	2–10 min	I	10–35 min	
			II	35–90 min	
			III	> 90 min	
Harre (1982)	45 s–2 min	2–11 min	I	11–30 min	
			II	30–90 min	
			III	> 90 min	

* Die Zeiteinteilung von HOLLMANN/HETTINGER (2000) ist hier nicht vergleichbar, da sie sich getrennt auf den anaeroben und den aeroben Bereich bezieht (siehe S. 37 und 38).

65–70%; bei 2 Minuten liegt ein ausgewogenes Verhältnis zwischen aerober und anaerober Energiebereitstellung vor)

- **MZA: der aerobe Energieanteil steigt von 50% bei 2 Minuten auf ca. 80% bei 10 Minuten Belastungszeit an**
- **LZA: fast ausschließlich aerobe Energiebereitstellung** (mit zunehmender Belastungsdauer erhöht sich der aerobe Energieanteil bis auf 98%)

Ausdauerfähigkeiten in Abhängigkeit vorherrschender Einflussfaktoren

Die folgenden Begriffe sind entstanden unter dem Aspekt des jeweiligen konditionellen oder situativen Haupteinflussfaktors auf die Ermüdungswiderstandsfähigkeit. Hierher gehören zunächst die Begriffe aus der Wechselwirkung der Ausdauer mit den konditionellen Fähigkeiten Kraft und Schnelligkeit.

Kraftausdauer = Ermüdungswiderstandsfähigkeit bei Belastungen mit erheblichen Kraftanforderungen.

Als komplexe Erscheinungsform der Ausdauer bietet sie ein breites Spektrum, innerhalb dessen zwischen dynamischer und statischer Kraftausdauer, Maximalkraft- und Schnellkraftausdauer bei zyklischen und azyklischen Übungen zu differenzieren ist (THIES/SCHNABEL 1986, 91). Gewöhnlich wird bei »erheblichen« Kraftanforderungen an Krafteinsätze von ca. 80–30% der Maximalkraft gedacht. Nach SAZIORSKI et al. (1970) lassen sich Verbesserungen der Ausdauerkomponenten in diesem Bereich durch Verbesserung der Maximalkraft erreichen. Nach HARRE (Abb. 18, S. 42) äußern sich Kraftausdauer und Schnellkraftausdauer in erster Linie als Kurzzeitausdauer und Mittelzeitausdauer. Aber auch in der LZA kann Kraftausdauer (= aerobe KA) in Erscheinung treten.

Aus trainingsmethodischen Gründen wird nach dem Kriterium »Größe des Krafteinsatzes« auch unterteilt in:

- **Maximalkraftausdauer** (auch hochintensive Kraftausdauer): über 75% der Maximalkraft bei statischer und dynamischer Arbeitsweise
- **submaximale Kraftausdauer** (auch mittelintensive Kraftausdauer): 75–50% der Maximalkraft bei dynamischer Arbeit, bis 30% bei statischer Arbeit
- **aerobe Kraftausdauer** (auch Ausdauerkraft): 50–30% der Maximalkraft bei dynamischer Arbeitsweise

In dieser Gliederung (nach Kraftgröße und Arbeitsweise) sind indirekt auch die unterschiedlichen Stoffwechselvorgänge und damit typischen Zeitverhältnisse für Kraftausdauerleistungen berührt.

In der Trainingspraxis wird dabei das Training der Maximalkraftausdauer belastungsmethodisch mehr als eine Angelegenheit des Krafttrainings, das Training der submaximalen und aeroben Kraftausdauer als ein Teilbereich des Ausdauertrainings gesehen.

Schnelligkeitsausdauer = Ermüdungswiderstandsfähigkeit bei Belastungen mit submaximaler bis maximaler Geschwindigkeit und überwiegend anaerober Energiebereitstellung (HARRE 1982, 159).

Für die zyklische Schnelligkeit bedeutet dies geringe Verluste in der Fortbewegungsgeschwindigkeit, für die azyklische Schnelligkeit (z.B. im Boxen, in Spielen)

41

Abbildung 18
Wechselbeziehungen zwischen den einzelnen Ausdauerfähigkeiten (in Anlehnung an HARRE 1976, 148, aus WEINECK 1994, 143)

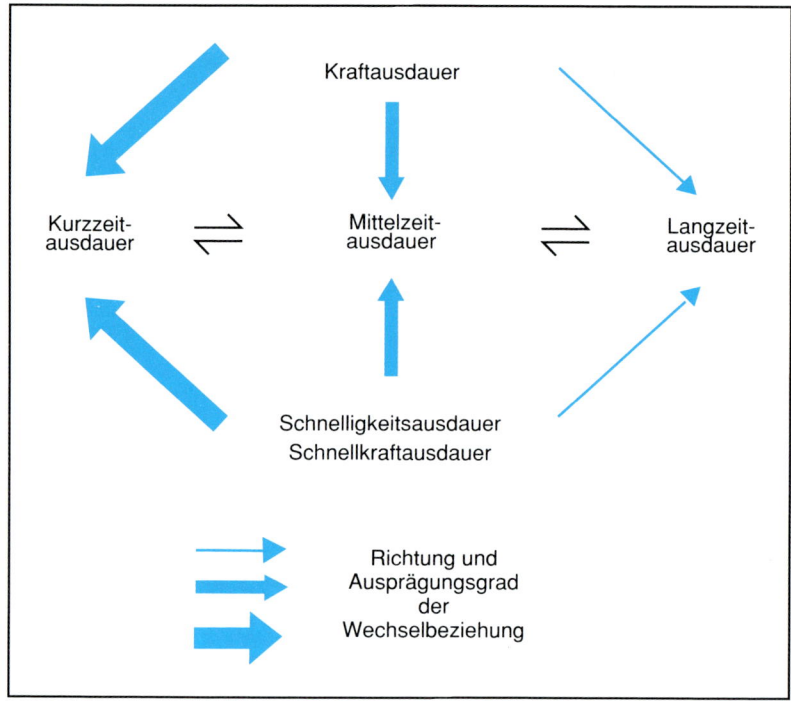

wiederholt hohe Kontraktionsgeschwindigkeiten trotz langer Gesamtbelastungsdauer.

> Im maximalen Geschwindigkeitsbereich ist Schnelligkeitsausdauer mit Sprintausdauer identisch. Im submaximalen Intensitätsbereich ist Schnelligkeitsausdauer mit Kurzzeitausdauer gleichzusetzen und somit trainingsmethodisch nicht der Schnelligkeit, sondern der Ausdauer zuzuordnen.

Zwei Bezeichnungen sind entstanden unter dem Aspekt der typischen Belastungssituation:
Spiel-/Kampfausdauer = Ermüdungswiderstandsfähigkeit, die in Sportspiel- und Kampfsportarten den Leistungsabfall in den nicht standardisierten und extrem variablen Belastungssituationen niedrig hält.
Die Anforderungen an diese Ausdauerfähigkeit sind gekennzeichnet durch sich wiederholende kurze Phasen maximaler Belastungsintensität, Pausen mit relativer Erholung und hohem Belastungsumfang in der Gesamtaktivität. Dies beansprucht physisch sowohl die anaerobe wie die aerobe Kapazität in einem bestimmten Ausmaß und dazu die sensorische und emotionelle Ermüdungswiderstandsfähigkeit.

Mehrkampfausdauer = Fähigkeit, in den Einzeldisziplinen des Mehrkampfs die gesonderten Einzelleistungen trotz höherer Belastungsdichte und wechselseitiger Beeinflussung ohne nennenswerten Leistungsverlust zu erbringen (sinngemäß nach MATWEJEW 1981, 186). Eine weitergehende Erklärung darüber, in welchen Bereichen des Organismus sich dies niederschlägt, wird nicht gegeben.

Die Bezeichnung **intermittierende Belastungen** (ÅSTRAND 1993, 22) weist ebenfalls auf die vorher erwähnte Spiel-/Kampfausdauer hin. Sie sind im Ausdauerbereich neben intervallartigen und Dauerbelastungen auch zu berücksichtigen.

Grundlagenausdauer und spezielle Ausdauer

In der Verwendung und Interpretation des Begriffspaares Grundlagenausdauer/ spezielle Ausdauer herrscht in der Literatur keine einheitliche Meinung vor. Zwei Auffassungen (Abb. 19) haben sich herauskristallisiert, die allerdings bei der Charakterisierung der Fähigkeiten doch wieder Gemeinsamkeiten erkennen lassen.

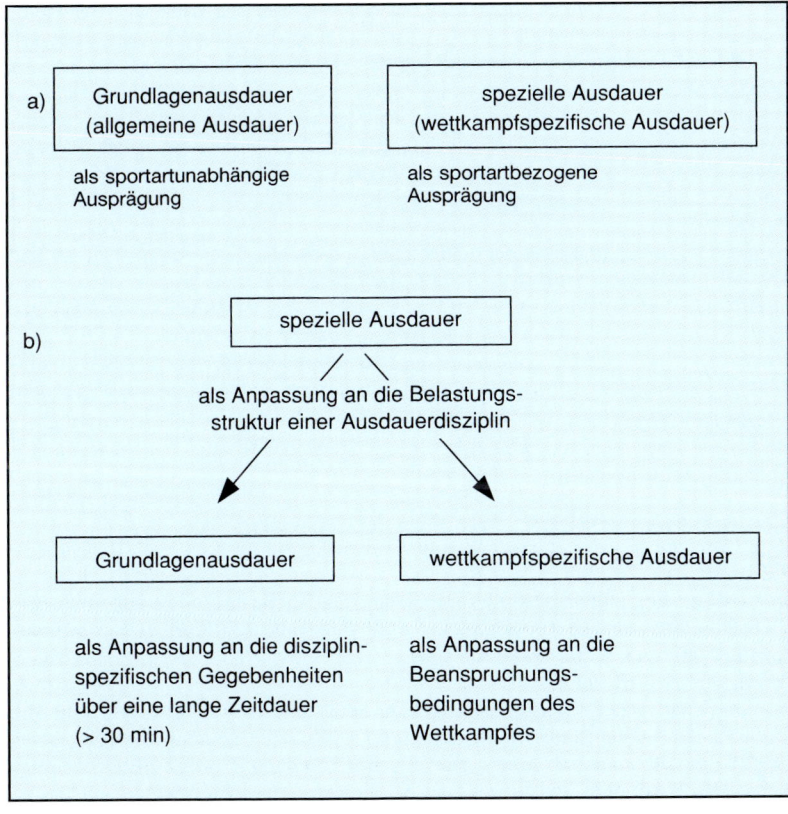

Abbildung 19
Schematische Darstellung der unterschiedlichen Auffassungen (a, b) von Grundlagenausdauer und spezieller Ausdauer

Die nachfolgend dargestellten Definitionen sollen dies erklären:

a) Grundlagenausdauer = die sportartunabhängige Ermüdungswiderstandsfähigkeit bei Langzeitbelastungen unter Einsatz großer Muskelgruppen. Nach ZATSIORSKY liegt dabei ein hoher Transfer von der in einer Sportart erworbenen Ausdauer auf andere Sportarten/Sportdisziplinen vor. Dieser positive Übertragungseffekt ist vor allem dann zu erwarten, wenn geringe bis mittlere Belastungsintensität über relativ lange Zeit zu erbringen ist. Zudem hängt er stark vom Charakter und von der Art der Tätigkeit ab, von der übertragen werden soll (NABATNIKOWA 1974). Begründet werden kann dieser Übertragungseffekt durch die trainingsbedingt verbesserte aerobe Kapazität, die dann in der artfremden Sportdisziplin genutzt werden kann. Ausgehend von dieser Definition, ist Grundlagenausdauer mit der allgemeinen Ausdauer gleichzusetzen.

b) Grundlagenausdauer = die Anpassung an die spezielle Ausdauerdisziplin unter vorwiegend aerober Energiebereitstellung über lange Zeit (> 30 min). In diesem Fall wird die Grundlagenausdauer der speziellen Ausdauer untergeordnet und stellt die Basisausdauer für die wettkampfspezifische Ausdauer dar.

Spezielle Ausdauer = die Anpassung an die Belastungsstruktur und Beanspruchungsstruktur einer Ausdauersportart. Das Training der speziellen Ausdauer zielt somit auf die unmittelbare Entwicklung der sportart- bzw. disziplinspezifischen Wettkampfleistung ab. Dabei ist u. a. die Ausbildung folgender Komponenten zu berücksichtigen: spezielle aerobe Ausdauer; spezielle Kraft- und Schnelligkeitsausdauer; Renntempo unter Berücksichtigung der Ökonomisierung der Technik; Renntaktik (gekennzeichnet durch die Fähigkeit, das Renntempo dem Wettkampfverlauf anzupassen); im psychischen Bereich das Durchhaltevermögen bei hoher Beanspruchung.

Zur weiteren Heraushebung des Unterschieds zwischen Grundlagenausdauer und spezieller Ausdauer wird auch betont, dass Grundlagenausdauer zwischen den Sportdisziplinen positiv übertragbar ist (= relativ hoher Transfer), obwohl es nach NABATNIKOWA »keine Art der Ausdauer gibt, die den Sportler befähigen würde, gleichermaßen ausdauernd bei unterschiedlichen Formen der Bewegungstätigkeit aufzutreten«. Die spezielle Ausdauer (hohen Niveaus) dagegen ist gar nicht bzw. nur bedingt übertragbar (vgl. Läufer–Schwimmer, Radfahrer–Läufer). Sie ist jedoch nur auf der Basis der Grundlagenausdauer zu entwickeln.

Zusammenfassung zur Strukturierung der Ausdauer

Die Literatursichtung zeigt wiederum (siehe auch S. 35), dass es in Anbetracht der Vielzahl von Ausdauerarten (-formen, -fähigkeiten) **die Ausdauer** nicht gibt, sondern der sportpraktische Gesamtkomplex Ausdauer nur über mehrere Ausdauerfähigkeiten zu erfassen ist.

Aus der Sicht der Trainingsmethodik kann nach unserer Auffassung jedoch die große Zahl von Begriffen auf ein notwendiges Maß eingeschränkt werden. Es erscheint sinnvoll, innerhalb einer systematischen Gliederung nach 2 grundsätzlichen **Arten der Ausdauer** und in weiterer Differenzierung nach **Ausdauertypen** zu unterscheiden. Tab. 10 gibt dazu eine Übersicht. Nähere Erläuterungen dazu erfolgen nach Darlegung biologischer Grundlagen im Kapitel 5, S. 89 ff.

Arten	Grundlagenausdauer (GLA)	spezielle Ausdauer (spA)
Merkmal	Basischarakter für Gesundheit, Fitness und für die Entwicklung anderer sportmotorischer Fähigkeiten	disziplinspezifische Belastungsstruktur in den Ausdauersportarten; optimales Verhältnis von Belastungsintensität und Belastungsdauer
Typen	– **allgemeine Grundlagenausdauer =** übungsneutrale Grundausdauer des Gesundheits- und Fitnessbereichs – **spezifische Grundlagenausdauer =** übungsgebundene Basisausdauer der Ausdauerdisziplinen – **azyklische Grundlagenausdauer =** Basisausdauer für die unregelmäßig wechselnde (= azyklische) Beanspruchung in den Spiel- und Kampfsportarten	– **Kurzzeitausdauer*** (35 s–2 min) – **Mittelzeitausdauer*** (2–10 min) – **Langzeitausdauer I**** (10–35 min) – **Langzeitausdauer II** (35–90 min) – **Langzeitausdauer III**** (90 min–6 h) – **Langzeitausdauer IV** (> 6 h)

* Der Kurz- und Mittelzeitausdauer sind inhaltlich die Begriffe **Schnelligkeitsausdauer** (mit submaximalen Geschwindigkeiten), **Schnellkraftausdauer** und **submaximale Kraftausdauer** zuzuordnen.
** In den Langzeitausdauertypen tritt **aerobe Kraftausdauer** in Erscheinung.

Tabelle 10
Übersicht zu den Arten und Typen der Ausdauer

 Sportbiologische Grundlagen zum Komplex Ausdauer

Ausdauerleistungen haben – wie alle sportlichen Leistungen – ihren Ausgangspunkt in einer Motivation und stützen sich auf eine Reihe organismischer Versorgungssysteme als Zwischenglieder und haben ihren Endpunkt in der Skelettmuskulatur, wobei diese als motorisches Antriebssystem letztendlich die Bewegung durch Kontraktion der Muskelfasern realisiert. Demnach sind für die Ausdauerleistungsfähigkeit eine ganze Reihe von Organsystemen mitbestimmend. Selbstverständlich liegt das Schwergewicht auf den Systemen, die für die Mobilisation der Energiesubstrate und die Sauerstoffversorgung zuständig sind. Es kommen aber auch weitere für überdurchschnittliche Ermüdungswiderstandsfähigkeit zum Tragen. Insgesamt sind bei Ausdauerleistungen folgende **Organsysteme** gefordert:
- Skelettmuskulatur
- Herz-Kreislauf-System einschließlich Blut
- Atemsystem
- zentrales und peripheres animalisches Nervensystem
- vegetatives Nervensystem
- Hormonsystem
- passiver Bewegungsapparat

Die wesentlichen funktionellen Teilbereiche werden im Folgenden besprochen.

Energiebereitstellung in der Muskelzelle

Betrachtet man unter dem biologischen Gesichtspunkt die Muskelarbeit bei Ausdauerbelastungen, so kann sie als Mehrverbrauch an Energie infolge muskulärer Tätigkeit definiert werden. Generell setzt jede Form von Arbeit Energiefreisetzung voraus, die im Organismus durch chemische Reaktionen exergonischer Art erfolgt. Letztendlich wird dabei chemische in mechanische Energie umgewandelt.

Für die Darstellung des Energiestoffwechsels sind die Begriffe **Oxidation** und **Reduktion** zu erklären. Bei einem Atom oder Molekül ist der Verlust von Elektronen als Oxidation, der Gewinn als Reduktion definiert. Bei den Reaktionen im Energiestoffwechsel werden Elektronen mittels Wasserstoffatomen abgespalten (Dehydrierung = Oxidationsvorgang). Die Verbindung (bzw. die Oxidation) des Wasserstoffs mit Sauerstoff in der biologischen Atmungskette stellt den Grundmechanismus der Energielieferung dar. Im menschlichen Stoffwechsel sind dabei Kohlenhydrate, Lipide und Proteine die Hauptelektronenspender.

Die Ausdauerfähigkeit des Muskels hängt u.a. ab von der Nahrungszufuhr, dem Sauerstoffangebot und der Quantität der Muskeldurchblutung.

Beim Energiestoffwechsel der Muskelzelle (Metabolismus) werden generell die drei Prozesse **aerob** (oxidativ), **anaerob laktazid** und **anaerob alaktazid** unterschieden.

Als aerob bezeichnet man die in Verbindung mit Sauerstoff ablaufenden Stoffwechselprozesse, die sich in den Mitochondrien abspielen. Demgegenüber läuft der anaerobe Metabolismus außerhalb der Mitochondrien im Zytoplasma ab. Erfolgt dieser mit vermehrter Laktatproduktion, so spricht man von einer laktaziden Energiebereitstellung. Beim alaktaziden Stoffwechsel ist keine Zunahme der Blutlaktatwerte zu beobachten.

Energiespeicher

In der Muskelzelle können verschiedene Substrate verstoffwechselt werden, aus denen die Energie für die Muskelkontraktion gewonnen wird (Tab. 11). Während die energiereichen **Phosphate** Adenosintriphosphat (ATP) und Kreatinphosphat (KrP) innerhalb einer Muskelzelle nutzbar sind, können **Glykogen** und **Fette** auch aus anderen Depots genutzt werden.

Adenosintriphosphat (ATP)

Der Vorrat von ATP in der Muskelzelle ist sehr beschränkt und beträgt im ruhenden Muskel etwa 6 mmol/kg (HOLLMANN/HETTINGER 2000, 62). Dieses Depot reicht für ein bis drei Muskelkontraktionen aus (MADER/HECK, 1986). Daher muss der Organismus für einen ständigen Wiederaufbau (Resynthese) des ATP sorgen.

Tabelle 11
Energiespeicher der Muskelzelle

	Substrat	Menge in Phosphatresten (-P) pro kg Muskel	maximale Einsatzdauer
1. Speicher	ATP Adenosintriphosphat	ca. 6 mmol	(theoretisch) 2–3 s
2. Speicher	KrP Kreatinphosphat	ca. 20–25 mmol	–
	Phosphatspeicher insgesamt (Phosphagen)	ca. 30 mmol	7–10 s (20 s)
3. Speicher	Glykogen (Glukose)	ca. 270 mmol	(anaerober Abbau) 45–90 s
		ca. 3000 mmol	(aerober Abbau) 45–90 min
4. Speicher	Triglyzeride (Fette)	ca. 50 000 mmol	mehrere Stunden

47

Kreatinphosphat (KrP)

Das KrP ist im Vergleich zum ATP in drei- bis vierfacher Menge vorrätig und hält die ATP-Konzentration bis zum nahezu völligen Verbrauch aufrecht. Allerdings kann damit auch nur für wenige Sekunden (7–10 s) der Energiebedarf gesichert werden.
Die Zeitangaben für die maximale Nutzung von ATP (2–3 s) und KrP (7–10 s) sind eher theoretischer Natur, da permanent die Resynthese von ATP und KrP über weitere Mechanismen erfolgt.

Glykogen

Glykogen (Speicherform der Glukose) ist sowohl in der Skelettmuskulatur als **Muskelglykogen** (ca. 1,5 g Glykogen/100 g Muskelfeuchtgewebe) wie auch in der Leber gespeichert. Das **Leberglykogen** (normal 75–90 g) dient in erster Linie der Konstanthaltung des Blutzuckerspiegels (80–100 mg%) und trägt damit zur Aufrechterhaltung der Funktionsfähigkeit des Zentralnervensystems bei. Das Zentralnervensystem ist auf eine ständige Glukosezufuhr aus dem Blut angewiesen, da es selbst nur über geringe Glykogenvorräte verfügt. Nahezu 60% der von der Leber abgegebenen Glukose an das Blut sichern den Gehirnstoffwechsel (HOLLMANN/ HETTINGER 2000, 103). Bei lang andauernden submaximalen Belastungen (z.B. im LZA-Bereich) spielt die Glukoseaufnahme des Muskels aus dem durchströmenden Blut – und damit das Leberglykogen – eine bedeutende Rolle. COGGAN et al. (1990) konnten zeigen, dass nach 90 Minuten Belastung mit ca. 60% der maximalen Sauerstoffaufnahme die Oxidation von Plasmaglukose etwa ein Drittel der gesamten Kohlenhydratoxidation beträgt. Ein Abfall des Blutzuckerspiegels tritt erst ein, wenn die Glykogendepots der Leber stark entleert sind. Der Abfall unter 70 mg% kann bereits koordinative Störungen nach sich ziehen. Bei abnehmenden Glykogenvorräten durch lang andauernde muskuläre Arbeit sinkt die Plasmainsulinkonzentration, die die Durchlässigkeit der Glukose durch die Zellmembran regelt, bis auf 50% des Ruheausgangswertes ab. Somit wird einer allzu intensiven muskulären Glukoseverstoffwechslung zuungunsten des Gehirnstoffwechsels vorgebeugt. Zusätzlich ist die Leber in der Lage, bei lang andauernden Belastungen aus Substanzen wie Alanin und Glyzerol teilweise den Wiederaufbau von Glukose (Glukoneogenese) sicherzustellen.

Fette

Fette liegen im **Unterhautfettgewebe** (Hauptdepot) und in der **Muskelzelle** in Form von Triglyzeriden vor. Die Triglyzeride bestehen aus drei an Glyzerin gebundene Fettsäuren. Die **freien Fettsäuren (FFS)** können in fast allen Organen oxidiert werden. Vor allem bei lang andauernden Belastungen geringer und mittlerer Intensität werden die Fettdepots für den Energiestoffwechsel genutzt. Den intramuskulären Triglyzeridgehalt geben HOPPELER et al. (1973) mit 0,3–0,8 Vol% an. Unter Wasseraufnahme (Hydrolyse) werden aus den Triglyzeriden die freien Fettsäuren freigesetzt. Als Trainingseffekt sind bei einem ausdauertrainierten Muskel signifi-

kant höhere Lipidgehalte und eine gesteigerte Aktivität von Enzymen aus der Betaoxidation der Fettsäuren zu beobachten (HOPPELER et al. 1973). Die Mobilisation
der Fettsäuren aus dem Unterhautfettgewebe erfolgt bei muskulärer Beanspruchung
mit aerobem Charakter erst nach einer 15- bis 30-minütigen Belastungszeit. Einerseits wird die **Lipolyse** (Triglyzeridspaltung) durch die belastungsbedingte Freisetzung der Katecholamine (Adrenalin und Noradrenalin) und andererseits bei länger
andauernden Belastungen vorrangig durch das Wachstumshormon (STH) stimu-
liert. Die Nutzung der Fettoxidation ist von verschiedenen Faktoren wie Belastungsdauer, Belastungsintensität und intramuskulärem Glykogenangebot abhängig.
Sie wird bei energetisch mäßigen Anforderungen (langsame Bewegungen, geringer
Krafteinsatz) und bei bereits stark reduzierten Glykogenreserven genutzt. Auch der
Ausdauertrainingszustand spielt eine entscheidende Rolle, da mit zunehmendem
Leistungsniveau der Prozentsatz der Fettsäureverbrennung an der Energiedeckung
ansteigt und somit die Kohlenhydratdepots geschont werden.
Gehemmt wird die Mobilisation von Fettsäuren durch die Blutlaktatkonzentration.
Blutlaktatwerte von 5–8 mmol/l führen zu einer signifikanten Senkung des Plasma-
spiegels der Fettsäuren.

Eiweiße

Eiweiße (Proteine) spielen allgemein im **Baustoffwechsel** – weniger im **Betriebs-
stoffwechsel** – eine Rolle, da unter normalen Umständen die Aminosäuren aus dem
Überschuss der Nahrungseiweiße verwertet werden. Als **Aminosäuren** bezeichnet
man die einfachsten Bausteine der Eiweiße. Bei lang andauernden Belastungen
(LZA III und IV) und reduziertem intramuskulärem Glykogenspeicher kann der
Anteil der Aminosäureoxidation 5–15% des Gesamtenergiestoffwechsels abdecken.
Die Zunahme von Harnstoff im Blutserum beweist, dass bei Langzeitausdauerbeanspruchungen die Oxidation von Aminosäuren stattfindet. Dabei sinkt vor allem
die Konzentration von Leucin, Isoleucin und Valin im Blut, was auf eine Beteiligung am oxidativen Stoffwechel in der Skelettmuskulatur zurückzuführen ist.
Zusätzlich wird im Prozess der Glukoneogenese der Leber Glukose bzw. Glykogen
aus dem Glyzerol der Fette und aus dem muskulären Aminosäureabbau hergestellt.
Im Extremfall (z.B. bei mehrtägigem Aufenthalt in extremen Höhen) wird neben
den Aminosäuren aus dem Körperpool (ca. 80–90 g) auch indirekt Muskeleiweiß
abgebaut.

Energiestoffwechsel

Zentrale Rolle der ATP-Spaltung

Die zentrale Rolle im Energiestoffwechsel der Zelle nimmt das **ATP** ein, da die
energiefordernden Prozesse wie die Transformation von Stoffen (z.B. Phosphorylierung von Glukose oder die Aktivierung der FFS) und die Muskelkontraktion nur
durch die Abspaltung eines Phosphatrestes aus Adenosintriphosphat (ATP) zu
Adenosindiphosphat (ADP) und **Phosphat (P_i)** ablaufen. Abb. 20, S. 50, verdeut-

49

Abbildung 20
Energiebereitstellung beim Abbau von Adenosintriphosphat (ATP) in Adenosindiphosphat (ADP) mit dem zugehörigen Enzym (hydrolytische Spaltung des ATP)

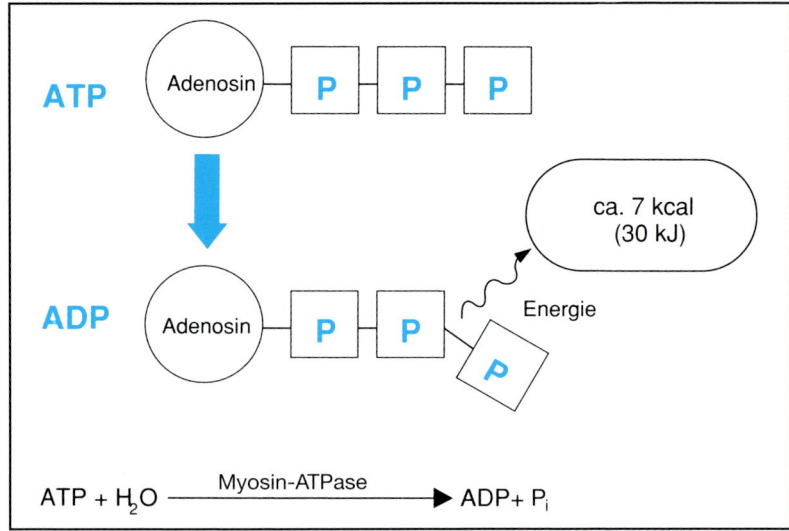

$$ATP + H_2O \xrightarrow{\text{Myosin-ATPase}} ADP + P_i$$

licht den Ablauf dieser exergonischen Reaktion. Im arbeitenden Muskel wird die Geschwindigkeit der Reaktion durch das Enzym Myosin-ATPase bestimmt. Bei Beanspruchungen mit maximaler Intensität kann auch der zweite Phosphatrest des ATP genutzt werden, wobei **Adenosinmonophosphat (AMP)** entsteht:

$$2\,ADP \rightarrow ATP + AMP$$

Das Verhältnis von ATP zu ADP, d. h. der Quotient ATP/ADP, bestimmt maßgeblich den Ablauf des Energiestoffwechsels (Abb. 21, S. 51). Je größer der ATP-Verbrauch/Zeiteinheit ist (Quotient ATP/ADP wird kleiner), desto mehr werden alle Mechanismen der ATP-Resynthese aktiviert. Alle anderen energieliefernden Prozesse (Abbau von KrP, Glykogen, Triglyzeriden) sichern den ständig laufenden Wiederaufbau (Resynthese) des ATP und werden so nur indirekt von der Muskelzelle für die Kontraktion genutzt (Abb. 22, S. 51). Das während einer Einzelzuckung (Dauer 100 ms) gespaltene ATP ist nach 30 ms wieder resynthetisiert (KÜCHLER 1983, 138). Eine schnelle ATP-Resynthese wird durch die Zunahme der Aktivität des Enzyms 6-Phosphofruktokinase, das in der Glykolyse (Abbau der Glukose bis zum Laktat) eine Schlüsselfunktion hat, gesichert. Hingegen bremst die Zunahme der ATP-Konzentration die Glykolyse.

Im Einzelnen sind folgende biochemische Reaktionen (Abb. 23, S. 52) für den Energienachschub wesentlich.

Anaerober Energiestoffwechsel

Der Abbau der energiereichen **Phosphate (ATP, KrP)** geschieht **ohne** Beteiligung von **Sauerstoff** (= anaerob) und ohne Milchsäure- bzw. Laktatbildung (Salz der Milchsäure = Laktat). Es liegt deshalb die **anaerob-alaktazide** Form der Energie-

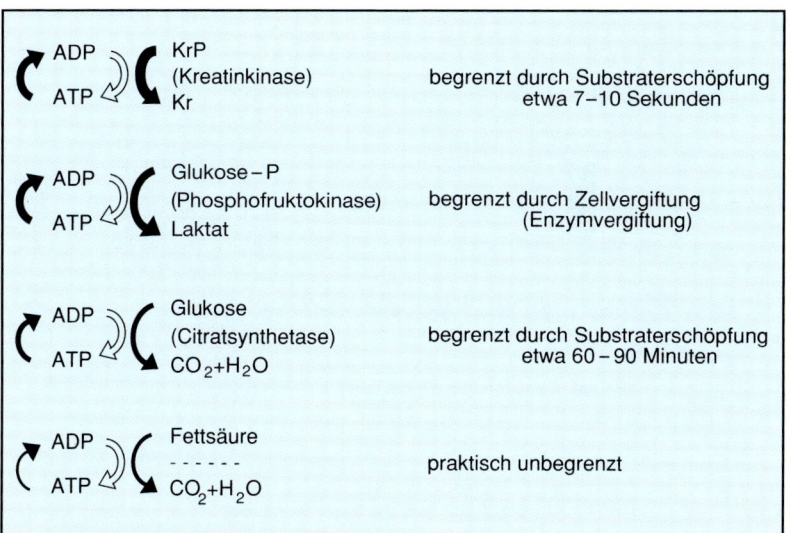

ADP / ATP — KrP (Kreatinkinase) Kr — begrenzt durch Substraterschöpfung etwa 7–10 Sekunden

ADP / ATP — Glukose–P (Phosphofruktokinase) Laktat — begrenzt durch Zellvergiftung (Enzymvergiftung)

ADP / ATP — Glukose (Citratsynthetase) CO_2+H_2O — begrenzt durch Substraterschöpfung etwa 60–90 Minuten

ADP / ATP — Fettsäure - - - - - CO_2+H_2O — praktisch unbegrenzt

Abbildung 21
Schematische Darstellung der Wahl des geeigneten Stoffwechselwegs nach dem ATP-Verbrauch/Zeiteinheit (nach BADTKE 1995, 60).
Die Pfeilstärke zeigt die Höhe des Energieflusses an. Die für die Reaktionen zuständigen Schlüsselenzyme sind in Klammern genannt.

bereitstellung vor. Dieser Weg wird beschritten, wenn große Energiemengen pro Zeiteinheit erforderlich sind, also bei maximalen Kontraktionsintensitäten. Beim Phosphatabbau liegen nämlich die **höchsten Energieflussraten** vor (Tab. 12, S. 56). Wegen der sofortigen ATP-Resynthese aus dem KrP-Zerfall gibt es keine ATP-Speicherentleerung, wohl aber ein vorübergehendes Absinken der ATP-Konzentration (höchstenfalls bis auf 40% des Ruheausgangswertes). Der KrP-Speicher kann mit kurzfristigen Höchstleistungen dagegen fast ausgeschöpft werden (bis auf 20% des Ruhebestandes). Die Abbaureaktion wird durch das Enzym **Kreatinkinase (CK)** bestimmt. Die Wiederherstellung des KrP-Speichers in der Erholungsphase hat einen exponentiellen Verlauf, d.h., es gibt eine schnelle erste Phase und eine langsamere zweite Phase. Dabei sind sowohl glykolytische als auch oxidative Umsetzungen (Prozesse 2, 3, 4 in Abb. 23, S. 52) beteiligt. Nach ca. 3–5 Minuten ist der KrP-Speicher wieder aufgefüllt.

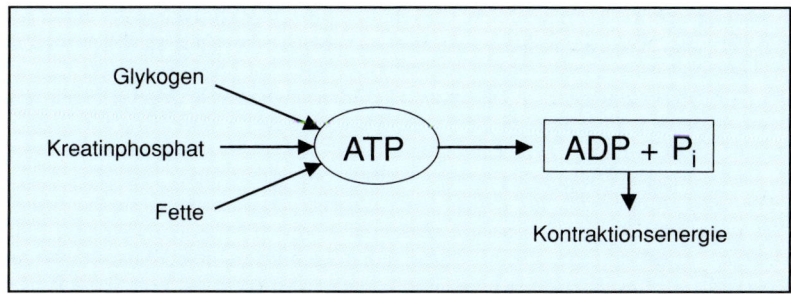

Glykogen
Kreatinphosphat → ATP → $ADP + P_i$
Fette
Kontraktionsenergie

Abbildung 22
Zentrale Rolle des Adenosintriphosphats (ATP) im Energiestoffwechsel der Muskelzelle

Abbildung 23
Vereinfachte Darstellung der Energienachschub-Reaktionen für die ATP-Resynthese

1. anaerob-alaktazider Prozess:

Kreatinphosphat + Adenosindiphosphat $\longrightarrow$ Kreatin + Adenosintriphosphat

(KrP)   +   (ADP)   (Kr) +   (ATP)

2. anaerob-laktazider Prozess (Glykolyse):

Glukose (Glykogen) + P_i + ADP $\longrightarrow$ Laktat + ATP

3. aerober Prozess (oxidativer Glykogenabbau):

Glukose (Glykogen) + P_i + ADP + O_2 $\longrightarrow$ CO_2 + H_2O + ATP

4. aerober Prozess (oxidativer Fettabbau):

freie Fettsäuren + P_i + ADP + O_2 $\longrightarrow$ CO_2 + H_2O + ATP

Der Wechsel zwischen Ausschöpfen und Wiederauffüllen des KrP-Speichers (in Schnelligkeits-, Schnellkraft- und Maximalkrafttraining angewandt) führt zu einer Vergrößerung des Speichers und zur Aktivitätssteigerung der Enzyme ATPase und CK. Der ATP-Vorrat hingegen nimmt durch Training nur gering zu. Die dargestellten Trainingsbelastungen bewirken eine verbesserte anaerobe-alaktazide Energiebereitstellung.

Innerhalb der anaeroben Energiebereitstellung wird noch während der laufenden Phosphatnutzung die Glykolyse aktiviert, d. h. der Abbau von Muskelglykogen oder Glukose ohne Sauerstoff unter Milchsäurebildung (Laktat). Man bezeichnet diesen Prozess als anaerob-laktazide Energiebereitstellung (Abb. 23, Prozess 2). Die Glykolyse setzt bei dynamischer Muskelarbeit mit maximaler Belastungsintensität nach ca. 2–4 Sekunden ein und erreicht ihre höchste Durchsatzrate nach 40–50 Sekunden (messbar durch die höchsten erreichbaren Laktatwerte als Ausdruck der anaerob-laktaziden Energiegewinnung). Bei submaximaler Belastungsintensität läuft die Glykolyse nach ca. 8–9 Sekunden an.

Im Rahmen der Glykolyse wird die Umwandlung von Muskelglykogen zu Glukose-6-Phosphat als **Glykogenolyse** bezeichnet. Abb. 24, S. 53, zeigt in stark vereinfachter Darstellung den Abbau von Muskelglykogen bis zum Laktat. Im ersten Schritt wird das Muskelglykogen zu Glukose und Glukose-1-Phosphat abgebaut und weiter in Glukose-6-Phosphat (G-6-P) umgewandelt. Nach weiteren Umwandlungsschritten über Fruktose-6-Phosphat und Fruktose-1,6-Diphosphat erfolgt, gesteuert durch das Enzym **Phosphofruktokinase (PFK),** die Aufspaltung in 2 Triosen, die weiter zu Pyruvat abgebaut werden. Der Nettoenergiegewinn beträgt dabei 3 mol ATP pro mol Glykogen.

Die Glukoseaufnahme aus dem Blut durch die Zellmembran in die Muskelzelle erfolgt mittels eines Protein-Carriers ohne Energieverbrauch. Da die Glukose nur in

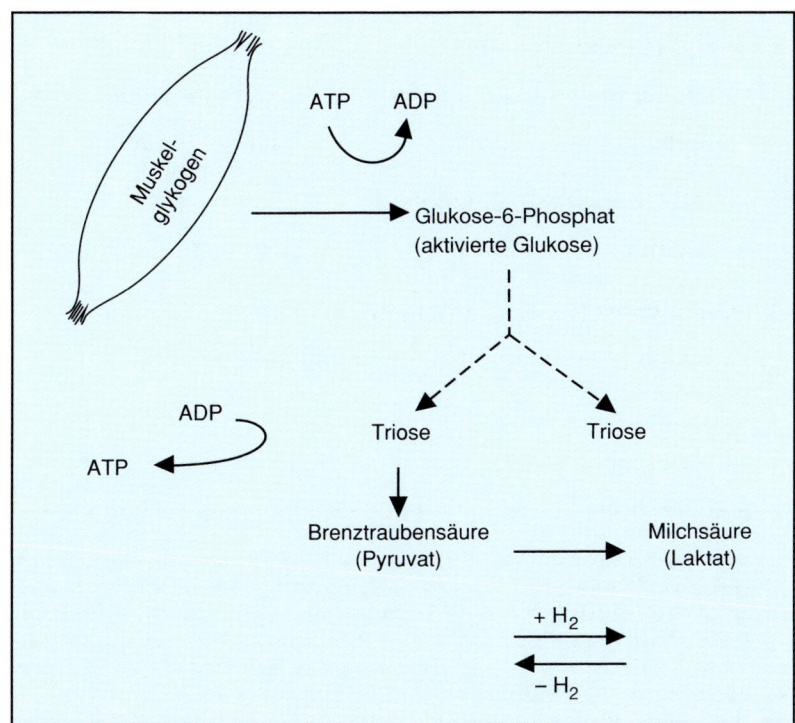

Abbildung 24
Glykolyse. Aus der Speicherform Glykogen wird Glukose (= Traubenzucker, Verbindung mit 6 C-Atomen) abgespalten, aktiviert (= phosphoryliert), in 2 Triosen (= Verbindung mit 3 C-Atomen) gespalten und zu Brenztraubensäure (= Pyruvat) abgebaut. Das Pyruvat wird zu Milchsäure (= Laktat) hydriert (nach BADTKE et al. 1995, 49).

unphosphorylierter Form die Zellmembran passieren kann, findet im Zytoplasma, reguliert durch das Enzym **Hexokinase** und unter ATP-Verbrauch, die Phosphorylierung der Glukose zu Glukose-6-Phosphat statt. Der weitere Abbauweg verläuft wie in Abb. 24 dargestellt. Allerdings beträgt hier der Nettoenergiegewinn nur 2 mol ATP pro mol Glukose, da für den Phosphorylierungsvorgang ATP (Energie) benötigt wird.

Bei maximaler muskulärer Beanspruchung wird fast ausschließlich Glykogen verstoffwechselt, weil die Glukoseaufnahme aus dem Blut zeitlich verzögert eintritt. Steht in der **Abbaustufe des Pyruvat** nicht genügend **NAD** (Nicotinamid-adenin-dinucleotid) als Wasserstoffakzeptor zur Verfügung, so wird der Wasserstoff an das Pyruvat angelagert und dieses somit zu Milchsäure hydriert. Zusätzlich wird von dem Pyruvat ein Teil der Reoxidation des $NADH_2$ zu NAD übernommen. Bei steigender Beanspruchung hat dies zur Folge, dass immer mehr Pyruvat in Laktat übergeführt wird. Durch die Anreicherung der Milchsäure in der Muskelzelle verändert sich der intrazelluläre pH-Wert (Senkung des pH-Wertes auf 6,6–6,4; Normalwert in der Muskelzelle: 7,0). Sinkt der pH-Wert auf 6,3 (entspricht etwa einer Laktatkonzentration von 40 mmol/l in der Zelle), kommt die Glykolyse zum Erliegen. Dies hat zur Folge, dass die Belastungsintensität deutlich reduziert oder die Belas-

53

Abbildung 25
Die Eliminations-
rate der Milchsäure
aus dem Blut hängt
von der Gestaltung
der Nachbelas-
tungsphase ab
(nach BADTKE et al.
1995, 313).

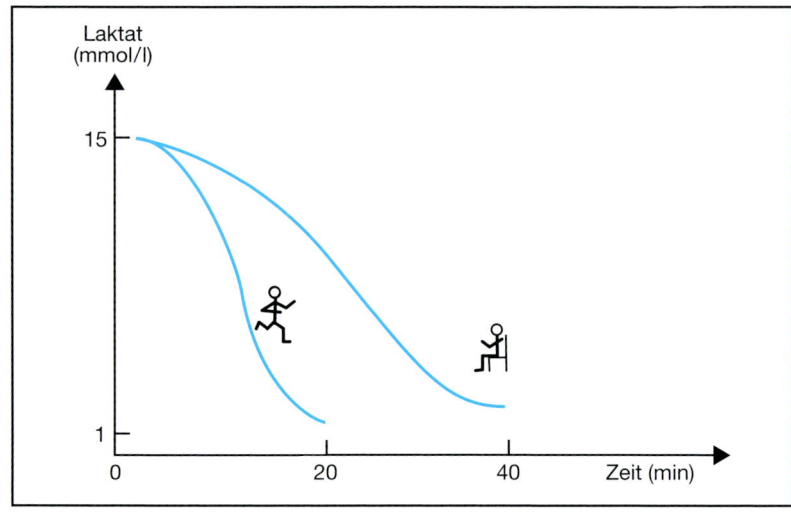

tung abgebrochen werden muss. Darin liegt auch begründet, warum über den anaerob-laktaziden Stoffwechsel eine Ausschöpfung des Glykogenspeichers praktisch
nicht möglich ist. Für das Erliegen der Glykolyse gibt es unterschiedliche Erklärungen: 1. Die Abnahme der Enzymaktivität der Phosphofruktokinase führt zur Eigen-
hemmung der Glykolyse, oder 2. die Glykolyse kommt zum Erliegen, weil auf Grund
des hohen Energieflusses/Zeiteinheit die Reoxidation der Wasserstoffakzeptoren
nicht mehr stattfinden kann. Zudem ist festzustellen, dass die Glykolyse eine unökonomische Ausbeute des Glykogens (durchschnittlicher Muskelglykogenspeicher von
50–150 mmol Glukoseeinheiten/kg Muskel ergibt 100–300 mmol ATP/kg Muskel),
allerdings mit dem Vorteil eines hohen Energieflusses/Zeiteinheit darstellt.

Die **höchsten Blutlaktatwerte,** die bei KZA-Belastungen von Weltspitzensportlern
gemessen wurden, sollen bei 25–27 mmol/l gelegen haben. Größen von 20 mmol/l
und darüber sind als Extremwerte einzuschätzen. Treten hohe Laktatkonzentrationen wiederholt auf, kann dies Bestandteile der Zelle (z. B. die Mitochondrien) be-
schädigen.

Für die Beseitigung des Laktats gibt es verschiedene Möglichkeiten:
Wird die Belastungsintensität so weit reduziert, dass ein hoher Anteil der Energiegewinnung aerob vonstatten geht, so wird ein Teil des Laktats in den arbeitenden
Muskeln in Pyruvat zurückverwandelt und dann in den Mitochondrien oxidiert. Zusätzlich diffundiert das Laktat aus der Muskelzelle ins Blut und kann nach der Dehydrierung zu Pyruvat in der Leber, den Nieren oder der weniger belasteten Muskulatur zum Wiederaufbau von Glykogen dienen. Auch die Herzmuskulatur nutzt
das Laktat zur oxidativen Verbrennung. Die Eliminationsrate des Laktats aus dem
Blut liegt bei 0,5 mmol/l pro Minute, wenn die Laktatkonzentration 5 mmol/l übersteigt. Bei geringeren Laktatkonzentrationen verläuft die Beseitigung langsamer.
Beschleunigt werden kann die **intramuskuläre Laktatbeseitigung** durch leichte

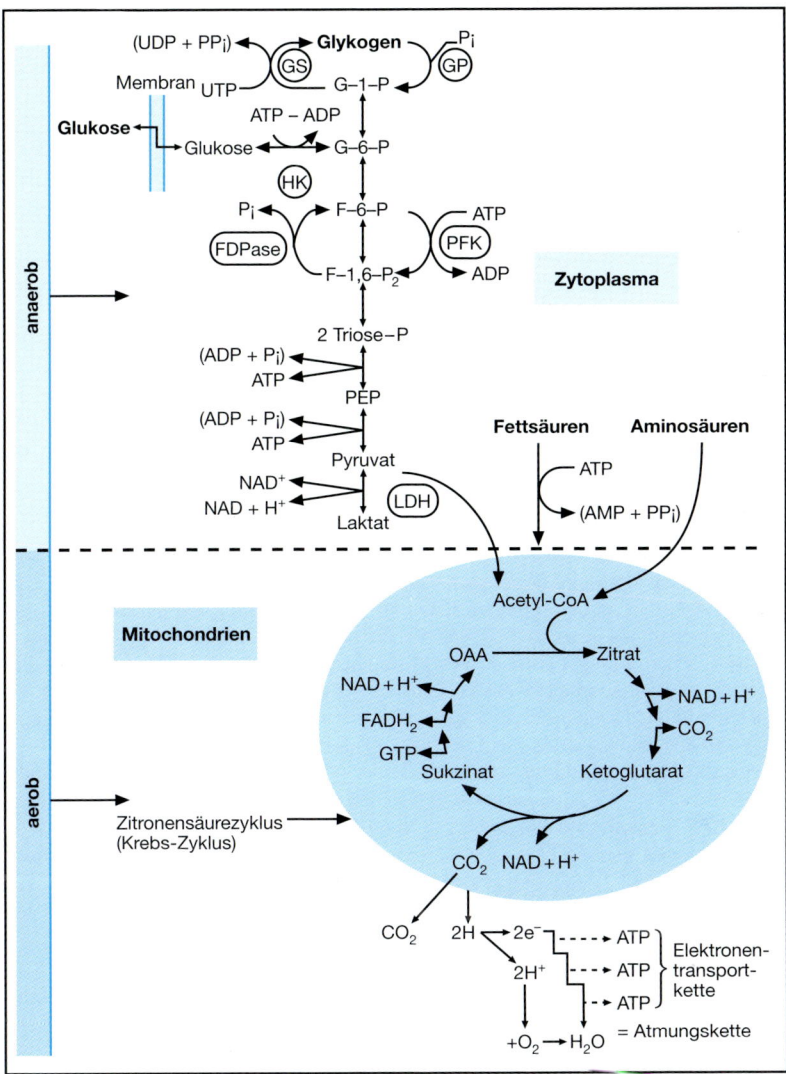

Abbildung 26
Vereinfachte, schematische Darstellung des anaeroben und aeroben Stoffwechsels in der Muskelzelle (nach HOLLMANN/HETTINGER 2000, 63)

dynamische Arbeit der betreffenden Muskulatur, wobei bei geringer Belastungsintensiät (40–50% der rel. VO_2max) sich die Eliminierungszeit auf $1/3$ (Abb. 25, S. 54) verkürzt.
Im Zusammenhang mit der Laktatproduktion ist auch die **Pufferkapazität** von Muskulatur und Blut von Interesse. Puffer sind – in vereinfachter Ausdrucksweise –

Stoffe, die die Wirkung von Säuren und Basen auf den pH-Wert der Körperflüssigkeit und des Gewebes abfangen können, bis ihre Kapazität verbraucht ist. Die Gesamtpufferkapazität verteilt sich wie folgt auf die einzelnen Puffersysteme: Plasmabikarbonat, Hämoglobin und Plasmaeiweiß. Das ins Blut übertretende Laktat wird überwiegend durch Plasmabikarbonat, zu einem geringen Anteil durch Hämoglobin und Plasmaeiweiß gepuffert. Durch Training kann vor allem der Bikarbonat-Puffer vergrößert und das Hämoglobin durch die allgemeine Blutvermehrung vermehrt werden. Dies wirkt sich in einer verzögerten Störung des pH-Wertes, also einer Verzögerung der Übersäuerung (gegenüber einem Untrainierten), aus.

Säuretoleranz ist das Vermögen, trotz Übersäuerung die Muskelkontraktion noch eine gewisse Zeit fortsetzen zu können. Dies spielt eine nicht unerhebliche Rolle für die anaerobe Ausdauerleistungsfähigkeit. Zum rein biochemischen Aspekt dieser Fähigkeit ist bekannt, dass es individuelle Unterschiede gibt und eine gewisse Trainierbarkeit besteht. Nicht zu trennen davon ist der psychische Aspekt, nämlich die Aufrechterhaltung der Muskelarbeit trotz erheblichen Schmerzgefühls. Für die Schmerzunterdrückung scheint die Endorphinausschüttung (**Endorphine** = körpereigene, schmerzblockierende Stoffe) im Zentralnervensystem verantwortlich zu sein.

Aerober Energiestoffwechsel

Der Abbau von **Glykogen** bzw. **Glukose** und auch von **Fetten,** unter Beteiligung von **Sauerstoff** mit den Endprodukten Kohlendioxid und Wasser, ist die **aerobe** Form der Energiebereitstellung (Abb. 23, S. 52, Prozess 3 und 4). Dieser Weg wird eingeschlagen, wenn weniger Energie pro Zeiteinheit benötigt wird. Der aerobe Stoffwechsel hat gegenüber der Glykolyse (Pasteur-Effekt) Vorrang. Die **maximale Energieflussrate** bei aerobem Glykogenabbau ist nur noch halb, bei Fettabbau nur noch ein Viertel so hoch wie bei der Glykolyse (Tab. 12). Die Substrate werden jedoch vollständig abgebaut und damit ökonomischer genutzt. Aus 1 mol Glukose werden **oxidativ** insgesamt 38 mol ATP, vom Zitronensäurezyklus ab 36 mol ATP gewonnen. Dies ist im Vergleich zur Glykolyse 18-mal mehr. 1 mol Fettsäuren (z.B. Palmitin-

Tabelle 12
Energetische Flussraten (maximale Geschwindigkeit der Energiefreisetzung) bei verschiedenen Formen der Energiebereitstellung (in Mikromol/Gramm Substrat/Sek.)

Substrat + Abbauart	maximale Flussrate Mikromol/g/s	Durchsatz in % des Maximums (Verfügbarkeit)	maximale Einsatzdauer
ATP, KrP anaerob-alaktazid	1,6–3,0	100	7–10 s
Glykogen anaerob-laktazid	1,0	30	40–90 s
Glykogen aerob	0,5	15	60–90 min
Fettsäuren aerob	0,25	7,5	Stunden

säure mit 16 C-Atomen) liefert 130 ATP. Die einzelnen Schritte des aeroben Glykogenabbaus (Abb. 26, S. 55, anaerober Stoffwechsel) sind bis zum **Pyruvat (= Brenztraubensäure)** die gleichen wie bei der Glykolyse. Ist genügend Sauerstoff vorhanden, so wird nur eine geringe Menge von Pyruvat in Milchsäure umgewandelt. Das Pyruvat wird nun oxidiert (Abspaltung von 2 H) und decarboxyliert (Abspaltung von CO_2), wobei NAD als H-Akzeptor fungiert und über das Coenzym A **Acetyl-Coenzym A** (aktivierte Essigsäure) entsteht. Diese wird in den Zitronensäurezyklus eingeschleust (Abb. 26, S. 55, aerober Stoffwechsel) und dort mittels verschiedener Enzyme weiter abgebaut (CO_2 und H-Abspaltung). Die Dehydrierungsvorgänge (H-Abspaltung) liefern dabei Energie. Der frei werdende Wasserstoff (H-Ionen) wird in der sog. Atmungskette auf Sauerstoff (O_2) übertragen (Bildung von H_2O). Diese biologische Endoxidation ist eine komplizierte Angelegenheit. Von der frei werdenden Energie gehen über $2/3$ in Wärme über. Der Sauerstoff, der durch die Aktivierung des Atmungs-Herz-Kreislauf-Systems vermehrt zugeführt wird, wird also erst am Ende der ganzen Reaktionskette benötigt. Die maximale Menge an O_2-Verbrauch in der Zeiteinheit gibt deshalb Auskunft über die Ausprägung des aeroben Energiestoffwechsels (siehe rel. VO_2max, S. 61 ff.). Der aerobe Prozess läuft mit einer gewissen Verzögerung an, während Pyruvat aus der anaeroben Glykolyse bereitgestellt wird. Wegen der notwendigen Aktivierung des Sauerstofftransports und des Stofftransports (Substrate) in die Mitochondrien verstreichen ca. 2 Minuten, bis die aerobe Oxidation sich voll entfaltet hat. Bei Belastung nimmt die intrazelluläre Aufnahme der Glukose aus dem Blut während der ersten Arbeitsminuten zu (WAHREN 1970) und erreicht bei einer Belastungsdauer von ca. 40 Minuten ihr Maximum (HOLLMANN/HETTINGER 2000, S. 72). Die intrazelluläre Glykogenolyse hingegen nimmt mit fortdauernder Arbeitsbelastung ab.

Fette werden zunächst in ihre Bestandteile Glyzerin und Fettsäuren gespalten. Aus den Fettsäuren, die viele C-Atome enthalten (Stearinsäure z.B. 18, Palmitinsäure 16 C-Atome), wird durch die **Betaoxidation** jeweils ein Bruchstück mit zwei C-Atomen abgetrennt und zu Acetyl-Coenzym A aktiviert. Dieses Acetyl-Coenzym A wird dann, wie bereits bekannt, in den Zitronensäurezyklus eingeschleust. Zum Fettsäureabbau wird allerdings mehr Sauerstoff als zum Glykogenabbau benötigt. Dies liegt an der Sauerstoffarmut des Fettsäuremoleküls. Damit wird der günstigste physiologische Brennwert (Tab. 13) wieder aufgehoben. Unter Einbezug des **ener-**

Nährstoff	physiologischer Brennwert	kalorisches Äquivalent
Fette	9,3 kcal/1 g	4,65 kcal/1 l O_2
Kohlenhydrate	4,1 kcal/1 g	5,05 kcal/1 l O_2
Eiweiß	4,1 kcal/1 g	4,48 kcal/1 l O_2

Der physiologische Brennwert (= Kalorienwert) der Nährstoffe gibt den Energiegehalt von jeweils 1 g des Nährstoffes an. Aus dieser Sicht rangiert Fett weit vor Kohlenhydraten und Eiweiß.
Das kalorische Äquivalent (= energetisches Sauerstoffäquivalent) gibt an, wie viel Energie aus den Nährstoffen zu gewinnen ist, wenn 1 Liter Sauerstoff für ihre Verbrennung aufgewendet wird. Hier liegen die Verhältnisse bei den Kohlenhydraten am günstigsten.

Tabelle 13
Physiologischer Brennwert und kalorisches Äquivalent von Fetten, Kohlenhydraten und Eiweißen (in kcal)

Abbildung 27
Der Verlauf der Fettverwertung aus Muskelzelle und Fettgewebe bei Ausdauerbelastungen mit geringer Intensität und langer Dauer (nach BADTKE 1995, 59)

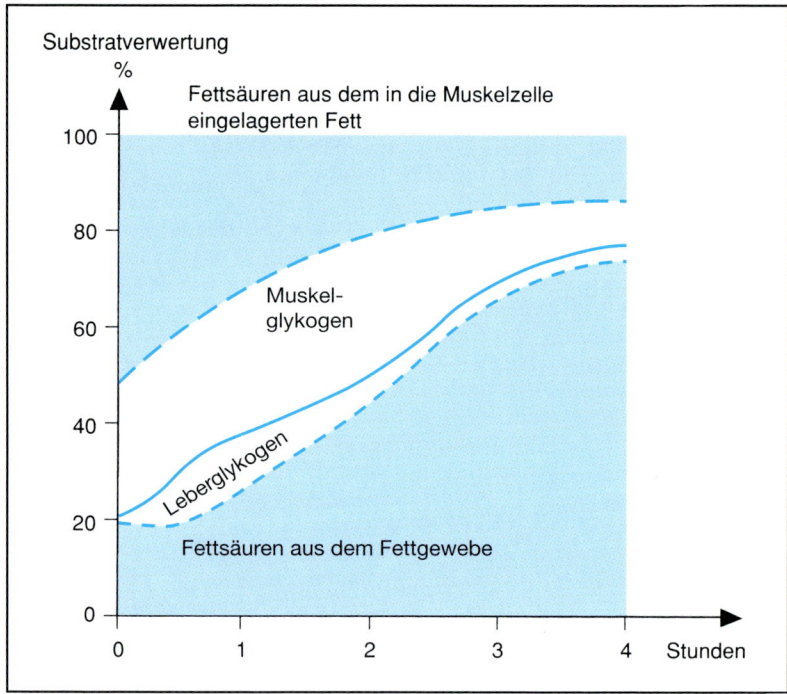

getischen Sauerstoffäquivalents ermöglicht die Glukoseverbrennung sogar einen Mehrgewinn von 13% an Energie. Auf den geringen Energiefluss pro Zeiteinheit wurde bereits hingewiesen. Der Anteil der Fettoxidation an der Gesamtenergiebereitstellung nimmt zu, je länger die aerobe Belastung andauert. Bei extremen Langzeitausdauerbelastungen (LAZ IV) kann der Energiebedarf bis zu 90% durch die Fettoxidation gedeckt werden. Weiter hängt der Prozentsatz der Fettoxidation an der Energiebereitstellung vom Umfang des intrazellulären Glykogendepots sowie vom Ausdauertrainingszustand ab (Abb. 27). Je besser der Ausdauertrainingszustand, umso stärker steigt der Prozentsatz der Fettsäureverbrennung an der Energiedeckung an.

Aerobe und **anaerobe** Energiebereitstellung haben Vor- und Nachteile. Beide Formen schließen sich nicht gegenseitig aus, sondern ergänzen sich gewissermaßen. Welcher Weg gerade stärker bevorzugt wird, hängt von der Belastungsintensität und damit vom notwendigen Energiefluss pro Zeiteinheit ab. Tab. 14, S. 59, stellt die Unterschiede nochmals heraus.

Die Energiebereitstellung aus **Eiweißen** stellt zwar eine Ausnahmesituation des Körpers dar, tritt aber bei Ultra-LZA-Belastungen auf. Nur dann werden mehr als 3−5% des Energiestoffwechsels über Eiweißabbau bestritten. Die Aminosäuren als Bausteine der Eiweiße werden zu Pyruvat und Acetyl-Coenzym A umgebaut und

aerobe Oxidation	anaerobe Glykolyse
– Energiebereitstellung erfolgt relativ langsam.	+ Energiebereitstellung erfolgt relativ schnell.
– Die pro Zeiteinheit freigesetzte Energiemenge ist relativ klein.	+ Die pro Zeiteinheit freigesetzte Energiemenge ist relativ groß.
+ Die bereitgestellte Gesamtenergiemenge ist relativ groß. 36 mol ATP/mol Glukose 130 mol ATP/mol Fettsäure	– Die Gesamtenergiemenge ist relativ klein. 2 mol ATP/mol Glukose
+ keine Laktatbildung	– Laktatbildung
– in den Mitochondrien: Pyruvat und der Sauerstoff müssen in die Mitochondrien, das gebildete ATP, H_2O, CO_2 verlassen die Mitochondrien wieder.	+ im Zellplasma: kein Transport der Stoffwechselprodukte

Tabelle 14
Vor- und Nachteile der aeroben und anaeroben Energiebereitstellung

ebenfalls in den Zitronensäurezyklus eingeschleust. Die Eiweiße bzw. Aminosäuren können somit nur aerob abgebaut werden.

Bedeutung der Enzyme und Substrate

Innerhalb der einzelnen Stoffwechselwege hängt die Energiewandlung von dem **Enzymbesatz** und der **Substratmenge** ab.
Enzyme bestimmen als Biokatalysatoren die Reaktionen in ihrer Schnelligkeit. Ihre Aktivität hängt ab von der vorliegenden Konzentration am Reaktionsort (je mehr Enzyme, desto größere Aktivität), vom optimalen pH-Wert am Reaktionsort, von der Temperatur des Reaktionsortes und der Substratmenge (wenn nicht genügend Substrat zur Verfügung steht, dann wird das Enzym nicht in vollem Umfang wirksam). Mitunter ist auch die Gegenwart von Coenzymen notwendig. Daraus wird ersichtlich, welche Bedeutung z. B. Übersäuerung, Aufwärmen, volle Energiespeicher für die jeweilige Energieproduktion haben.
Die entscheidende Bedeutung im gesamten Enzymbesatz kommt den **Schlüsselenzymen** zu. Als Schlüsselenzym bezeichnet man ein aussagekräftiges, leicht messbares Enzym eines Stoffwechselweges.
Die Schlüsselenzyme des anaeroben Stoffwechsels sind:
– die **Kreatinkinase (CK).** Sie steuert den Kreatinabbau, wobei sich ihre Aktivität nach dem jeweiligen ATP-Verbrauch richtet.
– die **Hexokinase.** Sie katalysiert die Phosphorylierung der Glukose zu Glukose-6-Phosphat.
– die **Phosphofruktokinase (PFK)** als Schlüsselenzym der Glykolyse (Phosphorylierung des Fruktose-6-Phosphats zu Fruktose-1,6-Diphosphat).
Die entscheidenden Enzyme des aeroben Stoffwechsels liegen im Zitronensäurezyklus. Als Schlüsselenzyme können u. U. die **Citratsynthetase (CS)** und die **Sukzinatdehydrogenase (SHD)** genannt werden.

59

Der Abbau der freien Fettsäuren durch die Betaoxidation erfolgt enzymatisch gesteuert in den Mitochondrien.

Training mit entsprechendem Belastungsmodus beeinflusst ihre Menge. Reaktionen im Sinne von Enzymvermehrung zeigen sich bereits nach wenigen Trainingseinheiten und sind nach Zeitspannen von 4–8 Wochen deutlich messbar. Wird z. B. die aerobe Energiebereitstellung häufig beansprucht, so nimmt z. B. die Aktivität der Citratsynthetase deutlich zu. Dies wirkt sich dann als verstärkte aerobe Energiebereitstellung in der Zeiteinheit aus. Anhand der Veränderung des Enzymbesatzes kann umgekehrt auch die Wirkungstendenz eines Trainings erfasst werden. Einseitige Entwicklung der einen Enzyme lässt die anderen sinken. Dies ist im Trainingsprozess (vor allem bei der Periodisierung) der verschiedenen Ausdauertypen zu berücksichtigen. Durch geeignete Mischung der Trainingsmethoden kann es zur Steigerung »gegensätzlicher« Enzyme auf ein höheres Niveau kommen und die Dominanz des für den Ausdauertyp wichtigeren Stoffwechsels erhalten bleiben.

Die Energiespeicher (= verwertbare **Substrate**) wurden bereits eingangs erwähnt (siehe S. 47 f.) Hier sei nur noch wegen der Bedeutung ihrer Größe für die Enzymaktivität auf die Trainierbarkeit hingewiesen. Der **KrP-Speicher** steigt trainingsbedingt an. Dies zeigt sich vor allem in den FT-Fasern des Muskels, wenn die dafür notwendige Belastungsintensität Vorrang hat. **Glykogen** wird vermehrt in Muskel und Leber gelagert. Unterschiede zwischen den Fasertypen (ST- und FT-Fasern) wurden nicht festgestellt. Untrainierte haben ca. 80 g Leber- und ca. 350 Muskelglykogen. Bei Trainierten kann dies auf 120 bzw. 650 g ansteigen (BADTKE et al. 1995, 58). Für die **Glykogenspeicherung** spielt die **kohlenhydratreiche Ernährung** eine entscheidende Rolle. Die Fettspeicher im Muskel und im Unterhautfettgewebe sind nahezu unerschöpflich. Sie brauchen nicht bewusst aufgefüllt werden. In den ST-Fasern zeigt sich allerdings eine trainingsbedingte verstärkte Einlagerung von **Triglyzeriden.** Zusätzlich kann dieses Triglyzeriddepot in der Muskelzelle bei Beanspruchungen aerober Langzeitausdauer wesentlich stärker in Anspruch genommen werden (KIENS/SALTIN 1985).

Die **Milchsäure** stellt lediglich für den Herzmuskel ein verwertbares Substrat zur Energiegewinnung dar, da sie dort direkt zu CO_2 und H_2O verbraucht werden kann. Bei verstärkter Herzmuskeltätigkeit steigt der Anteil der Laktatverarbeitung gegenüber den freien Fettsäuren ($^1/_5$) und der Glukose ($^1/_7$) auf $^2/_3$ (bei höchster Beanspruchung bis 90%), während bei der Herzarbeit in Ruhe eine gleichmäßige Verteilung zu je $^1/_3$ vorliegt.

Belastungsintensitäten und energetische Absicherung

Schon an anderer Stelle wurde darauf hingewiesen, dass letztlich die energetischen Anforderungen pro Zeiteinheit, d. h. die Belastungsintensität, ausschlaggebend sind dafür, ob der alaktazide und der laktazide oder der aerobe Weg in der Energiebereitstellung eingeschlagen wird. Da aber bei sportlichen Beanspruchungen meist nicht nur ein Weg, sondern verschiedene gleichzeitig genutzt werden, können unter der Voraussetzung einer optimalen Belastungsintensität gewisse **Zeitbereiche mit dominanter Energiebereitstellung** herausgestellt werden. Aus Abb. 28, S. 61, ist zu erkennen, dass

– im Zeitbereich **unter 10 Sek. der Phosphatspeicher** ausschlaggebend ist,
– ab **ca. 25 Sek. bis 2 Min. die Glykolyse dominiert** und der aerobe Glykogenabbau an Bedeutung gewinnt,
– zwischen **2 und 10 Min. die aerobe Glykogenverwertung** an erster Stelle steht
und der **anaerob-laktazide Weg noch** einen bedeutenden Anteil hat,
– **oberhalb 10 Min.** der **aerobe Weg** zunächst mit **dominierender Glykogenverbrennung** und **ab 45 bis 60 Min. mit steigender Fettverbrennung** die entscheidende Rolle spielt. Der anaerob-laktazide Weg wird weiterhin zu einem
kleinen Prozentsatz in Anspruch genommen.

Zwischen Trainiertem und Untrainiertem liegen allerdings Unterschiede vor. Der
Untrainierte hat weniger Phosphate und Glykogen und einen geringeren Enzymbesatz. Somit stellen sich die typischen Stoffwechselkonstellationen bereits bei nied-
rigeren absoluten Belastungsintensitäten (z. B. Fortbewegungsgeschwindigkeit) ein.

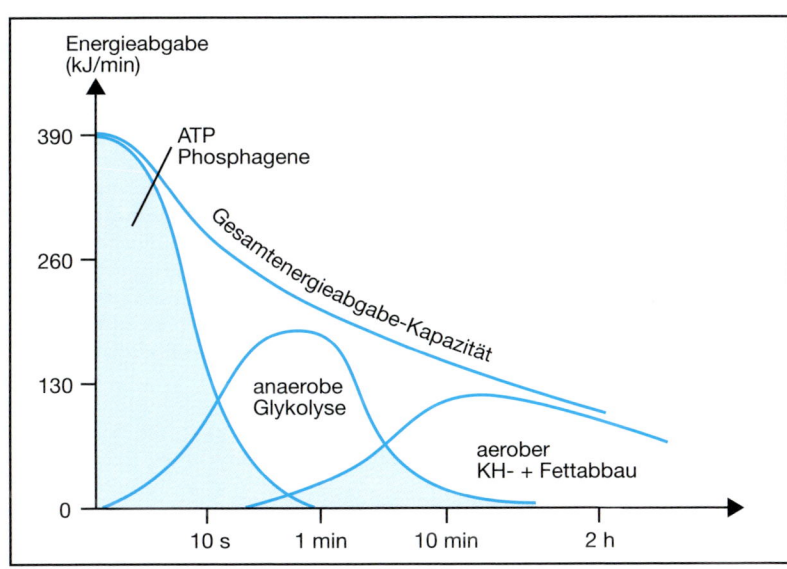

Abbildung 28
Möglichkeiten der
Energiebereitstel-
lung bei maximaler
Beanspruchung in
Abhängigkeit von
der Zeit (nach
BADTKE et al. 1995,
59)

Maximale Sauerstoffaufnahme (VO₂max)

Bei Ausdauerbelastungen wird neben der Skelettmuskulatur vor allem das **kardiopulmonale System** beansprucht. Unter diesem versteht man das in der Sauerstoffversorgung des Körpers abgestimmte Zusammenwirken von Atemsystem und
Herz-Kreislauf-System. Im Hinblick auf die Einflussnahme auf Ausdauerleistungen können beide Systeme gemeinsam angesprochen werden, da die entscheidenden Atemgrößen in der maximalen Sauerstoffaufnahme mit erfasst sind.
Unter **VO₂max** versteht man das Maß für die Sauerstoffzufuhr (Atmung), den
Sauerstofftransport (Herz-Kreislauf) und die Sauerstoffverwertung (Muskelzelle)

im Ausbelastungszustand des Organismus. Sie ist gewissermaßen das **Bruttokriterium für die aerobe Ausdauer.** Daraus darf aber nicht abgeleitet werden, dass die Größe der maximalen Sauerstoffaufnahme generell einen Aussageparameter für die Ausdauerleistungsfähigkeit darstellt. Lediglich für Belastungen im MZA-Bereich (2–10 Minuten) ist dies zutreffend. Bei Langzeitausdauerbelastungen (LZA I–IV) sind für die Aufrechterhaltung der vorgegebenen Belastungsintensität die muskulären Stoffwechselvorgänge entscheidend. Vor allem die Höhe der aerob-anaeroben Schwelle, die Größe der intramuskulären Glykogendepots sowie die prozentuale Verteilung der Kohlenhydrat- und Fettverbrennung bestimmen hier die Ausdauerleistungsfähigkeit mit.

Einflussfaktoren

Tab. 15 gibt einen Überblick, von welchen internen und externen Größen die maximale Sauerstoffaufnahme theoretisch abhängt. Aus dieser Vielzahl von Einzelfaktoren kann aber letztendlich nicht ein einziger als leistungsbegrenzend angegeben werden. Der gesunde Mensch zeichnet sich dadurch aus, dass bei einer maximalen allgemeinen aeroben Ausdauerbeanspruchung alle leistungslimitierenden Faktoren gleichzeitig in den Grenzbereich ihrer Beanspruchung kommen. Es kann davon ausgegangen werden, dass bei erschöpfender Maximalbelastung mehrere Faktoren gleichzeitig leistungsbegrenzend wirken. Eine gewisse Vorrangstellung kommt dem **Herzzeitvolumen** und damit indirekt der **Herzgröße,** der maximalen Diffusionskapazität der Lunge, der Durchblutungsgröße der Arbeitsmuskulatur und der zellulären metabolischen Kapazität zu.

Normalerweise sind die Lungenventilation (= Belüftung mit sauerstoffreicher Luft) und die Sauerstoff-Diffusionskapazität an der Alveolenwand bei gesunden Personen bis ins mittlere Erwachsenenalter (30.–45. Lebensjahr) nicht leistungsbegrenzend, da bei 100% Kreislaufauslastung das Atemsystem erst zu ca. 70% beansprucht ist. Bei extremen MZA-Leistungen zwischen 3 und 6 Minuten (z.B. 1500-m-Lauf, Rudern, 4000-m-Rad-Zeitfahren) kann allerdings durch maximale Kreislauftätigkeit die Kontaktzeit der roten Blutkörperchen an der Lungenalveo-

Tabelle 15
Leistungsbegrenzende Faktoren der maximalen Sauerstoffaufnahme (HOLLMANN/HETTINGER 2000, 320)

interne Faktoren	externe Faktoren
• Ventilation	• Belastungsmodus
• Distribution und	• Größe und Art der eingesetzten
• Diffusion in der Lunge	Muskulatur
• Herzzeitvolumen	• Körperposition
• Blutverteilung	• O_2-Partialdruck in der Einatmungsluft
• arteriovenöse O_2-Differenz	• Klima (Hitze, Kälte, Luftfeuchtigkeit)
• Blutvolumen	
• Total-Hämoglobingehalt	
• dynamische Leistungsfähigkeit der beanspruchten Muskulatur	
• Ernährungszustand	

lenwand auf unter 0,3 Sek. sinken (normal 0,8 Sek.). Dann reicht selbst eine verbesserte Sauerstoff-Diffusionskapazität durch die Alveolenwand nicht mehr aus, das Blut voll mit Sauerstoff zu sättigen. Der reduzierte Sauerstoffantransport an die Zelle kurbelt dann die anaerobe Energieumwandlung enorm an.

Unter Bezugnahme auf die externen Einflussfaktoren (Tab. 15, S. 62) sei noch darauf aufmerksam gemacht, dass die körperliche Tätigkeit (= **disziplinspezifische Belastung**) auch Auswirkungen auf die VO₂max hat. Deshalb unterscheiden sich die festgestellten Werte aus den verschiedenen Sportarten beträchtlich (leichtathletischer Lauf, Skilanglauf, Rudern, Radfahren, Kanu; Abb. 29). Dies ist bei der Leistungsdiagnostik mit Ergometern zu berücksichtigen. Ebenfalls spielt bei stufenförmiger Belastungssteigerung die Stufendauer eine Rolle für das Endergebnis. Um praxisrelevante Werte zu erhalten, sollte nicht mit Stufendauern von unter 3 Minuten getestet werden.

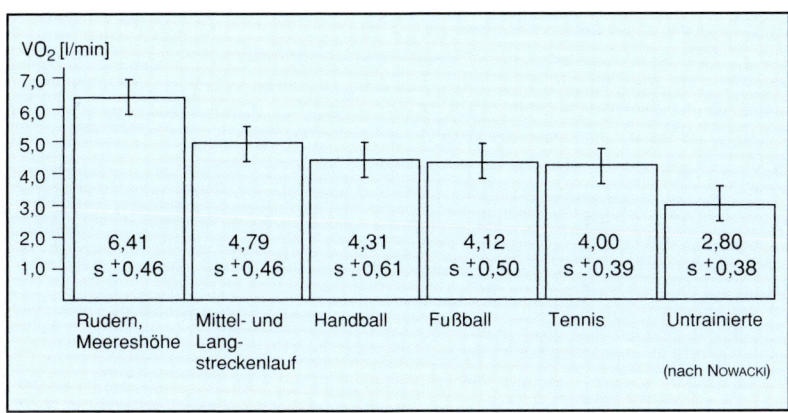

Abbildung 29
Maximale Sauerstoffaufnahme bei Sportlern verschiedener Sportarten. Deutliche Unterschiede bestehen zwischen den Athleten verschiedener Sportarten. Bei Ruderern liegen die Werte der max. Sauerstoffaufnahme am höchsten. Das ist darauf zurückzuführen, dass hier relativ große Muskelgruppen mit maximaler Kraftausdauer eingesetzt werden müssen.

Absolute und relative maximale Sauerstoffaufnahme

Formel- und zahlenmäßig wird die maximale Sauerstoffaufnahme über das **maximale Herzminutenvolumen** und die **maximale arteriovenöse Sauerstoffdifferenz** erfasst (Abb. 30, S. 64).

Das **Herzminutenvolumen (HMV)** ist die Blutmenge, die während einer Minute aus dem Herzen ausgetrieben wird. Es ergibt sich als Produkt aus dem Herzschlagvolumen (= Auswurfmenge pro Herzschlag) und der Herzfrequenz pro Minute, Ruhe- und Ausbelastungswerte sind aus Abb. 31, S. 64, zu entnehmen. Die **arteriovenöse Sauerstoffdifferenz (AVDO₂)** ist der Unterschied des Sauerstoffgehalts zwischen arteriellem und venösem Blut. In Ruhe sind es 5 Vol% (50 ml O₂/l Blut = ca. 25%ige Ausschöpfung), bei maximaler Ausbelastung Untrainierter 12–15 Vol% (100 ml O₂/l Blut = 50%ige Ausschöpfung) und bei maximaler Auslastung Ausdauertrainierter ca. 18–19 Vol% (180–190 ml O₂/l Blut = 75%ige Ausschöpfung) (Angaben nach REINDELL et al. 1960). Der Untrainierte kann sich also bis auf das 2,5fache, der Trainierte auf das 3,6fache steigern.

63

Abbildung 30
Maximale Sauerstoffaufnahme bei Untrainierten und ausdauertrainierten Hochleistungssportlern

max. Sauerstoffaufnahme =

max. Schlagvolumen x max. Herzfrequenz x max. arteriovenöse Sauerstoffdifferenz

max. Herzminutenvolumen

$$VO_2 \text{ max (l } O_2/\text{min)} = \underbrace{\text{SV max.} \quad x \quad \text{HF max.}}_{\text{HMV max. (l Blut/min)}} \quad x \quad AVDO_2 \text{ max. (ml } O_2/\text{l Blut)}$$

Untrainierte

Männer	ca. 3,3 l	=	22 l	x	150 ml/l
Frauen	ca. 2,2 l				

Trainierte

Männer	ca. 6,0 l	=	35 l	x	180 ml/l
Frauen	ca. 4,5 l				

Abbildung 31
Herzminutenvolumen (HMV) männlicher Untrainierter des 3. Lebensjahrzehnts und ausdauertrainierter Hochleistungssportler in Ruhe und maximaler Auslastung

	Schlagvolumen SV (ml Blut)	x	Herzfrequenz HF / min	=	Herzminutenvolumen HMV (l Blut/min)
Untrainierter					
in Ruhe:	70 ml	x	70/min	=	ca. 4–6 l/min
in Belastung:	120 ml	x	170–180/min	=	ca. 20–22 l/min
Steigerung auf das 4- bis 5fache					
Trainierter					
in Ruhe:	105 ml	x	45/min	=	ca. 4–6 l/min
in Belastung:	200 ml	x	190–200/min	=	ca. 40 l/min
Steigerung auf das 7- bis 8fache					

Die HMV-Werte untrainierter Frauen liegen um ca. 25% niedriger.

In Verbindung mit der Steigerung des Herzminutenvolumens (Abb. 31) wirkt sich dies insgesamt in einer Steigerungsmöglichkeit der maximalen Sauerstoffaufnahme (von Ruhe und Ausbelastung) beim Untrainierten auf das 10- bis 12fache, beim hochtrainierten Ausdauerleister auf das 20- bis 25fache aus.

Zur Beurteilung der allgemeinen Ausdauerleistung eignet sich die **relative maximale Sauerstoffaufnahme (rel. VO_2max)** besser. Das ist die auf das Körpergewicht be-

	rel. VO₂max
Untrainierte	
Frauen (20–30 LJ.)	32–38 ml/kg/min*
Männer (20–30 LJ.)	40–55 ml/kg/min**
Hochtrainierte Ausdauersportler	
Frauen	60–70 ml/kg/min
Männer	80–90 ml/kg/min
Normwerte für Fitnesszustand	
Frauen	35–38 ml/kg/min
Männer	45–50 ml/kg/min
Ausdauertrainierte	55–65 ml/kg/min
Ausdauerleister (internationales Niveau)	65–80 ml/kg/min
Ausdauerleister (internationales Spitzenniveau)	85–90 ml/kg/min

* bezogen auf fettfreie Muskelmasse 44–48 ml
** bezogen auf fettfreie Muskelmasse 46–49 ml

Tabelle 16
Werte der rel. VO₂max als gemessene Durchschnittswerte und als Normwerte für unterschiedliche Leistungsniveaus

zogene Größe, ausgedrückt in Milliliter/kg Körpergewicht/Minute (ml/kg/min). Vor allen Dingen werden die Werte verschiedener Personen untereinander vergleichbar. Die Normwerte für Untrainierte, Ausdauertrainierte und Hochleistungssportler sind in Tab. 16 zusammengefasst. Werte aus verschiedenen Sportarten zeigen Abb. 32 und Tab. 17, S. 66.
Um die Bedeutung der rel. VO₂max für die Ausdauerleistung richtig einschätzen zu können, sind zu verschiedenen Gesichtspunkten noch Anmerkungen notwendig.

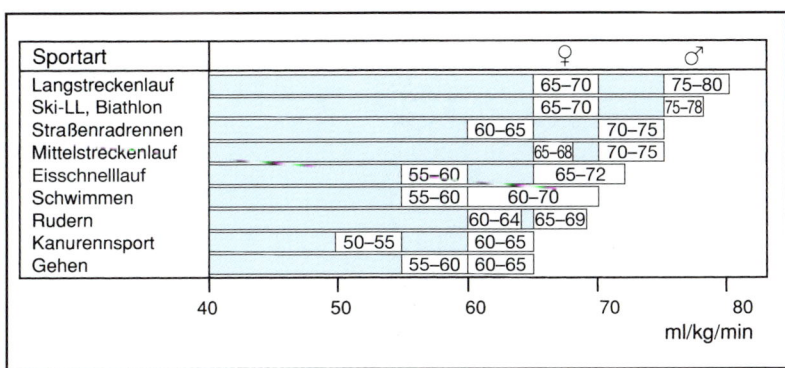

Sportart	♀	♂
Langstreckenlauf	65–70	75–80
Ski-LL, Biathlon	65–70	75–78
Straßenradrennen	60–65	70–75
Mittelstreckenlauf	65–68	70–75
Eisschnelllauf	55–60	65–72
Schwimmen	55–60	60–70
Rudern	60–64	65–69
Kanurennsport	50–55	60–65
Gehen	55–60	60–65

ml/kg/min

Abbildung 32
Relative max. Sauerstoffaufnahme in Ausdauerdisziplinen; Referenzwerte für Frauen bzw. Männer (nach Angaben von NEUMANN/SCHÜLER 1989, 100)

Tabelle 17
Festgestellte Werte der rel. VO$_2$max aus Nichtausdauer-Disziplinen (Literaturauswertung nach Angaben u. a. von NEUMANN/SCHÜLER, WILMORE, STRAUSS)

	Männer (ml/kg/min)	Frauen (ml/kg/min)		Männer (ml/kg/min)	Frauen (ml/kg/min)
Sportspielarten			*technisch-kompositorische Sportarten*		
Fußball	50–57	–	alpine Disziplinen	60–65	48–52
Handball	55–60	48–52	Eiskunstlauf	50–55	45–50
Eishockey	55–60	–	Geräteturnen	45–50	40–45
Volleyball	55–60	48–52	rhythmische Sportgymnastik	–	40–45
Basketball	50–55	40–45	Segeln	50–55	40–45
Tennis	48–52	40–45	Schießen	40–45	35–40
Tischtennis	40–45	38–42			
Zweikampfsportarten			*Schnellkraftsportarten*		
Boxen	60–65	–	Sprint – Leichtathletik	48–52	43–47
Ringen	60–65	–	Weitsprung	50–55	45–50
Judo	55–60	45–50	Mehrkampf Leichtathletik	60–65	50–55
Fechten	45–50	45–50	Diskus, Kugel	40–45	35–40
			Speerwurf	45–50	42–47
			Skisprung	40–45	–
			Gewichtheben	40–50	–

Anlage- und altersbedingte Entwicklung

Die rel. VO$_2$max steigt wachstumsbedingt an, wobei bis zum 10. Lebensjahr keine geschlechtsspezifischen Differenzen bestehen. Nicht trainierte Frauen erreichen ihren Maximalwert mit ca. 14–16 Jahren, Männer mit 18–19 Jahren. Bis etwa zum 30. Lebensjahr bleibt die VO$_2$max konstant. Die VO$_2$max-Werte der Männer liegen dabei um 25–33% höher als die gleichaltriger Frauen. Jenseits des 30. Lebensjahres nimmt die VO$_2$max bei Nichtsporttreibenden relativ schnell ab. Der Leistungsrückgang bis zum 60. Lebensjahr verläuft aber bei den Frauen (Verlust $^1/_4$–$^1/_5$ des Maximalwertes) gegenüber den Männern (Verlust $^1/_3$–$^1/_4$ des Maximalwertes) weniger steil. Durch regelmäßiges Training kann sie bis zum ca. 50. Lebensjahr konstant gehalten werden.

Hinsichtlich der Normwerte für Untrainierte hat TAYLOR (1955) festgestellt, dass 98% der Bevölkerung durchschnittlich zwischen 31 und 58 ml/kg/min liegen, 0,13% zwischen 61,5 und 67 ml/kg/min. Damit wird angedeutet, dass statistisch unter ca. 1000 Personen 1 Person genetisch zum potentiellen Weltrekordler im Langzeitausdauerbereich prädestiniert ist. Um durch jahrelanges Training die dafür notwendigen Größen der rel. VO_2max zu erreichen, werden heute Ausgangswerte von 60–65 ml/kg/min für notwendig erachtet.

Sportarttypische Werte

Die Aussagekraft der rel. VO_2max-Werte bezüglich der Ausdauerleistungsfähigkeit in verschiedenen Sportdisziplinen ist unterschiedlich. In Sportarten, in denen das Körpergewicht nicht voll zu tragen ist (z. B. Rudern, Radfahren, Schwimmen), d. h. reduzierte Arbeit gegenüber der Schwerkraft zu leisten ist, wird die Größe der absol. VO_2max für die Leistungsfähigkeit aussagekräftiger als die rel. VO_2max. Wenn das Körpergewicht gehoben werden muss – also in den Laufdisziplinen –, ist die Sachlage umgekehrt. Im Vergleich zweier Läufer mit gleicher rel. VO_2max und unterschiedlichem Körpergewicht (z. B. 60 kg und 80 kg) ist für die Einschätzung bzw. Berechnung der Ausdauerleistungsfähigkeit das höhere Körpergewicht zusätzlich zu berücksichtigen.
Auf die Größe der rel. VO_2max hat auch der Einsatz unterschiedlicher Anteile von Bein- und Armmuskulatur Einfluss. Aus Untersuchungen ist bekannt, dass die VO_2max bei kombinierter Arm-Bein-Arbeit gegenüber reiner Beinarbeit unverändert bleibt, solange der Arbeitsanteil der Arme 20–30% nicht übersteigt (z. B. beim Skilanglauf-Diagonalschritt in der Ebene und im leichten Anstieg). Wenn der Arm-Arbeitsanteil auf über 40% steigt (z. B. bei der Schlittschuhschritt-Technik und bei Doppelstocktechniken im Skilanglauf), dann liegt die VO_2max um ca. 10% niedriger. Das ist durch die Änderung der eingesetzten Muskelmasse gegenüber dem Körpergewicht zu erklären. In Ausdauersportarten mit hauptsächlichem Einsatz der Muskeln der oberen Extremitäten und des Oberkörpers (z. B. Kanu, Kajak) ist die maximale Sauerstoffaufnahme demgemäß auch geringer als beim Laufen oder Radfahren. Repräsentative Werte für Leistungssportler höheren Niveaus liegen etwa bei 55–62 ml/kg/min rel. VO_2max.

Trainierbarkeit

Die Trainierbarkeit der VO_2max ist relativ gering. Durch entsprechendes Training kann sie innerhalb von 8–12 Wochen um durchschnittlich 15–25%, nach mehrjährigem Training bis zu 40% gesteigert werden (HOLLMANN/HETTINGER 2000, 371). Eine höhere Trainierbarkeit der VO_2max ist im Entwicklungsalter (Präpubertät und Pubertät), wenn wirksame Trainingsreize gesetzt werden, zu beobachten. Für die Beurteilung der aeroben Ausdauerleistungsfähigkeit ist jedoch nicht nur der absolute oder relative Wert der VO_2max ausschlaggebend, sondern auch der Prozentsatz der individuellen VO_2max, der über eine längere Zeitspanne einsetzbar ist (= Höhe der anaeroben Schwelle, siehe S. 71 ff.). Diese Fähigkeit ist weit besser trainierbar. Es wird eine 50- bis 70%ige Verbesserungsmöglichkeit angenommen. Die Verbesserung der VO_2max ist natürlich auf die Anpassungsreaktionen der Organe und Organsysteme, die durch Ausdauerbelastungen erfasst werden, zurückzuführen. Im Überblick sind die wesentlichen Änderungen aus dem Bereich des Atem- und Herz-Kreislauf-Systems in Tab. 18 und 19, S. 68, angeführt. Tab. 20, S. 69, zeigt auch die Anpassungen über das Herz-Kreislauf-System hinaus.

Tabelle 18
Anpassungsreaktionen im Bereich des Atmungs- und Herz-Kreislauf-Systems auf Langzeitausdauerbelastungen (Es ist in der systematischen Aufreihung nur das wesentliche Geschehen berücksichtigt.)

Lungenbereich:

– Vergrößerung der Respirationsfläche (= Fläche der gasaustauschenden Alveolen)

– Verbesserung der alveolokapillaren Diffusionskapazität für Sauerstoff (Durchlässigkeit wird größer)

– Ausweitung des Lungenkapillarnetzes (= erweiterte Gasaustauschfläche seitens des Blutes)

– Weitung von Lungenvenen und -arterien (zur Bewältigung des vergrößerten Herzminutenvolumens im Lungenkreislauf)

– Verbesserung der Atmungsökonomie (= des Atemäquivalents*), d.h. mehr Sauerstoffübernahme ins Blut aus einer bestimmten Menge eingeatmeter Luft

Herz:

– Senkung von Ruhe- und Arbeitspuls (bei gleicher Leistung) } = Ökonomisierung der Herzarbeit
– Verringerung des Sauerstoffbedarfs des Herzmuskels

– Steigerung von Schlagvolumen und Herzminutenvolumen (= höhere Leistungsfähigkeit des Herzens)

– Sportherz**(= Leistungsherz-)ausbildung: Herzmuskelhypertrophie, Volumenvergrößerung, Verbesserung der Koronardurchblutung (= vergrößerte Koronararterien, Kapillarneubildung, erweiterte Kollateralen) über die schon o.g. Herzfrequenz- und Herzminutenvolumenveränderungen hinaus

Blut:

– Blutvolumenzunahme (ca. 1–2 l)

– Hämatokritsenkung (von 45 auf 42%) = Viskositätserniedrigung wegen stärkerer Zunahme der Flüssigkeit (Plasma) gegenüber den festen Bestandteilen (Zellvolumen) (Tab. 19)

– Erhöhung der Pufferkapazität

– Zunahme der Kalium- und Kalziumkonzentration

Peripherer Kreislauf:

– verbesserte Kapillarisierung im Skelettmuskel (Öffnen von Ruhekapillaren, Vergrößerung des Kapillarquerschnitts, Kapillarneubildung)

– Neubildung von Kollateralen (= Umgehungsgefäße neben den Hauptgefäßen)

– verbesserte intramuskuläre Blutverteilung (= gezieltere belastungsangepasste Durchblutungsrate)

* Atemäquivalent (AÄ) $= \dfrac{\text{Atemminutenvolumen (AMV)}}{\text{Sauerstoffaufnahme/min (VO}_2)}$. Es hat bei ca. 60% der VO_2max seinen günstigsten Wert. Bei Untrainierten AÄ = 35, bei Trainierten 25.
** Sportherz als relative Herzgröße von 14–15 ml/kg
Normalherz 11–12 ml/kg. Frauen 9–10 ml/kg
Extremwerte bei Straßenradfahrern 18 ml/kg (Frauen 16–16,5 ml/kg)

Tabelle 19
Blut-, Plasma- und Zellvolumen bei Untrainierten und Ausdauertrainierten (nach de MARÈES/ MESTER 1982, 28)

	Untrainierte	Ausdauertrainierte
Blutvolumen	76 ml/kg	95 ml/kg (+ 25%)
Plasmavolumen	43 ml/kg	55 ml/kg (+ 28%)
Zellvolumen	34 ml/kg	40 ml/kg (+ 18%)

- Ausbildung eines motorischen stereotypen Bewegungsprogramms, welches sich dominant auf die Rekrutierung von langsam kontrahierenden Muskelfasern (ST-Fasern) stützt

- Erhöhung der aeroben Glukoseverwertung und Zunahme des Anteils der freien Fettsäuren am Energieumsatz

- Vergrößerung der Energiespeicher (Muskel- und Leberglykogen, Triglyzeride in der Muskulatur)

- Abnahme des Körperdepotfetts auf etwa die Hälfte (Ausdauersportler haben nur 6–13% Fett)

- erhöhte Nutzung glukoneogenetischer Stoffwechselwege bei Belastung

- Abnahme der Laktatmobilisationsfähigkeit

- Zunahme der Aktivität oxidativer Schlüsselenzyme in den ST-Fasern

- Erhöhung der Durchblutung von Skelett- und Herzmuskulatur sowie Gehirn bei Belastung

- Vergrößerung der Kapazität in den O_2-aufnehmenden, O_2-transportierenden und O_2-verwertenden Systemen

- Erhöhung der maximalen Sauerstoffaufnahme

- Zunahme der Herzgröße (Volumen und Stärke der Herzmuskulatur)

- Verminderung der Ermüdbarkeit der trainierten Muskulatur

- Anstieg der Muskelkraft (Kraftausdauer) und Ausprägung weiterer Anpassungen

Tabelle 20
Prinzipielle Anpassungen an ein Ausdauertraining (ENGELHARDT/NEUMANN 1994, 117)

Sauerstoffdefizit, Sauerstoffschuld und Sauerstoff-steady-state

Diese Begriffe sind in der Sportmedizin zur Erklärung des Verhaltens der Sauerstoffaufnahme während und nach Belastung verbreitet.

Ein Sauerstoffdefizit tritt zu Beginn jeder Belastung ein, da die Umstellung des kardiopulmonalen Systems auf Arbeit (Zunahme des Herzminutenvolumens, Vergrößerung des Atemminutenvolumens, Blutverteilung in die arbeitende Muskulatur, Erweiterung der Blutgefäße) mit zeitlicher Verzögerung eintritt und das Myoglobin in der Muskelzelle als Sauerstoffspeicher zu gering ist, um bei Arbeitsbeginn den noch unzureichenden Sauerstofftransport voll zu kompensieren. Somit können die plötzlich erhöhten Stoffwechselansprüche in der Muskelzelle nicht gedeckt werden. Bei submaximaler Belastungsintensität vergehen ca. 2–6 Minuten, bis die Sauerstoffaufnahme der Arbeitsintensität entspricht. Bleibt dann die Arbeitsintensität konstant, stellt sich ein Gleichgewicht zwischen Sauerstoffaufnahme und Sauerstoffverbrauch ein. Dies bezeichnet man als Sauerstoff-steady-state. Das Sauerstoff-steady-state darf nicht mit dem Laktat-steady-state verwechselt werden.

In der Praxis äußert sich dieses Sauerstoff-steady-state durch relativ gleich bleibende Herzfrequenz- und Atemwerte. Die Zeit vom Belastungsbeginn bis zum Erreichen des Sauerstoff-steady-state bezeichnet man als Arbeitsanlaufzeit.

Abbildung 33
Sauerstoff (O_2)-Defizit, O_2-Schuld und O_2-steady-state bei unterschiedlich schwerer Belastung (nach de MARÉES/ MESTER 1982, 86)

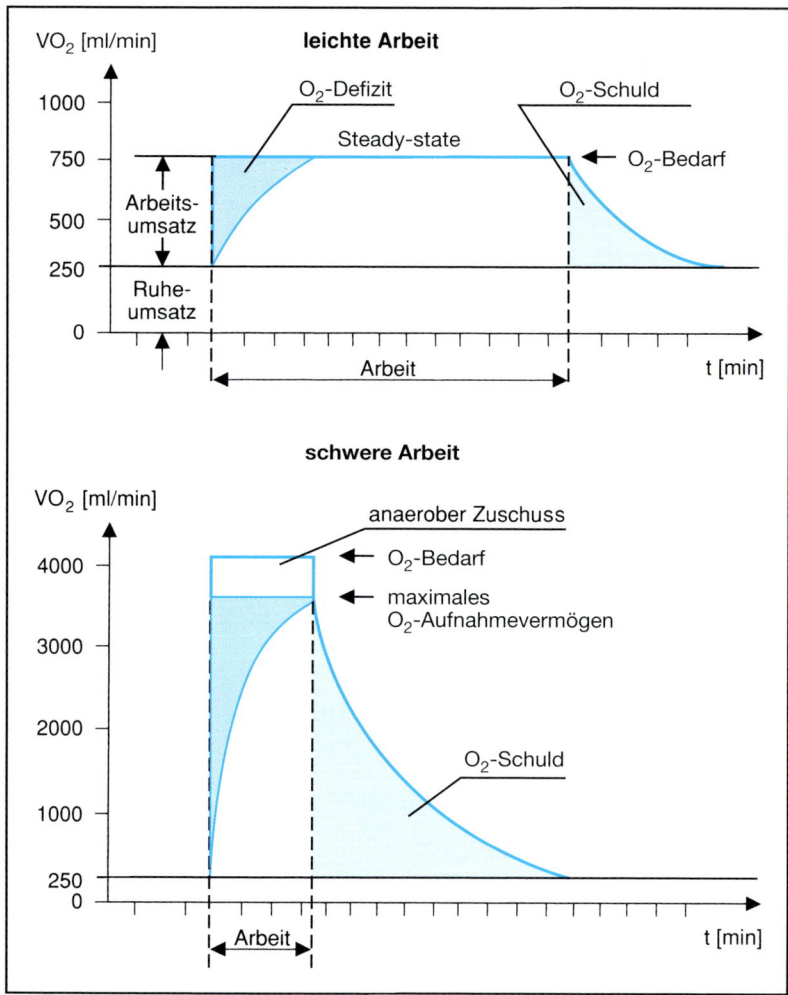

Als O_2-Defizit bezeichnet man die in der Arbeitsanlaufzeit zu wenig aufgenommene Menge an Sauerstoff.

Nach Ende einer Belastung muss das zu Beginn eingegangene Sauerstoffdefizit abgetragen werden. Der in der Nachbelastungsphase aufgenommene Betrag an Sauerstoff, über den tatsächlichen Ruhebedarf hinaus, wird gewöhnlich als **Sauerstoffschuld** (O_2-debt) oder »Sauerstoffmehraufnahme nach Arbeitsende« bezeichnet. Der Begriff »Sauerstoffmehraufnahme nach Arbeitsende« ist der korrektere, da die Sauerstoffmehraufnahme auf folgende Faktoren zurückzuführen ist:

1. eine noch erhöhte Tätigkeit des Herzmuskels und der Atemeigenmuskulatur
2. einen noch erhöhten Sauerstoffbedarf des Körpergewebes, hervorgerufen durch die erhöhte Körpertemperatur und den erhöhten Katecholaminspiegel
3. Wiederauffüllung der Hämo- und Myoglobinspeicher
4. Resyntheseprozesse der Phosphate und Laktatumwandlung

Mit der Sauerstoffschuld ist nur der 4. Punkt identisch.

Nur bei leichten Belastungen und Belastungsdauern über 5 Minuten ist die Sauerstoffschuld mit dem Sauerstoffdefizit identisch (Abb. 33, S. 70). Für einen untrainierten 30-Jährigen liegt dabei die Pulsfrequenz während der Belastung unter 130/min. Die Rückführung zur Ausgangslage (Abtragung der Sauerstoffschuld) verläuft exponentiell (Abb. 34). In die erste, schnelle Phase fällt die Resynthese der Phosphatspeicher. Dies ist die Abtragung der **alaktaziden Sauerstoffschuld.** Schnell verläuft auch die Wiederauffüllung der Sauerstoffspeicher (Myoglobin). In die zweite, langsame Phase fällt neben den oben genannten Vorgängen der Mehratmung die Laktatbeseitigung. Dies ist die Abtragung der **laktaziden Sauerstoffschuld.** Insgesamt kann die Sauerstoffmehraufnahme nach starken Belastungen bis zu 60 Min. anhalten. In Extremfällen (vor allem bei KZA-Belastungen) kann das (aus alaktaziden und laktaziden Gründen) eingegangene Sauerstoffdefizit bis zu 20 Liter Sauerstoff betragen.

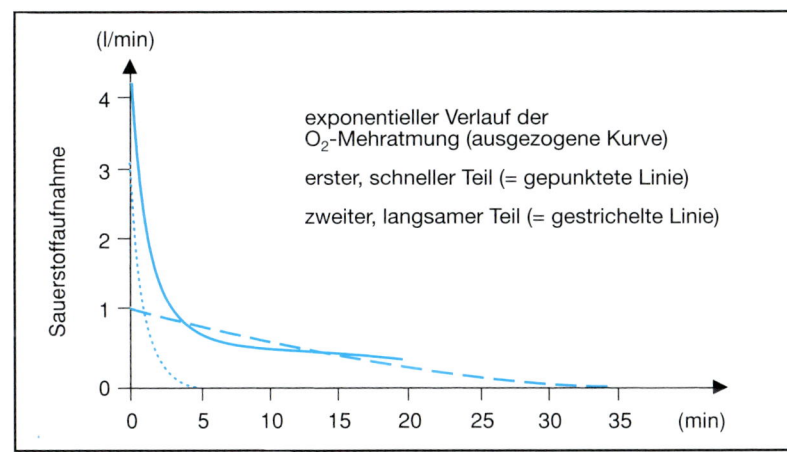

Abbildung 34
Abtragung der »Sauerstoffschuld« in exponentieller Form: schnell verlaufende Phase der alaktaziden und langsam verlaufende Phase der laktaziden O_2-Schuld

Aerobe Schwelle (AS), anaerobe Schwelle (ANS), aerob-anaerober Übergang (AANÜ)

Zur Beurteilung der LZA-Fähigkeit sind Stoffwechselparameter, die bei Belastungsstufen unterhalb der maximalen Auslastung gemessen werden, aussagekräftiger als die Feststellung der VO_2max. Es wurde ja schon früher (Seite 62 und 67) darauf hingewiesen, dass neben der Größe der VO_2max auch der einsetzbare Prozentsatz der VO_2max über längere Zeit wesentlich ist.

71

Für die Trainingspraxis (Steuerung der Ausdauerbelastungen) hat sich außerdem die genaue Kenntnis vom Übergang der vorrangig aeroben zur zunehmend anaeroben Energiebereitstellung als wichtig erwiesen. Aus beiden Gründen ist das **Konzept der AS, ANS und des AANÜ** entstanden (KINDERMANN 1978).

Solange bei niedrigen Belastungsintensitäten die Muskeltätigkeit vom aeroben Glykogen- und Fettstoffwechsel unterhalten wird, liegen im Blut Laktatwerte von weniger als 2 mmol/l vor (Normalwerte in Ruhe 1,0–1,78 mmol/l).

Die **aerobe Schwelle (AS)**, gekennzeichnet mit Laktatwerten von 2 mmol/l, stellt nun die Grenze der rein aeroben Energiebereitstellung dar (Laktat, das bis dahin auch entstanden sein kann, wird im Muskel selbst beseitigt). Jenseits dieser AS tritt Laktat ins Blut über und sammelt sich an. In diesem **aerob-anaeroben Übergangsbereich (AANÜ)** halten sich Laktatbildung und Laktatabbau die Waage. Es liegt ein **Laktatgleichgewicht (Laktat-steady-state)** vor, soweit die vorliegende Intensität nicht gesteigert wird. Bei 4 mmol/l Blutlaktat an der **anaeroben Schwelle (ANS)** ist jedoch die obere Grenze, d. h. der Punkt des maximalen Laktat-steady-state (Maxlass), erreicht. Um den erforderlichen Energiefluss pro Zeiteinheit für Intensitäten jenseits der ANS halten zu können, ist glykolytische Energieproduktion in höherem Anteil notwendig. Trotz Einhalten der eingeschlagenen Intensität steigt der Blutlaktatspiegel laufend weiter an. Die Laktatbeseitigung kann mit der Laktatproduktion nicht mehr Schritt halten.

Die Schwellenwerte von 2 und 4 mmol/l sind empirisch aus Atem- und Stoffwechselverhältnissen gefundene Größen (Abb. 35). Sie haben mit geringen Abweichungen hohe Allgemeingültigkeit. Bei Untrainierten und Hoch-Ausdauertrainierten

Abbildung 35
Laktatleistungs-
kurve mit
Laktat-Schwellen-
bereichen

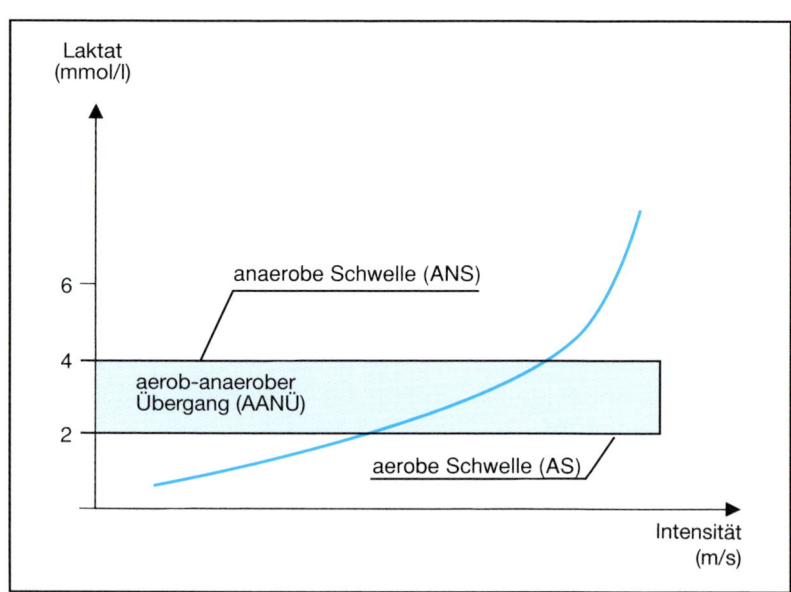

entspricht die starre Festlegung des ANS-Wertes bei 4 mmol/l meist nicht den individuellen Verhältnissen des Muskelstoffwechsels und der Laktatkinetik. Die ANS Untrainierter liegt nicht selten über 4 mmol/l (bei 5–6 mmol/l), die von Hochtrainierten deutlich darunter (2,5–3 mmol/l). Deshalb wurde die **individuelle anaerobe Schwelle (IANS)** eingeführt und als der Punkt in der Laktatkurve definiert, an dem die kritische Steigung beginnt (Abb. 36).

Die ANS kann nun zu verschiedenen anderen Leistungsparametern in Beziehung gesetzt werden. In der Trainingspraxis ist es die Fortbewegungsgeschwindigkeit (m/s oder km/h) oder die Herzfrequenz/Minute (HF/min), soweit dieser Parameter als zuverlässig angesehen wird. Bei sportmedizinischen Untersuchungen kann der in Anspruch genommene Prozentsatz der VO_2max herangezogen werden. Damit ist die Höhe der ANS konkret festgelegt. Aus mehreren Untersuchungen liegen Ergebnisse vor, die in Tab. 21, S. 74, wiedergegeben sind. Abb. 37, S. 74, zeigt typische Laktatkurven aus einigen Sportarten.

Zur Feststellung der Laktatschwellen ist es notwendig, die Blutlaktatkonzentrationen zu messen. Die Messung ist über eine enzymatische Bestimmung aus dem arterialisierten Kapillarblut des Ohrläppchens relativ einfach. Da mit dem Laktat nur eine Stoffwechselgröße bestimmt wird, müssen die Einflussfaktoren auf die Konzentration dieses Parameters berücksichtigt werden. Neben unbedeutenderen Einflüssen (z.B. Tageszeit, Schweiß-Laktat, Urin-Laktat) muss vor allem der aktuelle intrazelluläre Glykogenspeicher beachtet werden. Er beeinflusst wesentlich die Höhe der Laktatkonzentration und die Form der Laktat-Leistungskurve. Damit die Messergebnisse vergleichbar bleiben und nicht zu Fehlinterpretationen führen,

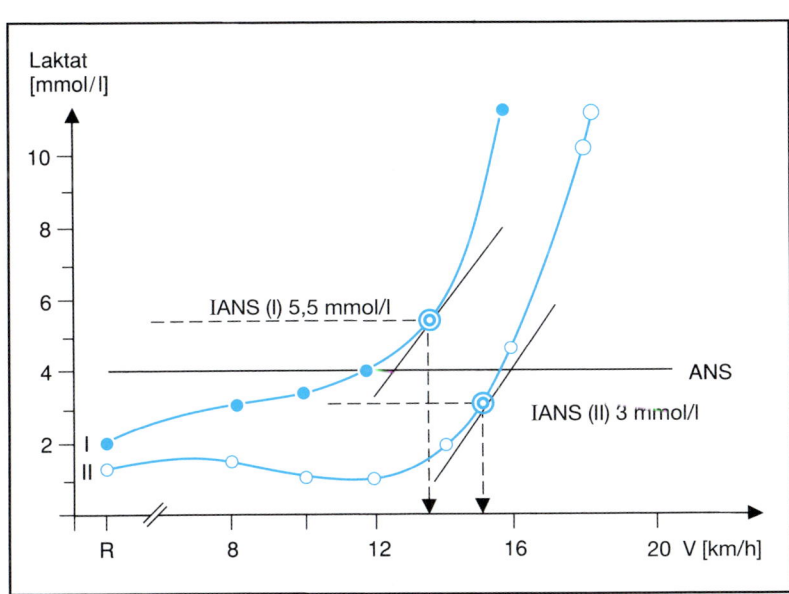

Abbildung 36
Laktatleistungskurven Untrainierter (I) und Hochtrainierter (II) mit den individuellen anaeroben Schwellen (IANS). Der kritische Anstieg der Laktatkurve wurde hier mittels einer Tangentenmethode festgelegt (vgl. HECK et al. 1985).

73

Tabelle 21
Werte für die aerobe und anaerobe Schwelle; ausgedrückt in Prozent der maximalen Sauerstoffaufnahme (VO₂max) und in der dazugehörigen Herzfrequenz (HF) (nach KINDERMANN et al. 1978, 34)

aerobe Schwelle	
Untrainierte:	45–50% VO$_2$max; 125–130 HF
Trainierte:	60–65% VO$_2$max; 150–160 HF
anaerobe Schwelle	
Untrainierte:	50–70% VO$_2$max; 140–150 HF
Durchschnittlich Trainierte:	70–80% VO$_2$max; 170–175 HF
Hochtrainierte:	85–95% VO$_2$max; 180–190 HF

Abbildung 37
Das Verhalten der Laktatkonzentration in Abhängigkeit von der maximalen Sauerstoffaufnahmefähigkeit bei Untrainierten (UT) und ausgewählten sportrepräsentativen Leistungsgruppen verschiedener Sportarten:
(T) = Touristik,
(Fe) = Fechten,
(ES) = Eisschnelllauf,
(SA) = Spielsportarten,
(Ru) = Rudern,
(Ra) = Radsport
(nach ROTH et al. 1981, 329).

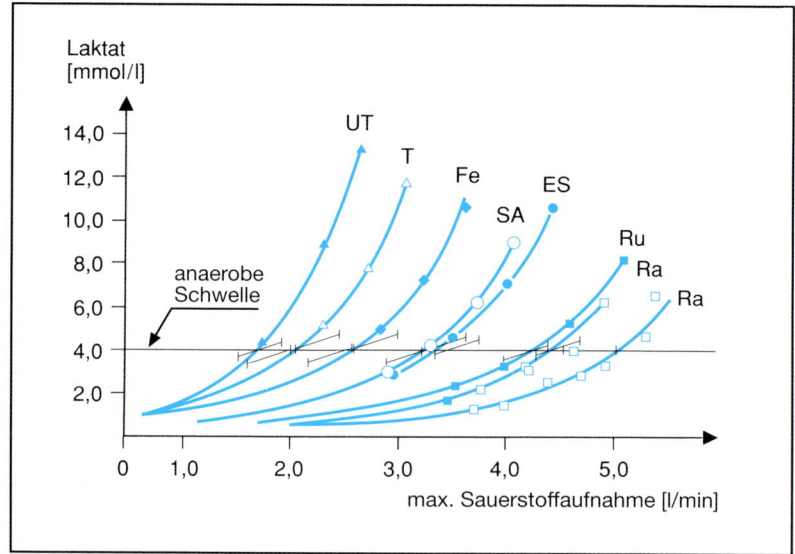

muss vor den Tests auf eine möglichst optimale Glykogenspeicherauffüllung geachtet und während der letzten beiden Tage ein gleich geartetes Trainingsprogramm absolviert werden. Bei ständig niedrigen Glykogenvorräten kann nur wenig Laktat gebildet werden. Damit täuscht die Glykogenarmut im Muskel einen guten Ausdauertrainingseffekt vor (Abb. 38, S. 75). Es ist somit notwendig, bei der Laktatdiagnostik die vorausgegangene Trainingsbelastung und Ernährung exakt zu berücksichtigen.

Zur **Problematik** der verschiedenen Schwellenkonzepte (ca. 15), insbesondere zur Bestimmung der individuellen anaeroben Schwelle (IANS) zur Festlegung des maximalen Laktat-steady-state, nimmt HECK (1990, 138ff.) ausführlich Stellung. Die Unterschiede beziehen sich vor allem auf den methodischen Bereich.

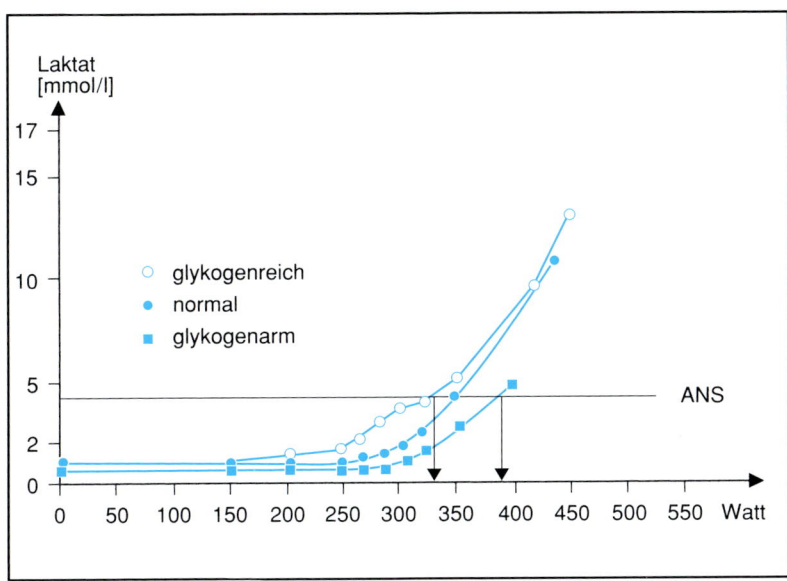

Abbildung 38
Der Einfluss unterschiedlicher Ernährungssituationen auf Form und Lage der Laktatleistungskurve, dargestellt an einem Einzelfall (aus BRAUMANN et al. 1987, 37)

Muskelfasertypen

Ausdauerleistungen im KZA- bis LZA-Bereich sind wegen der Energiebereitstellung auch abhängig von der Fasertypenzusammensetzung der Skelettmuskulatur. Die einzelnen Fasertypen (Tab. 22) weisen nämlich in Abhängigkeit von ihrer funktionellen Beanspruchung neben den Unterschieden in der Innervation (von der zuständigen motorischen Vorderhornzelle ausgehend) und im Zuckungsverhalten auch Stoffwechseleigenheiten auf.

rot	weiß	
tonisch	phasisch	
langsam kontrahierend »slow twitch« (ST)	schnell kontrahierend »fast twitch« (FT)	
	oxidativ (aerob)	glykolytisch (anaerob)
	FTO	FTG
Typ I	Typ II$_A$	Typ II$_B$

Tabelle 22
Muskelfasertypen mit ihren verschiedenen Bezeichnungen

75

Charakterisierung

Aus Tab. 23 geht hervor, dass die **ST-Fasern** sich auszeichnen durch
- Reichtum an aeroben Enzymen (des Glykogen- und Fettstoffwechsels),
- durch die Vielzahl und Größe der Mitochondrien (= Orte der aeroben Energiebereitstellung in der Muskelzelle),
- viel Myoglobin (als Sauerstoffleiter und -speicher),
- Glykogenreichtum und relativ hohen Triglyzeridbesatz.

Sie sind die ermüdungsresistenten Fasern der aeroben Energiebereitstellung.
Innerhalb der schnell zuckenden, leichter ermüdbaren und myoglobinärmeren **FT-Fasern** nehmen die **FTO-Fasern** eine Art Mittelstellung ein, da sie mit aeroben und anaerob-glykolytischen Enzymen gleichermaßen ausgestattet sind. Die **FTG-Fasern** haben eine einseitig starke Ausprägung der anaeroben Enzyme, größere Phosphat- und Glykogenspeicher. Sie sind eben die schnell ermüdenden Kurzzeitleister mit einer hohen Energieabgabe in der Zeiteinheit.

Tabelle 23
Die wesentlichen Merkmale der einzelnen Muskelfasertypen (nach BADTKE 1995, 25)

ST-Fasern	FT-Fasern	
	FTO	FTG
langsam kontrahierend Kontraktionsdauer 75 ms	schnell 30 ms	sehr schnell kontrahierend 20 ms
wenig Kraft pro Kontraktion Zugspannungsfaktor 1	kräftige Kontraktion Faktor 4	sehr große Kraft pro Kontraktion Faktor 12
ermüdungsresistent	ermüdbar	schnell ermüdet
kleine Motoneurone kleine mot. Endplatten Reizschwellen niedrig	große Motoneurone größere höher	große mot. Endplatten hoch
sehr viele Mitochondrien sehr viel Myoglobin sehr viele Kapillaren	viele mäßig viel viele	wenig wenig wenig
wenig Phosphagene	viele	sehr viele
Myosin-ATP-ase-Aktivität gering	hoch	sehr hoch
viel Fett und KH	viel KH	sehr viel KH gespeichert
mit hoch aktiven Enzymen des aeroben Fett- und KH-Stoffwechsels ausgestattet	mit Enzymen des aeroben und anaeroben Stoffwechsels versehen	Dominanz von Enzymen des anaeroben Stoffwechsels
Querschnitt 3100–5000 μm^2	4400–5900 μm^2	3500–5300 μm^2

Die Fasertypen kommen gemäß ihrer Ausstattung auch entsprechend zum Einsatz. Bei Bewegungen, die wenig Kraft erfordern und langsam ablaufen, werden vorrangig die ST-Fasern angesteuert. Erst wenn deren Arbeitskapazität nicht mehr ausreicht oder wenn von Anfang an hohe Anforderungen (Kraft oder Schnelligkeit) gestellt sind, werden FT-Fasern mit einbezogen. Im Ausdauerlauf ist dies erst der Fall, wenn eine Herz-Kreislauf-Auslastung (= Prozentsatz der VO_2max) von 90% vorliegt. Die FTG-Fasern werden nur angesteuert, wenn maximale Bewegungseinsätze verwirklicht werden.

Fasertypenverteilung

Die Zusammensetzung des Skelettmuskels aus den Fasertypen ist stark anlagebedingt. Das gilt für beide Geschlechter. Nach Untersuchungen von BOUCHARD et al. (1994) können nur 20% der Qualität der Muskelfaserzusammensetzung durch Training verändert werden. Der überwiegende Teil der Bevölkerung zeigt (nach BADTKE 1995, 28) ein Ausstattungsverhältnis von etwa 50–60% ST-Fasern und 40–50% FT-Fasern (davon 60% FTO, 40% FTG). In Einzelfällen kann das Verteilungsmuster jedoch deutlich von den Durchschnittswerten (ST:FT-Faserverhältnis 10:90 bzw. 90:10) abweichen. Solche Personen sind dann die geborenen Sprinter bzw. Marathonläufer. Für Weltspitzenleistungen im Schnelligkeits- und Ausdauerbereich sind derartige extreme anlagebedingte Verteilungsmuster Voraussetzung.
Das Faserspektrum zeigt auch eine gewisse Anpassung an die regelmäßige Tätigkeit. Darum weichen Fasertypenmuster Trainierter unter Umständen stark ab. Bei Ausdauertrainierten hat man z.B. im Musculus vastus lateralis (= äußerer Kopf des vierköpfigen Oberschenkelmuskels) über 90% ST-Fasern (SALTIN 1977) und auch 80% ST-Fasern gesamtkörperlich (HINTERMANN 1984) festgestellt. Bei Weltklassesprintern zeigt sich natürlich eine starke FT-Dominanz. Abb. 39, S. 78, zeigt den Zusammenhang zwischen Fasertypenverteilung und Sportart.

Trainingsanpassungen

Für das Training ist von Bedeutung, dass mit praktikablen Methoden (Ausnahme: Elektrostimulation unter Laborbedingungen) eine Umwandlung des einen in den anderen Fasertyp nicht möglich ist. Durch gezielte Beanspruchung können allerdings die Fasern metabolisch differenziert werden. Das betrifft in erster Linie die FTO- und FTG-Fasern. Bei entsprechender Belastungsgestaltung können die vorwiegend oxidativ arbeitenden FTO-Fasern mehr anaerob und die glykolytisch ausgestatteten FTG-Fasern in aerobe Richtung verschoben werden. Schnelligkeits-, Schnellkraft- und Maximalkraftbelastungen prägen in Richtung FTG, langsame Kraft- und Ausdauerbelastungen in Richtung FTO. Wird die entsprechende Beeinflussung (Trainingsform) abgesetzt, so bilden sich die erzwungenen Änderungen wieder zurück. Anhand von Muskelbiopsien konnte gezeigt werden, dass bei einem verletzten Skilangläufer nach einem Monat Ruhigstellung in der Oberschenkelmuskulatur der prozentuale Anteil der ST-Fasern von 80 auf 57% abnahm und nach einem 6-monatigen Training wieder auf 84% anstieg. Trainingsbedingte Verände-

Abbildung 39
Schematische Darstellung des Zusammenhangs Faserverteilung und Sportart (nach BADTKE et al. 1995, 28)

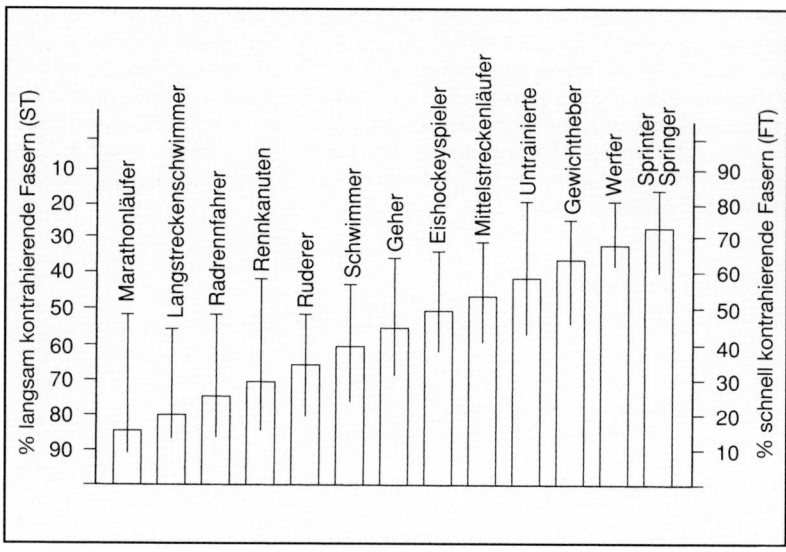

Tabelle 24
Anpassungsreaktion der Muskelfasertypen auf spezifische Belastungsreize

Training von Schnelligkeit, Schnellkraft, Maximalkraft	Training von Kraftausdauer, Ausdauer
• Flächenvergrößerung der FT-Fasern wegen Vermehrung der kontraktilen Elemente	• Flächenvergrößerung der ST-Fasern wegen Vermehrung und Vergrößerung der Mitochondrien
• Vermehrung der anaeroben Enzyme im Zellplasma	• Vermehrung der aeroben Enzyme in den Mitochondrien
• Glykogenvermehrung in den FT-Fasern	• Glykogenvermehrung in den ST-Fasern
• metabolische Differenzierung der FT-Fasern in Richtung FTG-Fasern	• metabolische Differenzierung der FTG-Fasern in Richtung FTO-Faser
• Abnahme der Mitochondrien	• Myoglobinvermehrung
• Rückgang der Kapillarisierung (Kapillarenzahl pro Faser)	• Zunahme der Kapillarisierung (Kapillarenzahl pro Faser, erhöhte Durchlässigkeit der Kapillarwand, Schlängelung)
• Zunahme der Diffusionsstrecke für Sauerstoff durch die Hypertrophie	• Abnahme der Diffusionsstrecke für Sauerstoff
Führt bei hohem Leistungsniveau zu einem Rückgang der aeroben Ausdauerfähigkeiten	Führt bei hohem Leistungsniveau zu einem Rückgang der Schnelligkeit, Schnellkraft und Maximalkraft

rungen sind in ca. 4–8 Wochen deutlich messbar. In Tab. 24, S. 78, sind die einzelnen Anpassungsreaktionen auf die spezifischen Belastungen zusammengestellt. Solange kein hohes Ausprägungsniveau der einzelnen konditionellen Fähigkeiten vorliegt, stören sich die Anpassungsreaktionen der zwei Fasertypen gegenseitig noch nicht. Deshalb können im Grundlagentraining auch noch »gegensätzliche« konditionelle Fähigkeiten (z.B. Ausdauer und Maximalkraft) nebeneinander her entwickelt werden. Auf höherem Ausprägungsniveau kommt es allerdings zu einer gegenseitigen Beeinträchtigung.

Neurohormonelle Regulation

Sportliche Tätigkeiten und damit auch Ausdauerbelastungen werden nicht nur von der Skelettmuskulatur, dem Atmungs- und dem Herz-Kreislauf-System bestimmt, sondern sie unterliegen auch der **Steuerung** durch das **vegetative Nervensystem** und das **Hormonsystem.** Bei der Gesamtregulation des belasteten Organismus liegt immer ein eng verflochtenes Zusammenwirken beider Systeme vor, weshalb von **neurohormoneller Regulation** gesprochen wird. Hypothalamus und Hypophyse zusammen bilden dabei das führende Regelungsorgan in diesem vegetativ-hormonellen System (Abb. 40).

Vegetatives Nervensystem

Das vegetative Nervensystem hat funktionell zwei Teilsysteme: **Sympathikus** und **Parasympathikus** (Hauptvertreter Nervus vagus).

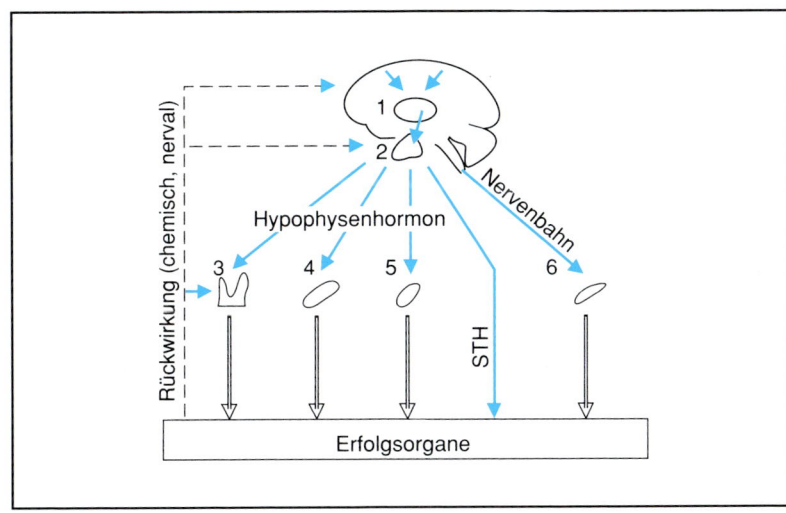

Abbildung 40
Schematische Übersicht zur führenden Regelung des neurohormonellen Systems durch Hypothalamus (1) und Hypophyse (2). 3 = Schilddrüse, 4 = Nebennierenrinde, 5 = Keimdrüsen, 6 = Nebennierenmark (modifiziert nach BADTKE et al. 1995, 136)

Beide beeinflussen die meisten Organe und stellen sie in gegenseitiger Abstimmung auf die jeweiligen Erfordernisse ein. Der Sympathikus gilt als der »Aktivierungsnerv«, der vor allem Atmungs-, Herz-Kreislauf-System, Hormonsystem und die Skelettmuskulatur aktiviert. Der Parasympathikus als »Erholungsnerv« wirkt auf diese dämpfend und aktiviert im Sinne seiner Aufgabe vor allem das Verdauungssystem, die Leber und die Nieren. Bei Trainierten zeigt sich gegenüber Untrainierten eine sichere und schnellere Einstellung des Sympathikotonus (= erhöhte Reaktionslage des Aktivierungsnerves) und ein Überwiegen des Vagotonus (= Reaktionslage des dämpfenden Nervus vagus) in der Ruhephase. Mit Letzterem ist eine Verkürzung der Erholungs- und Resynthesezeit verbunden. Vagotonie senkt z. B. die Ruhe-Herzfrequenz nach wenigen Wochen des Grundlagenausdauertrainings. Sie steigert auch die Resorption von Nahrungsstoffen und den Aufbau körpereigener Substanzen.

Relevante Hormone

Sportliche Leistungen sind einerseits nur durch die hormonelle Steuerung möglich, andererseits tritt, wie bei anderen Organsystemen, durch sportliche Belastungen ein rückwirkender Einfluss auf das Hormonsystem ein. In der Hauptsache zeigt sich die Anpassung auf entsprechende Belastungsreize in einem besseren Funktionieren, in einer erweiterten Reaktionsbreite und oft auch in einer Vergrößerung der Hormondrüsen. Letztendlich schützt das Hormonsystem auch vor vollständiger und damit lebensbedrohender Ausbeutung der Energiespeicher. Der Eingriff in die **autonom geschützten Reserven** des Organismus ist gewissermaßen hormonell verwehrt.

Aus der großen Zahl von Hormonen, die als Regulationsstoffe in viele Lebensvorgänge eingreifen, sollen hier nur die erwähnt werden, die im Zusammenhang mit Ausdauerbelastungen eine Rolle spielen können. Auch innerhalb der oft vielseitigen Wirkungen der Hormone wird nur auf den Bezug der Ausdauer eingegangen.

Somatotropin (STH) aus der Hypophyse

Dieses Wachstumshormon drosselt den Glukoseabbau, steigert die **Glykogensynthese** und mobilisiert die **Fettsäuren** aus dem Fettgewebe und die **Fettsäurenverbrennung**. Bei mittelintensiven Ausdauerbelastungen wird ein hoher Anstieg im Blut verzeichnet. Damit wird die Fettverbrennung gesichert. Eine Trainingsanpassung zeigt sich in einer vermehrten Ausschüttung über längere Zeit hinweg.

Thyroxin (T3/T4) aus der Schilddrüse

Die Schilddrüsenhormone fördern die Sauerstoffaufnahme im Gewebe und damit die **ATP-Resynthese;** sie steigern die Glykogenspaltung in Muskel und Leber und die Glukoseaufnahme im Darm. Auch die Mitochondrienmasse in Muskel und Leber wird durch ihre Wirkung vergrößert. Trainingsanpassungen zeigen sich im erhöhten Thyroxinumsatz bei Belastung und in leichten Drüsenvergrößerungen.

Adrenalin/Noradrenalin aus dem Nebennierenmark (NNM)
und die Paraganglien des Sympathikus

Die Ausschüttung dieser **Katecholamine** ins Blut wird über den Sympathikus gesteuert. Psychische und physische Belastung kann dazu führen. Sie beeinflussen gemeinsam das Herz-Kreislauf-System und den Stoffwechsel mit etwas unterschiedlicher Wirkung. Adrenalin steigert besonders die Herzfrequenz und die Kontraktion des Herzmuskels; innerhalb des Stoffwechsels spaltet es das Glykogen (Glykogenolyse) in der Leber und im Muskel (synergistische Wirkung zum Thyroxin) und mobilisiert die freien Fettsäuren aus dem Fettgewebe (synergistische Wirkung zum STH). Noradrenalin verengt die Gefäße (Vasokonstriktion), steigert damit den Blutdruck und mobilisiert (zusammen mit Adrenalin) vorwiegend die freien Fettsäuren aus dem Fettgewebe. Es senkt die Herzfrequenz, hat aber nur schwache zentralnervöse Wirkung.

Durch diese Wirkungen bereiten die Katecholamine den Organismus auf Leistung vor. Deshalb ist für hohe sportliche Leistung die Katecholaminausschüttung eine unerlässliche Notwendigkeit. Die Trainingsanpassungen zeigen sich darin, dass einerseits die gleiche Leistung mit geringeren Katecholaminmengen erbracht und andererseits im Bedarfsfalle beträchtliche Mengen mehr ausgeschüttet werden können.

Aldosteron aus der Nebennierenrinde (NNR)

Dieses Mineralkortikoid ist am wirksamsten im **Elektrolytstoffwechsel,** vor allem bezüglich des Natrium- und Kaliumhaushaltes. Es spielt eine entscheidende Rolle für die Aufrechterhaltung des Blutvolumens (Blutplasma). Bei starken belastungsbedingten Wasserverlusten (Schweißverluste) liegt deshalb ein hoher Anstieg der Ausschüttung vor. In schlechtem Trainingszustand kann es zur Erschöpfung des Hormons und damit zu Störungen im Elektrolyt-/Wasserhaushalt sowie in der Wärmeregulation kommen. Hochtrainierte Ausdauersportler zeigen im Allgemeinen keine Aldosteron-Erschöpfung.

Kortisol aus der Nebennierenrinde (NNR)

Dieses Glukokortikoid fördert die **Glukoneogenese** (= Neubildung von Glukose bzw. Glykogen in der Leber aus Aminosäuren) und greift abbauend in den Eiweißstoffwechsel ein. Dies kommt vor allem bei Marathon- und Ultra-LZA-Leistungen zur Geltung. Weiterhin liegt eine Mitwirkung an der Fettsäuremobilisation aus den Fettdepots vor (synergistische Wirkung zu STH und Katecholaminen). In lang anhaltendem oder auch intensivem Training und bei entsprechenden Wettkämpfen kommt es also natürlicherweise zu einem Kortisolanstieg. Ist bei regelmäßiger Beobachtung (Kortisolmessung) ein Aktivitätsabfall des Hormons zu verzeichnen, so kann daraus auf das Entstehen eines Übertrainingszustandes geschlossen werden. Eine Trainingsanpassung zeigt sich wiederum dadurch, dass bei lang andauernden Belastungen der notwendige Kortisolanstieg geringer ist als vorher und ein Abfall in der Ausschüttung (wie bei Untrainierten) nicht zu verzeichnen ist. Außerdem ist die Nebennierenrinde deutlich hypertrophiert, was bei hohen Belastungen die Frei-

81

setzung größerer Kortisolmengen ermöglicht. Zu einer totalen Ausschöpfung der Kortisolreserven in der NNR und damit der Glukoneogenese kann es durch den hormonellen Rückkoppelungsmechanismus (über Hypothalamus und Hypophyse) nicht kommen. Es liegt also auch von dieser Seite ein hormongesteuerter Schutzmechanismus in Bezug auf den Eingriff in die autonom geschützten Reserven vor. Allerdings zeigt Kortisol auch gesundheitlich negative Effekte. So wird das Immunsystem geschwächt, die Regeneration und Neubildung von Bindegewebe verzögert, die Knochenzusammensetzung verändert (Glasknochenbildung) und die Gedächtnisleistung durch Atrophie von Neuronen im Hippocampus geschwächt.

Insulin aus der Bauchspeicheldrüse

Die Hauptwirkung dieses Hormons ist in der **Steigerung der Zellwanddurchlässigkeit für Glukose** (auch Aminosäuren und Fettsäuren) zu sehen. Auf diese Weise wird der Blutzucker, der über die Nahrung oder den Leberglykogenabbau (Hormon Glukagon) vorliegt, schneller in die Muskelzellen gebracht. Anpassung an Training drückt sich durch den geringeren Insulinbedarf bei gleicher Wirkung aus, was seinerseits geringere Ausschüttungsmengen und höhere Insulinempfindlichkeit des Gewebes bedeutet. Neben dem Einfluss auf den Zuckerstoffwechsel zeigt Insulin auch eine fördernde Wirkung auf den Eiweißaufbau (im Muskel) und die Fetteinlagerung (aus über die Nahrung aufgenommenen Zucker) ins Gewebe. Die Freisetzung von freien Fettsäuren aus dem Depotfett wird gehemmt (antagonistische Wirkung zu STH, Katecholaminen, Kortisol).

Wiederherstellung des hormonalen Gleichgewichts

Die Ausführungen zu den erwähnten Hormonen machen deutlich, dass einmal ausreichende Mengen dieser Stoffe Voraussetzung für hoch intensive wie auch weniger intensive Ausdauerleistungen sind, zum zweiten ein Aktivitätsverlust der Hormone zur Ermüdung führt. Am deutlichsten ist Letzteres bei Katecholaminverarmung zu erkennen.

Ein weiterer wesentlicher Gesichtspunkt für die Trainingspraxis ist die Resynthesedauer der beanspruchten Hormone. Für die Gesamterholung nach Belastung spielt sie eine wesentliche Rolle, da erst nach voller Resynthese hoch intensive Anstrengungen erneut möglich sind. Es ist bekannt, dass nach starken neurohormonellen Beanspruchungen (bei hoher Intensität oder extrem langer Dauer), insbesondere der Katecholamine, mit einer Erholungsdauer von ca. 72 Stunden zu rechnen ist. Im Falle starker Kortisolausschüttung (z. B. bei Marathonwettkämpfen) kann sich diese Zeitspanne auf 5–7 Tage erstrecken.

Nicht alle Ausdauerbelastungen (vor allem im Training) stören in dem erwähnten Ausmaß den Hormonhaushalt. Maßgebend ist die Belastungsintensität (KINDERMANN 1978, 354):

»Bei 50–60%igem Einsatz der VO$_2$max, was mit extensivem Ausdauertraining im Bereich der aeroben Schwelle etwa identisch ist, wird das Vegetativum mit Katecholaminausschüttung kaum beansprucht. Solche Trainingsbelastungen haben sogar regenerationsfördernde Wirkung.«

Bei einem VO_2max-Einsatz von mehr als 70–75%, der im Ausdauertraining bei Intensitäten an der anaeroben Schwelle oder bei Intervallmethoden vorliegt, steigen die Adrenalin- und auch die Kortisolausschüttung deutlich an. Nach solchen Belastungen von entsprechend langer Dauer ist mit einer »hormonellen Erholungsspanne« von länger als 24 Stunden zu rechnen. Glykogenspeicher und Elektrolythaushalt können bei entsprechenden Ernährungsmaßnahmen (Kohlenhydratdiät, Elektrolytzufuhr) zu dieser Zeit bereits wieder ausgeglichen sein. Erneutes Training intensiver Art oder auch Wettkämpfe sollten deshalb erst nach 2–3 Tagen durchgeführt werden.

Auch bei Doppelbelastungen (z.B. Vor-, Zwischen-, Endläufe bei Wettkämpfen) muss auf den Eingriff in den Hormonhaushalt Rücksicht genommen werden. Unvollständige Erholung kann nämlich bei gleicher äußerer Belastung unterschiedliche Stoffwechselregulationen hervorrufen und damit Einfluss nehmen auf die gewohnte Leistungsfähigkeit.

Wärmeregulation und Elektrolyt-/Wasserhaushalt

Bei länger dauernder körperlicher Aktivität steigt in Abhängigkeit von der Belastungsintensität der Energieumsatz an. Wegen des ungünstigen mechanischen Wirkungsgrades der »Maschine Mensch« (in der Sportpraxis bestenfalls ca. 25%) fallen zwischen 75 und 97% der umgesetzten Energie in Wärme an. Dies führt nach Erhöhung der Muskeltemperatur und der Körperschalentemperatur auch zur Steigerung der Körperkerntemperatur, also zu einem belastungsbedingten Wärmestau (= Belastungshyperthermie). Bei einem Marathonlauf werden z.B. ca. 2000 kcal (8500 kJ) an Wärmeenergie produziert. Die sich daraus ergebende Problematik ist bei hohen Umgebungstemperaturen oder mit atmungsinaktiver Kleidung noch verstärkt.

Der **Wärmestau** hat verschiedene körperliche Auswirkungen, die sich letztlich in einer **Beeinträchtigung der Ausdauerleistungsfähigkeit** niederschlagen:

- Es kommt zu einer Blutverschiebung aus der arbeitenden Skelettmuskulatur in die Haut. Dorthin muss die Wärme des Körperinneren zur Ableitung an die Umgebung transportiert werden. Das Herzminutenvolumen kann dadurch bis um ca. 15% gesteigert sein. Die Sauerstoffversorgung der Skelettmuskulatur ist dennoch schlechter.
- Wegen der Wärme haben die Venenwände größere Dehnbarkeit, der Blutrückstrom zum Herzen ist damit verschlechtert. Es können daraus sogar orthostatische Kollapssituationen entstehen.
- Wegen der notwendigen höheren Wärmableitung kommt es zur **Hyperventilation** (= übermäßige Steigerung der Atmung) und einer damit verbundenen vermehrten Abatmung von Kohlendioxid. Dies hat Rückwirkungen auf den Säure-Basen-Zustand des Blutes (respiratorische Alkalose) in der Art, dass sich daraus eine hohe Bereitschaft für muskuläre Krampfzustände ergibt.
- Die überhöhte Körpertemperatur (Kerntemperatur von $40\,°C$ durchaus möglich) kann auch die enzymatisch gesteuerten Stoffwechselvorgänge stören, da die Schlüsselenzyme jeweils ein Temperaturoptimum für ihre katalytische Wirkung (meist bis $39\,°C$) haben.

- Die gesteigerte Wärmeabfuhr ist nur über Schweißverdunstung (neben Abstrahlung und Ableitung) zu unterhalten, was eine vermehrte Schweißproduktion verlangt.

Bezüglich des **Schweiß-** und des damit verbundenen **Elektrolytverlustes** sind noch folgende Tatsachen von Interesse:

- Bereits ein **Wasserverlust** von 2% des Körpergewichtes (wenn er innerhalb kurzer Zeit eintritt) bzw. 4% (wenn er sich über Stunden erstreckt) beeinträchtigt die Ausdauerleistungsfähigkeit. Diese 2–4% bedeuten bei einer 70 kg schweren Person etwa 1,5–2,5 Liter. Durchschnittliche Gewichtsverluste in verschiedenen Sportarten gibt Tab. 25 wieder. Unter extremen Umgebungstemperaturen können bei sportlichen Leistungen Schweißverluste bis zu 2 l/Std. durchaus auftreten.
- Für einen Marathonlauf werden gewöhnlich 2000 kcal (8500 kJ) Wärmeproduktion angegeben. Da 1 Liter verdunsteter Schweiß dem Körper 580 kcal (2430 kJ) entzieht, meist aber nur die Hälfte des produzierten Schweißes wirklich verdunstet (abtropfender Schweiß ist für die Kühlung nutzlos), wären für die Abfuhr oben genannter Wärmemenge ca. 7 Liter notwendig. In der Realität (Flüssigkeitszufuhr, Bildung von Oxidationswasser durch die Glykogenverbrennung: 1 g Glykogen enthält 2,7 g Wasser) rechnet man mit 3–4 Liter Verlust. 4 Liter bedeuten für einen 65–70 kg schweren Läufer immerhin noch 5,5–6% des Körpergewichts. Körperliche Symptome, wie sie z.B. nach Marathonläufen und ähnlichen LZA-Belastungen auftreten (Tab. 26), werden damit verständlich.

Das mit dem Schweiß abgegebene Wasser beeinträchtigt am Anfang (bis 2% Verlust) das Blutvolumen nicht. Es stammt aus dem Zwischenzellraum des Gewe-

Tabelle 25
Gewichtsverluste in verschiedenen sportlichen Disziplinen (nach JAKOWLEW 1952)

Sportart	Gewichtsverlust	Sportart	Gewichtsverlust
100-m-Lauf	ca. 0,15 kg	Basketball	ca. 1,7 kg
10000-m-Lauf	1,5 kg	Fußball	3,0 kg
Marathonlauf	4,0 kg	Ringen (Mittelgewicht)	1,8 kg
Skilauf 10 km	1,0 kg	Boxen (Mittelgewicht)	1,6 kg
Rudern 2000 m	0,8 kg	Eishockey	1,8 kg
Fechten	1,0 kg		

Tabelle 26
Anzeichen von Wasserverlust im Körper

Verlustmenge in % Körpergewicht	Symptome
2–5%	Durstgefühl, hoher Puls, Appetitlosigkeit, Müdigkeit, Muskelkrämpfe, Schwächegefühl, Aggressivität
6% und mehr	Übelkeit, Schwindelgefühl, Kopfschmerzen, ausbleibende Speichelbildung, starke Krämpfe, verschleiertes Sehen, Koordinationsstörungen, Kreislaufversagen, psychische Störungen

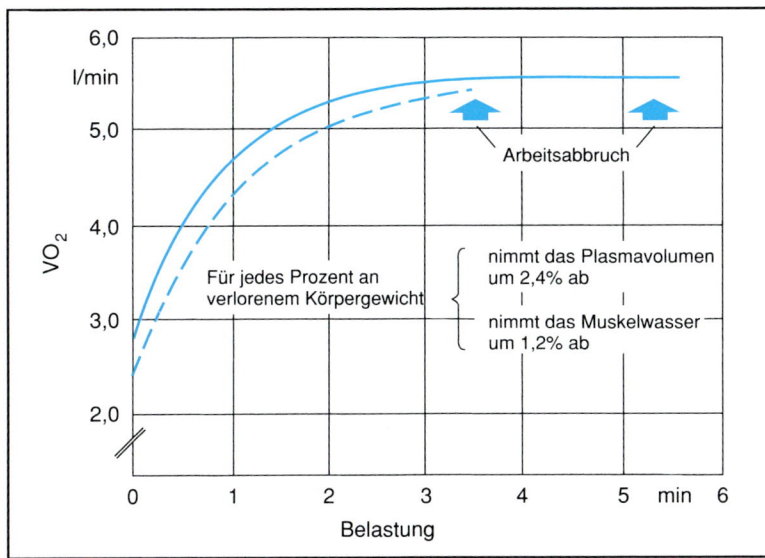

Abbildung 41
Sauerstoffver-
brauch bei Wasser-
mangel. Unter Nor-
malbedingungen
kann die Belastung
während 5$^1/_2$ Minu-
ten durchgehalten
werden. Bei Was-
sermangel (leichte
Dehydratation)
kann die gleiche
Leistung dagegen
nur während
3$^1/_2$ Minuten er-
bracht werden. Die
Pfeile zeigen je-
weils die maximale
Arbeitsdauer an
(nach MOESCH, aus
KONOPKA 1985,
101).

bes. Im Weiteren wird aber das Blutplasma der unmittelbare Flüssigkeitslieferant für die Schweißbildung. Damit kommt es zur Bluteindickung und deshalb zu verstärkter Herzarbeit. Dass ein dehydrierter (ausgetrockneter) Organismus eine verminderte Sauerstoffaufnahme hat, geht aus Abb. 41 hervor.

- Mit dem Schweiß gehen dem Körper auch Elektrolyte (Salze) verloren. Sie verursachen eigentlich die Reaktionen, die den Wasserverlusten zugeschrieben werden. In erster Linie handelt es sich um Kochsalz (NaCl), Kalium (K), Magnesium (Mg) und um die Spurenelemente Eisen (Fe) und Zink (Zn). Natrium, Kalium, Chlor sind an der Regelung des osmotischen Druckes an den Zellwänden beteiligt. Magnesium, Eisen und Zink sind wichtige Bausteine für Enzyme und Myoglobin/Hämoglobin (Eisen). Störung der Normalkonzentrationen in der Körperflüssigkeit ruft natürlich sofort eine Beeinträchtigung der Muskeltätigkeit und des Sauerstofftransportes hervor.

- Der Schweiß enthält nicht die gleiche Elektrolytkonzentration wie etwa das Blutplasma (Tab. 27, S. 86). Na und Cl werden in geringerer Konzentration (Schweiß ist mit 3 g NaCl/l eine sog. hypotone Lösung gegenüber dem Blutplasma mit 9 g NaCl/l), K und Mg in gleicher bzw. höherer Konzentration verloren. Dies liegt an der Fähigkeit der Schweißdrüsen, Kochsalz z.T. zurückhalten zu können. Beim Ausdauertrainierten ist dies sogar stärker ausgebildet als beim Untrainierten. Es ist wesentlich, beim Elektrolyt-/Flüssigkeitsersatz die verlorenen Konzentrationsverhältnisse zu berücksichtigen. Deshalb ist nicht nur ein mangelhafter Elektrolytersatz über ungeeignete Getränke mit zu geringem Mineralgehalt (z.B. Coca-Cola, einfache Limonaden) oder reines Wasser ein Nachteil, sondern auch die Zufuhr von zu hohen Elektrolytkonzentrationen, wie sie in manchen Mine-

85

Tabelle 27
Konzentration der
Elektrolyte (mÄq/l)
im Blutplasma und
im Schweiß
(nach COSTILL, aus
KONOPKA 1985, 96)

	Natrium	Chlor	Kalium	Magnesium	total
Plasma	140	100	4	1,5	245,5
Schweiß	40–60	30–50	4–5	1,5–5	75,5–120

raldrinks vorzufinden sind. In jedem Falle werden die notwendigen normalen Konzentrationsverhältnisse der Körperflüssigkeit gestört, was die Funktionsfähigkeit des Organismus beeinträchtigen kann. (Hinsichtlich des angepassten Elektrolytersatzes über fertige Mineraldrinks bzw. natürliche Getränke wird auf die Ausführungen von KONOPKA 1985, 126 verwiesen.)

Bezüglich der angesprochenen Verhältnisse in der **Wärmeregulation** und im **Elektrolyt-/Wasserhaushalt** zeigen Ausdauertrainierte gegenüber den Untrainierten auch gewisse **Anpassungen:**

- Es können höhere Körperkerntemperaturen erreicht und mit geringeren Beeinträchtigungen toleriert werden.
- Die Schweißproduktion kann verdoppelt werden, da die Schweißdrüsen sich vermehren und besser funktionieren. Während Untrainierte ca. 0,8 1 Schweiß/Std. produzieren, beläuft sich die Produktionsmenge Trainierter auf 2–3 l/Std. Dies ist notwendige Voraussetzung, um die höheren energetischen Leistungen erbringen zu können.
- Bei Wasserverlusten von 3% des Körpergewichts sind durchaus noch Höchstleistungen möglich.
- Auch höhere Wasserverluste schlagen sich nicht so sehr in einer Verringerung des Blutplasmas nieder.

Trotz dieser Kompensationsmechanismen gegenüber den thermisch- und flüssigkeitsbedingten Nachteilen für die körperliche Leistungsfähigkeit muss der trainierte Ausdauersportler darauf achten, dass durch **rechtzeitiges und ausreichendes Trinken**

1. die Temperatursteigerung niedriger gehalten bzw. verzögert wird (Trinken verbessert den Wärmeabtransport über den Blutkreislauf und regt die Schweißausscheidung an),
2. dem Elektrolytmangel mit seinen Nachteilen vorgebeugt bzw. begegnet wird.

> Für die Flüssigkeitszufuhr während langer Ausdauerbelastungen gilt die Regel:
> – 1 Liter/Stunde eines Getränks, das die Schweißelektrolyte ersetzt,
> – verteilt auf ca. $^1/_4$ Liter pro 15 Min.,
> – Beginn der Aufnahme vor einem ausgeprägten Durstgefühl (meist nach ca. 45–60 Min.).

Diese Forderungen aus der Theorie sind in der Wettkampf- und Trainingspraxis natürlich nicht immer zu erfüllen. Sie sollten in individueller Abstimmung auf die bereits vorliegenden Anpassungsverhältnisse (untrainiert–hoch trainiert) jedoch Leitlinie für das Verhalten sein.

Funktion des neuromuskulären Systems

Ein leistungsbestimmender Einfluss des Funktionszustandes des neuromuskulären Systems auf Ausdauerleistungen wird im Allgemeinen kaum zur Kenntnis genommen. Aber selbst bei zyklischen und nicht allzu komplizierten Bewegungsabläufen, wie sie in Ausdauersportarten anzutreffen sind, kann die Bewegungsqualität entscheidenden Einfluss auf die Ausdauerleistung haben. Andere Leistungsfaktoren können erst in Verbindung mit guter Technik und Koordination voll leistungswirksam werden. Das gilt für Laufen und Rad fahren genauso wie für Skilanglaufen, Rudern und Paddeln; verstärkt natürlich für die azyklischen Bewegungen der Spielsport- und Zweikampfsportarten.

Unter dem Aspekt der Ausdauer ist der oberste Gesichtspunkt, eine hohe Bewegungseffektivität und Bewegungsökonomie über eine längere Zeitdauer zu sichern, wenn auch die spezielle Bedeutung der **Bewegungstechnik** in den zyklischen Ausdauersportarten (stabiles Bewegungsstereotyp) eine andere als in den Zweikampf- und Spielsportarten (reiches Repertoire an Fertigkeiten bei hoher Variabilität) ist.

Ein relevanter Gesichtspunkt aus dem umfangreichen Kapitel der neuromuskulären Steuerung (Koordination) ist in diesem Zusammenhang der Phasencharakter des Bewegungslernens. Die Herausbildung von Bewegungsfertigkeiten (= Entwicklung von motorisch-dynamischen Stereotypen), auf die sich letztlich die Ausdauerleistungen stützen, geschieht in drei Phasen: Grobkoordination – Feinkoordination – Stabilisation.

In der ersten Phase ist die Bewegungssteuerung noch unökonomisch, da unnötig viele Muskeln in die Bewegung einbezogen werden und auch die bahnenden und hemmenden Erregungen des Zentralnervensystems für die sich abwechselnden Kontraktionen und Entspannungen der Muskeln schlecht abgestimmt sind. Dies hat insgesamt einen **vermehrten Verbrauch von Energiespeichern und Sauerstoff** zur Folge, was sich in der Ausdauerleistung negativ niederschlägt.

In der zweiten Phase bilden sich Bewegungsmuster heraus, die infolge eines Konzentrationsvorganges im Zentralnervensystem vorher genannte Nachteile nicht mehr haben. Sie sind jedoch schon bei geringen Störeinwirkungen von außen (= Abweichungen von optimalen Bedingungen) nicht stabil genug. Die unbewusste Steuerung wird teilweise ins Bewusstsein zurückgerufen. Das erfordert wiederum **erhöhten Energieverbrauch.** In dieser Phase können durch Übungsunterbrechungen die Bewegungsprogramme auch wieder verloren gehen. Training der Bewegungstechnik kann hier die Ausdauerleistung noch bzw. wieder erhöhen.

In der dritten Phase werden die Bewegungsmuster nun so präzisiert und stabilisiert, dass hohe Bewegungsgenauigkeit und geringe Störanfälligkeit herrschen. Bei Störungen der Stabilität kann auf Alternativprogramme zurückgegriffen werden, bis wieder hohe Beständigkeit erreicht ist. Die Steuerung geschieht im Unterbewusstsein, d. h., dass die Großhirnrinde (das Bewusstsein) für andere Aufgaben entlastet ist. Alles zusammen schlägt sich in einem **geringeren Energieverbrauch** und damit in einer gesteigerten Ausdauerleistung nieder.

Als koordinative Trainingsziele im Ausdauertraining lässt sich aus dem Dargelegten folgern:

– Für den GLA-, KZA-, MZA-Bereich **Optimierung der zentral gespeicherten Bewegungsmuster,** da für die Ausführungsschnelligkeit bzw. kompliziertere Struktur der Bewegungen eine hohe Qualität bedeutend ist.

– Für den LZA-Bereich **Stabilisierung des ablaufenden Bewegungssterotyps.** Aus Gründen der Bewegungsökonomie ist dies vorteilhaft. Ein Umschalten auf andere Bewegungsprogramme wird damit allerdings auch erschwert.

Für die Konzeption des **Techniktrainings** ergibt sich daraus, dass

1. im Technikerwerbstraining die Automatisierung von Fertigkeiten angestrebt wird und sich diese durch einen hohen Grad an Stabilität bei sich verändernden inneren und äußeren Bedingungen auszeichnet. Günstige Bedingungen zur Programmierung automatisierter Bewegungsabläufe sind dann gegeben, wenn die Bewegung unter möglichst standardisierten Bedingungen durchgeführt und durch kontinuierliches Überlernen (hohe Wiederholungszahlen bei den Übungen) der Einschleifprozess forciert wird.

2. Im Technikanwendungstraining wird dann unter möglichst vielseitig gestalteten variablen und wettkampfspezifischen Bedingungen der Sportart trainiert mit dem Ziel, die variable Verfügbarkeit der Fertigkeiten auszubilden.

3. Das technische Ergänzungstraining umfasst alle Maßnahmen, die die Koordination und die Stabilität der sportartspezifischen Techniken ergänzend ausformen. Das technische Ergänzungstraining bei Ausdauersportlern kann z.B. ein spezielles Beweglichkeitstraining, die schwerpunktmäßige Schulung der technikbestimmenden koordinativen Fähigkeit (z.B. Gleichgewichtsfähigkeit für den Skilangläufer) oder Imitationsübungen (z.B. Anschlagübung für den Biathleten) beinhalten.

Im Aufgabenbereich des Zentralnervensystems darf neben der Kontrollfunktion für die Bewegungen nicht eine andere Funktion, gewissermaßen eine integrative Leistung, übersehen werden. Es handelt sich um die Bereitstellung von angepassten nerval-vegetativen Verhaltensmustern für die erforderlichen Bewegungsprogramme. Nur durch dieses Zusammenwirken des motorischen Nervensystems mit dem vegetativen Nervensystem kommen letztlich die »vollkommenen Ausdauerleistungen« zustande.

 Ausdauer in den Sport- bereichen und Sportarten

Gliederung nach Ausdauerarten und Ausdauertypen

Ein sinnvolles Training konditioneller Fähigkeiten ist ausgerichtet auf bestimmte Zielsetzungen (Trainingsziele). Im Ausdauertraining können übergeordnete Trainingsziele – formuliert als Wertentscheidungen auf oberstem Abstraktionsniveau – nur sein:

a) **Herstellen einer adäquaten Basis** für bestimmte Zielbereiche wie **Gesundheit** (als messbarer Funktionszustand der Organsysteme) und **Fitness** (als allgemeine Leistungsfähigkeit für sportliche Aktivitäten) oder für die **Entwicklung anderer sportmotorischer Fähigkeiten** (wie z.B. Kraft, Schnelligkeit, Bewegungstechnik),

b) **Ausprägung einer speziellen Leistungsfähigkeit** auf hohem und höchstem Niveau.

Demnach ist eine erste Gliederung der Ausdauer in die zwei Arten **Grundlagenausdauer** und **spezielle Ausdauer** sinnvoll.

Jede dieser Ausdauerarten weist in einer weiteren Untergliederung verschiedene Ausdauertypen auf. Dabei handelt es sich um Gliederungseinheiten mit untereinander weniger scharf abgrenzenden Merkmalen.

Im Bereich der **Grundlagenausdauer** werden die Kriterien Tätigkeitsbezug (= Abhängigkeit von der Bewegung der Sportdisziplin) und Niveau der aeroben Kapazität herangezogen. Demnach lassen sich unterscheiden:

- **allgemeine Grundlagenausdauer** als tätigkeitsunabhängiger, d.h. übungsneutraler Typ des Gesundheits- und Fitnessbereichs mit mittlerem Niveau,
- **spezifische Grundlagenausdauer** als tätigkeitsabhängiger, d.h. an die Disziplinbewegung gebundener Typ der Ausdauersportarten mit hohem bis sehr hohem Niveau,
- **azyklische Grundlagenausdauer** als Typ mit unregelmäßigem (= azyklischem) Belastungswechsel, also intermittierendem Belastungscharakter, wie er in Spiel- und Kampfsportarten vorliegt, und mittlerem bis hohem Niveau.

Innerhalb der **speziellen Ausdauer** geschieht die Unterscheidung der verschiedenen Typen nach folgenden Kriterien: Belastungsdauer im Wettkampf, Belastungsintensität, Art der Energiebereitstellung und energielieferndes Hauptsubstrat. Daraus ergeben sich die Typen:

- **Kurzzeitausdauer** (35 Sek.–2 Min.)
- **Mittelzeitausdauer** (2–10 Min.)
- **Langzeitausdauer I, II, III und IV** (> 10 Min.)

Weitere Einzelheiten dazu sind aus Tab. 28, S. 90, zu entnehmen.

Tabelle 28

Abgrenzung der speziellen Ausdauertypen nach Belastungsdauer (Wettkampf), Belastungsintensität und Energiebereitstellung (nach Angaben von NEUMANN 1984, 174; BADTKE 1995, 364, und ENGELHARDT/NEUMANN 1994, 116). Die Zahlenangaben sind Durchschnittswerte aus verschiedenen Sportarten. Die aus einzelnen Ausdauerdisziplinen bekannten Extremwerte treten deshalb nicht in Erscheinung. Da die Übergänge zwischen den Ausdauertypen fließend sind, können die Zahlenangaben auch nur als grundsätzliche Orientierungswerte und nicht als exakt zutreffende Auskünfte gelten.

Abgrenzungskriterien	KZA	MZA	LZA I	LZA II	LZA III	LZA IV
Belastungsdauer	35 s–2 min	2–10 min	10–35 min	35–90 min	90 min–6 h	> 6 h
Belastungsintensität						
nominell	maximal	maximal	submax.–max.	submaximal	mittel–submax.	leicht–mittel
HF/min	185–200	190–210	180–190	170–190	150–180	120–170
% VO$_2$max	100	95–100	90–95	80–95	60–90	50–60
Lac mmol/l	(10–)18	(12–)20	(10–)14	(6–)8	4–5	< 3
Energieverbrauch kcal (kJ)/min	60 (250)	45 (190)	28 (120)	25 (105)	20 (80)	18 (75)
Energiebereitstellung	dominant anaerob	aerob/anaerob	dominant aerob bis rein aerob			
anaerob:aerob	80:20–65:35	60:40–40:60	30:70–20:80	20:80–10:90	5:95	1:99
alaktazid (%)	15–30	0–5	–	–	–	–
laktazid (%)	50	40–55	20–30	5–10	< 5	< 1
aerob (Glykogen) (%)	20–35	40–60	60–70	70–75	50–60	< 40
aerob (Fette) (%)	–	–	10	20	40–50	> 60–90
energieliefernde Hauptsubstrate	Glykogen, Phosphate	Glykogen	Glykogen	Glykogen, Fette	Fette, Glykogen, Aminosäuren	Fette, Glykogen, Aminosäuren (8–10%)
leistungsbegrenzende Faktoren	neuromuskuläres System; Geschwindigkeit der Glykolyse	Laktattoleranz; Geschwindigkeit der Glykolyse	oxidative Kapazität; Laktattoleranz	VO$_2$max; Glykogenspeicher; aerob/anaerobe Schwelle	Glykogenspeicher; Hormone; aerob/anaerobe Schwelle	Lipolyse; Binde- und Stützgewebe

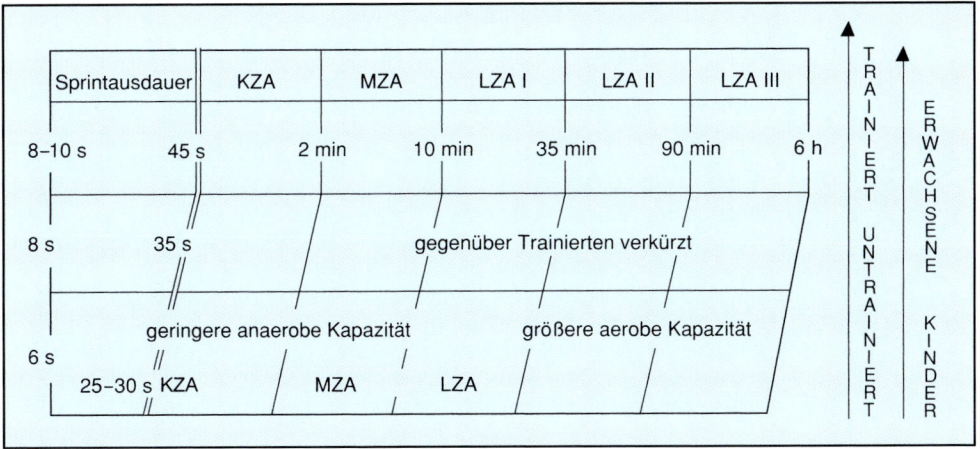

Die Zeitangaben für die Abgrenzung berücksichtigen den Trainingszustand und das biologische Alter (Abb. 42). Sie stellen somit eine Art Kompromisslösung dar. Auch die Zahlenangaben zur Belastungsintensität und Energieumwandlung in Tab. 28, S. 90, sind als durchschnittliche Werte für mehrere Ausdauerdisziplinen zu verstehen. Bei den speziellen Ausdauertypen (KZA, MZA, LZA) tritt das besonders hervor, was eigentlich für die konditionelle Fähigkeit Ausdauer grundsätzlich gilt: Ausdauer ist nicht eine isoliert stehende Fähigkeit, es werden vielmehr bei Ausdauerleistungen auch die Fähigkeiten Kraft und Schnelligkeit beansprucht. Gerade in den KZA- und MZA-Disziplinen sind innerhalb der komplexen Leistungsstruktur Schnelligkeit, Schnellkraft und Kraft wesentliche Einflussfaktoren auf die Gesamtleistung. Nicht zuletzt können aus diesem Grund die komplexen Fähigkeiten **Schnelligkeitsausdauer, Schnellkraft-** und **Kraftausdauer** (in der Ausprägung als submaximale Kraftausdauer) im Gliederungssystem den Typen Kurzzeitausdauer und Mittelzeitausdauer zugeordnet werden (siehe Tab. 10, S. 45).

In der Praxis des Leistungs- und Hochleistungssports müssen letztlich Ausdauerfähigkeiten disziplinspezifisch trainiert werden, was neben typischen Energiebereitstellungsformen noch die Bewegungs- und Belastungsstruktur mit berücksichtigt. Solche Einzelfähigkeiten wären z.B. die läuferische Kurzzeitausdauerfähigkeit (z.B. für den 400-m-Lauf), schwimmerische Mittelzeitausdauerfähigkeit (z.B. für 400 m Kraul), die läuferische Langzeitausdauer-III-Fähigkeit (für den Marathonlauf) und die skilangläuferische Langzeitausdauer-II-Fähigkeit (für den 15-km-Skilanglauf).

Die Systematisierung der Ausdauer soll jedoch – im Rahmen unseres trainingsmethodischen Anliegens – nicht so weit fortgesetzt werden, da es in der Trainingsmethodik (siehe S. 111 ff.) zunächst mehr um das grundsätzliche Erfassen und Anwenden typenbezogener Trainingsmethoden als um die Aufzählung vieler Trainingsformen geht. Die Ausdauertypen werden im Folgenden ausführlich beschrieben und erhalten damit eine Charakterisierung durch ihre leistungsbestimmenden Faktoren.

Abbildung 42
Zeitliche Abgrenzung der spez. Ausdauertypen in Abhängigkeit von Leistungsstand und biologischem Alter (nach KÖHLER et al. 1978, 281)

91

Allgemeine Grundlagenausdauer (allg. GLA)

Der Begriff »allgemein« ist hier in zweifacher Bedeutung zu verstehen: In erster Linie soll der unspezifische Charakter im Sinne von vielseitiger Gültigkeit bzw. Anwendbarkeit ausgedrückt werden. Darüber hinaus trifft auch die sportmedizinische Auffassung – mehr als ca. 15% der Skelettmuskulatur – zu.

- Die allg. GLA ist im sportmedizinischen Sinne die allgemeine aerobe dynamische Ausdauer mit durchschnittlichem Niveau (rel. VO_2max ca. 45–55 ml/kg/min, gültig für untrainierte Männer im 3. Lebensjahrzehnt).
- Es liegt meistens eine ökonomische Nutzung der mittleren aeroben Kapazität mit ca. 65–75% der VO_2max vor (= Höhe der ANS).
- Die Stoffwechsellage ist – im Durchschnitt – stabil aerob, d.h. im Bereich der aeroben Schwelle (2–3 mmol/Lac).
- Während der Belastung geschieht die Steuerung der beanspruchten Organsysteme noch weitgehend durch Selbstregulation (NEUMANN/BEYER 1981, 296). Das integrierende Kontrollzentrum des Zentralnervensystems ist noch nicht gefordert.
- Die allg. GLA kann tätigkeitsneutral (sportartunabhängig) trainiert werden. Ihr Niveau ist also tätigkeitsübergreifend (z.B. mit Laufen oder Radfahren oder Rudern usw.) zu erreichen.
- Die Übertragbarkeit (= positiver Transfer) zwischen verschiedenen Disziplinen ist relativ groß.

Aufgaben der allg. GLA sind v.a.:

- **Gesundheit** bzw. **körperliche Fitness** erhalten oder wiedergewinnen,
- in Nichtausdauersportarten eine gute Basis für das Training anderer konditioneller und koordinativer Fähigkeiten schaffen,
- die Verträglichkeit für psychische Belastungen (v.a. im Wettkampf) erhöhen,
- die Regeneration nach kurzen intensiven Belastungen sowie nach umfangreichen Gesamtbelastungen (nach Trainingseinheiten) beschleunigen.

Allgemeine Grundlagenausdauer =
- **allgemeine aerobe Ausdauer** mit **mittlerer aerober Kapazität**
- **ökonomische Nutzung** dieser Kapazität (65–75% VO_2max)
- relativ **stabile aerobe Stoffwechsellage** (Bereich aerober Schwelle)
- **sportartunabhängig**

Spezifische Grundlagenausdauer (spez. GLA)

Der Begriff »spezifisch« ist im Sinne von arteigen zu verstehen. Es soll damit der Bezug auf die Art der speziellen Ausdauer, d.h. auf alle Ausdauerdisziplinen, hervorgehoben werden. Die spez. GLA unterscheidet sich von der allg. GLA dahingehend, dass sich die Anpassungsvorgänge nicht nur auf das Herz-Kreislauf-System beziehen, sondern zusätzlich in der Skelettmuskulatur eine metabolische Differenzierung in Abhängigkeit von den Belastungsanforderungen stattfindet (siehe S. 77). Nur durch diesen zusätzlichen Anpassungsmechanismus ist das hohe Niveau der maximalen Sauerstoffaufnahme zu erreichen.

- Die spez. GLA ist im sportmedizinischen Sinne die allgemeine aerobe dynamische Ausdauer mit hohem bis sehr hohem Niveau (rel. VO_2max 60–65 ml/kg/min).
- Es liegt meistens eine submaximale Beanspruchung der hohen aeroben Kapazität mit ca. 75–85% der VO_2max (= Höhe der ANS) vor.
- Die Stoffwechsellage ist gemischt aerob-anaerob, d.h. im Bereich der anaeroben Schwelle (3–6 mmol/l Lac).
- Wegen der hohen Auslastung des Organismus ist für die abgestimmte Steuerung der Organsysteme das integrierende Kontrollzentrum des Zentralnervensystems erforderlich.
- Die spez. GLA muss tätigkeitsspezifisch trainiert werden, d.h., es müssen die Disziplinbewegungen oder strukturverwandte Übungen zum Einsatz kommen.
- Sie stützt sich auf eine stabile Bewegungsökonomie (Bewegungstechnik).
- Auf andere Ausdauerdisziplinen ist die spez. GLA nur gering übertragbar (kein positiver Transfer).

Aufgaben der spez. GLA sind v.a.:
- eine optimale Ausgangsbasis für das spezielle Training der einzelnen Ausdauerdisziplinen schaffen,
- neue Reserven für weitere Leistungssteigerungen im speziellen Bereich erschließen,
- neben der Verbesserung der vegetativ gesteuerten Systeme muskuläre Anpassungen (Energiebereitstellung, Koordination, Muskeldynamik) erzeugen,
- Bewegungstechniken in den Ausdauerdisziplinen ökonomisieren und stabilisieren.

Spezifische Grundlagenausdauer =
- **allgemeine aerobe Ausdauer** mit **hoher aerober Kapazität**
- **optimale Nutzung** dieser Kapazität (75–85% VO_2max)
- gemischt **aerob-anaerobe Stoffwechsellage** (Bereich anaerober Schwelle)
- gebunden an die **Disziplinbewegung**

Azyklische Grundlagenausdauer (az. GLA)

Der Begriff »azyklisch« ist im Sinne von »zeitlich unregelmäßig« zu verstehen. Damit soll auf den unregelmäßigen Wechsel in der Belastungsintensität und bezüglich der Zeitspanne zwischen den kurzen intensiven Belastungsphasen und den Phasen relativer Erholung, wie sie für **Spiel- und Kampfsportarten** typisch sind, hingewiesen werden. Eine gute Ermüdungswiderstandsfähigkeit bei derartigen Belastungen hängt u.a. von einer relativ hohen aeroben Kapazität ab.

Darauf weist indirekt ÅSTRAND (1993, 23) hin, wenn er durch einen Modellversuch nachweist, dass Beanspruchungen mit relativ hoch intensiven Belastungsphasen von 10 bzw. 30 Sek. Dauer in Kombination mit jeweils doppelt so langen Erholungszeiten (20 bzw. 60 Sek.) über längere Zeitspannen (30 Min.) problemlos durchzuhalten sind. Die Laktatwerte lagen bei den Versuchen im Bereich der aeroben Schwelle (um 2 mmol/l) bzw. knapp über der anaeroben Schwelle (5–7 mmol/l). Diese metabolischen Verhältnisse finden ihre Erklärung über die Nutzung des im

Myoglobin gespeicherten Sauerstoffs während der kurzen Belastungsphase und die schnelle Wiederauffüllung während der Entlastungsdauer. Die relativ niedrige Laktatproduktion hängt damit zusammen, dass für die anaeroben Energiezuschüsse in erster Linie der Phosphatspeicherabbau (alaktazid) betroffen ist.

Wegen des vollständigen bzw. überwiegenden Ausgleichs der Sauerstoffbilanz in den Erholungsphasen wird hier die Spiel- und Kampfausdauer als Typus der Grundlagenausdauer eingestuft und nicht als eine spezielle Ausdauerfähigkeit wie die Kurz-, Mittel- und Langzeitausdauer gesehen.

- Die az. GLA ist im sportmedizinischen Sinne die allgemeine aerobe dynamische Ausdauer mit überdurchschnittlichem Niveau (rel. VO_2max ca. 55–65 ml/kg/min).
- Es liegt im Allgemeinen eine durchschnittliche Nutzung dieser aeroben Kapazität mit ca. 70–75% der VO_2max (= Höhe der ANS) vor.
- Die Stoffwechsellage ist im Mittel gemischt aerob-anaerob (6–8 mmol/Lac), allerdings bei unregelmäßigem Wechsel von alaktaziden, laktaziden und aeroben Phasen. Bei typischen Spielbelastungen (z. B. Fußball, Handball, Eishockey) liegen die Blutlaktatwerte im Mittel nicht höher (LIESEN 1983, 27).
- Für die wiederholte kurzfristige Mobilisierung der Laktatbildung bei hohem Gesamtumfang (Spielzeiten) der intermittierenden Belastung spielen die Muskelglykogenreserven eine nicht unerhebliche Rolle.
- Die az. GLA stützt sich auf eine ökonomische Mobilisation der Katecholamine (Adrenalin, Noradrenalin), d. h. eine gedämpfte Aktivierung für den gleichen Belastungsgrad zum Erhalt eines ausreichenden Konzentrationsspiegels über die ganze Belastungsdauer.
- Ihre optimale Ausbildung ist auch an den Intervallcharakter der Belastungsintensität und an den Wechsel der Bewegungsformen (z. B. Trab, Sprint, Gehen, Werfen, Halten) gebunden.
- Die Übertragbarkeit innerhalb der Spiel- und Kampfsportarten ist relativ hoch (positiver Transfer), auf zyklische Ausdauersportarten jedoch relativ gering.

Aufgaben der az. GLA sind v. a.:

- Grundlage für umfangreiches Konditions-, Technik- und Taktiktraining in den Spiel- und Kampfsportarten sowie in den Mehrkämpfen schaffen,
- die Erholungsfähigkeit in den Phasen geringerer Belastung während der Wettkampfdauer erhöhen,
- die psychische Belastungstoleranz steigern.

Azyklische Grundlagenausdauer =
- **allgemeine aerobe Ausdauer** mit **überdurchschnittlicher aerober Kapazität**
- **durchschnittliche Nutzung** dieser Kapazität (70–75% VO_2max)
- durchschnittlich **gemischt aerob-anaerobe Stoffwechsellage** mit Wechsel zwischen **alaktaziden, laktaziden** und **aeroben** Phasen
- gebunden an den **disziplinspezifischen Bewegungswechsel** und **Intervallcharakter der Belastungsintensität**

Kurzzeitausdauer (KZA, 35 Sek. – 2 Min.)

Die zeitliche Abgrenzung bezieht sich auf den Bereich, in dem dominant anaerob-glykolytische Energiebereitstellung für die zu leistende Muskelarbeit vorliegt.

Bei Ausdaueranforderungen im **Zeitbereich von ca. 8–30 Sekunden** überwiegt innerhalb der anaeroben Energiebereitstellung der alaktazide Anteil (Phosphatabbau) in seiner Bedeutung als leistungsbestimmender Faktor neben dem dynamischen Krafteinsatz, der Kontraktionsgeschwindigkeit, der intermuskulären Koordination, der Beweglichkeit und anthropometrischen Merkmalen, was andere Konsequenzen für die Trainingsmethodik hat. Diese Fähigkeiten sind als sog. **Sprintausdauer** und **Maximalkraftausdauer** mehr dem Schnelligkeits- bzw. Kraftbereich zuzuordnen.

Für die **leistungsbestimmenden Faktoren der KZA** ergibt sich wegen des relativ hohen Energieverbrauchs/Zeiteinheit (durchschnittlich 60 kcal/min oder 250 kJ/min) eine gewisse Rangordnung:

- Fähigkeit zu hoher Energiebereitstellung/Zeiteinheit über den Phosphatabbau und die anaerobe Glykolyse (Laktatbildung). Dies bedingt seinerseits einen großen Kreatinphosphatspeicher und einen hohen glykolytischen Enzymbesatz (Schlüsselenzyme Phosphofruktokinase [PFK] und Laktatdehydrogenase [LDH]). Die Größe des Muskelglykogenspeichers ist im Allgemeinen nicht ausschlaggebend, da bei einmaligen Kurzzeit-Ausdauerbelastungen (Wettkampf) eine Glykogenentleerung noch nicht stattfinden dürfte. Volle Speicher zum Wettkampf sind wegen des Energieflusses/Zeiteinheit jedoch von Bedeutung.
- Fähigkeit zu später Übersäuerung trotz laufender Laktatbildung. Dies ist vom Puffersystem in Zelle und Blut abhängig (vor allem Bikarbonat).
- Säuretoleranz als Fähigkeit zu weiterer Muskelarbeit trotz Übersäuerung. Es kommt ja zur maximalen Laktatanreicherung in der Muskelzelle und nachfolgend im Blut (22–25 mmol/l). Bei Belastungszeiten von über 90 Sekunden spielt sie eine größere Rolle als bei Zeiten zwischen 35 und 60 Sekunden.
- Aerobe Kapazität, die zur Absicherung der Leistung bereits herangezogen wird. Die Funktionsbreite des Herz-Kreislauf-Systems wird kurzzeitig voll ausgeschöpft; nach 90 Sekunden bis 2 Minuten erreicht der aerobe Stoffwechsel seine maximale Umsatzrate. Neben dem Antransport von Sauerstoff und Substraten spielt der Abtransport von Stoffwechselschlacken auch eine Rolle.
- Schnelligkeits- bzw. Kraftniveau, da es wegen der Bewegungsgeschwindigkeiten bzw. der zu überwindenden Widerstände zu relativ hohen Krafteinsätzen und zu fasertypenspezifischer Beanspruchung kommt (FTG- und FTO-Fasern unter Umständen wesentlich).
- Bewegungstechnik im Sinne von intermuskulärer Koordination, wenn der disziplinspezifische Bewegungsablauf diffiziler Natur ist (z.B. Eisschnelllauf, Rudern, Schwimmen). Es ist bekannt, dass der Übungsgrad der agonistisch-antagonistisch tätigen Muskulatur starken Einfluss auf die Bewegungsökonomie und damit auf die Ermüdung hat.
- Psychisches Aktivierungsniveau, da für die vorliegende Beanspruchung eine beträchtliche Mobilisation von Stresshormonen notwendig ist.

Kurz zusammengefasst gilt:
leistungsbestimmende Faktoren der **KZA** (35 Sek.–2 Min.):
- im **anaeroben** Bereich
  – **Laktatbildungsfähigkeit** (anaerobe Glykolyse)
  – **Pufferkapazität**
  – **Säuretoleranz**
- im **aeroben** Bereich
  – **maximale Sauerstoffaufnahme**
- **Schnelligkeits- bzw. Kraftniveau**
- **Bewegungstechnik** (intermuskuläre Koordination)
- **psychisches Aktivierungsniveau** (Katecholaminausschüttung)

Mittelzeitausdauer (MZA, 2–10 Min.)

Die Anforderungen an die MZA sind vielfältiger und auch komplizierter, da durch die noch maximale Belastungsintensität (bezogen auf das Herz-Kreislauf-System) die aerobe Kapazität voll und die anaerobe Kapazität nahezu voll in Anspruch genommen werden. Es gibt natürlich im pauschalen 50:50-Verhältnis (anaerob:aerob) starke Akzentverschiebungen in beide Richtungen, was auf die verschiedenen Ausdauerdisziplinen und auf das Leistungsniveau zurückzuführen ist (Abb. 43).

Etwas differenzierter betrachtet, kann man die Anteile der anaeroben zur aeroben Energiewandlung in der Zeit von 2–10 Minuten in etwa folgendermaßen angeben: Belastungszeit 2 Minuten 65% anaerob : 35% aerob (+10% Toleranz) bzw. 10 Minuten 35% anaerob : 65% aerob (+10% Toleranz). Bei der Untersuchung einer typischen MZA-Belastung (7 Minuten maximale Arbeit am Ruderergometer, ROTH et al. 1983) wurde eine Energiebedarfsdeckung von 67% aerober, 20% anaerob-lakta-

Abbildung 43
Schematische Darstellung der Unterschiede in der Anteiligkeit der aeroben Energiebereitstellung bei MZA-Leistungen untrainierter (geringe Leistungsfähigkeit) und trainierter (hohe Leistungsfähigkeit) Läufer (BADTKE et al. 1995, 367)

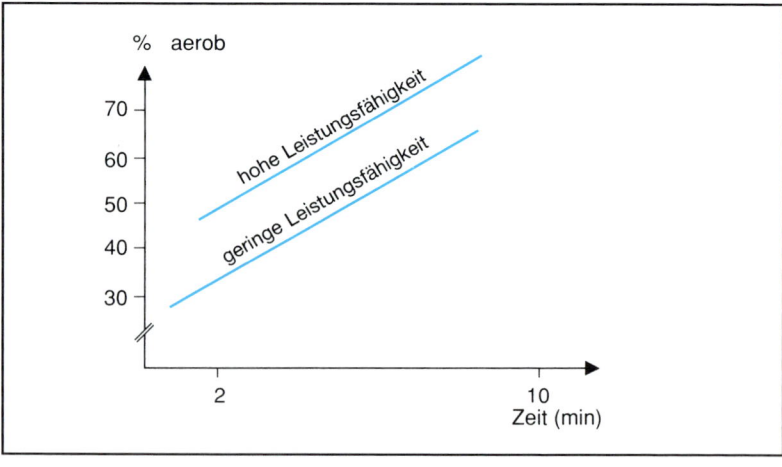

zider und 12% anaerob-alaktazider Art festgestellt. Dabei wurden 13 mmol/l Blut-laktat gemessen. Dies ist ein Beispiel dafür, wie die disziplinspezifischen Belas-tungen von den sportartenübergreifenden Durchschnittsverhältnissen abweichen können. Die kompliziertere MZA-Trainingsmethodik muss auf die unterschiedli-chen Mischungsverhältnisse Rücksicht nehmen.

Leistungsbestimmende Faktoren sind:
- Aerobe Kapazität (VO₂max)
  Sie wird voll genutzt, was die rel. VO_2max-Werte von MZA-Leistern internatio-naler Klasse beweisen (für 1500-/3000-m-Läufer 75 ml/kg/min nach SVEDEN-HAG/SJÖDIN 1984, 255; für Ruderer und Kanuten Durchschnittswerte von 73 bis 75 ml/kg/min). Dabei dürfte der Sauerstofftransportanteil (Herzminutenvolumen) gegenüber der Sauerstoffausschöpfung in der Skelettmuskulatur bedeutungs-mäßig überwiegen.
- Säuretoleranz
  Sie spielt innerhalb der anaeroben Leistungsfähigkeit eine größere Rolle als etwa die Fähigkeit zu hoher Laktatproduktion (= Tempo der Glykolyse), da in Anbe-tracht der Belastungsdauer es immer zu hohen bis höchsten Laktatanreicherun-gen (13–19 mmol/l) kommt und die 100%ige Beanspruchung der anaeroben Glykolyse länger als 4 Minuten nicht aufrechterhalten werden kann. Es muss über die längere Zeitdauer (5–10 Minuten) mit 70- bis 80%iger Inanspruch-nahme gerechnet werden.
- Muskelglykogen
  Wegen des noch relativ hohen Energiebedarfs/Zeiteinheit (45 kcal/min oder 190 kJ/min) wird im anaeroben und aeroben Prozess ausschließlich der Glyko-genspeicher herangezogen. Er wird zwar stark beansprucht, jedoch wegen der beschränkten Zeitdauer (bei trainingsbedingter Vergrößerung) keinesfalls ganz verbraucht (ROTH et al. 1983, 107).
- Bewegungstechnik
  Sie tritt in Abhängigkeit von Kraft- bzw. Schnelligkeitsanteilen als leistungs-bestimmender Faktor unterschiedlich akzentuiert auf. Im Mittelstreckenlauf kann z.B. der Schnelligkeitsanteil Auswirkungen bis in die Muskelfasertypenzusam-mensetzung (Differenzierung in Richtung FTO-Fasern) haben, während bei mehr kraftorientierten Disziplinen (z.B. Rudern) dies nicht so der Fall ist.

Kurz zusammengefasst gilt:
leistungsbestimmende Faktoren der **MZA** (2–10 Min.):
- im **aeroben** Bereich
  - **maximale Sauerstoffaufnahme** (v. a. hämodynamische Faktoren)
  - **aerobe Glykogenverwertung**
- im **anaeroben** Bereich
  - **Säuretoleranz und Pufferkapazität**
- **Glykogenspeicher**
- **Bewegungstechnik** mit erforderlichem Schnelligkeits- bzw. Kraftniveau

Schnelligkeitsausdauer und Kraftausdauer im Rahmen von KZA- und MZA-Leistungen

Wie schon auf S. 45 (Tab. 10) angedeutet, werden im Rahmen der hier vertretenen Gliederung die Begriffe Schnelligkeits- und Kraftausdauer zwar nominell geführt, jedoch nicht als eigenständige spezielle Ausdauertypen beschrieben. Auf Grund der relativ hohen Bewegungsschnelligkeit bzw. des relativ hohen Krafteinsatzes liegen muskuläre Belastungsintensitäten vor, die in Abhängigkeit von den laufenden Stoffwechselprozessen gewöhnlich nur im Zeitbereich der KZA und MZA aufrechtzuerhalten sind.

Schnelligkeitsausdauer und Kraftausdauer äußern sich somit als KZA- oder MZA-Leistungen. Es spielen deshalb auch die dort genannten leistungsbestimmenden Faktoren eine entscheidende Rolle – allerdings in Abhängigkeit von der jeweiligen Disziplinspezifik in unterschiedlicher Wertigkeit. Dies trifft jedoch nur zu, wenn die Begriffe wie folgt interpretiert werden:

> **Schnelligkeitsausdauer** = Ermüdungswiderstandsfähigkeit bei Belastungen mit **submaximalen Bewegungsgeschwindigkeiten,** wobei energetisch die **anaerob-laktazide** Komponente eine bestimmende (KZA) bzw. nicht unerhebliche (MZA) Rolle spielt.

Anmerkung: Ermüdungswiderstandsfähigkeit bei maximalen Bewegungsgeschwindigkeiten mit vorrangig anaerob-alaktazider Energiebereitstellung im Zeitbereich von ca. 8–30 Sek. wird hier als **Sprintausdauer** bezeichnet. Sie ist trainingsmethodisch mehr dem Schnelligkeitsbereich zuzuordnen und wird deshalb nicht weiter besprochen.

> **Kraftausdauer** = Ermüdungswiderstandsfähigkeit bei Belastungen mit **Krafteinsätzen von ca. 75 bis 50%** (dynamisch) bzw. **30%** (statisch) der Maximalkraft, wobei energetisch die **anaerob-laktazide** Komponente eine erhebliche Rolle spielt.

Anmerkung: Der undifferenzierte Begriff Kraftausdauer umfasst eine ganze Bandbreite von z.T. sich erheblich unterscheidenden Fähigkeiten. Aus theoretischen Überlegungen heraus und nach experimentellen Untersuchungsergebnissen (Pach 1990) ist im Hinblick auf die Trainingsmethodik eine Gliederung in »Maximalkraftausdauer«, »laktazide Kraftausdauer« und »aerobe Kraftausdauer« nicht von der Hand zu weisen. Oben definierter Kraftausdauerbegriff bezieht sich dabei lediglich auf die »laktazide Kraftausdauer«. Die »Maximalkraftausdauer« ist trainingsmethodisch dem Bereich der Kraft zuzuordnen. Die »aerobe Kraftausdauer« ist Bestandteil des LZA-Trainings.

Langzeitausdauer (LZA, >10 Min.)

Die Einteilung der LZA in die Untergruppen I, II, III, IV hat sich für den Leistungssport als sehr nützlich erwiesen, da Trainierte die entsprechenden Belastungsintensitäten über die angeführten Zeitbereiche tatsächlich ausführen können und daraus sich unterschiedliche trainingsmethodische Schwerpunkte ergeben.

Im **Gesundheits- und Fitnesssport** (Schulsport) ist jedoch diese Trennung nicht aufrechtzuerhalten, da Untrainierte oder Wenigtrainierte nach einer gewissen Belastungsdauer (15–20 Minuten) nur noch mittlere Intensitäten (wie bei LZA III und LZA IV) durchhalten können. Dies führt zum **Grundlagenausdauertraining.** Insgesamt sind für **LZA** die Größe des **Sauerstoffaufnahmevermögens** und die möglichst **ökonomische Verwertung der Energiespeicher** Kohlenhydrate und Fett die biologische Basis. Je nach charakteristischer Intensität des einzelnen LZA-Typs gibt es darin natürlich Akzentverschiebungen. Die **Bewegungsökonomie** als Fähigkeit, Arbeit mit einem hohen Wirkungsgrad zu vollbringen, ist bei zyklischen Bewegungen außerdem ein wesentlicher Faktor der Ausdauerleistungsfähigkeit. Die Bedeutung ist allerdings im leichten und mittleren Intensitätsbereich (LZA IV und III) größer als im submaximalen (LZA II und I) und maximalen (MZA, KZA). Dies ist im Weiteren generell mit zu beachten.

Langzeitausdauer I (LZA I, 10–35 Min.)

Als **leistungsbestimmend** kann eingeordnet werden:
- Aerobe Kapazität in Gestalt einer hohen VO_2max.
  Wenn auch selbst Weltklasseathleten nicht mehr in der Lage sind, ihre volle VO_2max über die gesamte Belastungsdauer (länger als 10 Minuten) einzusetzen, so wird doch mit fast maximaler Beanspruchung (90–95% VO_2max) gearbeitet. Das Herz-Kreislauf-System wird kontinuierlich stark beansprucht (HF bis 190/min). Die Durchschnittswerte der rel. VO_2max (75–80 ml/kg/min bei 5000- und 10000-m-Läufern, 70 ml/kg/min bei Skiangläuferinnen; nach SVEDENHAG/ SJÖDIN 1984) und die Extremwerte einiger Spitzensportler (rel. VO_2max über 80 ml/kg/min) beweisen die Bedeutung.
- Höhe der individuellen anaeroben Schwelle (IANS)
  Vor allem im oberen Zeitbereich der LZA I wird diese neben einer großen VO_2max von Bedeutung, weil eben der anhaltende Einsatz eines möglichst hohen Prozentsatzes der VO_2max den anaeroben Energiezuschuss kleiner halten kann. Ihr Stellenwert liegt jedoch noch nicht so hoch wie im LZA-II- und -III-Bereich. Die Höhe der anaeroben Schwelle bei LZA-I-Leistern liegt gewöhnlich niedriger als bei LZA-III-Leistern.
- Säuretoleranz gegenüber mittleren Laktatwerten
  Der anaerobe Anteil in der Energiebereitstellung mit 20–30% führt zu einer durchgehenden Blutlaktatkonzentration von ca. 10 mmol/l. In Verbindung mit kurzfristigen Intensitätssteigerungen über das Durchschnittsmaß hinaus (vor allem im Endspurt) können die Laktatwerte um 3–5 mmol/l noch aufgestockt werden (beim 10000-m-Eisschnelllauf in 15:33 Minuten z.B. ca. 13 mmol/l). Zwischen den Leistungen im unteren LZA-I-Bereich (bis 15 Minuten) und denen im oberen Bereich (über 25 Minuten) gibt es allerdings Unterschiede (siehe Text u. Abb. 16, S. 37). Bei 10000-m-Läufern (in 27–28 Minuten) sind die Endwerte durchschnittlich nur noch 7–8 mmol/l. Die anfallenden Laktatwerte und die Tatsache, dass die glykolytische Enzymaktivität sich bei LZA-I-Leistern kaum von

Untrainierten unterscheidet (COSTILL et al. 1973), weisen darauf hin, dass innerhalb der anaeroben Kapazität nicht die Fähigkeit zu hoher Laktatproduktion, sondern die Säuretoleranz gegenüber mittleren bis hohen Laktatwerten (8–15 mmol/l) die entscheidende Rolle spielt. Nicht unwesentlich ist auch mitunter (z.B. Skilanglauf) die Fähigkeit zur Beseitigung von zwischenzeitlich höheren Laktatanreicherungen (15–18 mmol/l während folgender weniger intensiver Belastungsphasen, z.B. Abfahrt oder Flachstrecke mit Doppelstockschub).

- Glykogenspeicher
  Die energetische Absicherung der LZA-I-Leistungen erfolgt weitgehend (90%) aus dem Glykogen (Muskelglykogen, in geringem Umfang auch Leberglykogen). Wegen des noch relativ hohen Energieumsatzes/Zeiteinheit (28–30 kcal/min) ist die Energieflussrate aus der Fettoxidation zu niedrig. Außerdem unterdrücken Laktatkonzentrationen von über 8 mmol/l die Lipolyse (= antilipolytische Wirkung des Laktats; nach BOYD et al. 1974). Der Gesamtenergiebedarf im Zeitbereich der LZA I bleibt auf 500–750 kcal (2000–3000 kJ) beschränkt (NEUMANN 1983). Damit wird der Muskelglykogenspeicher der eingesetzten Muskeln schon stark in Anspruch genommen, jedoch nicht restlos geleert.

Kurz zusammengefasst gilt:
leistungsbestimmende Faktoren der **LZA I** (10–35 Min.):
- im **aeroben** Bereich
  - **maximale Sauerstoffaufnahme** (90–95% Inanspruchnahme)
  - **Höhe der individuellen anaeroben Schwelle**
  - **aerobe Glykogenverwertung**
- im **anaeroben** Bereich
  - **Säuretoleranz** (bei mittleren Konzentrationen)
  - **Laktatelimination** während Belastung
- **Glykogenspeicher** (wegen aeroben und anaeroben Abbaus)

Langzeitausdauer II (LZA II, 35–90 Min.)

Wenn auch in der Energiebereitstellung im aerob/anaeroben Verhältnis der Übergang aus LZA I (70:30) fließend ist, so liegt für ein- bis eineinhalbstündige Belastungsdauern noch das typische Verhältnis von 80:20 bis 90:10 vor. Daneben sind im Unterschied zur LZA I vor allem die submaximale Belastungsintensität (bis 170 HF/min) und eine verstärkte aerobe Ausrichtung der Skelettmuskulatur zu sehen. LZA-II-Leistungen werden durch überwiegende Ansteuerung der ST-Fasern absolviert. Der ST-Faser-Anteil bei typischen Vertretern dieses Ausdauertyps liegt bei 70–80% (LZA-I-Sportler 60–70%). Die FT-Fasern zeigen ebenfalls Anpassung in aerobe Richtung (50% FTO-, 50% FTG-Fasern).

Im Einzelnen sind **leistungsbestimmend:**
- Höhe der individuellen anaeroben Schwelle (IANS)
  Grundsätzlich spielt die Größe der VO_2max noch eine ausschlaggebende Rolle. Da aber das Durchhalten submaximaler Belastungsintensitäten (80–85% der

VO$_2$max) charakteristisch und wesentlich ist, wird das Herz-Kreislauf-System weniger in seiner Ausschöpfungsbreite (Funktionsamplitude) als in seiner regulativen Zuverlässigkeit gefordert. Hier wird die Rolle einer hohen anaeroben Schwelle deutlich. Die festgestellten rel. VO$_2$max-Werte typischer LZA-II-Leister (16-km-, 25-km-Läufer: 66–70 ml/kg/min) und die dazugehörigen höheren Werte der anaeroben Schwelle (80–85% VO$_2$max) untermauern die Verschiebung der beiden leistungsbestimmenden Faktoren gegenüber den Verhältnissen im LZA-I-Bereich. Gelegentliche Fälle von 95%iger Inanspruchnahme der VO$_2$max mit Herzfrequenzen von 180–185/min kommen als Ausnahmen vor und bestätigen die Regel.

- Glykogenspeicher
  Für die energetische Absicherung der LZA-II-Leistungen reicht das Muskelglykogen nicht aus, da der Gesamtenergiebedarf bis 2400 kcal (10 000 kJ) ansteigen kann und die Abbaugeschwindigkeit des Muskelglykogens bei den vorliegenden Intensitäten (80–95% VO$_2$max) hoch liegt. Mit zunehmender Belastungszeit muss vermehrt Leberglykogen mobilisiert und in die Muskelzelle eingeschleust werden. Der Leberglykogenspeicher ist jedoch bei den vorliegenden Intensitäten auch beschränkt (Erschöpfung bei 85% VO$_2$max nach ca. 30 Min.: ENGELHARDT/ NEUMANN 1994, 61). Die Glukoseaufnahme in der Muskelzelle aus dem Blut steigt in den ersten Minuten nach Arbeitsbeginn an. Bei ca. 75% der maximalen Sauerstoffaufnahme herrscht ein ausgeglichenes Verhältnis von Glukoseaufnahme und Glukosenutzung vor. Steigt die Belastungsintensität über 75% der maximalen Sauerstoffaufnahme, so nimmt die Glukoseaufnahme weiter zu, die Glukosenutzung hingegen ab. Die angesprochenen Verhältnisse zeigen die Bedeutung von Muskelglykogenspeichern, die durch Training vergrößerbar sind, auf. Für Wettkampfleistungen kann deshalb eine Ausgangsglykogenmenge von 15 g/kg u.U. leistungsbeeinträchtigend werden. Die anaerobe Glykolyse wird auf geringem Niveau zwar laufend in Anspruch genommen (Laktat aus der durchschnittlichen Intensität auf der Strecke kann mehr als 5–6 mmol/l betragen) und ist kurzzeitig auch stärker im Gange (z.B. bei taktischen Geschwindigkeitsmanövern oder geländebedingten Intensitätsänderungen), was Laktatwerte von 6–8 mmol/l (in Einzelfällen bis 10 mmol/l) beweisen. Sie fällt als leistungsbeeinträchtigender Faktor jedoch nicht mehr ins Gewicht.

- Fettverbrennung und Glukoneogenese
  Bei einer Nutzung von 80% der VO$_2$max kann der Anteil der Fettverbrennung im aeroben Geschehen bis zu 20% ansteigen. Daraus wird eine gewisse Bedeutung des Fettstoffwechsels deutlich, und zwar zur anfänglichen Schonung von Glykogenreserven. Werden nach ca. einstündiger Belastung (Glykogenverminderung) noch Intensitäten über der anaeroben Schwelle eingehalten, so greift der Organismus anstelle einer vermehrten Fettverbrennung zu einer verstärkten Glukoneogenese (Zuckerherstellung aus Aminosäuren, Laktat und Glyzerol). Dies geschieht natürlich nur im trainierten Organismus bei entsprechender Aktivität von Nebennierenrinden- und Schilddrüsenhormonen (z.B. Kortisol, Thyroxin [T$_4$]).

- Körpertemperatur
  Das Problem der Leistungsbeeinträchtigung durch erhöhte Körpertemperatur infolge überschießender Wärmebildung aus der anhaltenden Muskeltätigkeit tritt

erst in der Marathonausdauer richtig hervor (siehe S. 103 f.). Die überhöhte Körpertemperatur kann jedoch auch im LZA-II-Leistungsbereich bei ungünstigen äußeren klimatischen Bedingungen mit zum leistungsbestimmenden Faktor werden.

Kurz zusammengefasst gilt:
leistungsbestimmende Faktoren der **LZA II** (35–90 Min.):
- im **aeroben** Bereich
  - **Höhe der individuellen anaeroben Schwelle** (IANS)
  - **maximale Sauerstoffaufnahme**
  - **aerobe Glykogenverwertung**
  - **Fettutilisation**
- Größe der **Glykogenspeicher**
- **Thermoregulation** (bei hohen Außentemperaturen) und **Flüssigkeits-/Elektrolytverlust**

Langzeitausdauer III (LZA III, 90 Min.–6 Std.)

Wettkampfleistungen in diesem Zeitbereich werden meist mit mittleren Belastungsintensitäten absolviert, was einen Energieverbrauch/Zeiteinheit in Höhe von ca. 20 kcal/min erfordert. Der niedrige Energiefluss gestattet einen wesentlich höheren Anteil der Fettverbrennung. Dies schlägt sich auch in der Skelettmuskulatur nieder. Die langsam kontrahierenden ST-Fasern nehmen bei den Marathonausdauerleistern einen sehr hohen Anteil (80–90%) ein. Sie erbringen nahezu ausschließlich die Leistung. Neben diesem Unterschied zur LZA II werden auch die Probleme des Kohlenhydratnachschubs, des Elektrolyt-/Wasserverlusts und der Überwärmung (bei bestimmten Sportarten) für die Leistungsfähigkeit ausschlaggebender.

Leistungsbestimmend sind im Einzelnen:
- Höhe der individuellen anaeroben Schwelle (IANS)
  Wie Untersuchungsergebnisse von LZA-III-Leistern (z.B. Marathonläufer) zeigen, wird die Rolle einer hohen VO_2max gegenüber der Fähigkeit, einen hohen Prozentsatz davon langfristig einsetzen zu können (= Höhe der IANS), in den Hintergrund gedrängt. Im Allgemeinen liegen die VO_2max-Werte unter dem Spitzenbereich, die IANS-Werte jedoch sehr hoch (85–95%). Unter diesen Voraussetzungen kann mit Blutlaktatwerten um 2–3 mmol/l noch ein ansehnliches Streckentempo aufrechterhalten werden. Die anaerobe Glykolyse wird damit nur geringfügig beansprucht. Soweit zum Ende der Belastungszeit noch Glykogen zur Verfügung steht, kann die Glykolyse nochmals stärker aktiviert werden, was zu endgültigen Laktatwerten von über 4 mmol/l (6–8 mmol/l) führen kann.
- Fettverbrennung
  Wegen des hohen Anteils der freien Fettsäuren im Gesamtenergieaufkommen (30–70%) wird für die LZA-III-Leistungen auch die Fettverbrennung von Bedeutung. Grundsätzlich wird durch die Verbrennung der freien Fettsäuren wegen der niedrigen Energieflussrate (ca. halb so hoch wie bei Glykogenverbrennung) die Belastungsintensität herabgesetzt. Der Organismus zeigt aber auch bei ent-

sprechender Belastung Anpassungserscheinungen in der Art, dass bei relativ hohen Intensitäten noch ein relativ hoher Prozentsatz von freien Fettsäuren an der Energiebereitstellung beteiligt ist. Dies ist für die Schonung der Glykogenspeicher von Bedeutung. Ermöglicht wird der hohe Fettverbrennungsanteil durch den hohen Prozentsatz der ST-Fasern in der Muskulatur. Der Triglyzeridgehalt in diesen Fasern ist dreimal höher als in den FT-Fasern. Außerdem steigt die Konzentration der freien Fettsäuren im Blut (Fettmobilisation wegen Adrenalinausschüttung und niedriger Insulinkonzentrationen) mit der Belastungsdauer an (bei 6 Std. Belastungsdauer gegenüber 90 Min. um etwa 70–80%).

- Glykogenspeicher und Glukoneogenese
  Wenn auch der Energiefluss in der Zeiteinheit niedrig liegt, so ist der Gesamtenergieverbrauch zwischen 90 Min. und 6 Std. sehr hoch. Die ca. 2400 kcal (9700 kJ), die für einen 30-km-Skilanglauf verbraucht werden, und die 6400 kcal (27 000 kJ), die für ein Straßenradrennen errechnet werden (NEUMANN 1983, 172), liegen weit über dem Energiegehalt des Gesamtglykogenspeichers eines Trainierten. Leistungsbegrenzend ist deshalb nicht nur der Muskel-, sondern auch der Leberglykogenspeicher. Durch besondere Trainingsmaßnahmen können die Speicher vergrößert werden. Eine Erweiterung um über 100%, verbunden mit deutlicher Lebervergrößerung, ist deshalb für die LZA-III-Leister (besonders Straßenradfahrer) keine Seltenheit. Dennoch ist während der Belastungszeit eine Zuckerzufuhr in flüssiger Form (ca. 50 g/Std.) notwendig, falls eine relativ hohe Belastungsintensität gehalten werden soll.
  Die Glukoneogenese spielt in den Stoffwechselprozessen bei LZA-III-Leistungen eine bedeutendere Rolle als bei LZA-II-Belastungen. In erster Linie werden dazu die essentiellen Aminosäuren (v.a. Alanin) aus dem Aminosäurenpool (ca. 80–90 g) herangezogen. Pro Stunde Belastung können etwa 5–10 g umgesetzt werden. Insgesamt kann der Energiebeitrag aus der Glukoneogenese 6–10% betragen. Damit wird die Aufrechterhaltung des Blutzuckerspiegels sichergestellt. Die Stimulierung von Glukoneogenese und Fettverbrennung setzt entsprechende Hormonkonzentrationen voraus (erhöhtes Kortisol, Adrenalin, Glukagon; niedriges Insulin). Die Resynthese der verbrauchten Hormonmengen verlängert den Gesamterholungsvorgang nach Marathonbelastungen enorm (5–7 Tage).

- Thermoregulation und Elektrolyt-/Wasserhaushalt
  Das Einhalten der Körperkerntemperatur (Thermoregulation) in einem kleinen Toleranzbereich (37–40 °C) ist für das Aufrechterhalten der Marathonausdauerleistungsfähigkeit von nicht unwesentlicher Bedeutung. Wärmebildung, wie sie LZA-III-Leistungen mit sich bringen, bedeutet nämlich beträchtliche Kreislaufbelastungen. Ein Marathonlauf, der ca. 3000 kcal (12 500 kJ) erfordert, lässt im menschlichen Körper auch ca. 2000 kcal Wärme entstehen. Um Überhitzung zu vermeiden, muss diese Wärme nach außen abgeleitet werden (Abstrahlung, Schweißabsonderung). Für den Wärmetransport durch das Blut in die Haut können bis zu 15% der gesamten Herz-Kreislauf-Leistung notwendig werden. Dies wirkt sich negativ auf die Sauerstoffversorgung der tätigen Skelettmuskeln aus. In Zusammenhang mit der Thermoregulation kommt es natürlich auch zu enormen Schweißverlusten (3–5 l), was die Wasser- und Elektrolytbilanz des Organismus empfindlich stört und wiederum leistungseinschränkend wirkt (bereits

bei Flüssigkeitsverlusten von 3% des Körpergewichts). Wenn auch die Wasserverluste sich in erster Linie auf den Zwischenzellraum beziehen und es bei längeren Ausdauerbelastungen zu einer Verdünnung des Bluts kommt (Einstrom von Wasser aus dem Zwischenzellraum), bedeuten die Gesamtverluste wegen der schlechteren Thermoregulation eine verstärkte Herz-Kreislauf-Belastung (DE MARÉES 1992, 206). Die **Elektrolytverluste** (v. a. K^+, Mg^+, Ca^+; daneben NaCl) beeinträchtigen v. a. die Nervenleitungs- und Muskelfunktion.

Eine Zufuhr von Flüssigkeit und Elektrolyten während der Dauerbelastungen wird deshalb als unerlässlich betrachtet, auch wenn LZA-Trainierte gute Anpassungen an diese leistungsbeeinträchtigenden Faktoren zeigen. Marathonausdauerleister verlieren z. B. weniger NaCl im Schweiß, sie tolerieren höhere Wasserverluste und verfügen nach Wasserverlusten über ein noch relativ dünnes Blut. Wasserzufuhr bedeutet bei belastungsbedingt erhöhter Temperatur auch Senkung der Körperkerntemperatur.

Kurz zusammengefasst gilt:
leistungsbestimmende Faktoren der **LZA III** (90 Min. − 6 Std.):
- im **aeroben** Bereich
  - **Höhe der individuellen anaeroben Schwelle** (IANS)
  - **Fettutilisation**
  - **maximale Sauerstoffaufnahme**
- **Glykogenspeicher** und **Glukoneogenese**
- **Elektrolyt-/Wasserhaushalt** und **Thermoregulation**

Langzeitausdauer IV (LZA IV, >6 Std.)

Die Abtrennung einer LZA IV von der LZA III wird in der Literatur zur Trainingslehre meist nicht durchgeführt. Ob eine zwingende Notwendigkeit dazu besteht, sei dahingestellt. Trainingsmethodische Konsequenzen ergeben sich kaum. Für die Existenz einer Ultra-LZA, die bei Leistungen von mehr als 6 Stunden Dauer (z. B. Straßenradrennen, 100-km-Lauf, Langtriathlon) anzunehmen ist, sprechen folgende Gesichtspunkte (NEUMANN 1983, 169):

- Die vielstündigen Leistungen sind nur mit kontinuierlicher Nahrungs- und Flüssigkeitsaufnahme möglich. Der Gesamtenergieverbrauch liegt über 6500 kcal (27 000 kJ). Die Kohlenhydratzufuhr ist notwendig, um Blutunterzucker mit seinen Folgen zu vermeiden.
- Das Durchhalten der Leistung hängt nicht unwesentlich von Störungen im Wasser- und Elektrolythaushalt ab. Bei zu geringer bzw. in der Konzentration überdosierter Elektrolytzufuhr kommt es rasch zu leistungsbeeinträchtigenden Verschiebungen. Insgesamt geht es hier ja um Flüssigkeitsumsätze in Höhe von mehr als 5−6 Liter.
- Die Energiegewinnung aus Eiweißen (Glukoneogenese) erreicht höchste Ausmaße. Die Serumharnstoffwerte (über 6−7 mmol/l; Ruhewerte unter 5 mmol/l) zeigen den Proteinkatabolismus (Eiweißab- und -umbau) an.
- Die energetische Absicherung der Ultra-LZA-Leistungen verläuft vorherrschend über den Fettstoffwechsel. Fettanteile von 70−90% sind erst möglich nach hoch-

gradiger Ausschöpfung des Muskel- und Leberglykogens. Zu Beginn einer Ultra-LZA-Belastung liegen Kohlenhydrat-/Fettverbrennungsverhältnisse um 50:50 vor. Die Fette selbst werden zum Großteil aus dem Blut (Unterhautfettgewebe) und zu 25–30% aus dem Depotfett der Muskelzelle (= intrazelluläre Triglyzeride) geholt.

- Das Binde- und Stützgewebe macht zunehmend Beschwerden (z.B. Sehnenansatzschmerzen, Muskelkrämpfe), die zum Leistungsabbruch zwingen können. Durch die Reizsummierung wird die Belastungsverträglichkeit des passiven und aktiven Bewegungsapparates überschritten.
- Der monotone Bewegungsablauf wird unter Ermüdungseinfluss (zentrale Ermüdung) auf unterster Steuerebene (= durch Verschaltungen im Rückenmark) reguliert. Konzentration auf den Bewegungsablauf entfällt.

Leistungsbegrenzende Faktoren der **LZA IV:**
- **Fettutilisation**
- **Wasser-/Elektrolythaushalt**
- **Kohlenhydratzufuhr**
- **Belastbarkeit des Binde- und Stützgewebes**

Bedeutung der Ausdauertypen in den verschiedenen Sportbereichen und Sportarten

Der **Stellenwert** der verschiedenen Ausdauerarten und Ausdauertypen im Gesamtkomplex der sportlichen Leistungsfähigkeit ist je nach Sportbereich und Sportart bzw. Sportdisziplin natürlich recht unterschiedlich. Genaue Auskünfte über die Bedeutung im Rahmen anderer leistungsbestimmender Faktoren lassen sich nur durch genaue Analysen der Sportdisziplinen und die Erstellung eines Beanspruchungsprofils einholen. Dazu liegen in der sportwissenschaftlichen Literatur Ansätze vor, eine konsequente Bearbeitung nach einem einheitlichen Schema steht aber noch aus. Einzelangaben dazu gehen auch über den Rahmen dieses Buches hinaus. Mit den Tab. 29 und 30, S. 106, soll eine Grobinformation gegeben werden. Hinsichtlich der Übertragung der **speziellen Ausdauertypen auf die Sportdisziplinen** muss noch eigens hervorgehoben werden, dass die jeweiligen **zeittypischen Charakteristika nur für zyklische Ausdauerdisziplinen** gelten und bei Einsatz anderer Muskelgruppen und anderer Muskelarbeitsweisen als beim leichtathletischen Lauf (z.B. Skilanglauf, beim Rudern, beim Schwimmen) mit einer **Abänderung der Stoffwechselverhältnisse** zu rechnen ist. Das zeigt sich an den Laktatkonzentrationen, die nach Wettkampfleistungen in Ausdauerdisziplinen festgestellt worden sind (Tab. 30, S. 106).

Schwimmen unterscheidet sich durch horizontale Körperlage, Arbeit anderer Muskelgruppen, Einflüsse von Wasserdruck und Kältereiz. Dies schlägt sich nieder in hormonellen und metabolischen Parametern. Untersuchungen (WEICKER 1985) über 100-m-Schwimmsprint (59 Sekunden) und 1500-m-Schwimmen (18:30 bis 18:45 Minuten) ergaben, dass diese KZA- bzw. LZA-Leistungen sich von zeitlich

105

Tabelle 29
Die Bedeutung
der Ausdauerarten
in verschiedenen
Anwendungs-
bereichen

	präv. Ge-sundheits-sport	Fitness-sport	Leistungssport			Jugend-alter
			Ausdauer- + Kraftaus-dauer-SpA.	Nicht-ausdauer-sport	Spiel- u. Zweikampf-sportarten	
Grundlagen-ausdauer allg.	xx	xx		x	x	xx
Grundlagen-ausdauer spez.		x	xx			x
azyklische Grundlagen-ausdauer		x		x	xx	x
spezielle Aus-dauertypen			xx			

xx = hohe Bedeutung   x = mittlere Bedeutung

Tabelle 30
Spezielle Ausdauer-
typen in verschie-
denen Sportarten
und durchschnitt-
liche Laktatkonzen-
trationen (in
mmol/l) nach Wett-
kampfleistungen
(nach NEUMANN/
SCHÜLER 1989, 108)

	KZA 35 s bis 2 min	Lac	MZA 2 bis 10 min	Lac	I 10 bis 35 min	Lac	II 35 bis 90 min	Lac	III 90 bis 360 min	Lac	IV über 360 min	Lac
Schwim-men	100 m } 200 m	18	400 m	16	1500 m	12			Marathon	8	100 km	2
Lauf	400 m 800 m	22 20	1500 m 3000 m Hi	20 16	5000 m 10000 m	16 14			Marathon	8	100 km	2
Radsport	1000 m	22	4000 m	20			30–50 km	10	120–200 km	4	250 km	2
Skilanglauf					5, 10 km	16	15 km	14	30, 50 km	8		
Eisschnell-lauf	500 m } 1000 m } 1500 m	22 20	3000 m 5000 m	16 14	1000 m	12						
Kanu-rennsport	500 m F	14	1000 m	13			10 km	10				
Rudern			500 m F 1000 m	14 15								
Gehen							20 km	8	50 km	4		
Biathlon					7,5 km 10 km	16 14	20 km	12				

F = Frauen;   Hi = Hindernis

ähnlichen Laufbelastungen im Stoffwechselgeschehen deutlich unterscheiden. Der 100-m-Schwimmsprint müsste theoretisch dem 500-m-Lauf entsprechen. Die Laktatverhältnisse (14 mmol/l) deuten jedoch auf eine Vergleichbarkeit mit dem 100-m-Lauf hin (d.h. weniger Laktat als erwartet, obwohl ausgeprägter glykolytischer Umsatz erfolgt). Die 1500-m-Schwimmstrecke stellt sich nicht als reine aerobe Ausdauerbelastung heraus; im Vergleich zur 100-m-Strecke lagen hohe Laktatwerte (7–8 mmol/l) vor. Demnach liegt hinsichtlich der anaerob-glykolytischen Energiebereitstellung ein Vergleich mit dem 10000-m-Lauf (29:30 Minuten, 7–8 mmol/l) näher als mit der in der Zeitdauer ähnlicheren Laufstrecke von ca. 6500 m (18:12, Laktatwerte über 14 mmol/l). Die rel. VO_2max-Werte sind als Maß für die aerobe Leistungsfähigkeit im Schwimmen nicht geeignet, da im Wasser das durch den Auftrieb reduzierte Körpergewicht (= sog. hydrostatisches Gewicht) das Maß für den in der Vorwärtsbewegung zu überwindenden Widerstand darstellt. Geeigneter wäre die absolute VO_2max (3,5–5,5 l/min bei internationalen Spitzenschwimmern nach SHEPARD/ÅSTRAND 1993, 513). Tatsächliche Aussagekraft hat die auf das hydrostatische Gewicht bezogene VO_2max, wie folgendes reales Beispiel zeigt:
Schwimmerin A: Körpergewicht 57,3 kg, rel. VO_2max 48,9 ml/kg/min, hydrostat. Gewicht 1,3 kg, VO_2max/»Wassergewicht« 2,15 l/kg/min.
Schwimmerin B: 61,8 kg, 58,3 ml/kg/min, 2,9 kg, 1,24 l/kg/min.
Die schwimmspezifische Ausdauer ist bei Schwimmerin A trotz geringerer rel. VO_2max höher.

Im **Eisschnelllauf** werden z.B. beim Zurücklegen der 5000-m-Strecke (in 7:36 Minuten) Laktatwerte von ca. 15 mmol/l verzeichnet. Dies entspricht den Verhältnissen im leichtathletischen 5000-m-Lauf (13:20 Minuten) und nicht etwa dem 3000-m-Lauf (7:30 Minuten). Der 10000-m-Eisschnelllauf (15:33 Minuten, 13,3 mmol/l Laktat) ist dem leichtathletischen 5000-m-Lauf in etwa gleichzusetzen. Zur Begründung dieser Verhältnisse muss darauf hingewiesen werden, dass mit 15 mmol/l Blutlaktat wahrscheinlich die Grenze für gut koordinierte Bewegungen auf den Schlittschuhkufen erreicht ist. Die anaerobe Kapazität wird deshalb nicht voll in Anspruch genommen. Außerdem muss darauf hingewiesen werden, dass die eingesetzte Muskelmasse gleich oder sogar mehr ist, die geringere Bewegungsschnelligkeit (Schrittfrequenz) und die ruhige Gleitphase im Schritt dazu einen gewissen Ausgleich schaffen.

Im **Rudern** werden beim Zurücklegen der Wettkampfstrecke von 2000 m (in durchschnittlich $6^1/_2$ Min.) Laktatwerte von 15–17 mmol/l verzeichnet. Das entspricht in etwa einem 3000-m-Hindernislauf (in 8:20 Min.) mit Laktatwerten um 16 mmol/l. Theoretisch wären wegen der größeren tätigen Muskelmasse und des höheren Krafteinsatzes (Durchzugskraft in Riemenbooten über 100 kp) noch höhere Laktatkonzentrationen zu erwarten. Der Hintergrund für die realen Verhältnisse ist darin zu suchen, dass der geschätzte Anteil des anaeroben Beitrags am Gesamtenergieumsatz bei ca. 21–30% liegt (nach SECHER in SHEPHARD/ÅSTRAND 1993, 546) und Spitzenruderer durch das stark aerob ausgerichtete Training einen hohen Anteil von ST-Fasern in ihrer Arbeitsmuskulatur haben (ca. 70%). Die anaerobe Kapazität scheint damit voll in Anspruch genommen zu sein.

107

Für die Beurteilung der aeroben Leistungsfähigkeit bezüglich der Ruderergebnisse ist die absolute VO_2max wesentlicher als die rel. VO_2max. Wie beim Schwimmen kommt das Körpergewicht im gleitenden Boot als Widerstandsgröße anders zur Geltung als beim Laufen. Nach SECHER wurden bei Ruderern der offenen Klasse 6,1 l/min und bei Leichtgewichtsruderern 5,1 l/min an maximaler Sauerstoffaufnahme gemessen. Die Bedeutung der aeroben Kapazität für die Ruderleistung zeigt sich darin, dass eine sehr hohe Korrelation zwischen der durchschnittlichen maximalen Sauerstoffaufnahme von Bootsbesatzungen und ihren Resultaten bei internationalen Rennen nachzuweisen war.

Im **Kanusport** werden für international erfolgreiche Kajakfahrer bei simulierten Rennen in Kajakergometern Laktatwerte von 12,7–16,0 mmol/l für die 500-m-Strecke (KZA) und 11,7–13,5 mmol/l für die 1000-m-Strecke (MZA) angegeben (alle Angaben, auch im Folgenden, nach DAL MONTE et al. in SHEPHARD/ÅSTRAND 1993, 531 ff.). Das Ergebnis eines spezifischen Kajaktests im Wasser (1 Min. Belastungszeit) lag bei 13,2 mmol/l. Felduntersuchungen an Kanadierfahrern zeigten prinzipiell die gleichen Ergebnisse (14,9 mmol/l bei 500 m, 13,0 mmol/l bei 1000 m) wie bei den Kajakfahrern. Diese Laktatkonzentrationen zeigen die deutliche muskuläre und metabolische Anpassung der Arm-/Schultergürtelmuskulatur durch das Training. Trotz geringerer tätiger Muskelmasse können genauso hohe Laktatwerte wie bei der Auslastung dieser Personen auf Fahrrad- oder Laufbandergometer (mit mehr Muskelanteilen) produziert werden. Dies ist letztlich auf den entsprechenden Enzymbesatz zurückzuführen.

Für die disziplinspezifische aerobe Leistungsfähigkeit sind nur Testergebnisse von Kajakergometern aussagekräftig. Für Spitzenkanuten wurden dabei durchschnittliche VO_2max-Werte von 4,7 l/min festgestellt. Die auf dem Fahrradergometer erhobenen Werte lagen um nur ca. 7% höher (Laufbandergebnisse 20%). Dies ist ein Hinweis, dass auch die lokale aerobe Ausdauer (Schultergürtel/Arme) hoch ausgeprägt ist. Die Fasertypenverhältnisse (ca. 63% ST-Fasern; Kontrollgruppe 44%) in der Arbeitsmuskulatur bekräftigen dies. Die anaerobe Schwelle (4 mmol/l) liegt bei Kajakfahrern ebenfalls sehr hoch. In verschiedenen Quellen werden Werte von 83–86% VO_2max angegeben.

Insgesamt wird durch die Angaben deutlich, dass bei dieser typischen »Arm-Schultergürtel«-Sportart trotz hoher disziplinspezifischer Trainingsanpassung die energetischen Verhältnisse nicht mehr den typischen Durchschnittswerten bei den verschiedenen speziellen Ausdauertypen (KZA, MZA; vgl. Tab. 28, S. 90, u. 30, S. 106) entsprechen.

Im **Skilanglauf** werden die Wettkampfstrecken (5–30 km bei Frauen, 10–50 km bei Männern) in Belastungszeiten von 15–100 Min. bzw. 25–115 Min. zurückgelegt. Im Wesentlichen liegen damit LZA-I-und-II-Disziplinen vor. Die langen Volksläufe (50–90 km) sind unter LZA III einzuordnen. Die Belastungssituation ist im Vergleich zu den leichtathletischen Laufstrecken eine andere. Auf Grund des wechselnden Geländes (Anstiege, Flachstücke, Abfahrten) kommt es abschnittsweise zum Einsatz großer Muskelgruppen mit Beanspruchung der vollen VO_2max, dann wieder zu hohen Ansprüchen an die lokale aerobe Ausdauer und zu relativen Erholungsphasen. Da zeitlich betrachtet die erstgenannte Belastungsart überwiegt und für den Rennverlauf meist entscheidend ist, spielt die Größe der VO_2max neben der Höhe der anaeroben Schwelle (IANS) den wichtigsten leistungsbestimmenden Faktor. Im Skilanglauf werden ja auch die höchsten Werte der rel. VO_2max des Spitzensports verzeichnet (85–90 ml/kg/min und in Einzelfällen darüber).

Aussagekräftiger für die spezifische Ausdauerfähigkeit (gleitende Fortbewegung!) ist die absol. VO_2max (international durchschnittlich 6,3–6,5 l/min). Da in dieser Disziplin Athleten unterschiedlichere Körpergrößen und -gewichte haben, wird dem auf die Körperoberfläche bezogenen Wert der rel. VO_2max eine noch höhere Aussagekraft zugemessen (rel. VO_2max/Oberfläche = absol. VO_2max : Körpergewicht$^{2/3}$). Für Siegchancen in internationalen Rennen wird eine Mindestgröße von 350 ml/kg$^{2/3}$ (Männer) bzw. 290 ml/kg$^{2/3}$ (Frauen) vorausgesetzt (Beispiel: rel. VO_2max 84,9 ml/kg/min bei 72 kg Körpergewicht ergibt 363 ml/kg$^{2/3}$).

Von den Lauftechniken ist bei gleicher Geschwindigkeit Skating gegenüber der Diagonaltechnik ökonomischer, da nachweislich weniger Sauerstoff verbraucht wird. Im Anstieg sind die Erfordernisse an die VO_2max (bei jeweils höchstmöglicher Geschwindigkeit) kaum nennenswert geringer.

Für die sehr langen Wettbewerbe (LZA III) spielt die Fettverbrennung eine ausschlaggebende Rolle. Hohe Konzentrationen von freien Fettsäuren verhindern eine vorzeitige Glykogenspeicherentleerung und einen Proteinabbau. Die Verwertung der FFS geschieht hauptsächlich in den ST-Fasern. Der anaeroben Kapazität wird eine geringere Bedeutung beigemessen; die nach Rennen festgestellten Laktatwerte von 12–14 mmol/l (bei kürzeren Distanzen) bzw. 4–8 mmol/l (bei längeren Distanzen) werden in erster Linie auf das Finishverhalten zurückgeführt. Bei Gleichwertigkeit im aeroben Bereich kann die anaerobe Kapazität natürlich wettkampfentscheidend sein.

Im Vergleich zu den leichtathletischen Laufstrecken darf nicht der hohe Stellenrang der Lauftechnik (Bewegungsökonomie) für die Sauerstoffersparnis vergessen werden. Selbst im internationalen Leistungsbereich gibt es hier deutliche Unterschiede.

Im **Biathlon** ist durch die Kombination von Skilanglauf und Schießen die Leistungsstruktur noch komplexer. Innerhalb der Teildisziplin Laufen sind die Anforderungen zunächst einmal weitgehend identisch mit denen auf den kürzeren Wettkampfstrecken des Spezialskilanglaufs (Wettkampfstrecken im Biathlon zwischen 7,5 und 20 km). Einige Besonderheiten verändern jedoch den Beanspruchungscharakter. Diese sind die Laufunterbrechungen wegen des Schießens mit dem notwendigen verhaltenen Anlaufen des Schießstands (= Umstellung der vegetativen Reaktionslage), die kurze Dauer der Schießzeit (meist unter 1 Minute), die keine Erholung zulässt, und das mitzuführende Gewehr als Zusatzlast und Störfaktor für die Lauftechnik. In Verbindung mit den kürzeren Gesamtbelastungszeiten (unter 1 Std.) führt dies zu mehr intervallartiger Belastung, stärkerer Inanspruchnahme der anaeroben Fähigkeiten (während der gesamten Wettkampfdauer deutlich über der anaeroben Schwelle), hoher Bedeutung der VO_2max und der Glykogenspeicher sowie höheren Ansprüchen an die Kraftausdauer.

Im **Radsport** ist sehr deutlich zwischen den kürzeren Bahnwettbewerben (1000 m, 4000 m 1–5 Min.) als KZA- und MZA-Disziplinen und dem Straßenradfahren

(30–180 km) als LZA-II-und-III-Disziplin zu unterscheiden. In den Bahnwettbewerben hat die anaerobe Leistungsfähigkeit einen noch hohen Stellenrang. Hinweise darauf sind die Laktatwerte nach Sprintwettbewerben von 18–22 mmol/l (nach NEUMANN in SHEPHARD/ÅSTRAND 1993, 560 ff., auch alle weiteren Angaben), die Laktatkonzentrationen von Bahnradfahrern bei Labortests (10–14 mmol/l), die hohen Energieflussraten von 33–38 kcal/min und der relativ hohe FT-Fasertyp-Anteil mit einem hohen anaeroben Enzymbesatz bei Radsprintern. Die aerobe Leistungsfähigkeit ist auf der 1000-m-Sprintstrecke immerhin noch mit ca. 50% beteiligt. Die typischen Werte der VO_2max für Radsprinter liegen entsprechend um 65 ml/kg/min. Bei den längeren Bahnstrecken (4000 m) hat die aerobe Energiebereitstellung bereits 70%igen Anteil. Die VO_2max-Werte liegen hier um durchschnittlich 10 ml/kg/min höher.

Im Straßenradsport ist natürlicherweise die aerobe Kapazität von relevanter Bedeutung, was durch die dafür typischen VO_2max-Werte (75–80 ml/kg/min), die ST-Faser-Anteile (80–95%) und die niedrigen Laktatwerte bei Labortests (6–10 mmol/l) unterstrichen wird. Da wegen der langen Wettkampfbelastungszeiten bestenfalls 70–75% der VO_2max eingesetzt werden können, ist die Höhe der IANS für die Leistungsfähigkeit aussagekräftiger als die VO_2max selbst.

Der **Triathlon** in seiner Kombination von Schwimmen, Radfahren und Laufen wird häufig als Synonym für Ultralangzeitausdauer (LZA IV) genannt. Das trifft jedoch nur für den **Langtriathlon** (3,8 km Schwimmen, 180 km Radfahren, 42,2 km Laufen) zu. Der **Mitteltriathlon** (2,0–2,5 km, 80 km, 20 km) wird in 4–6 Stunden, der **Kurztriathlon** (1,0–1,5 km, 40 km, 10 km) in ca. 2,5–3,5 Stunden absolviert (beide LZA III). Im Hinblick auf den Beanspruchungscharakter darf außerdem nicht nur von der Gesamtbelastungszeit ausgegangen werden, sondern es müssen auch die typischen Belastungen der Einzeldisziplinen auf den Teilstrecken Berücksichtigung finden. So ist der Mitteltriathlon die Summe aus LZA I + LZA III + LZA II, der Kurztriathlon die Summe aus LZA I + LZA II + LZA I. Das bedeutet für die Leistungsstruktur, dass neben einer hohen allgemeinen Basisausdauer auch Anforderungen der speziellen Ausdauertypen eine mitbestimmende Rolle spielen. Insgesamt räumt dies der VO_2max einen höheren Stellenrang ein, als dies sonst der Fall wäre. Die Bedeutung der Höhe der IANS wächst natürlich vom Kurz- zum Langtriathlon immer mehr. Genauso nimmt der Einfluss der Fettverbrennung zu. Im Mittel- und Langtriathlon (> 4 Std.) sind auch der Proteinkatabolismus in Verbindung mit der Glukoneogenese und die Störungen im Elektrolyt-/Wasserhaushalt als Einflussfaktoren auf die Leistungsfähigkeit nicht zu vergessen.

Die Werte der rel. VO_2max von Spitzentriathleten liegen zwischen denen von Schwimm- und Rad- bzw. Laufspezialisten, was durch das gemischte Training erklärbar ist. Die relative Größe hat lediglich Aussagekraft für das Laufen.

Die Kombination der Einzeldisziplinen im Wettkampf verlangt Fähigkeiten, die Spezialisten nicht besitzen. Der Triathlet darf deshalb nicht als Summe aus Schwimmer + Radfahrer + Läufer gesehen werden. Er ist ein eigenständiger Typ von Ausdauersportler. Für die Endleistung ist auch das Ineinandergreifen der 3 Disziplinen – nicht nur die Leistung auf jeder Teilstrecke – entscheidend.

6 Methodik des Ausdauertrainings

Für eine effektive Entwicklung der Ausdauer im Trainingsprozess hat es sich als günstig erwiesen, das Ausdauertraining in gewisse **Anforderungsbereiche** (= Trainingsbereiche) einzuteilen. Das Einteilungskriterium ist die Belastungsintensität, weshalb auch von **Intensitätsstufen des Trainings** gesprochen wird. Wenn auch die Intensität wohl als der wesentlichste Einflussfaktor hinsichtlich der Trainingswirkungen anzusehen ist, so ist es eigentlich nicht ganz einwandfrei, die Trainingsbereiche alleine davon abzuleiten. Einflussfaktoren auf die Wirkungsrichtung sind neben der Intensität auch Belastungsdauer, Belastungsumfang und die Art der Pausengestaltung. Diese werden von den **Trainingsmethoden,** die den **Trainingsbereichen** zugeordnet sind, berücksichtigt. Die Trainingsbereiche sind deshalb mehr als Orientierungsgrundlage für die Belastungsintensitäten, die für die beabsichtigte Wirkung notwendig sind, zu sehen. Relevanter sind die Trainingsmethoden, die später eine eingehende Beschreibung erhalten.

Trainingsbereiche (Intensitätsstufen des Trainings)

Alle in den verschiedenen Sportdisziplinen vorliegenden Einteilungen leiten sich von der pauschalen Gliederung der Anforderungsbereiche aus der Sportbiologie/Sportmedizin in **Grundbereich, Entwicklungsbereich** und **Grenzbereich** ab (Tab. 31, Abb. 44, S. 112). Mittlerweile wurde diese 3-Gliederung um den **Kompensationsbereich** erweitert (Tab. 32, S. 112). Die Intensitäten werden dabei in Prozenten der Bestleistung, der VO_2max, in Laktatwerten (Lac) und Herzfrequenzen ausgedrückt.

Anforderungsbereich	Belastungskriterien
Grundbereich	60–70% der Streckenbestleistung (≡ 50–60% VO_2max); HF/min 130–150 Lac-Mengen < 2 mmol/l
Entwicklungsbereich I und II	70–90% der Streckenbestleistung (> 70% VO_2max); HF/min 160–180 Lac-Mengen 3–7 mmol/l
Grenzbereich	95–100% der aktuellen Streckenbestleistung (≡ 100% VO_2max); HF/min 180–200 Lac-Mengen > 7 mmol/l

Tabelle 31
Anforderungs- bzw. Trainingsbereiche zur Ausdauerentwicklung (modifiziert nach NEUMANN 1984, 175)

111

Abbildung 44
Einfluss der Intensität von Ausdauerbelastungen in den drei Regulationsbereichen des Organismus auf Stoffwechselprozesse

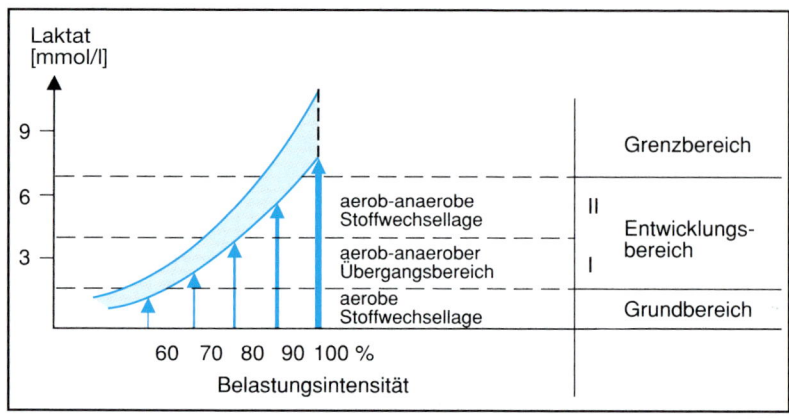

Tabelle 32
Einordnung von Trainingsbelastungen in Ansdauersportarten in die Trainingsbereiche (ENGELHARDT/NEUMANN 1994, 113)

Trainingsbereich	Belastungsintensität	Kontrollgrößen
Kompensationsbereich	60–75% der Bestleistung (60–70% max. O_2-Aufnahme)	Laktat < 2 mmol/l HF 110–140 Schläge/min
Grundlagenbereich I	75–85% der Bestleitung (70–85% max. O_2-Aufnahme)	Laktat 2–3 mmol/l HF 120–160 Schläge/min
Grundlagenbereich II	85–95% der Bestleistung (85–95% max O_2-Aufnahme)	Laktat 3–6 mmol/l HF 140–180 Schläge/min
wettkampfspezifischer Bereich	> 95% der Bestleistung (95–100% max O_2-Aufnahme) Wettkämpfe > 100% bei Unterdistanzen	Laktat 6–22 mmol/l HF 180–210 Schläge/min

Mehr trainingspraktischen Bezug haben Kontrollgrößen wie **Herzfrequenz** (als Schwellenherzfrequenz aus dem Conconi-Test) oder **Laktatwerte** (aus Feldstufentests), wie sie in der Einteilung nach MARTIN et al. (1991, 199) verwendet werden. In diesem Konzept werden auch die Haupttrainingsmethoden zur Bereichstypisierung herangezogen. Ebenso wird auf die Unterschiede zwischen LZA- und KZA/MZA-Disziplinen eingegangen (Tab. 33, S. 113). Wie unterschiedlich die Einteilungen und Bezeichnungen in den einzelnen Ausdauerdisziplinen sein können, soll die Zusammenstellung in Tab. 34, S. 113, zeigen.

	Intensität LZA-Disziplin	Intensität KZA-/MZA-Disziplin
Regenerationsbereich	75–80% von pd	75–80% von pd
Stabilisierungsbereich für aerobe Leistungsfähigkeit	ca. 85% von pd	ca. 85% von pd
Entwicklungsbereich für aerobe Leistungsfähigkeit (opt. Lac-steady-state)	ca. 92% von pd ca. 2–2,5 mmol/l	ca. 92% von pd ca. 2,5–3 mmol/l
Grenzbereich für Dauermethoden (max. Lac-steady-state)	ca. 97% von pd ca. 3 mmol/l	ca. 97% von vd > 3 mmol/l
Bereich für extensives Intervalltraining	100% von pd ca. 3,5–4 mmol	105% von vd > 4 mmol/l
Bereich für intensives Intervalltraining	103% von pd	–90% HFmax (Schnelligkeitsausdauer) –100% HFmax (Sprintausdauer)

Tabelle 33
Bereiche der Belastungsintensitäten für KZA-, MZA-, LZA-Disziplinen, bezogen auf die Herzfrequenz (pd) bzw. Geschwindigkeit (vd) an der Conconi-Schwelle (= Knickpunkt in der HF-Kurve aus dem Conconi-Test) und auf Laktatwerte (Lac) aus Feld-Mehrstrecken-Tests (nach MARTIN/CARL/LEHNERTZ 1991, 199)

Leichtathletik Mittel-/Langstrecke (DLV-Rahmentrainingsplan)	Leichtathletik Mittel-/Langstrecke (MARTIN/COE 1992)	Straßenradsport (LINDNER 1993)
Kompensationsbereich		**Kompensationsbereich** aerob; HF+ 90–100/min Lac 0–2 mmol/l
Grundlagenausdauer-I-Bereich 40–60% VO₂max Lac < 2, < 3 mmol/l	**aerobes Konditionstraining** 55–75% VO₂max Lac 2–3,5 mmol/l 70–80% HFmax**	**Grundlagenausdauerbereich** ausschließlich aerob HF 100–150/min Lac 0–3 mmol/l
Grundlagenausdauer-II-Bereich 65–90% VO₂max Lac 4–5 mmol/l (DL*) Lac 3–8 mmol/l (TL*)	**anaerobes Konditionstraining** 75–90% VO₂max Lac 3,5–5 mmol/l 80–90% HFmax; IANS-Geschw.	**Schnellkraftbereich** (K₁–K₂), aerob + alaktazid
Schnelligkeitsausdauerbereich 90% VO₂max Lac 8–12 mmol/l	**aerobes Kapazitätstraining** 90–100% VO₂max Lac 5–7 mmol/l VO₂max-Geschw.	**Entwicklungsbereich** aerob–anaerob; HF 150–190/min Lac 3–6 mmol/l
wettkampfspezifischer Ausdauerbereich 100% VO₂max Lac 12–18 mmol/l	**anaerobes Kapazitätstraining** 100–130% VO₂max Lac > 8 mmol/l	**Kraftausdauerbereich** (K₃–K₄), Lac > 6 mmol/l
		Spitzenbereich anaerob; HF 100/min–HFmax Lac 6–20 mmol/l
Schnelligkeitsbereich alaktazid		
* DL = Dauerlauf TL = Tempolauf	** HF-Stufen nach Karvonen-verfahren HF = Herzfrequenz	+ HF-Werte als Erfahrungswerte aus Leistungsdiagnostik; individuelle Werte günstiger

Tabelle 34
Trainingsbereiche in disziplinbezogener Einteilung und Bezeichnung

Trainingsmethoden

Die Entwicklung der Ausdauer ist in Anbetracht der verschiedenen Ausdauerarten und Ausdauertypen mit ihren jeweils komplexen organismischen Beanspruchungen nur in Ausnahmefällen Angelegenheit einer einzigen Trainingsmethode (evtl. im Gesundheitstraining). Normalerweise können die Zielsetzungen eines Ausdauertrainings (besonders im Leistungssport) nur unter **Einsatz verschiedener Trainingsmethoden** erreicht werden. Jede Ausdauerbelastungsmethode hat über die grundsätzlichen Wirkungen hinaus ihre spezifischen physiologischen Wirkungen, die es eben zu gegebener Zeit zu nutzen gilt. Je differenzierter trainingsmethodisch vorzugehen ist, desto mehr spielen die Varianten der Grundmethoden und Trainingsformen eine Rolle. Zunächst sollen jedoch die Ausdauertrainingsmethoden grundsätzlich erfaßt werden.

Grundmethoden

Es lassen sich vier Grundmethoden herausstellen. Abb. 45 und die folgenden Kurzbeschreibungen charakterisieren die Durchführungsweisen und die prinzipiellen Wirkungsmechanismen.

Abbildung 45
Schematischer Vergleich der Grundmethoden des Ausdauertrainings (in Anlehnung an Autorenkollektiv 1982)
S = Serie,
SP = Serienpause,
B. = Belastung,
l. P. = lohnende Pause

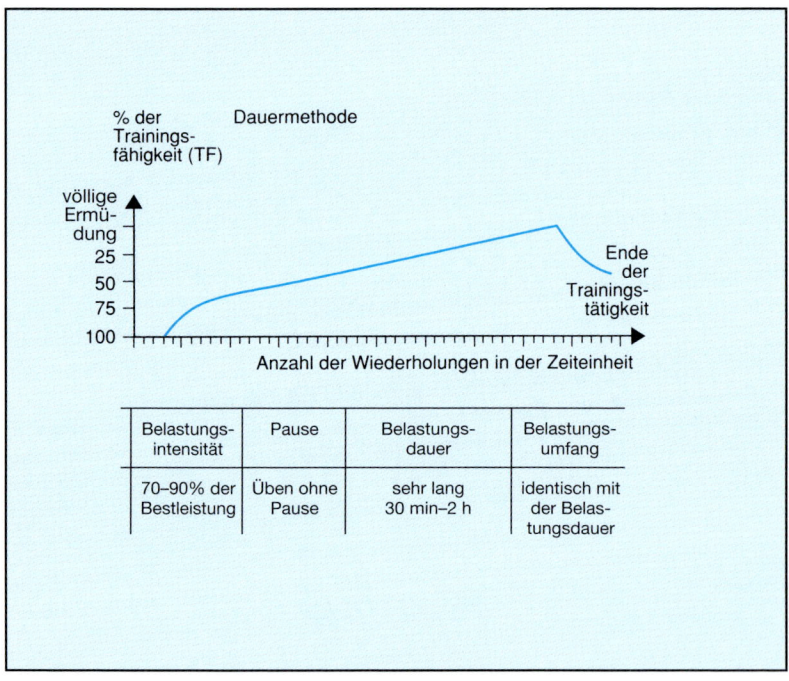

Belastungs-intensität	Pause	Belastungs-dauer	Belastungs-umfang
70–90% der Bestleistung	Üben ohne Pause	sehr lang 30 min–2 h	identisch mit der Belastungsdauer

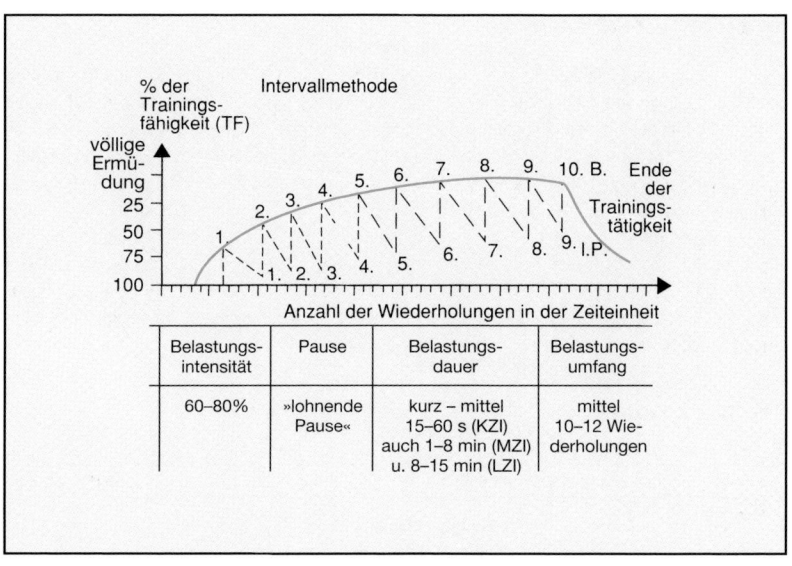

Belastungs-intensität	Pause	Belastungs-dauer	Belastungs-umfang
60–80%	»lohnende Pause«	kurz – mittel 15–60 s (KZI) auch 1–8 min (MZI) u. 8–15 min (LZI)	mittel 10–12 Wie-derholungen

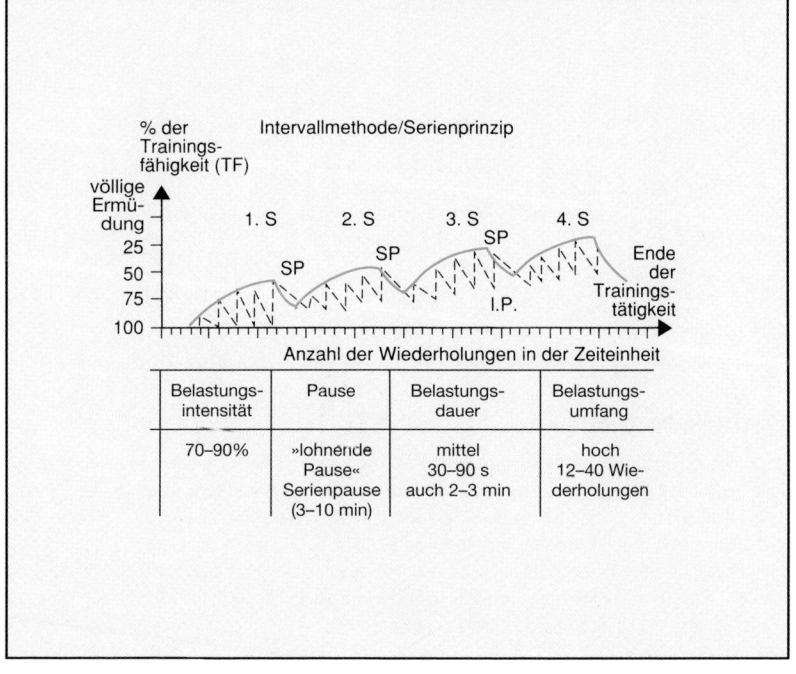

Belastungs-intensität	Pause	Belastungs-dauer	Belastungs-umfang
70–90%	»lohnende Pause« Serienpause (3–10 min)	mittel 30–90 s auch 2–3 min	hoch 12–40 Wie-derholungen

115

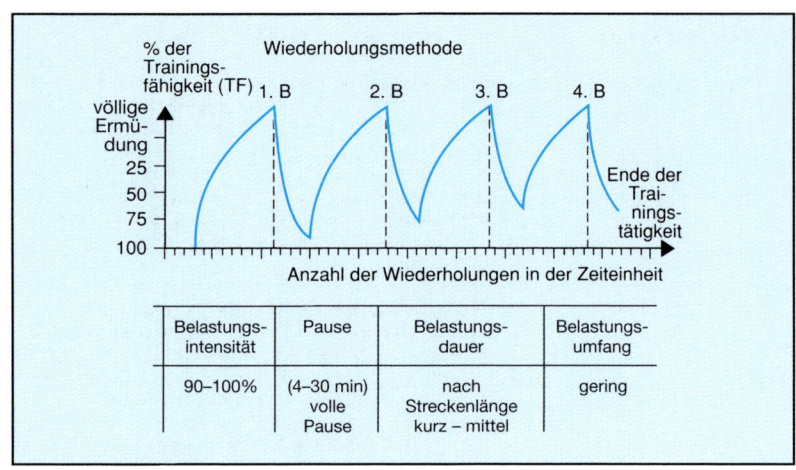

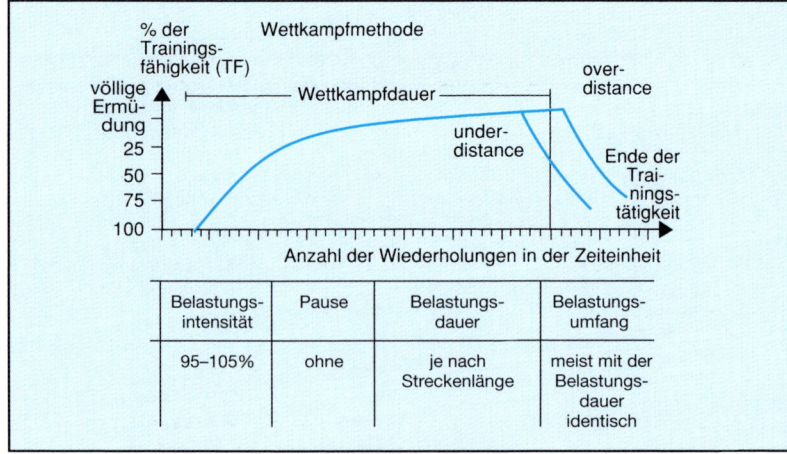

Spezielle Methoden

Aus den Grundmethoden können durch eine aufeinander abgestimmte Gestaltung von Belastungsintensität und -dauer Methoden herausgestellt werden, deren Hauptwirkungsrichtungen relativ gut zu fassen sind. Man kann sie auch als **Methoden mit akzentuierter Wirkung** bezeichnen (Tab. 35, S. 117).

Um eventuellen Missverständnissen vorzubeugen, sei hier nochmals betont, dass die Anpassungen an die verschiedenen Belastungen grundsätzlich als komplexer Vorgang von mehreren der kardiopulmonalen, muskulären und metabolischen Veränderungen (Tab. 18, 19, 20, S. 68 f. und Tab. 24, S. 78) zu verstehen sind. Das

Methodenbezeichnung	mögliche Zielsetzungen, Anwendungen
– extensive Dauermethode	Ökonomisierung der Herzkreislaufarbeit, Erweiterung der aeroben Kapazität (Grundbereich), Fettstoffwechseltraining, Regenerationsbeschleunigung, Stabilisierung eines Leistungsniveaus, Ökonomisierung der Bewegungstechnik
– intensive Dauermethode	Erweiterung der aeroben Kapazität (Entwicklungsbereich), Anheben der IANS/ANS, Glykogenstoffwechseltraining (Superkompensation), Laktatkompensation, Stabilisierung der Bewegungstechnik
– variable Dauermethode	Erweiterung der aeroben Kapazität (wie bei extensiver und intensiver Dauermethode), Erhöhung der Belastungsverträglichkeit bei variierenden Langzeitbelastungen, Beschleunigung der Wiederherstellung bei intermittierenden Belastungen, Variation der Bewegungsmuster (keine unerwünschte Stabilisierung)
– extensive Intervallmethode + LZI (3–8 Min.) – extensive Intervallmethode + MZI (1–3 Min.)	Erweiterung der aeroben Kapazität (Entwicklungsbereich), Anheben der IANS/ANS, Laktatkompensationstraining, Entwicklung der anaeroben-laktaziden Kapazität, Kraftausdauertraining
– intensive Intervallmethode + KZI (20–40 Sek.) – intensive Intervallmethode + MZI (60–90 Sek.)	Entwicklung und Erweiterung der anaerob-laktaziden Kapazität, Säuretoleranztraining, Verbesserung der kurzfristigen Erholungsfähigkeit, Bewegungstechnik mit Wettkampfgeschwindigkeit, Schnelligkeitsdauer- und Kraftausdauertraining
– intensive Intervallmethode + extreme KZI (6–9 Sek.)	Erweiterung der anaerob-alaktaziden Kapazität, Verbesserung der Laktatelimination, Schnelligkeits- und Schnellkraftausdauertraining, Förderung der aeroben Leistungsfähigkeit
– Wiederholungsmethode + LZI (3–8 Min.) – Wiederholungsmethode + MZI (1–2 Min.) – Wiederholungsmethode + KZI (20–30 Sek.)	Anpassung an wettkampfspezifische Belastungen, Erweiterung der komplexen Funktionsamplitude, Schnelligkeitsausdauer- und Kraftausdauertraining
– Wettkampf- oder Kontrollmethode	Entwicklung der wettkampfspezifischen Ausdauer, Erweiterung der spezifischen Leistungsfähigkeit auf höchstem Funktionsniveau, Erfahrungserwerb und Anwendung taktischen Verhaltens

Tabelle 35
Übersicht zu den speziellen Trainingsmethoden (mit akzentuierter Wirkung)

Herausheben von Hauptwirkungen ist immer im Rahmen dieses vielschichtigen Geschehens zu sehen.

Die **Intensitätsangaben** können sich auf verschiedene Parameter beziehen:

- auf die prozentuale Beanspruchung der aeroben Kapazität ($\%VO_2max$),
- auf die verschiedenen Laktatschwellen wie aerobe Schwelle (AS, 2 mmol/l), individuelle anaerobe Schwelle (IANS) und anaerobe Schwelle (ANS, 3 oder 4 mmol/l),
- auf die Herzfrequenz (als Direktangabe oder Prozentsatz der maximalen Herzfrequenz, %HFmax),

- auf die Fortbewegungsgeschwindigkeit (Direktangabe oder Prozentsatz der Bestleistungsgeschwindigkeit bzw. Schwellengeschwindigkeit an der IANS).

Allgemeingültigkeit (für verschiedene Disziplinen, Leistungsniveau, Alter) haben lediglich die Angaben zu den Laktatschwellen, zur Beanspruchung der VO_2max und zur IANS-Geschwindigkeit.

Allgemeine Angaben (Durchschnittswerte) zur **Herzfrequenz** und **Fortbewegungsgeschwindigkeit** sind kein verlässliches Kriterium, da die individuellen Schwankungen je nach Sportart sehr groß sein können. Im leistungssportlichen Bereich sollten für eine ausreichend hohe Genauigkeit in Tests die den Laktatschwellen entsprechenden Herzfrequenzen bzw. Geschwindigkeiten festgestellt werden. Im Gesundheits-/Fitnessbereich ist aus pragmatischen Gründen die Festlegung nach allgemeinen Formeln noch akzeptabel. (Weiteres siehe S. 176 ff.)

In den folgenden Beschreibungen der speziellen Methoden wird bei den Dauer- und extensiven Intervallmethoden auf die **Laktatschwellen, VO₂max** und **IANS-Geschwindigkeit** (= 100%), bei den intensiven Intervall- und Wiederholungsmethoden auf die **Wettkampfgeschwindigkeit** Bezug genommen.

Dauermethoden (Abb. 46)

Bei ihrer Anwendung liegt eine **ununterbrochene trainingswirksame Belastung** über eine lange Zeitspanne vor (continuous work). Der Trainingsgewinn ist vorrangig aus der relativ langen Zeitdauer, in der die physiologischen Prozesse ziemlich konstant laufen, zu erwarten. Es kommt zu **wirtschaftlichen Ausführungen der Bewegungsleistung** und **Funktionserweiterung der Organsysteme.** Ersteres geschieht mehr im Bereich des Grundlagentrainings, letzteres mehr im Entwicklungsbereich. Auf koordinativer Ebene wird das **Einschleifen des angewandten Bewegungsablaufs** (dynamisch-motorischer Stereotyp), auf psychischer Ebene die **Gewöhnung an die Arbeitsmonotonie** erreicht.

Abbildung 46
Varianten der
Dauermethode
(DM)

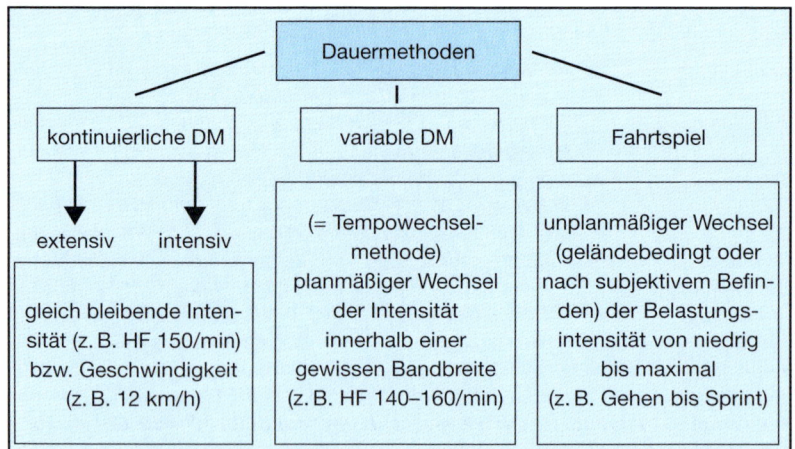

118

Extensive (kontinuierliche) Dauermethode (ext. DM)

Belastungsintensität: leicht–mittel; **unter und an der AS,** identisch mit 0,75–2,0 mmol/l Lac; 45–70% VO_2max; **75–80% IANS-Geschwindigkeit**

Belastungsdauer: **30 Min.–6 Std.** (je nach Sportart, Zielsetzung)

Trainings-
wirkungen v. a.:

- **Ökonomisierung der Herz-Kreislauf-Arbeit**
- Verbesserung der **peripheren Durchblutung**
- Erweiterung des aeroben Stoffwechsels mit Verbesserung der **Fettverbrennung**
- Nutzung der **Glukoneogenese** (bei überlanger Dauer)
- Ausbildung einer **Vagotonie**
- Ausbildung eines **stabilen Bewegungssstereotyps** (ST-Faser-Rekrutierung)

Anwendung/
Zielsetzungen:

- **Gesundheits-/Fitnesstraining** (Dauer* minimal 10 bis 12 Min., optimal 30–45 Min.)
- **Regenerationsbeschleunigung** (Dauer 20–40 Min.)
- **Fettstoffwechseltraining** (> 90 Min.)
- **Ökonomisierung der Bewegungstechnik** (für lange Belastungen)
- **Stabilisierung** eines zuvor **erhöhten Leistungsniveaus**

Intensive (kontinuierliche) Dauermethode (int. DM)

Belastungsintensität: mittel–submaximal; **an der IANS bzw. ANS,** identisch 4–6 mmol/l Lac (nach Belastung); 75–85% VO_2max; **90–95% IANS-Geschwindigkeit**

Belastungsdauer: **20 Min.–3 Std.** (je nach Sportart, Zielsetzung)

Trainings-
wirkungen v. a.:

- **Entwicklung des Herz-Kreislauf-Systems** (Herz, Sauerstofftransportkapazität)
- **Kapillarisierung** der Skelettmuskulatur
- Verbesserung des aeroben Stoffwechsels unter verstärkter **Glykogennutzung**
- Glykogenentleerung und **Superkompensation**
- Nutzung des **Laktat-steady-state** (Laktatbildung und -kompensation)
- Ausbildung eines **Bewegungssstereotyps** (erweiterte Faserrekrutierung)

---

* Zeitangaben für Laufen: bei Trainingsübungen mit gleitender/rollender Fortbewegung 2- bis 3fache Dauer

119

Anwendung/
Zielsetzungen:

- **Erweiterung der aeroben Kapazität** (VO_2max über zentralen und peripheren Faktor)
- **Glykogenstoffwechseltraining** (Speichervergrößerung, Dauer > 45 Min.)
- **Laktatkompensationstraining**
- **Anheben von IANS/ANS**
- schnelles **Anheben des aeroben Leistungsniveaus** (geringe Stabilität)
- **Stabilisierung** wettkampfgemäßer **Bewegungstechnik** in LZA-Disziplinen

Variable Dauermethode (var. DM)

Belastungsintensität: zwischen leicht und submaximal systematisch* wechselnd; **zwischen AS und ANS,** identisch mit 1,5–4,0 mmol/l Lac; 60–85% VO_2max; **80–95% IANS-Geschwindigkeit**

Belastungsdauer: **30–60 Min.–3 Std.** (je nach Sportart, Zielsetzung)

Trainings-
wirkungen v. a.:

- **Anpassungen im Herz-Kreislauf-System,** in der **Skelettmuskulatur** und im **vegetativen Bereich** ähnlich denen der extensiven Dauermethode und intensiven Dauermethode, jedoch mit geringerem Ausprägungsgrad
- **verbesserte Umstellung** zwischen rein aerober (Glykogen/FFS) und gemischt aerob-anaerober (Glykogen) Energiebereitstellung
- **verbesserte Laktatkompensation** und **Laktatelimination** in den extensiven Belastungsphasen
- **Unterbrechung der Ausprägung** stabiler Bewegungsstereotypen

Anwendung/
Zielsetzungen:

- **Erweiterung der aeroben Kapazität** (Dauer > 45 Min.)
- **erhöhte Belastungsverträglichkeit** bei langen Belastungen mit wechselnder Energiebereitstellung
- **Beschleunigung der Wiederherstellung** zwischen den Belastungsphasen bei intermittierenden Belastungen
- **Verhinderung der Stabilisierung unerwünschter Bewegungsstereotypen** (z. B. disziplinunspezifische Bewegungsfrequenzen)

---

* Sonderform mit unsystematischem Wechsel ist das Fahrtspiel (Fartlek) = Spiel mit der Geschwindigkeit.

Intervallmethoden (Abb. 47)

Gemeinsames Kennzeichen aller Varianten der Intervallmethoden ist der planmäßige Wechsel zwischen Belastungs- und Entlastungsphasen (intermittent work). In der Entlastung kommt es nicht zur vollen Erholung; es liegen **unvollständige** (=»lohnende«) **Pausen** vor (siehe S. 15 f.). Die Pausendauern können in Abhängigkeit von Belastungsintensität, Belastungsdauer und Trainingszustand zwischen einer halben Minute und mehreren Minuten liegen. Das **Erholungskriterium ist die Herzfrequenz** (120–130 HF/min). Wird im Seriensystem vorgegangen, so liegen zwischen den Serien (mit meist 4–6 Wiederholungen) sog. Serienpausen von längerer Dauer, um die sich schnell aufstockende Ermüdung hinauszuschieben. Der Wirkungsgewinn ist zunächst in dem häufigen Wechsel von Ankurbeln und Abschalten der Belastungsphase zu suchen, dann in der Belastungsphase und der »lohnenden Pause« selbst. Während der Belastung kommt es wegen der **Herzdruckarbeit** (infolge höheren peripheren Widerstandes) zu einem Hypertrophiereiz auf den Herzmuskel, in der Erholungsphase wegen der vorherrschenden **Herzvolumenarbeit** (infolge des gefallenen peripheren Widerstandes) zu einem Herzerweiterungsreiz.

Allgemein wird mit den Intervallmethoden eine **Erweiterung der Funktionsbreite einzelner Organsysteme** erreicht. Auf koordinativem Gebiet erfolgt **Festigung der anspruchsvolleren (schnelleren, kräftigeren) Bewegungsausführung** gegenüber Störeinflüssen (z.B. Ermüdung wegen Übersäuerung oder Phosphatspeicherentleerung), im psychischen Bereich **Gewöhnung an erneute Arbeitsaufnahme** trotz unangenehmer Empfindungen.

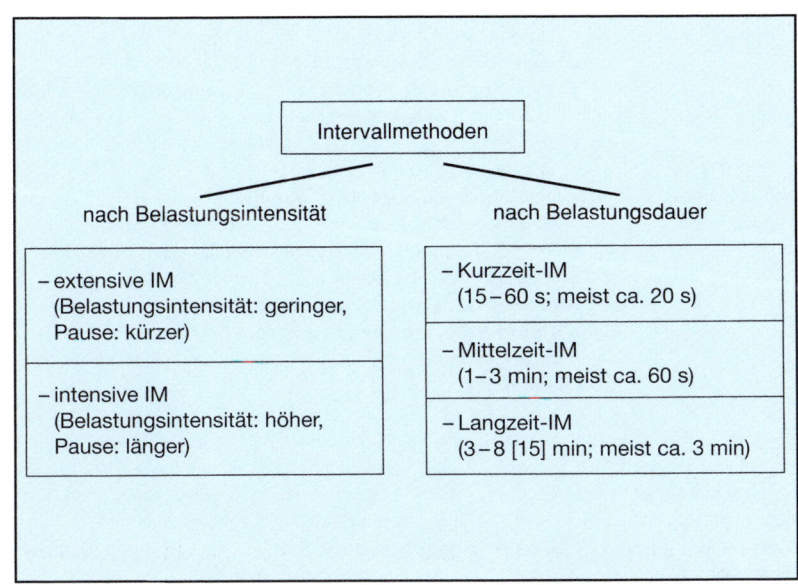

Abbildung 47
Varianten der
Intervallmethode

Intervallmethoden

nach Belastungsintensität

nach Belastungsdauer

– extensive IM
(Belastungsintensität: geringer,
Pause: kürzer)

– intensive IM
(Belastungsintensität: höher,
Pause: länger)

– Kurzzeit-IM
(15–60 s; meist ca. 20 s)

– Mittelzeit-IM
(1–3 min; meist ca. 60 s)

– Langzeit-IM
(3–8 [15] min; meist ca. 3 min)

121

Extensive Intervallmethode mit Langzeitintervallen (ext. IM + LZI)
(für LZA-Athleten)

Belastungsintensität:	submaximal; **an der IANS bzw. ANS,** identisch mit 3–4 mmol/l Lac; 75–85% VO_2max; **100% IANS-Geschwindigkeit**
Belastungsdauer:	**3–8 Min.,** auch bis 15 Min.
Pause:	mit reduzierter Aktivität bis **HF-Abfall unter 120/Min.;** Richtzeit **3 Min.** (nicht länger)
Belastungsumfang:	**50–60 Min.** (inkl. Pausen); **6–10 Belastungen**

Extensive Intervallmethode mit Mittelzeitintervallen (ext. IM + MZI)
(für MZA/KZA-Athleten)

Belastungsintensität:	submaximal–maximal; **über der IANS bzw. ANS,** identisch mit 5–6 mmol/l Lac; 80–90% VO_2max; **100–105% IANS-Geschwindigkeit**
Belastungsdauer:	**1–3 Min.**
Pause:	mit reduzierter Aktivität bis **HF-Abfall unter 120/Min.;** Richtzeit **2(–3) Min.**
Belastungsumfang:	**40–45 Min.** (inkl. Pausen); **9–15 Belastungen**

Trainings-
wirkungen v. a.:

- **Entwicklung des Herz-Kreislauf-Systems** (Herz, Sauerstofftransportkapazität)
- **Kapillarisierung** (geringer als bei DM)
- Verbesserung des gemischt **aerob-anaeroben** Stoffwechsels unter **Glykogennutzung**
- Aktivierung der **Laktatproduktion** (ST-Fasern), **Laktatelimination**

Anwendung/
Zielsetzungen:

- **Ausbildung der aeroben Kapazität** im oberen Entwicklungsbereich unter Einbezug anaerober Prozesse
- **Erweiterung der VO_2max** (vorrangig zentraler Faktor)
- **Anheben der IANS, ANS**
- **Entwicklung der anaeroben Kapazität**
- **Laktatkompensationstraining**
- **Kraftausdauertraining** (Zusatzlasten, erschwerte Bedingungen)

Bei den intensiven Intervallmethoden liegen die **Belastungsintensitäten** bei Bezugnahme auf die VO_2max (wie bei den vorherigen Methoden) im **maximalen bis supramaximalen** Bereich (100–130% VO_2max). In der Trainingspraxis wird deshalb die Intensität meist über die Geschwindigkeit bestimmt, und zwar als **Prozentsatz der aktuellen Bestleistungsgeschwindigkeit** aus der Hauptwettkampfdistanz im KZA/MZA-Bereich (% Wettkampfgeschwindigkeit).

Hinsichtlich der Pausengestaltung kommt auch das **Serienprinzip** (Abb. 45, S. 115) mit kurzen Intervallpausen und längeren Serienpausen zum Einsatz. Damit soll eine zu rasche Ermüdungsaufstockung vermieden werden. Nach derartigen Trainingseinheiten liegen sehr hohe Laktatwerte vor (> 8–10 mmol/l).

Intensive Intervallmethode mit Kurzzeitintervallen (int. IM + KZI)

Belastungsintensität: **95–100% Wettkampfgeschwindigkeit** aus KZA/MZA-Distanz)

Belastungsdauer: **20–40 Sek. (KZI)**

Pausen: **30–90 Sek.** Intervallpausen, **3–5 Min.** Serienpausen oder **3 Min.** Intervallpausen, 3fache Belastungsdauer

Belastungsumfang: **20–30 Min.; 6–10 Belastungen** insgesamt

Intensive Intervallmethode mit Mittelzeitintervallen (int. IM + MZI)

Belastungsintensität: **90–95% Wettkampfgeschwindigkeit** (aus KZA/MZA-Distanz)

Belastungsdauer: **60–90 Sek. (MZI)**

Pausen: **3 Min.** (evtl. länger) Intervallpausen

Belastungsumfang: **20–25 Min.; 3–6 Belastungen** insgesamt

Trainings-
wirkungen v. a.:
- Aktivierung und Steigerung der **Laktatproduktion** (vor allem bei KZI)
- Verbesserung der **Pufferkapazität** und **Säuretoleranz** (vor allem bei MZI)
- **Beanspruchung der FT-Fasern**
- Aktivierung **aerober Prozesse** zur Beseitigung der Sauerstoffschuld (in Pausen)
- verstärkte **Herzleistung**

Anwendung/
Zielsetzungen:
- Entwicklung und **Erweiterung der anaeroben Kapazität** über verbesserte Laktatproduktion (KZI), über verbesserte Pufferkapazität und Säuretoleranz (MZI)
- Verbesserung der **kurzfristigen Erholungsfähigkeit**
- **Säuretoleranztraining**
- **Schnelligkeits-, Kraftausdauertraining**
- Ausprägung der **Bewegungstechnik unter Wettkampfgeschwindigkeiten**

Intensive Intervallmethode mit extremen Kurzzeitintervallen (int. IM + extr. KZI)

Belastungsintensität:	**fast maximale bis maximale Schnelligkeit** (über der Wettkampfgeschwindigkeit)
Belastungsdauer:	**6–9 Sek.**
Pausen:	**2(–3) Min.** aktive Intervallpausen, **5 Min.** Serienpausen (nach 3–4 Belastungsintervallen)
Belastungsumfang:	**25–30 Min.** (inkl. Pausen); **9–15 Belastungen** insgesamt (bei besonderer Zielsetzung auch länger)

Trainings-wirkungen v. a.:	• wiederholter **Phosphatabbau und Resynthese** • Aktivierung der **anaeroben Glykolyse** • Beanspruchung der **FT-Fasern** (voll) • **Stimulierung des aeroben Stoffwechsels** für die Phosphatresynthese (in den Pausen) • verstärkte **Herz- und Atemarbeit**
Anwendung/Zielsetzungen:	• **Erweiterung der anaerob-alaktaziden Kapazität** • Verbesserung in der **Umstellung zwischen anaerober und aerober Energiebereitstellung** • Verbesserung der **Laktateliminierung** • **Schnelligkeits-/Schnellkrafttraining** • **Förderung der aeroben Ausdauer** (Aufsummierung von Pausen)

Wiederholungsmethoden

Sie sind gekennzeichnet durch wiederholtes intensives Belasten mit dazwischenliegenden **vollständigen Pausen.** In den Erholungsphasen sollen alle beanspruchten Funktionssysteme annähernd in die Ausgangslage vor der Belastung zurückkehren. Die **Herzfrequenz** sollte auf **unter 100/min** absinken. Der Unterschied zur »lohnenden« (unvollständigen) Intervallpause kann nur theoretisch exakt bestimmt werden. In der Trainingsrealität ist der Übergang fließend, weshalb manchmal zwischen Intervall- und Wiederholungsmethode nicht mehr getrennt wird.

Der Wirkungsgewinn ist aus den intensiven Belastungsphasen zu erwarten, in denen jeweils alle physiologischen Prozesse bzw. Regulationsmechanismen bis zum notwendigen Funktionsniveau durchlaufen werden müssen.

Insgesamt geht es um die wiederholte Ausführung wettkampfspezifischer Belastungen in verkürzter Dauer (meist Unterdistanzen).

Die vorrangige Zielsetzung ist deshalb stets:

• **Anpassung** erworbener Grundlagenfähigkeiten **an die wettkampfspezifische Belastung,**
• **Erweiterung der komplexen Funktionsamplitude,**
• **Training der wettkampfspezifischen Ausdauer.**

Wiederholungsmethode mit Langzeitintervallen (WM + LZI)
(für LZA-Athleten)

Belastungsintensität: **100% Wettkampfgeschwindigkeit** (über LZA-Distanz
von ca. 15 Min.)
Belastungsdauer: **3–8 Min.**
Pause: **> 5 Min.**; Richtzeit ist auch die Belastungsdauer
Belastungsumfang: **3–5 Belastungen**

Trainings-
wirkungen v. a.:
- Verbesserung der **komplexen Beanspruchung für LZA-Belastungen**
- Beanspruchung und Verbesserung der **gemischt aerob-anaeroben Energiebereitstellung**
- Verbesserung der **Laktatkompensation** bei **geschwindigkeitstypischen Laktatkonzentrationen** (ca. 6–8 mmol/l)

Wiederholungsmethode mit Mittelzeitintervallen (WM + MZI) (für LZA I/MZA-Athleten)

Belastungsintensität: **100% Wettkampfgeschwindigkeit** (über MZA-Distanz
von 5–6 Min.)
Belastungsdauer: **1–2 Min.**
Pause: **> 3 Min., –5 Min.**
Belastungsumfang: **4–6 Belastungen**

Trainings-
wirkungen v. a.:
- Verbesserung der **komplexen Beanspruchung für MZA-/LZA-I-Belastungen**
- Beanspruchung und Verbesserung der **anaerob-laktaziden Energiebereitstellung**
- Verbesserung der **Säuretoleranz** bei **geschwindigkeitstypischen Laktatwerten** (ca. 8–10 mmol/l)

Wiederholungsmethode mit Kurzzeitintervallen (WM + KZI)
(für KZA-Athleten)

Belastungsintensität: **100% Wettkampfgeschwindigkeit** (über KZA-Distanz
von 1–2 Min.)
Belastungsdauer: **20–30 Sek.**
Pause: **> 5 Min.; –7 Min.**
Belastungsumfang: **4–8 Belastungen**

Trainings-
wirkungen v. a.:
- Verbesserung der **komplexen Beanspruchung für KZA-Belastungen**

125

- Beanspruchung und Verbesserung der **anaerob-alaktaziden und laktaziden Energiebereitstellung**
- Verbesserung der **Laktatelimination** (Laktataufstockung in der Pause)

Wettkampf- oder Kontrollmethode

Bei dieser Methode liegt eine **einmalige wettkampftypische Beanspruchung** in angemessenem Zeitraum vor.

Es wird entweder die **Wettkampfdistanz**, eine **Unterdistanz** (mit etwas höherer Geschwindigkeit) oder eine **Überdistanz** (mit leicht reduzierter Geschwindigkeit) absolviert. Dies kann im Training mit Wettkampfsimulation oder wirkungsvoller als Testwettkampf (Aufbauwettkampf) durchgeführt werden.

Die Aufteilung der **Wettkampfdistanz in Teilstrecken mit sehr kurzen Unterbrechungen** (Pausen) und maximaler bis supramaximaler Wettkampfgeschwindigkeit stellt eine weitere Variante der Wettkampfmethode dar. Das »gebrochene« Schwimmen ist ein Musterbeispiel dafür. Diese Trainingsform wird allerdings im Training häufiger eingesetzt als die vorherigen Varianten.

Damit werden wettkampfgemäße Funktionszustände der Organsysteme erreicht. In der Folge wird eine Erweiterung der komplexen Leistungsfähigkeit auf höchstem Funktionsniveau ermöglicht: Konditionelle, koordinative, bewegungstechnische, psychische und taktische Faktoren werden gleichermaßen gefordert.

Die Wettkampfmethode dient der unmittelbaren Vorbereitung auf die Wettkampfperiode, sie wird auch als Kontrollmethode zu diagnostischen Zwecken eingesetzt.

Wettkampfmethode (Methode der wettkampfspezifischen Einzelbelastung – wspM)

Belastungsintensität: **Maximalbereich** der Wettkampfgeschwindigkeit
Belastungsdauer: **Wettkampfdistanz** oder **Unterdistanz** ($-10-25\%$) oder **Überdistanz** ($+10-25\%$) oder »**gebrochene Strecke**«

Anwendung/
Zielsetzungen:
- Entwicklung der **wettkampfspezifischen Ausdauer**
- Erweiterung der **spezifischen Leistung auf höchstem Funktionsniveau**
- Erfahrungserwerb unter Wettkampfbedingungen und **Anwendung taktischer Verhaltensweisen** (Einteilung des Rennens, Verhalten gegenüber Konkurrenten)

Methodenbezeichnungen in den verschiedenen Ausdauersportarten

Bei der Sichtung sportartspezifischer Literatur fällt auf, dass unter der Rubrik »Methoden« viele Bezeichnungen über die hier verwendeten Begriffe hinaus zu finden sind. Dafür liegen verschiedene Gründe vor.

Einmal ist beim Zusammenstellen von Belastungsintensitäten mit Belastungsdauern und Pausengestaltungen ein sehr variationsreiches Kombinieren möglich. Zum Zweiten werden nicht selten Trainingsformen an Stelle der oder neben den Methoden genannt. Aus den Namen ist nicht immer eindeutig der Belastungsmodus zu erkennen.

Drittens entstanden in verschiedenen Sportarten auf Grund der besonderen Gegebenheiten (z. B. Gerät, Fortbewegungsmedium) Sonderformen des Trainings, deren Namen nur dem Experten vertraut und klar sind. Mitunter wird in solchen Fällen auch eine Namensgebung vermieden und die Belastungsgestaltung mit genauen Angaben zu den Belastungskomponenten sehr präzise angesprochen.

Einige Beispiele aus ausgewählten Sportarten sollen die angesprochene Vielfalt unterstreichen. Die Begriffe werden ohne weiteren Kommentar lediglich aufgezählt.

Leichtathletischer Mittel- und Langstreckenlauf:
- Gemäß Rahmentrainingsplan – Lauf (Aufbautraining) des Deutschen Leichtathletikverbands (1992):
  Dauerlauf lang-mittel, Dauerlauf mittel-kurz, Tempowechsellauf, Fahrtspiel, Tempolauf (lang, mittel, kurz in ext. IM, int. IM, WM), Kontrollläufe, (Wettkämpfe)
- Gemäß MARTIN/COE (1992), beispielhaft für England:
  Grundlagenarbeit, Überdistanztraining, Marathontraining, Training im Renntempo, Tempotraining, Langintervalle (lang – schnell), Kurzintervalle (kurz – schnell), Wiederholungsläufe

Schwimmen:
- Gemäß WILKE (1992): Dauerbelastungsmethode, extensive Intervallmethode (beide für schwimmerische Grundlagenausdauer), Schnelligkeitsausdauertraining, Grundschnelligkeitstraining
- Gemäß GAMBRIL/BAY (1998): Belastungswechseltraining in Form von Pyramiden, Lokomotiven, Intervallwiederholungen (7 Möglichkeiten), gebrochenes Schwimmen, Overloadtraining, Hypoxietraining
- Gemäß COUNSILMAN (1977): Fahrtspieltraining, Overdistance-Training (Marathontraining), langsames und schnelles Intervalltraining (als Mengentraining in 9 Varianten), Wiederholungstraining, Sprinttraining, Zeitversuche/Wettkämpfe

Radsport:
- Gemäß LINDNER (1993): Zuordnung von Methoden zu 7 Trainingsbereichen
  – Kompensationsbereich: freudbetonte niedrige Belastung
  – Grundlagenausdauerbereich: Dauerleistungsmethode
  – Entwicklungsbereich: Wiederholungsmethode
  – Spitzenbereich: Intervallmethode mit hohen und höchsten Intensitäten
  – Schnellkraftbereich: Rad- oder Ergometertraining mit bestimmenden methodischen Faktoren (u. a. Steigerung, Übersetzung, Tretfrequenz, Widerstand)
  – Kraftausdauerbereich
  – Wettkampfbereich: Wettkämpfe

127

Rudern:
– Gemäß FRITSCH (1990): kontinuierliche Dauerbelastungen (beliebiger oder systematischer Intensitätswechsel), progressive Dauerbelastungen, Dauerbelastungen mit alaktaziden Einlagen, Schlagfrequenzwechsel (beliebig oder systematisch), komplexer Wechsel (Schlagfrequenz + Krafteinsatz), Test- und Kontrollmethoden, Kraftausdauer extensiv, Kraftausdauer intensiv, Schnellkraftausdauertraining

Trainingsmethoden in den verschiedenen Trainingsbereichen

Wenn auch bei der Zuordnung bestimmter Trainingsmethoden zu den einzelnen Trainingsbereichen die disziplinspezifischen Verhältnisse (KZA bis LZA IV; Laufen, Schwimmen, Radsport etc.) jeweils mitbestimmend sind, so kann über die breite Palette der Ausdauersportarten hinweg eine hohe Übereinstimmung in den genannten Methoden festgestellt werden. Dies erlaubt, ein mehr oder minder allgemeingültiges Schema zu erstellen (Tab. 36).

Tabelle 36
Vorrangige Trainingsmethoden in den einzelnen Trainingsbereichen (Trainingsbelastung siehe Tab. 32)

Trainingsbereich	vorrangig angewandte Methoden
Kompensationsbereich	– ext. Dauermethode (kurze, mittlere Dauer)
Grundlagenbereich I (Entwicklung und Stabilisierung der Grundlagenausdauer = GLA-I-Training; Schnellkraftentwicklung)	– ext. Dauermethode – var. Dauermethode – int. Intervallmethode + extr. KZI
Grundlagenbereich II (Weiterentwicklung der Grundlagenausdauer = GLA-II-Training; Kraftausdauertraining)	– int. Dauermethode – var. Dauermethode/Fahrtspiel – ext. Intervallmethode + LZI/MZI
wettkampfspezifischer Bereich (Entwicklung der wettkampfspezifischen Ausdauer, der Schnelligkeitsausdauer, spez. Kraftausdauer)	– Wiederholungsmethode + KZI/MZI/LZI – Wettkampfmethode – int. Intervallmethode + MZI/KZI für LZA-III-Athleten auch: – ext. Intervallmethode + LZI – int. Dauermethode, var. Dauermethode

Unterstützende methodische Maßnahmen

In der Praxis des Ausdauertrainings haben sich über die verschiedenen Belastungsmethoden hinaus auch Maßnahmen eingebürgert, die einerseits nicht den Trainingsmethoden zuzuordnen sind, andererseits mehr als Trainingsformen (= Verbindung einer bestimmten Belastungsmethode mit einer Übung) darstellen. Die wesentlichen Möglichkeiten sind im Folgenden kurz dargestellt.

Höhentraining

Hinsichtlich der Zielsetzung muss unterschieden werden, ob das Höhentraining zur Verbesserung der Leistungsfähigkeit im Tiefland (unter 1500–1800 m) oder zur Vorbereitung auf eine Ausdauerleistung in Höhenlagen (über 1800–2000 m) eingesetzt wird. Im zweiten Fall ist das Höhentraining zum Zwecke der Adaption an die Leistungsfähigkeit unter Höhenbedingungen unerlässlich und muss je nach Höhenlage über eine Dauer von 3–5 Wochen durchgeführt werden. Nach dieser Zeitspanne haben sich dann die wesentlichen Anpassungsvorgänge an die Höhe vollzogen. Völlige Anpassung (bis in Höhen von 5000 m) lässt sich erst nach 8–9 Monaten erreichen. Dieses Höhentraining wird hier nicht weiter verfolgt.

In der Höhe verändern sich gegenüber dem Tiefland verschiedene äußere Bedingungen. Als wesentliche wären zu nennen:

- Abnahme des Luftdrucks und damit des Sauerstoffpartialdrucks
- Verminderung des Luftwiderstandes
- Abnahme der Luftfeuchtigkeit
- Abnahme der Außentemperatur
- vermehrte UV-Einstrahlung

Alle diese Faktoren wirken sich auf den Organismus aus, wobei vor allem die Anpassungsreaktionen durch den **verminderten Sauerstoffpartialdruck,** der zur Abnahme des arteriellen Sauerstoffpartialdrucks und der arteriellen Sauerstoffsättigung führt, ausgelöst werden. Es wird davon ausgegangen, dass dieser leichte Sauerstoffmangel gegenüber dem Training unter Tieflandbedingungen einen zusätzlichen Trainingsreiz darstellt.

Da sich abhängig von der Höhenlage (Tab. 37) die Effekte beträchtlich unterscheiden, ist es sinnvoll, **Höhentrainingsbereiche** festzusetzen.

Bei der Wahl der Trainingshöhe ist zu berücksichtigen, dass zum einen mit zunehmender Höhe die Trainingsqualität leidet, zum anderen erst ab 2500 m Höhe die Voraussetzungen für die Blutbildungseffekte, ausgelöst durch den Anstieg des natürlichen Erythropoetinspiegels, als ideal zu bezeichnen sind.

Höhenlage	Höhenmeter
Meeresspiegel (sea level)	< 1000 m
tiefe Höhe (low altitude)	1000–2000 m
mittlere Höhe (moderate altitude)	2000–3000 m
hohe Höhe (high altitude)	3000–5000 m
extreme Höhe (extreme altitude)	> 5000 m

Tabelle 37
Einteilung der
Höhenlagen

Hypoxiebedingte Adaptionen

Beim Aufenthalt in der Höhe werden im Organismus durch die Hypoxiebedingung zwei parallel ablaufende Anpassungsreaktionen ausgelöst. Der erste Anpassungsvorgang ist kurzfristiger Art und wird auch als **Höhenadaption** bezeichnet. Darunter versteht man das Bestreben des Organismus, das geringere O_2-Angebot durch Hyperventilation, Steigerung des Herzminutenvolumens, Erhöhung der Lungendurchblutung und vermehrte Öffnung der Kapillaren auszugleichen (FETH 1974). Der längerfristige Anpassungsvorgang, auch **Höhenakklimatisation** genannt, beinhaltet die Erhöhung des Blutvolumens, der Hämoglobinkonzentration, der Erythrozytenanzahl, der Mitochondrienzahl sowie die gesteigerte Enzymaktivität im Energiestoffwechsel.

Durch das Höhentraining stellen sich bezüglich der Ausdauerleistungsfähigkeit **positive und negative Veränderungen** ein. Sie sind in Tab. 38 zusammengefasst. Blutverdickung und Hyperventilation fallen dabei weniger ins Gewicht.

Tabelle 38
Anpassung des Organismus bei Höhentraining

positiv	negativ
für die Ausdauerleistungsfähigkeit	
• Zunahme der roten Blutkörperchen und des Hämoglobins; damit: erhöhtes O_2-Bindungs- und Transportvermögen	• Blutverdickung (Viskositätszunahme) durch die Vermehrung der roten Blutkörperchen; damit: vermehrte Herzarbeit für den Blutumtrieb
• Erhöhung des Myoglobingehalts in den Muskelzellen; damit: verstärkte Sauerstoffspeicherung bzw. beschleunigter Sauerstofftransport zum Mitochondrium	• verstärkte Atmung (Hyperventilation); damit: erhöhter Energiebedarf für die Atemmuskulatur
• Kapillarisierung in der Skelettmuskulatur; damit: verbesserte Blut- und Sauerstoffversorgung	• Abnahme des Bikarbonatpuffers im Blut durch die verstärkte CO_2-Abatmung (= respiratorische Alkalose); damit: geringe Säureneutralisation und früher einsetzender Übersäuerung
• Vermehrung der Mitochondrien und der oxidativen Enzyme (für Glykogen- und Fettverbrennung)	

Formen des Höhentrainings

Neben der klassischen Form des Höhentrainings (Variante 1) haben sich zwei zusätzliche Varianten etabliert. Grundsätzlich können folgende Höhentrainingsformen unterschieden werden:

Variante 1: in der Höhe (mittlere Höhen, 2000–3000 m) leben und trainieren = **living high – training high.**

Variante 2: in der Höhe leben und auf Meereshöhe trainieren = **living high – training low.** Hierbei finden das Leben und das Grundlagentraining in mittleren Höhen, die intensiven Trainingsbelastungen aber unter 1000 m statt. Hintergrund dieser Variante ist, durch den Hypoxiereiz positive Effekte in der Blutbildung zu erreichen und gleichzeitig intensive Trainingsbelastungen absolvieren zu können. Diese Variante der Höhentrainingsform ist oft unter natürlichen Bedingungen kaum durchführbar, so dass auf den Aufenthalt in **Höhenhäusern,** in denen die gewünschten Hypoxiebedingungen vorzufinden sind, zurückgegriffen wird.

<u>Variante 3:</u> auf Meereshöhe leben und in der Höhe trainieren = **living low – training high.** Diese Verfahrensweise zeigt keine positiven Effekte in der Blutbildung und resultiert eigentlich aus speziellen Trainingssituationen (z.B. Gletschertraining der alpinen Skisportler).

Zur Vorbereitung für Wettkämpfe im Tiefland stellen bei Anwendung der »living high – training high«-Variante mittlere Höhenlagen (2000–3000 m) die günstigste Reizhöhe dar. In dieser Höhenlage liegt einerseits unter körperlicher Belastung ein reizwirksamer »Sauerstoffmangel« vor, andererseits gestatten Lufttemperatur und Luftfeuchtigkeit noch die Durchführung eines geregelten Trainings. Allerdings ist in der Höhe bei Belastungen > 2 Minuten die Bewegungsgeschwindigkeit und damit die Belastungsintensität gegenüber dem Flachland zu reduzieren. Diese notwendige Belastungsreduktion kann sich negativ auf die Bewegungskoordination auswirken und kann zudem einen geringeren Kraftreiz auf die Muskulatur darstellen. Durch die Variante »living high – training low« lassen sich diese Negativerscheinungen vermeiden. Untersuchungen (Levine/Stray-Gundersen) zeigten, dass beim traditionellen Höhentraining (über 2500 m) die maximale Sauerstoffaufnahme und die Blutproduktion signifikant gesteigert wurden, die Wettkampfleistung (im 5000-m-Lauf) dagegen nicht verbessert wurde. Die Variante »living high – training low« führte demgegenüber zu einer Verbesserung aller drei Parameter.

Praktische Hinweise zum Höhentraining

Bei der Durchführung des Höhentrainings sind gewisse Erfahrungen bzw. Regeln zu beachten:

- Höhentraining setzt einen guten Gesundheitszustand des Sportlers voraus (keine Infekte und Entzündungsherde).
- Höhentraining setzt einen guten Ausdauertrainingszustand voraus. Dieser ist im Flachland zu erwerben.
- Wegen vermehrter Abatmung an Wasserdampf (Flüssigkeitsverlust) und verstärkter Glykogenbeanspruchung (Sauerstoffmangel schränkt Fettverbrennung ein) ist mehr als sonst auf **ausreichende Wasser-/Elektrolytzufuhr und Kohlenhydraternährung** zu achten.
- Mit der Wiederholung von Höhenaufenthalten verbessern sich die Anpassungserscheinungen des Organismus. Deshalb ist ein wiederholtes Höhentraining effektiver als ein einmaliger Aufenthalt.
- Zu Beginn (4–6 Tage) des Höhentrainings erfolgt die Akklimatisation an die Höhenbedingungen. Hier muss mit reduzierter Belastungsintensität und längeren Pausen als gewohnt trainiert werden. Im weiteren Verlauf ist die Trainingsleistung des Flachlandes anzustreben, wobei die Pausendauer auch weiterhin verlängert ist.
- Bis die wesentlichen Anpassungen vollzogen sind, verstreichen 3–4 Wochen. Innerhalb dieser Trainingsperiode sind zwei Belastungsschwerpunkte mit 8–10 Tagen anzusetzen. Zudem müssen pro Belastungsschwerpunkt 2–3 Regenerationstage eingeplant werden.

131

- Nach der Rückkehr ins Flachland dauert die Phase der **Reakklimatisation** an die Flachlandbedingungen zwischen 5 und 10 Tagen. Sie ist gekennzeichnet durch einen aktuell instabilen psycho-physischen Zustand und damit einhergehender Leistungsverschlechterung. Erst danach kann im Allgemeinen mit einer erhöhten Ausdauerleistungsfähigkeit gerechnet werden.
- In Abhängigkeit von der vorausgegangenen Höhentrainingsdauer (mindestens 3–4 Wochen) bleibt die erhöhte Ausdauerleistungsfähigkeit bis zu 30 Tagen und länger erhalten. Die individuellen Abweichungen von der allgemeinen Reaktionslage sind allerdings sehr groß.

Weitergehende Ausführungen zum Höhentraining, vor allem hinsichtlich der genaueren Belastungsgestaltung in der Höhe und der Anwendung im Rahmen der lang- und mittelfristigen Trainingsperiodisierung, sind nachzulesen bei FUCHS/REISS (1990) bzw. bei REISS (1998).

Hitzebelastung und Hitzeakklimatisation

Bei Ausdauerbelastungen unter hohen Außentemperaturen (vor allem in Verbindung mit hoher Luftfeuchtigkeit) wird durch die muskuläre Wärmebildung die Thermoregulation des Organismus stark beansprucht, um die Wärmeabgabe sicherzustellen. Die Wärmeabgabe erfolgt hier zu 70–80% über die Schweißverdunstung. Die restlichen 20–30% werden durch Konduktion, Konvektion und Radiation beseitigt. Durch die Erhöhung der Schweißsekretion und eine vermehrte Hautdurchblutung wird ein zu starker Anstieg der Körperkerntemperatur verhindert. Da bei Ausdauerbelastungen meistens auch äußere klimatische Bedingungen wirken, ist eine gezielte Anpassung an Hitze sinnvoll bzw. notwendig. Die Hitzeakklimatisation, die erkennbar ist durch die Veränderungen im Bereich der zentralen Steuermechanismen der Körperabkühlung bei Wärmebildung, beim Abtransport der Wärme und bei der Wärmeabgabe, erfolgt nur unter Belastung. Die dabei notwendigen Trainingsbelastungen (durchgeführt bei hohen Außentemperaturen) sind so anzusetzen, dass durch die Muskelbelastung die Körperkerntemperatur auf 40 °C erhöht wird. Diese Hitzebelastung muss wiederholt über 4–6 Tage auf den Organismus einwirken, damit sich ca. 75% der Körperfunktionen auf die Hitze umstellen können (NEUMANN 1999). Trainingsbelastungen von 60–120 Minuten Dauer mit mittlerer Intensität ($VO_2max < 70\%$) haben sich als effizient erwiesen. Eine genauere Zeitangabe über den Abschluss des Akklimatisationsprozesses ist nicht möglich, da sich der Anpassungsprozess bei trockener Hitze schneller vollzieht als bei feuchter und zudem ein höheres aerobes Leistungsniveau die Anpassung beschleunigt. Insgesamt kann von 5–10 Tagen ausgegangen werden.

Bei **abgeschlossener Hitzeakklimatisation** werden folgende **Effekte** beobachtet:

- Absinken der Körperkerntemperatur um 0,5 °C; somit steigt der Temperaturgradient zur Körperperipherie an.
- erhöhte Schweißproduktion/Zeit
- Zunahme der Schweißdrüsen in Zahl und Größe
- Abnahme des Mineralstoff- und Kochsalzgehaltes des Schweißes
- Zunahme des Plasmavolumens
- Abnahme der Herzfrequenz

Für das Training und den Wettkampf unter Hitzebedingungen gelten folgende Empfehlungen:
- reichliche Flüssigkeitsaufnahme vor der Belastung
- Flüssigkeitszufuhr während der Belastung (ab der 15. Minute ca. 700–1000 ml/Stunde); bei Belastungen über 60 Minuten zusätzlich zu den Elektrolyten 5- bis 8%ige Kohlenhydratlösungen
- nach Belastungsende sofortige Elektrolyt- und Kohlenhydrataufnahme
- helle, temperaturangepasste Bekleidung (dünne Baumwolle, Netzhemd)

Anwendung erschwerender Bedingungen

Grundsätzlich geht es mit dem Schaffen von Erschwerungen, unter denen das Training absolviert wird, um eine verstärkte Auslastung und damit um einen vertieften Eingriff in die **Homöostase.** Die Erschwerungen dürfen graduell jedoch nicht so weit getrieben werden, dass eine anders geartete physiologische Reaktion daraus entsteht (z.B., dass aus beabsichtigter intensiver aerober Auslastung eine stark anaerobe wird). In der Trainingsphase ist die Leitlinie für diese Direktive: Erschwerung nur in dem Ausmaß, dass die **Bewegungen (Übungen) über die Zeitdauer der Wettkampfbelastung noch durchführbar** sind. Bei Zusatzlasten bedeutet das etwa 2–3% des Körpergewichtes (u.U. bis 5% bei gleitender oder rollender Fortbewegungsart).

Je nach Sportdisziplin liegen für das Schaffen erschwerender Bedingungen verschiedene Möglichkeiten vor. Beispiele:
- im leichtathletischen Lauf und Skilanglauf: Zusatzlasten (Gewichtsweste, Gewichtsgürtel, Gewichtsmanschetten), Laufen bergan (Hügelläufe, Bergläufe) bei Steigungen im Bereich von 3–5% (im Skilanglauf bis 12%), Laufen bei Gegenwind
- im Radsport: Bergfahren, größere Übersetzungen als gewohnt, Fahren bei Gegenwind
- im Schwimmen: Benutzen von Paddles, Schwimmen in Gegenströmungen
- im Rudern und Kanusport: Abschleppen von eingetauchten Büchsen, Eimern etc., Fortbewegung in Gegenströmungen, Änderung der Hebelarmverhältnisse an den Rudern

Aus diesen erschwerenden Bedingungen ist – soweit sie richtig gestaltet sind – ein etwas erhöhter Krafteinsatz der Funktionsmuskulatur und damit eine **größere Trainingswirkung** auf die **maximale Sauerstoffaufnahme** zu erwarten.

Es ist bekannt, dass Ausdauerübungen mit einem gewissen Kraftanteil höhere Sauerstoffaufnahmen als die reinen Ausdauerübungen mit sich bringen. So lassen sich z.B. beim Bergauflaufen (3–10% Steigung) und Skilanglaufen bergan Steigerungen der VO_2max um 3–5% gegenüber Flachläufen feststellen (HOLLMANN/HETTINGER 2000, 319). Untersuchungen von NURMEKIWI (1975, 1385) zu Hügelläufen (11–15 Grad Steigung) zeigen z.B., dass Streckenlängen von 150 m (mit einer höheren Intensität) mehr die anaerob-laktazide Kapazität steigern, während für die Förderung der VO_2max die Streckenlänge von 400 m besser geeignet ist.

Auf die Erweiterung der VO_2max zielt diese methodische Maßnahme der erschwerenden Bedingungen ab. Es geht primär nicht um eine akzentuierte Kraftausdauerschulung mit Wirkungen auf die Skelettmuskulatur. Auch dies kann ein Trainingsziel bei der Anwendung von Hügelläufen und Zusatzlasten sein. Dazu werden jedoch größere Lasten und auch andere Belastungsmethoden gewählt.

Training der verschiedenen Ausdauertypen

Die optimale Entwicklung des Ausdauertyps verlangt stets eine geschickte Kombination mehrerer spezieller Methoden. Dies schließt jedoch nicht aus, dass über gewisse Zeitspannen hinweg einzelne Methoden eine schwerpunktmäßige Anwendung erfahren. Maßgebend dafür ist die momentane Zielsetzung im mittel- und langfristigen Trainingsprozess.

Die **biologischen Trainingswirkungen** einer Methode sind üblicherweise das vorrangige Kriterium für die Methodenauswahl. Um diesbezüglich optimale Entscheidungen treffen zu können, müssen

a) die leistungsbestimmenden Faktoren des betreffenden Ausdauertyps,
b) die schwerpunktmäßigen Wirkungen der anzuwendenden Trainingsmethode bekannt sein.

Im Weiteren gehören für die Gestaltung von Trainingszyklen noch Kenntnisse zu den Regenerationszeiten nach bestimmten Belastungsverfahren und zu den Zeitspannen, in denen sich die beabsichtigten Trainingswirkungen einstellen. Diese letzteren Gesichtspunkte werden in einem späteren Kapitel (S. 200 ff.) angesprochen.

Im Hochleistungssport können gelegentlich auch **pädagogisch-psychologische Überlegungen** für die Methodenauswahl eine Rolle spielen. Neben den rein körperlichen Trainingszielen sind ja u. U. auch solche wie Willensspannkraft, Willensstoßkraft, Härte gegen sich selbst, Steigerungsfähigkeit zu höheren Leistungen, wettkampfspezifische Belastungsverträglichkeit oder Stresstoleranz zu verfolgen.

Training der allgemeinen Grundlagenausdauer (allg. GLA)

Zielsetzung
- Erhalt bzw. Stabilisierung des Gesundheitszustandes
- Schaffen einer guten Ausgangsbasis für das Training in Nicht-Ausdauersportarten

Biologisch bedeutet dies:
- ökonomische Nutzung der vorhandenen aeroben Kapazität (VO_2max)
- gegebenenfalls Verbesserung einer noch ungenügenden VO_2max bis zum Normbereich (45–55 ml/kg/min)

Gesundheitstraining/Fitnesstraining

Zum Gesundheits- bzw. Fitnesstraining, das hier angesprochen wird, liegen zahlreiche Untersuchungen mit konkreten Ergebnissen vor.
Zur klaren Abgrenzung des angesprochenen Trainingsbereiches sei auf zwei Punkte verwiesen:

1. Es handelt sich um den Bereich **gesunder Untrainierter** (Abb. 48), die ihren Gesundheitszustand erhalten bzw. verbessern wollen. Damit liegt ein präventives Ausdauertraining vor, das die Entwicklung degenerativer Veränderungen des Herz-Kreislauf-Systems, die von Risikofaktoren und dem Alterungsprozess verursacht werden, vermeidet bzw. verzögert.

Rehabilitatives Ausdauertraining, das die durch koronare Herzkrankheiten bereits stark beeinträchtigte Leistungsfähigkeit des Herz-Kreislauf-Systems wieder wettmachen soll, ist nicht Gegenstand dieses Buches. Bei der Belastungsdosierung ist nämlich vorsichtig und sehr differenziert vorzugehen, da die verschiedenen Grade der kardialen oder koronaren Beeinträchtigungen zu berücksichtigen sind. Dieses Training hat unter strenger ärztlicher Kontrolle mit individueller Belastungsdosierung stattzufinden.

2. Die Ausdauerbelastungen, die zur Prävention gesundheitlicher Störungen und zum Leistungserhalt genutzt werden, werden mit geringer bis leichter Belastungsintensität (50–70% der VO_2max) absolviert und liegen somit im **Grundbereich** (Tab. 31, S. 111) **der Ausdauerentwicklung.** Abb. 44, S. 112, weist anhand der Laktatleistungskurve auf die anzuwendenden Belastungsintensitäten hin.

Nicht jedes Gesundheits-Ausdauertraining erreicht die **volle präventiv-gesundheitliche Wirkung.** Dazu sind nach neueren Befunden Anpassungserscheinungen im Herz-Kreislauf-System, im Stoffwechselgeschehen und in der Blutgerinnung nötig (Tab. 39, S. 136). Meist werden mit einem reduzierten Trainingsaufwand nur die Wirkungen auf das Herz-Kreislauf-System erreicht. Wegen dieser Fakten müssen streng genommen im Gesundheitstraining ein **Minimal- und ein Optimalprogramm** unterschieden werden.

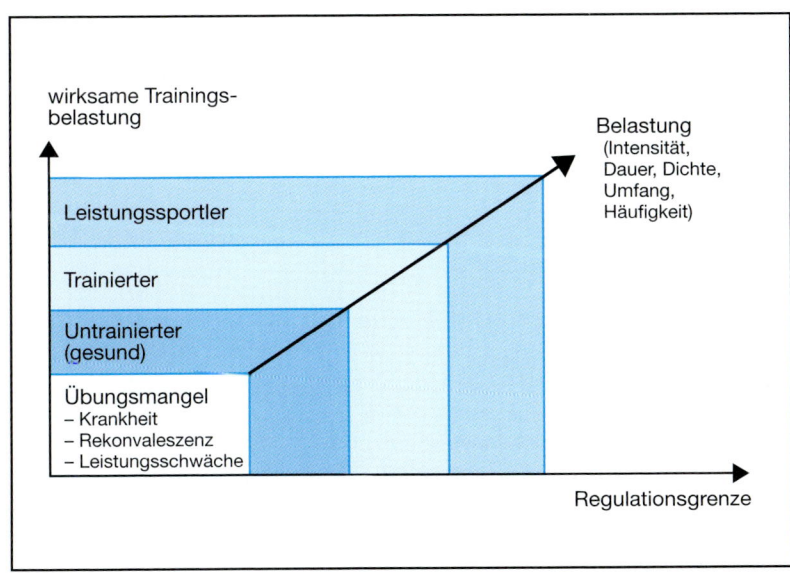

Abbildung 48
Schematische Darstellung der Beziehung von wirksamer Trainingsbelastung und funktioneller Regulationsbreite zur Kennzeichnung des Unterschieds zwischen Gesundheits- und Leistungstraining

135

Tabelle 39
Anpassungsverän-
derungen durch
Ausdauer-Gesund-
heitstraining (zu-
sammengestellt
nach Angaben von
REINDELL, BERG,
HERMANN et al.,
ROST, HOLLMANN)

1. Mit Wirkung auf das Herz-Kreislauf-Geschehen

– Pulsfrequenz und systolischer Blutdruck in Ruhe und submaximaler Belastung	↓	Führt zu Einsparung des Sauerstoff-verbrauchs im Herzmuskel und damit zur **Ökonomisierung der Herzarbeit**
– Systolen- und Diastolendauer	↑	
– Schlagvolumen (ohne Herzvergrößerung)	↑	
– peripherer Widerstand	↓	
– Kapillaroberfläche im Skelettmuskel	↑	
– koronare Kollateralgefäße (bei vorliegender Koronarinsuffizienz)	↑	
– Katecholaminausschüttung	↓	

2. Mit Wirkung auf das Stoffwechselsystem

– Blutlaktatspiegel bei submaximaler Belastung	↓	Weist auf **Begünstigung des oxidativen Stoffwechsels** hin
– Laktatbeseitigung nach Belastung	↑	
– Bluttriglyzeridspiegel	↓	Bedeutet **Zunahme des Fettstoff-wechselanteils** in der Energie-bereitstellung
– Lipaseaktivität	↑	
– Verhältnis freier Fettsäuren zu Glyzerol	↓	
– HDL-Cholesterin	↑	Deutet auf erhöhte **Schutzwirkung gegenüber Arteriosklerose** hin
– LDL-Cholesterin	↓	

3. Mit Wirkung auf das Blutgerinnungsmuster

– Fibrinolyse	↑	Bedeutet **herabgesetzte Thrombus-bildung im Blut** (geringeres Infarktrisiko)
– Thrombozytenaggregation	↓	

4. Mit Wirkung auf das Hormonsystem

– Insulinspiegel im Blut	↓	Deutet auf erhöhte **Schutzwirkung gegenüber Arteriosklerose** hin

5. Mit Wirkung auf das Immunsystem

– Ruhewerte der Immunglobuline IgG und IgM	↑	Deutet auf die **Zunahme der humoralen Infektabwehr** hin

↑ Zunahme ↓ Abnahme

Gesundheitsminimalprogramm
Bei nicht sportgewohnten Personen scheint es wichtig, mit einem Minimum an Zeitaufwand ein Maximum an gesundheitlich wertvollen Adaptionen zu erreichen. Das Minimalprogramm ist wirksam bei Personen, deren **rel. VO₂max weniger** als **40 ml/kg/min** (Männer) bzw. **32 ml/kg/min** (Frauen) oder deren Maximalleistung weniger als 2 W/kg bzw. 1,5 W/kg (getestet auf dem Fahrradergometer) ist.

Die **Belastungskomponenten** sind wie folgt zu gestalten:
- Bruttobelastungszeit/Woche: **60 Minuten**
  = ca. 9–12 km Laufen oder 20–25 km Radfahren
- Belastungsintensität: **50% der Herz-Kreislauf-Leistung (VO$_2$max)**
  = HF von ca. 130/min oder
  HF = 160 minus Lebensalter (in Jahren)
- Belastungsdauer (kontinuierlich): Minimum **10–12** Minuten
  Maximum **30** Minuten
- Trainingshäufigkeit: **5** × 12 Minuten bis **2** × 30 Minuten/Woche

Anmerkungen:
- Bei der Belastung muss es sich um die dynamische Beanspruchung großer Muskelgruppen handeln (z.B. [schnelles] Gehen, Wandern, Bergwandern, Laufen, Radfahren, Skilanglauf, Schwimmen etc.).
- Die Herzfrequenz 130/min stellt für Untrainierte einen guten Kompromiss dar zwischen Beanspruchungsgefühl und notwendiger Belastungsdauer. Für eine altersgemäße Dosierung liegen bereits in Tabellenform Orientierungswerte vor (siehe S. 177ff.).
- Nicht selten werden zu Beginn eines Ausdauertrainings die notwendigen Herzfrequenzen kaum in der erforderlichen Minimalzeit von 5 Minuten durchgehalten. Dann sind Aufbauprogramme notwendig (s.u.).
- Die kontinuierliche extensive Dauermethode ist die physiologisch wirksamste. Sie ist möglichst anzustreben, auch wenn zu Trainingsbeginn oder aus psychologisch-pädagogischen Gründen intermittierende Belastungen ebenfalls durchgeführt werden.
- Das tägliche 10-Minuten-Programm ist zwar physiologisch noch nützlich, birgt aber den Nachteil der geringen Belastungsdauer und die Tatsache in sich, dass ein vernünftiges langsames Aufwärmen bis zum Intensitätsrichtwert die Wirkungsdauer zeitlich nochmals beschneidet.
- Wegen der Bedeutung der Trainingshäufigkeit für die Trainingswirkung scheidet ein Training von 1×pro Woche nahezu aus. Die Zeitspanne für den Erhalt der erreichten Adaption ist damit im Grenzbereich. Wer noch seltener trainiert, fängt gewissermaßen immer wieder von vorne an.
- Der Energieverbrauch für die Minimalbelastung (ca. 9–12 km Lauf pro Woche oder 20–25 km Radfahren) beträgt nicht mehr als bestenfalls ca. 800–900 kcal/Woche. Damit wird aber die Schwelle für ein voll wirksames präventives Ausdauertraining von 2000 kcal/Woche (PAFFENBERG 1982) nicht erreicht. Es muss also mit eingeschränkten Trainingswirkungen gesundheitlicher Art gerechnet werden.
- Bei völlig Untrainierten haben auch Belastungsintensitäten unter der Dauerleistungsgrenze (HF 130/min) wie HF 100–110/min noch Trainingswirkungen, sofern Belastungsdauern von ca. 1 Std./Tag vorliegen (HOLLMANN 2000, 405). Damit ist auch der Wert langer Bergwanderungen zu erklären.

Aufbauprogramme

Aufbauprogramme zu einer möglichen kontinuierlichen Dauerbelastung von 30 Minuten können unterschiedlich ausfallen. Das Prinzip ist, über die beabsichtigte Gesamtdauer die kontinuierliche Belastung zunächst intervallartig durch Be-

lastungspausen (z. B. Gehen) zu erleichtern und allmählich die Pausenzeiten und die Pausenhäufigkeit zu verkürzen.
Programmbeispiele sollen diesen Grundsatz verdeutlichen (Tab. 40, 41; Abb. 49, 50, S. 139–141).

Tabelle 40
Aufbauprogramm »Radfahren« von 12 Wochen Dauer (GROSSER et al. 1985, 122)

RF – 2 bis 3 Trainingseinheiten pro Woche

Programm für die ersten vier Trainingswochen:

Woche	km pro Trainingseinheit	km-Empfehlung pro Woche
1	6–8	12–24
2	8–10	16–30
3	8–10	16–30
4	10–11	20–33

Programm für den 2. Trainingsmonat:

Woche	km pro Trainingseinheit	km-Empfehlung pro Woche
5	11–12	22–36
6	11–12	22–36
7	12–13	24–39
8	12–13	24–39

Programm für den 3. Trainingsmonat:

Woche	km pro Trainingseinheit	km-Empfehlung pro Woche
9	13–14	26–42
10	13–14	26–42
11	14–15	28–45
12	14–15	28–45

Tabelle 41
Aufbauprogramm »Laufen« von 12 Wochen Dauer (GROSSER et al. 1985, 123)

3 Trainingseinheiten pro Woche. Programm für die ersten vier Trainingswochen:

Woche	Gehen/Laufen (in Minuten)	Gesamtzeit (Min.)
1	GG L GGG L GG L GG L GG L GGGG	20
2	G L G L GG L GG L G L G L GG L GGG	20
3	G L G L G L GG L G L G L G L G LL GG	20
4	G L G L G L GG L G L G L G L G LLL G	20

Tabelle 41
(Fortsetzung)

Programm für den 2. Trainingsmonat	

Woche	Gehen/Laufen (in Minuten)	Gesamtzeit (Min.)
5	G LL G LL G LL GGG LL GG LL GGG LL G LL GGGG	30
6	G LL G LL G LL GG LL G LL GGG LL G LL GG LL GG	30
7	G LL G LL G LL GG LL G LL GGG LL G LL GG LL GG	30
8	G LLL G LL G LLL G LL GG LLL GG LLL G LL GGG	30

Programm für den 3. Trainingsmonat:	

Woche	Gehen/Laufen (in Minuten)	Gesamtzeit (Min.)
9	G LLL G LLL G LLL GG LLLL G LLL G LLL LL GG	30
10	LLLL G LLL G LLLL GG LLL G LLLL G LLLL GG	30
11	LLLL G LLL G LLLL GG LLL G LLLL G LLLL GG	30
12	LLLLL G LLLL G LLL GG LLLLL G LLLL G LLL	30

(G = zügiges Gehen, L = Laufen)

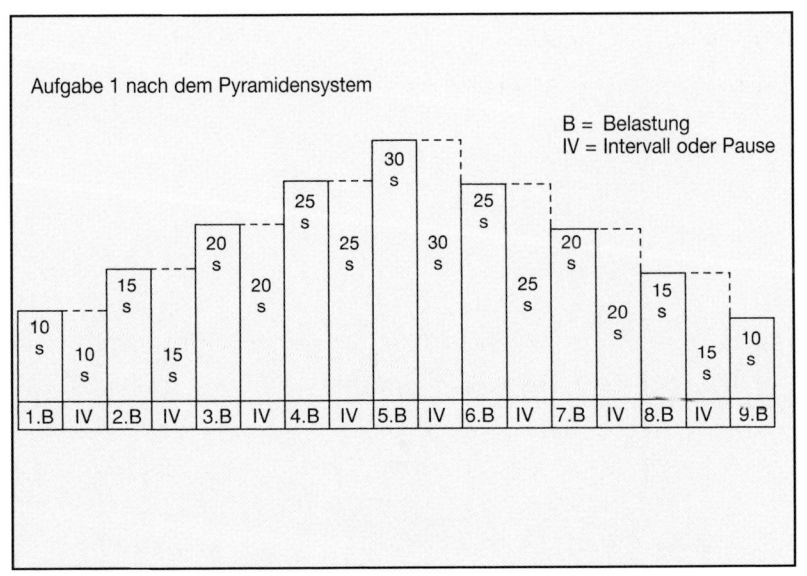

Aufgabe 1 nach dem Pyramidensystem

B = Belastung
IV = Intervall oder Pause

Abbildung 49
Aufbauprogramm
»Laufen« durch
Minutentraben im
Pyramidensystem
(BLÖDORN/
SCHMIDT 1983, 81)

139

Abbildung 49
(Fortsetzung)

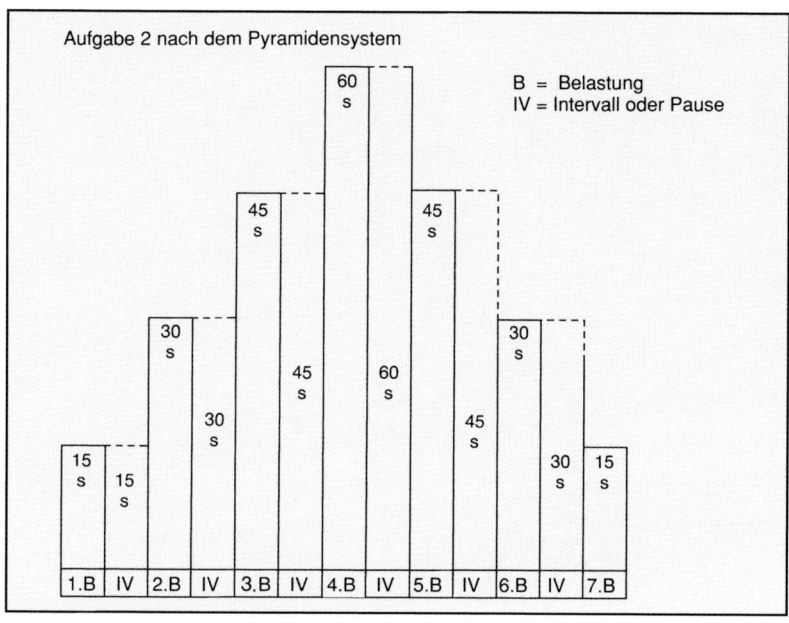

Aufgabe 2 nach dem Pyramidensystem

B = Belastung
IV = Intervall oder Pause

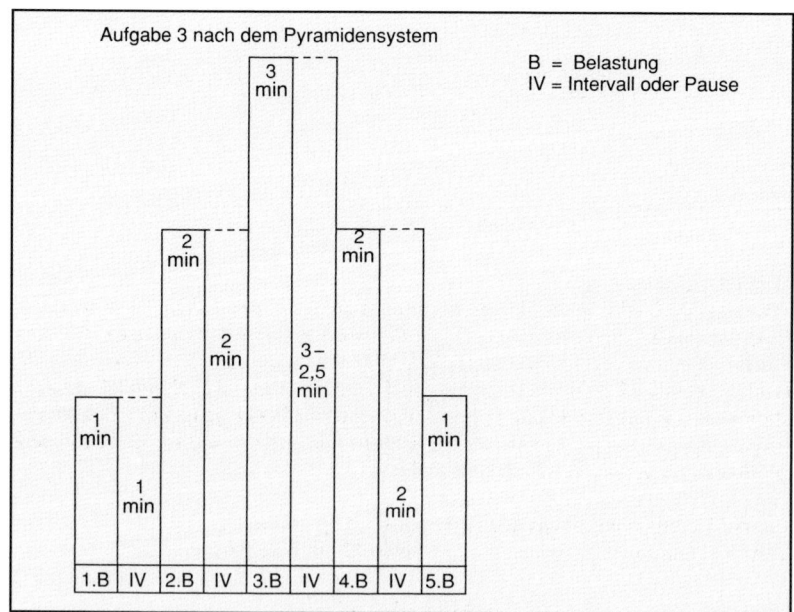

Aufgabe 3 nach dem Pyramidensystem

B = Belastung
IV = Intervall oder Pause

140

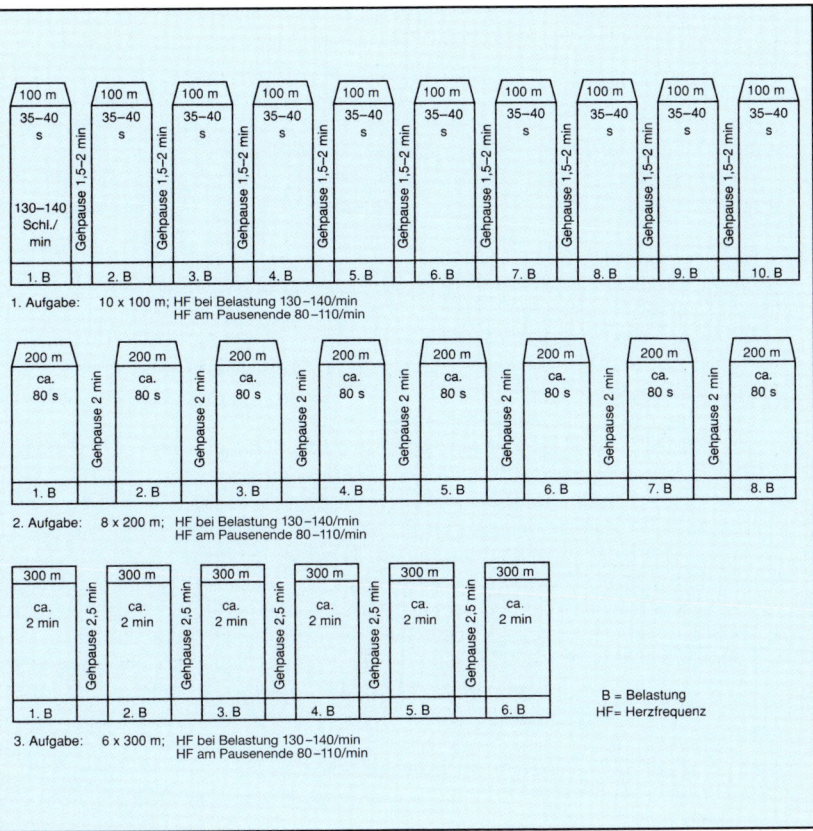

Abbildung 50
Aufbauprogramm
»Laufen« durch
Intervalltrablauf
(BLÖDORN/
SCHMIDT 1983,
84)

Gesundheitsoptimalprogramm

Mit dem Optimalprogramm können bei entsprechendem Ausgangszustand **(rel. VO₂max ca. 45 ml/kg/min bzw. 38 ml/kg/min)** in der **relativen Sauerstoffaufnahme** Werte von 50–55 ml/kg/min oder Wattleistungen in Höhe von 3–4 W/kg erreicht werden. Diese Werte stellen die Idealnorm für Gesundheitsstabilität und allgemeine Fitness dar. Trainiert man über mehrere Monate gemäß den Belastungsvorgaben des Gesundheitsoptimalprogramms, so ist mit den in Tab. 39, S. 136, aufgeführten Anpassungsreaktionen zu rechnen.

Die **Belastungskomponenten** sind wie folgt zu gestalten:
- Bruttobelastungszeit/Woche: **3 Stunden (2–4 Stunden)**
  = ca. 35–40 km Laufen mit einer Geschwindigkeit von 12 km/Std.

141

- Belastungsintensität: **70%** (HOLLMANN 2000) bzw. **70–80%** (NEU-MANN 1984) **der Herz-Kreislauf-Leistung** = HF von ca. 150/min oder nach der Formel 180–LA (in Jahren) bzw. nach der Berechnungsformel für die optimale Trainingspulsfrequenz
- Belastungsdauer (kontinuierlich): Minimum **30–35** Minuten Maximum **60–70** Minuten
- Trainingshäufigkeit: **6** × 30 Minuten bis **3** × 60 Minuten/Woche

Anmerkungen:
- Die Berechnungsformel für die **optimale Trainingspulsfrequenz** (nach SCHMITH/ISRAEL 1983) lautet exakt:
  HF/min = 170 – $^1/_2$ LA (in Jahren) ± 10/min
  Die Formel ist gültig bis zum 60. Lebensjahr. Der Spielraum von ± 10/min ergibt sich aus dem Anstrengungscharakter verschiedener Sportarten, der Zeitdauer der Belastung und dem Trainingszustand.
  Im Übrigen wird auch hier auf die Bedeutung der individuell ausgerichteten Herzfrequenzbestimmung hingewiesen (siehe S. 178).
- Damit eine günstige Konstellation des Fettstoffwechsels erreicht wird, sind mindestens 2–4 Stunden (ISRAEL 1979, NEUMANN 1984) Belastungsumfang pro Woche notwendig. Als Optimum werden 3 Stunden betrachtet.
- Aus der Sicht des Energieverbrauchs ist ein Optimum an Prävention erreicht, wenn wöchentlich ca. 3000 kcal (12 600 kJ) durch sportliche Ausdaueraktivitäten umgesetzt werden oder der tägliche Kalorienverbrauch durch körperliche Aktivitäten bei 350–400 kcal/Tag liegt. Dieser Forderung entspricht in etwa bei einer 75 kg schweren Person und bei einer Laufgeschwindigkeit von 5 Minuten/1000 m eine Laufstrecke von ca. 35–40 km pro Woche bzw. ein 6-km-Lauf in 30 Minuten pro Tag.
- Trainingsphysiologische Untersuchungen haben ergeben, dass die Trainingshäufigkeit für eine optimale Wirkung bei minimal 3 Trainingseinheiten pro Woche liegen soll.
- Weitere Steigerungen im Trainingsprogramm haben präventiv-gesundheitlich keinen Wert. Es wird dann in den Bereich des Leistungstrainings vorgedrungen. Den GLA-Belastungsanforderungen pro Woche gemäß dem Optimalprogramm entsprechen in etwa die in Tab. 42, S. 143, angeführten praktischen Leistungen.
- Als Trainingsmethoden kommen neben der **extensiven Dauermethode** (bei einstündiger Belastung) vor allem die **intensive Dauermethode** und die **variable Dauermethode** (bei halbstündiger Belastung) sowie eben Belastungen im AANÜ zur Anwendung.

Steuerung der Belastungsintensität im Gesundheits-/Fitnesstraining
Im Gesundheitstraining wird die Belastungsintensität aus praktischen Gründen gerne über die **Herzfrequenz** gesteuert. Trainingspulsfrequenzen werden am besten und zuverlässigsten über Herzfrequenzmesser festgestellt.
Bei der Pulsmessung durch Tasten ist die damit verbundene Problematik (siehe S. 177) zu berücksichtigen.

Sportliche Tätigkeit	Körpergewicht		
	60 kg	70 kg	80 kg
Lauf i. d. Ebene (v = 1000 m/5 min) (v = 1000 m/7 min)	48 km oder 4^h 53 km oder 6^{h}10'	41 km oder 3^{h}25' 45 km oder 5^{h}15'	36 km oder 3^h 40 km oder 4^{h}40'
Brustschwimmen (höchstmögliche v)	5^h	4^{h}45'	3^{h}50'
Radfahren (v = 1000 m/4 min)	8^h oder ca. 120 km	7^{h}10' oder ca. 110 km	6^{h}15' oder ca. 95 km

Tabelle 42
Körpergewichts-
bezogene sport-
praktische Wochen-
leistungen in
Anlehnung an das
optimale Gesund-
heitstrainings-
programm (v =
Geschwindigkeit)

Es liegen auch einige Untersuchungsergebnisse zur Intensitätssteuerung über den **Atemrhythmus** vor. Für niedrige Laufintensität wird meist ein 4-Schritt-Atemrhythmus, für mittlere Intensität ein 3-Schritt-Atemrhythmus empfohlen. Die Untersuchungen von JABLONSKI et al. (1985) haben bestätigt, dass das Laufen im Vierer-Rhythmus (4 Schritte einatmen, 4 Schritte ausatmen) für das präventive Training geeignet ist. Damit wird unter der anaeroben Schwelle geblieben. Ein Laufen im 3-Schritt-Atemrhythmus ergibt Belastungsintensitäten, die bei Untrainierten deutlich jenseits der ANS liegen. Bei Ausdauertrainierten liegen sie im engeren Bereich um die ANS.

Insgesamt muss aber das Laufen nach dem Atemrhythmus einige Male praktiziert werden, um damit eine zufriedenstellende Belastungssteuerung zu erreichen.

Trainingsinhalte des Gesundheits-/Fitnesstraining

Allg. GLA kann unspezifisch erworben werden. Deshalb sind eigentlich alle zyklischen Fortbewegungsformen geeignet, soweit sie mehr als $^1/_6$ der Skelettmuskulatur beanspruchen und über längere Zeit durchzuführen sind. Unter dem Aspekt des Kalorienverbrauchs (Abb. 51, S. 144) sind als besonders geeignet und wirkungsvoll anzuführen:

Laufen, Bergaufgehen (auch mit Skistöcken), Skilanglaufen, Skirollerlaufen, Eisschnelllaufen, Rudern (auch Heimtrainer), Radfahren und Schwimmen.

Geeignet sind auch Spiele, wenn sie mit möglichst kurzen Belastungsunterbrechungen durchgeführt werden können bzw. eben durchgeführt werden (u.U. Regelabänderungen). Hierher gehören: Fußball, Badminton, Handball, Feldhockey und Eishockey. Trainingswirksam ist nur die effektive Belastungszeit, in der die Minimalherzfrequenz überschritten ist. Das bedingt meist Spielzeiten, die auf alle Fälle 2 bis 3fach so lange sind wie die notwendigen Belastungszeiten beim Laufen. Aus diesem Grunde scheiden als praktikable Sportarten für ein zeitlich vertretbares Grundlagenausdauertraining z.B. Tennis, Tischtennis, Volleyball und Faustball aus. Der Qualitätsunterschied in der präventiven Wirkung von Laufen gegenüber beliebten Freizeitsportarten wird in Tab. 43, S. 144, nochmals verdeutlicht.

Energieorientiertes Ausdauerkonzept

Um die gesundheitlichen Wirkungen zu erreichen, kann nach ISRAEL (1991, 101) auch ein Ausdauerkonzept verfolgt werden, das sich intensitätsunabhängig am

143

Abbildung 51
Kalorienverbrauch bei verschiedenen körperlichen Tätigkeiten (Kalorienverbrauch in Kilokalorien pro 1 kg Körpergewicht in 1 Stunde)

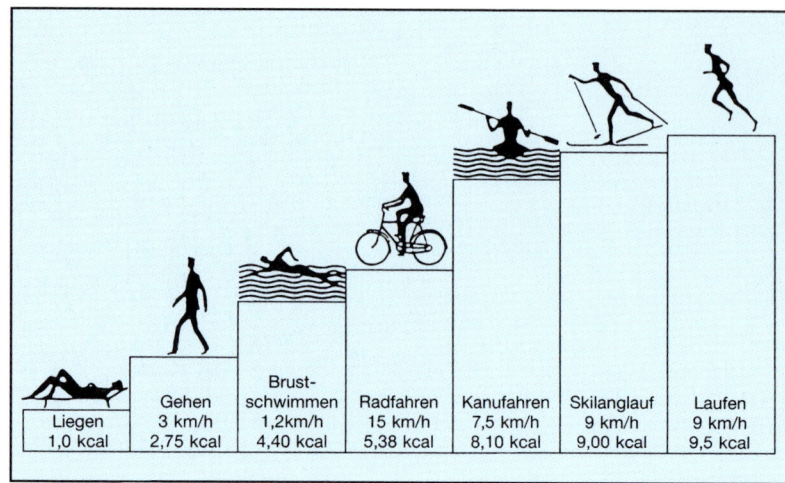

| | Liegen 1,0 kcal | Gehen 3 km/h 2,75 kcal | Brust-schwimmen 1,2km/h 4,40 kcal | Radfahren 15 km/h 5,38 kcal | Kanufahren 7,5 km/h 8,10 kcal | Skilanglauf 9 km/h 9,00 kcal | Laufen 9 km/h 9,5 kcal |

Tabelle 43
Präventive Werte von 3 Sportarten. Kriterien dabei sind:
1. Steigerung der O_2-Koronarreserve.
2. Steigerung der allgemeinen oxidativen Kapazität.
3. Präventive Wirkungen auf das Blut.
4. Wirkungen auf das vegetative und endokrine System.
5. Erholungs- und Entspannungswert (Anti-Stress-Wert).
6. Dosierbarkeit (MELLEROWICZ 1981).

	1.	2.	3.	4.	5.	6.	Summe
Dauerlauf (A-Sportart)	+++	+++	+++	+++	+++	+++	18+
Volleyball (S-Sportart)	+	+	?	+	+++	+	7+
Segeln (V-Sportart)	○	○	○	+	+++	○	4+

Energieaufwand für eine bestimmte Strecke sportlicher Tätigkeit orientiert. Die Gesundheitseffekte beruhen auf dem Nachbelastungsanabolismus, der dem katabolen Prozess während der Belastung folgt.

Arbeitsorientiert (nicht leistungsorientiert) werden 3 Ausdauerkategorien unterschieden:

• **Ausdauer I: 200–500 kcal** = 3–6 km Laufen
• **Ausdauer II: 500–1000 kcal** = 6–12 km Laufen
• **Ausdauer III: 1000 kcal** = 12 km Laufen

Diese Kategorien sind auch auf andere sportliche Tätigkeiten anzuwenden. Es sind kalorienäquivalente Strecken zu berechnen (siehe auch Tab. 42, S. 143, u. Abb. 51). Ein 10-km-Lauf entspricht in etwa 30–35 km Radfahren.

Die optimale Energiewandlung von 1500–3000 kcal/Woche ist heute allgemein anerkannt. Das Minimalprogramm stützt sich z.B. auf einen Energieverbrauch von 800–900 kcal/Woche, das Optimalprogramm auf einen von 2400–2800 kcal/Woche. In Anlehnung an die 3 Ausdauerkategorien werden 3 Möglichkeiten für ein Wochenprogramm vorgeschlagen:

- **Ausdauer-I-Programm: 5- bis 7-mal 3–6 km Laufen**
- **Ausdauer-II-Programm: 3-mal 6–12 km Laufen**
- **Ausdauer-III-Programm: 2-mal 12 km Laufen**

Adaptionszeiten im Gesundheits-/Fitnesstraining

Die Effektivität eines Minimalprogramms zeigt sich bei entsprechend niedrigem Ausgangsniveau nach **ca. 8–10 Wochen** mit einer Verbesserung der maximalen Sauerstoffaufnahme um **ca. 12–15%** (HOLLMANN/HETTINGER 2000). Die Optimierung geht natürlich langsamer voran, wenn ein höheres Ausdauerniveau zu Beginn vorliegt. Nach **12–15 Wochen** lassen sich aber auch Verbesserungen bis in den Bereich der Gesundheits-Normwerte feststellen, selbst bei älteren Personen.

COOPER setzt z. B. bei Männern folgende Zeitspannen für den Aufstieg in seine Leistungsgruppe IV (über 2400 m Laufleistung, über 42 ml/kg/min relative Sauerstoffaufnahme) an: von Gruppe I (unter 28 ml/kg/min) 16 Wochen, von Gruppe II (unter 34 ml/kg/min) 13 Wochen, von Gruppe III (unter 42 ml/kg/min) 10 Wochen.

Auch beim Optimalprogramm zeigen sich Trainingswirkungen in Zeitspannen von **10–12 Wochen** in der Art, dass die aerobe Ausdauer gegenüber einem entsprechenden Ausgangsniveau (ca. 45 ml/kg/min rel. VO_2max) um **ca. 20%** gesteigert werden kann. Eine weitere Fortsetzung des Trainings nach gleichen Programmen wirkt sich dann in geringeren Steigerungen, aber in der Stabilisierung des erreichten Niveaus aus.

Allgemeine Grundlagenausdauer (allg. GLA) im Leistungssport

(Nichtausdauer-Disziplinen)

Zielsetzung und Sportarten

Es ist allgemein anerkannt, dass im Leistungssport der Kraft-, Schnelligkeits- und kompositorischen Disziplinen eine gewisse »Ausdauer« erforderlich ist, um ein hohes Trainingspensum, lange Wettkampfdauern und Wettkampfstress ohne wesentliche Leistungseinbußen überstehen zu können.

Diese meist als »spezielle Ausdauer« bezeichnete Ausdauerfähigkeit ist nach unserer Meinung die Grundlagenausdauer. Wirkungsrichtung (Erholungsfähigkeit!) und die beispielhaften biologischen Parameter wie rel. VO_2max (Tab. 17, S. 66) und Höhe der ANS (ca. 70–75% VO_2max) bei den einschlägigen Disziplinen sprechen dafür. Allg. GLA ist z. B. erforderlich in den Sportarten Gewichtheben, Geräteturnen, Eiskunstlauf, Ski alpin, leichtathletische Sprint-, Sprung-, Wurf- und Stoßdisziplinen.

Inhalte und Umfang

Das Trainingsprogramm hat sich auf alle Fälle am Gesundheitsminimalprogramm (60 Minuten Belastungszeit pro Woche) zu orientieren, um überhaupt eine Anpassungswirkung zu erzielen. Dies verlangt **eine Trainingseinheit pro Woche mit zentraler GLA-Schulung (30–45 Minuten) und 1–2 ergänzende Maßnahmen (12–15 Minuten)** innerhalb anderer Trainingseinheiten.

Eine Ausrichtung auf das Optimalprogramm wäre von der physiologischen Trainingswirkung her zwar wünschenswert, das Grundlagenausdauertraining in diesen

Sportarten darf allerdings nicht zu Lasten der Vervollkommnung wichtiger konditioneller Fähigkeiten gehen. Umfangreiche Dosierungen (z.B. 3 Stunden pro Woche) könnten z.B. im Sprint oder im Gewichtheben negative Auswirkungen auf das **Fasertypenmuster** der Skelettmuskulatur (Ausprägung in Richtung ST- und FTO-Fasern) haben. Dies ist auch der Grund dafür, dass nicht ausschließlich die extensive Dauermethode zur Verwendung kommt, sondern auch die extensive Intervallmethode mit MZI (vor allem im Zirkeltraining) und die intensive Intervallmethode mit extremen KZI und hohem Umfang (mit dem primären Trainingsziel: Verbesserung der aeroben Stoffwechselkapazität).

Da die Auswirkungen des Grundlagenausdauertrainings sich auch in Änderungen der **disziplinspezifischen Skelettmuskulatur** niederschlagen sollen, ist bei der Übungsauswahl auch auf entsprechenden Einsatz dieser Muskeln zu achten. Aus diesem Grunde sind in manchen Sportarten (z.B. Gewichtheben, leichtathletische Wurf- und Stoßdisziplinen) neben dem Laufen auch Skilanglaufen, Schwimmen, Seilspringen, Zirkelübungen, Rudern usw. wertvolle und unerlässliche Übungen. Die Disziplinbewegung selbst muss jedoch nicht eingesetzt werden. Tab. 44 zeigt ein Beispiel für die Ausdauerentwicklung im Gewichtheben, in dem die oben genannten Methoden und unterschiedlichen Inhalte zur Anwendung kommen.

Das Grundlagenausdauertraining muss im Rahmen der Jahresperiodisierung über eine Zeitspanne von etwa **3 Monaten** durchgeführt werden, um ausreichende Verbesserungen (ca. 10%) zu erzielen.

Die Intensitätssteuerung geschieht besser über die Fortbewegungsgeschwindigkeit als über die Herzfrequenz. In beiden Fällen ist aber für eine genaue Dosierbarkeit die Kenntnis der Schwellenwerte zur AS und ANS unbedingt notwendig.

Die Zeitspannen, in denen sich deutliche **Trainingsanpassungen** zeigen, liegen in Abhängigkeit von der Ausdauerqualität bei **10–15 Wochen (30–40 Trainingseinheiten).** Es ist zu berücksichtigen, dass die Leistungssportler aus den Nichtausdauer-Sportarten bezüglich der Ausdauer nicht völlig untrainiert sind, was sich in einem etwas trägeren Anpassungsverlauf gegenüber dem untrainierten Gesundheitssportler zeigt. Nach der Hälfte der Zeit **(ca. 6 Wochen, 15–18 Trainingseinheiten)** ist ein erster Zuwachs der Ausdauerfähigkeit zu verzeichnen. Dieser Trainingsgewinn ist auch wesentlich instabiler. Es ist mit sehr schnellen Verlusten (in ca. 3 Wochen) zu rechnen.

Tabelle 44
Trainingsformen für die Grundlagenausdauer-Entwicklung im Gewichtheben (Zusammenstellung nach TSCHERNJAK/ BUTINCINOW 1978)

Inhalte	Belastungsmethode
– Kurzsprints 30–60 m:	int. Intervallmethode + extr. KZI
– Pyramidenläufe (100–200–300–200–100):	ext. Intervallmethode
– Distanzläufe (800–1000):	ext./int. Dauermethode
– Seilspringen (Serien 200- bis 400-mal):	ext. Intervallmethode
– Kugelwürfe (10- bis 12er Serien):	Wiederholungsmethode
– Schwimmen (150–300 m):	ext. Intervallmethode

Diese Zeitspanne von **5–6 Wochen** hat sich auch als charakteristisch dafür herauskristallisiert, dass weiterhin gleich bleibende äußere Belastungsintensitäten (z.B. HF/min) ihre Wirksamkeit verlieren. Es muss deshalb im Rahmen der Periodisierung (Makrozyklengestaltung) zu Änderungen des Belastungsmodus kommen.

In der Trainingspraxis ist es aus zwingenden Gründen oft notwendig, den Ausdauertrainingsblock von 10–15 Wochen auf 5–6 Wochen zu beschränken. Man muss sich dabei im Klaren sein, dass dann oft eine unbefriedigende Lösung vorliegt, da die erwünschten bzw. notwendigen Trainingsanpassungen noch nicht erreicht sind. Wirken sich allerdings die Ausdauerdefizite negativ auf die sportart- bzw. disziplinspezifische Leistung aus, so ist es notwendig, die Ausdauerperiodisierung auf die erforderlichen 10–15 Wochen zu verlängern. Ein mögliches Vorgehen ist auch, zweimal einen 6-Wochen-Zyklus mit nur kurzer Unterbrechung (ca. 2 Wochen) hintereinander zu legen.

Training der azyklischen Grundlagenausdauer (az. GLA)
(Spiel- und Zweikampfsportarten)

<u>Zielsetzung</u>
- Schaffen eines ausreichenden Ausdauerniveaus für die relativ hohen Belastungsumfänge mit intervallartigem Belastungscharakter der Spiel- und Kampfsportarten
- Gewöhnen an den häufigen Wechsel der Bewegungsformen in Verbindung mit der Belastungsänderung

Biologisch bedeutet dies:
- überdurchschnittliche aerobe Kapazität (rel. VO_2max 55–65 ml/kg/min)
- rasche Umstellungsfähigkeit zwischen anaerob-alaktazider, anaerob-laktazider und aerober Energiebereitstellung
- Wechsel der Bewegungsmuster (Bewegungsprogramme)

Die azyklische Grundlagenausdauer ist hinsichtlich der aeroben Ansprüche, die an sie gestellt werden, zwischen allg. und spez. GLA einzustufen. Dies zeigen einerseits die Werte der rel. VO_2max (Tab. 17, S. 66) von Fußball-, Handball- und Eishockeyspielern und andererseits die Laufgeschwindigkeiten an der ANS (Abb. 52, S. 148), die z.B. für Bundesliga-Fußballspieler mit ca. 14 km/h angegeben werden (FÖHRENBACH et al. 1986, 115).

Azyklische Grundlagenausdauer wird vor allem benötigt in den Spielen Fußball, Handball, Eishockey, Rasenhockey, Wasserball, Basketball, Badminton und Volleyball und in den Zweikampfsportarten Boxen, Ringen, Judo und Fechten.

Für die Spiele Fußball und Handball (Spiele mit hohem Laufpensum) liegen Spielanalysen hinsichtlich Laufstrecken, Herzfrequenzen und Laktatwerten vor (WINKLER 1983, SICHELSCHMIDT/KLEIN 1986, LIESEN 1983), die darauf hinweisen, dass eine überdurchschnittliche aerobe Ausdauerfähigkeit zur Kompensation der Beanspruchung aus den unregelmäßigen Kurzsprints (mehr anaerob-alaktazider Art) sehr wesentlich ist.

In den Spielsportarten stehen für das Training der GLA häufig durch äußere Gegebenheiten (z.B. lange Spielsaison mit großer Wettkampfdichte) nicht ausreichende Zeitspannen in der Trainingsperiodisierung zur Verfügung.

147

Abbildung 52
Laufgeschwindig-
keiten (V in m/s)
an der anaeroben
Schwelle (ANS).
Mittelwerte und
Streubreiten für die
einzelnen Sport-
arten sowie für die
5 Spitzenathleten
jeder Disziplin
(dunkler Balken)
bei Laufband-
belastung

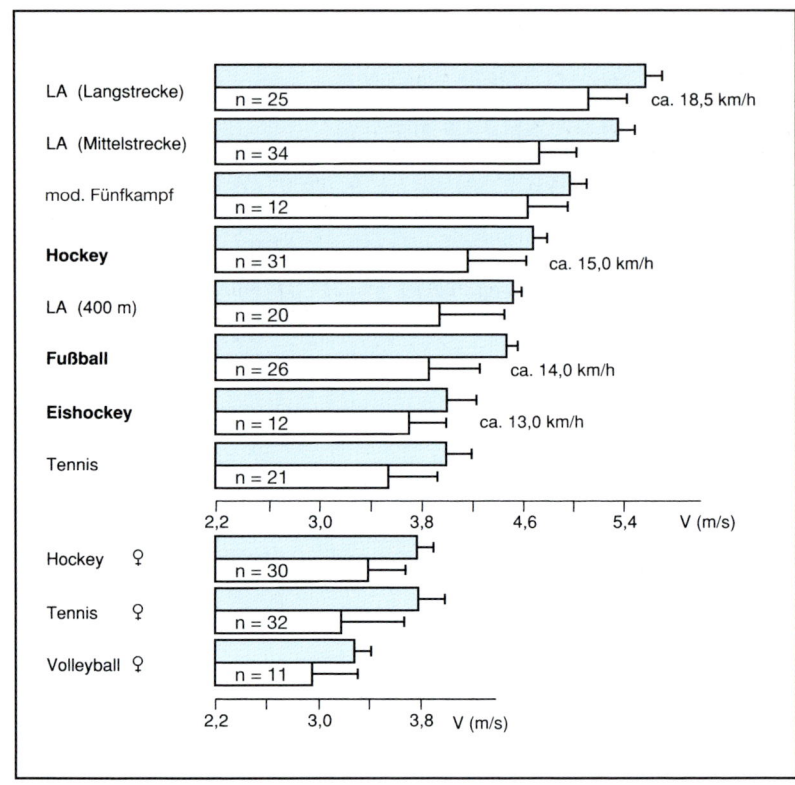

Um tatsächliche Verbesserungen zu erzielen, ist in der Phase des forcierten Ausdauertrainings mit einem **effektiven Wochenumfang von 2–3 Stunden und
einem Trainingszyklus von 8–12 Wochen** zu rechnen.

Das üblicherweise praktizierte Training mit kürzeren Zeitspannen stellt notge-
zwungen eine mehr oder minder gute Kompromisslösung zwischen dem Soll und
den tatsächlichen Möglichkeiten dar. Bundesligaspieler sollten allerdings ihren
GLA-Normwert bereits vor Eintritt in die höchste Spielklasse, also im Aufbautraining der unteren Ligen, erreichen.

Zum Erhalt eines ausreichenden Niveaus ist in Verbindung mit dem sonstigen Training (Schnelligkeits-, Taktik-/Techniktraining) eine Trainingseinheit pro Woche
ausreichend.

Während der Spielsaison hat das Ausdauertraining in erster Linie regenerativen
Charakter und ist nicht mehr die Weiterentwicklung der azyklischen Grundlagenausdauer.

In den Zweikampfsportarten ist das Problem nicht so latent. Hier kann von einer
optimalen Periodisierung ausgegangen werden.

<u>Methoden, Inhalte und Umfang</u>
Trainingsmethoden, die dem intervallartigen Charakter und dem starken Intensitätswechsel besonders entgegenkommen, sind:
- **variable Dauermethode**
- **intensive Intervallmethode mit extremen KZI**
- **intensive Intervallmethode mit KZI** (besonders im Zirkeltraining)

Die **extensive Dauermethode** wird im Rahmen des Grundlagenausdauertrainings bei Spiel- und Zweikampfsportarten zwar auch zur Anwendung kommen, sie dient aber dann mehr der Regeneration und Stabilisierung des allgemeinen Konditionsniveaus als etwa der Entwicklung der azyklischen Grundlagenausdauer.

Trotz der **azyklischen Belastungsstruktur in den Wettkämpfen** sollte die **azyklische GLA mit zyklischen Bewegungen** trainiert werden. Allerdings sind dazu die der Sportdisziplin am nächsten stehenden Bewegungen anzuwenden:
– für Fußball: Laufen und Springen
– für Handball: Laufen und Werfen
– für Volleyball: Springen und Schlagen
– für Basketball: Laufen und Springen und Werfen
– für Wasserball: Schwimmen
– für Eishockey: Eisschnelllauf bzw. Rollerskating
– für Boxen: Laufen, Seilspringen, Sandsackboxen, Schattenboxen
– für Ringen und Judo: einfaches Bodenturnen und Zirkelübungen
– für Fechten: Lauf-, Sprung- und Stoßübungen u. a.

Es können damit auch grundlegende Fertigkeiten stabilisiert und vor allem die Bewegungsökonomie verbessert werden.

Eine besondere Bedeutung hat auch das Kreistraining (mit intensiver Intervallbelastung), soweit Spezialübungen und Elemente der Wettkampfübung eingebracht werden können. Hier sind der nötige Muskelgruppenwechsel und die Belastungskomponentengestaltung (Belastungsdauer, Pausenlänge) gut dosierbar.

Die **Intensitätssteuerung** kann wegen der ungleichmäßigen Belastung hier nur über die Herzfrequenz bzw. Wiederholungen pro Zeiteinheit oder ein entwickeltes Laktatgefühl geschehen. Allerdings sind dazu Laktatbestimmungen für die verschiedenen Belastungsbereiche Voraussetzung. Azyklisches GLA-Training bewegt sich überwiegend im Entwicklungsbereich I (AANÜ).

Training der spezifischen Grundlagenausdauer (spez. GLA)
(Ausdauersportarten)

<u>Zielsetzung</u>
- Schaffen einer stabilen hohen Ausgangsbasis für den speziellen Ausdauertyp
- Erschließen neuer Reserven für weitere Leistungssteigerungen

Biologisch bedeutet dies:
- eine hohe aerobe Kapazität
- aerobe und auch aerob-anaerobe Energiebereitstellung

<u>Methoden, Inhalte und Umfang</u>
Die spez. GLA muss **sportartspezifisch** trainiert werden, d. h., der Erwerb der hohen aeroben Kapazität ist an die Disziplinbewegung oder zumindest an struktur-

149

verwandte Übungen gebunden. Denn entscheidende Anpassungsvorgänge spielen sich bereits in der Skelettmuskulatur ab. Daraus leitet sich die Tatsache der Trainingspraxis ab, dass eben Läufer durch Laufen, Schwimmer durch Schwimmen, Radsportler durch Radfahren, Ruderer durch Rudern, Eisschnellläufer durch Eislaufen usw. ihre Grundlagenausdauer trainieren.

Das Training mit Imitationsgeräten (z.B. Ruderergometer, Skiroller) und mittels spezieller Zirkel (= Zirkeltraining mit Spezialübungen) ist mit inbegriffen. Es stützt sich auf die Strukturverwandtschaft der Übungen.

Die Entwicklung und Stabilisierung der spez. GLA geschieht mit dem **Grundlagenausdauer-1-Training,** das als die extensivere Form in den Grundbereich des Trainings fällt. Die energetische Absicherung bei den gewählten Trainingsformen soll rein aerob geschehen. Die geeignetste Trainingsmethode ist die **extensive Dauermethode;** auch die **variable Dauermethode** kommt zum Einsatz.

Die Erweiterung der spez. GLA geschieht mit dem **Grundlagenausdauer-2-Training,** das als die intensivere Form in den Entwicklungsbereich (= Grundlagenbereich II) fällt. Metabolisch bedeutet dies eine gemischt aerob-anaerobe Energiebereitstellung während der Belastung (3–7 mmol/l Lac). Wegen dieser Übersäuerungsgrade ist GLA-2-Training wohlüberlegt zu dosieren. Es kann nicht in dem Umfang durchgeführt werden wie GLA-1-Training. Als Methoden kommen hier die **intensive** und die **variable Dauermethode** sowie die **extensive Intervallmethode** (+ LZI/MZI) hauptsächlich zum Einsatz.

GLA-Training ist in den Ausdauersportarten die vorherrschende Trainingsart mit einem durchschnittlichen Anteil von 60–80%, wobei das GLA-2-Training am gesamten Trainingsumfang je nach Sportart mit lediglich 8–15% vertreten ist. Die Anteilsverhältnisse sind trotz dieser grundsätzlichen Gültigkeit je nach Ausdauerdisziplin (KZA, MZA, LZA), Trainingsstufe (Grundlagen-, Aufbau-, Anschluss-, Hochleistungstraining), Trainingsperiode und Athletentyp recht unterschiedlich. Einige ausgewählte Beispiele sollen dies bestätigen.

- Für den **Hochleistungsbereich** wird hinsichtlich der **Umfangsverteilung** (% Gesamtkilometer) auf den Kompensations-, GLA-1-, GLA-2- und wettkampfspezifischen Bereich Folgendes festgehalten (NEUMANN/PFÜTZNER/HOTTENROTT 1993, 39):
  – Lauf (9000 km insges.) 30:**50**:**15**:5
  – Skilanglauf (10000 km insges.) 31:**34**:**20**:15
  – Biathlon (9000 km insges.) 10:**35**:**40**:15
  – Triathlon (20800 km insges.) 7:**69**:**19**:5
  – Radsport (40000 km insges.) 3:**55**:7:35
  – Schwimmen (3000 km insges.) 18:**60**:**20**:2
- Im Straßenradsport verändern sich die Anteile (% Gesamttrainingskilometer auf dem Rad) des GLA-1- und GLA-2-Trainings in den verschiedenen Trainingsstufen wie folgt (nach exemplarischen Berechnungen aus LINDNER 1993):
  – Grundlagentraining (13–14 LJ): **85%** Grundbereich, **2,5%** Entwicklungsbereich
  – Aufbautraining (15–16 LJ): **75%** Grundbereich, **5,5%** Entwicklungsbereich
  – Anschlusstraining (17–18 LJ): **75%** Grundbereich, **6%** Entwicklungsbereich
  – Hochleistungstraining: **50%** Grundbereich, **2–3%** Entwicklungsbereich

Die übrigen Prozente entfallen zusammen auf Kompensations-, Schnellkraft-, Kraftausdauer-, wettkampfspezifisches Training und Wettkämpfe. Letztere nehmen im Hochleistungstraining einen großen Anteil ein.

- Eine rumänische 1500-m-/3000-m-Läuferin internationalen Niveaus absolvierte in einem dreijährigen Aufbautraining von ca. 15 000 Laufkilometern 38% im Intensitätsbereich von 4–8 mmol/l Laktat, 55% unter 4 mmol/l und ca. 6% über 8 mmol/l.
- Eine russische Olympiasiegerin im Mittelstreckenlauf trainierte in den letzten 9 Monaten vor ihrem Olympiasieg 3277 km mit folgender Intensitätsverteilung: 90% unter 4 mmol/l Laktat, 7–8% im Bereich 4–8 mmol/l, ca. 3% über 8 mmol/l (CRETI 1987, 77).
- Im Rudertraining für Leichtgewichtsruderer verändert sich der veranschlagte Anteil der Intensitätskategorie III (4–6 mmol/l) wie folgt: allgemeine Vorbereitungsperiode 0%, spezielle Vorbereitungsperiode ca. 25%, formbringende Wettkampfperiode 50–60% (Angaben errechnet aus FRITSCH 1981).

Training der speziellen Ausdauertypen (KZA, MZA, LZA I–IV)

Die Entwicklung und vor allem Ausprägung eines speziellen Ausdauertyps erfordert im langfristigen Trainingsaufbau ein stufenförmiges Durchschreiten verschiedener Entwicklungsstadien (Grundlagen-, Aufbau-, Leistungstraining) und im mittel- bis kurzfristigen Trainingsprozess (allgemeine Vorbereitungsperiode, spezielle Vorbereitungsperiode, formprägende Wettkampfperiode, formerhaltende Wettkampfperiode) ein zyklisiertes Vorgehen. Dies bringt einen starken Wechsel der Trainingsmethoden mit sich, da Phasen mit vorrangigem GLA-Training mit Phasen der Ausprägung wettkampfspezifischer Ausdauer bzw. der eigentlichen Wettkampfform sich ablösen.

Da für genauere Angaben jede Ausdauersportart für sich behandelt werden müsste, kann an dieser Stelle nur auf mehr allgemein zutreffende Punkte eingegangen werden.

Während für die Methodik des GLA-Trainings insgesamt die Auswahl von Trainingsmethoden mit analoger Wirkung (Ökonomisierung des Funktionsniveaus, Entwicklung der aeroben Kapazität, funktionelle Stabilität) typisch ist, kommen nun im Training der speziellen Ausdauertypen vermehrt Methoden zum Einsatz, die entweder eine Übertragung des spez. GLA-Zustands in die spezielle Ausdauer bewirken oder eine komplexe Beanspruchung (konditionell, koordinativ-bewegungstechnisch, psychisch) mit sich bringen.

Für die Übertragung des GLA-Zustands werden sowohl das Prinzip der »**Summation von kürzeren Einzelbelastungen**« als auch das Prinzip der »**längeren wettkampfgemäßen Belastung**« angewandt.

»**Summation von kürzeren Einzelbelastungen**« bedeutet:
- wettkampfähnliche Belastungsintensität mit Abweichungen um ca. ±5–10%
- kürzere Einzelbelastungsdauer als im Wettkampf (zwischen 40 und 75%), wobei möglichst die Nähe zur Wettkampfdauer anzustreben ist
- bedeutend höhere Gesamtbelastung als im Wettkampf durch die Summe der Einzelbelastungen (2- bis 5fach)

151

Dazu können die **Intervall- und Wiederholungsmethoden** eingesetzt werden. Beispiel: 800-m-Läufer mit Bestleistung von 1:50 Minuten läuft in der intensiven Intervallmethode 6 × 400 m in Zeiten von 53,5 Sek. (= 103% Wettkampfintensität), 55 Sek., 55 Sek., 56,5 Sek., 56,5 Sek. und 57,7 Sek. (= 95% Wettkampfintensität). Die Gesamtbelastung steigt damit auf das 3fache an.

Die »**längere wettkampfgemäße Belastung**« besagt:

• Ausdehnung der Belastungsdauer um 50–150% gegenüber dem Wettkampf
• wettkampfgemäße Intensität über Teilabschnitte (kürzer als Wettkampfstrecke) und reduzierte Intensität in den Zwischenabschnitten

Dazu können die **variable Dauermethode (Wechselmethode)** und die **Intervallmethoden** angewandt werden.

Beispiel: 5000-m-Läufer legt ca. 8 km in der variablen Dauermethode zurück und ändert abschnittsweise sein Wettkampftempo mit Geschwindigkeiten, die um etwa 6–8% darunter liegen. Oder: 400-m-Schwimmer legt insgesamt 1000 m zurück, wobei jeweils 150–200 m im Wettkampftempo geschwommen werden und dazwischen eine lohnende Pause liegt.

Das Training der speziellen Ausdauertypen berührt mit den darin angewandten Belastungsmethoden neben dem Grund- und Entwicklungsbereich auch den Grenzbereich der Ausdauerentwicklung (Abb. 44, S. 112). Es wird dabei mit 95–100% der aktuellen Bestleistungen trainiert, und es werden dabei **Laktatwerte** von über 7–8 mmol/l erreicht.

Der Anteil dieser »Grenzbelastungen« am Jahresumfang liegt jedoch nur durchschnittlich bei ca. 10%. 20–30% werden im Entwicklungsbereich, 60–70% im Grundlagenbereich absolviert (BADTKE et al. 1995, 373). »Übersäuerungsmethoden« können nicht laufend angewandt werden. Sie erfordern längere Regenerationszeiten bzw. Regenerationsmaßnahmen, da ansonsten die aerobe Kapazität beeinträchtigt wird (Mitochondrienzerstörung).

Methoden im KZA-Training

Zur Verbesserung der anaeroben Kapazität mit den Teilbereichen alaktazide und laktazide Energieproduktion, Pufferkapazität, Säuretoleranz eignen sich folgende Methoden, die in einem bestimmten Mischungsverhältnis einzusetzen sind:

• **intensive Intervallmethode mit KZI, Wiederholungsmethode + KZI, intensive Intervallmethode + extreme KZI** für Phosphatspeicherbeanspruchung und Laktatproduktion
• **intensive Intervallmethode + MZI, Wiederholungsmethode + MZI, Wettkampfmethode** für Verbesserung der Laktatproduktion, Puffersubstanz und Säuretoleranz

Im unteren KZA-Bereich (35–45 Sek.) ist mehr die alaktazide (Phosphatspeicher) und laktazide (Glykolyserate) Energieproduktion entscheidend, im oberen Zeitbereich (90 Sek.–2 Min.) mehr die Säuretoleranz. Die höchsten Laktatwerte fallen bei 400- und 500-m-Läufen an. Sie liegen um 25 mmol/l (KINDERMANN/KEUL) und einem entsprechenden pH-Wert von 6,9. Beim Eisschnelllauf (500 m) und Schwimmen (100 m) ist die Übersäuerung geringer (ca. 20 mmol/l), was auf die geringere eingesetzte Muskelmasse (Schwimmen) bzw. die nicht volle Inanspruchnahme der anaeroben Glykolyse (beim Eisschnelllauf wegen negativer Auswirkungen auf die Lauftechnik) zurückzuführen sein dürfte.

Die Entwicklung und Verbesserung der notwendigen aeroben Kapazität wird durch das GLA-Training (mit den entsprechenden Methoden) abgedeckt.

Methoden im MZA-Training

In diesem Zeitbereich spielt bereits die **aerobe Kapazität** die entscheidende Rolle für die Leistungsfähigkeit. Sie wird 100%ig in Anspruch genommen, weshalb das Sauerstofftransportsystem (Herz-Kreislauf) einschließlich der Kapillarisierung Bedeutung erlangt. Benötigt wird auch eine gut ausgeprägte Glykogenverwertung. Trainingsmethoden, die diese Eigenschaften gezielt fördern, sind:

- **intensive Dauermethode**
- **extensive Intervallmethode mit LZI**
- **extensive Intervallmethode mit MZI**

Im **anaeroben Bereich** ist die Laktattoleranz gegenüber hohen bis höchsten Konzentrationen entscheidender als die Geschwindigkeit der Laktatproduktion, vor allem bei Belastungsdauern von über 4 Min. Für die Herausbildung dieser Fähigkeiten sind geeignet:

- **extensive Intervallmethode mit MZI**
- **intensive Intervallmethode mit KZI**
- **Wiederholungsmethode mit LZI**
- **Methode der wettkampfspezifischen Einzelbelastung mit Unterdistanz (20%)**

Insgesamt ist im MZA-Bereich entscheidend die Kombination der aerob und anaerob gerichteten Methoden im angepassten Verhältnis. Dieses Verhältnis beeinflussen die Sportdisziplin (z.B. 1500-m-Lauf, 3000-m-Hindernislauf, Rudern, 5000-m-Eisschnelllauf) und die bereits vorhandene individuelle aerobe bzw. anaerobe Kapazität.

Tab. 45, S. 154, zeigt beispielhaft die Methodenanwendung im Rudern.

Methoden im LZA-Training (LZA I–IV)

Für alle LZA-Typen sind die **aerobe Kapazität** (VO$_2$max) und ihre **prozentual hohe Nutzung** (= hohe ANS) – wenn auch in unterschiedlicher Akzentuierung – von grundlegender Bedeutung.

Deshalb kommen im Training aller LZA-Typen die zur Verbesserung der VO$_2$max geeigneten Methoden zur Anwendung. Je nachdem, ob die Größe der VO$_2$max oder die Höhe der ANS den höheren Stellenwert besitzt, werden auch die für die Anhebung der ANS geeigneten Methoden gegenüber den anderen im Vordergrund stehen.

Für die Methodenauswahl ist weiterhin die charakteristische Energiebereitstellung zu berücksichtigen. Aus dieser Sicht kommen bei den einzelnen LZA-Typen weitere Methoden hinzu.

Unter Berücksichtigung aller Gesichtspunkte lässt sich dann jeweils eine gewisse Rangordnung nach der Bedeutung erstellen.

153

Tabelle 45 Belastungsstrukturen und Methoden im Rudertraining (aus FRITSCH 1981)

Strukturbereich Kategorie	Intensität	Umfang der beabs. Intensität in min	Dauer des Einzelreizes in min	Dichte (Pausenlänge) in min	Anzahl der Wiederholungen	Laktatbildung in mmol/l	Beispiel	Effekt	Methoden (nach HARRE)
I	103–110%	5–8	0,5–1,5	2–15	3–8 ×	> 10	6 × 40 Schläge aus dem Stand maximale SF 1–3 × 500 m auf Zeit mit Start	Entwicklung der – anaeroben Kapazität – Start- u. Spurtfähigkeit – max. Geschwindigkeit	Wiederholungsmethode, Wettkampf- und Kontrollmethode
II	93–100%	15–20	2–5	2–15	4–6 ×	6–10	6 × 2 min Str.-Schlag 4 × 4 min Str.-Schlag mit Druckspurts 3 × 1000–1500 m ohne Startspurt	– takt. Fähigkeit – Gefühl für Renntempo – Koordination	intensive Intervallmethode, Wettkampf- und Kontrollmethode
III	85–93%	25–40	6–10	3–10	4–6 ×	4–6	4 × 7 min 2–4 Schläge unter Str.-Schlag 3 × 2000 m ohne Startspurt 2–4 Schläge unter Str.-Schlag	– aerobe Kapazität – Kraftausdauer – Taktik – mannsch. Koordination	extensive Intervallmethode, Wettkampf- und Kontrollmethode
IV	80–85%	15–60	15–45	5–10	1–3 ×	3,5–4	2 × 20 min volle Kraft SF-Wechsel von 18–28 3 × 5 km 4–6 Schläge unter Str.-Schlag 10 km auf Zeit	– aerobe Kapazität – Kraftausdauer	Dauermethoden, v. a. Wechselmethode
V	70–80%	30–100	30–100	–	1 ×	2,5–3,5	Langstreckenarbeit mit 10–12 Schlägen unter Str.-Schlag z. B. 25 km in SF 23–25	– Stabilisierung und Wiederherstellung des aeroben Niveaus – Koordination	Dauermethoden, v. a. kontin. Methode, Fahrtspiel
VI	~70%	30–150	30–40	beliebig	1 ×	~2,5	15–30 km beliebig Techniktraining	– Regeneration – Koordination (Technik) – Willensschulung	Fahrtspiel, kontin. Methode

SF = Schlagfrequenz, Str.-Schlag = Streckenschlag

LZA I:

- **intensive Dauermethode** (Glykogenstoffwechsel, Laktatkompensation, Verbesserung der VO_2max)
- **extensive Intervallmethode mit LZI** (Sportherzentwicklung und Kapillarisierung)
- **variable Dauermethode** (Umstellung in der aeroben Energiebereitstellung)
- **extensive Intervallmethode mit MZI** (Herzarbeit)
- **Wiederholungsmethode mit LZI** (3–8 Min.; gemischt aerob-anaerobe Energiebereitstellung, Laktatkompensation)

Das Beispiel einer Mikrozyklusgestaltung in der speziellen Vorbereitungsperiode mit Aufbauwettkämpfen für einen 5000-m-Läufer (WESSINGHAGE 1987) gibt Einblick in die disziplinspezifische Anwendung (Tab. 46).

LZA II:

- **intensive Dauermethode** (Anheben der ANS; Glykogenspeichervergrößerung, VO_2max-Verbesserung)
- **extensive Dauermethode** (Fettverbrennung)
- **variable Dauermethode** (Umstellung in der Energiewandlung, VO_2max-Verbesserung)
- **extensive Intervallmethode mit LZI** (bis zu 15 Min.; Glykogenverbrennung, VO_2max-Verbesserung)
- **Methode der wettkampfspezifischen Einzelbelastung mit Unterdistanz**

LZA III:

- **extensive Dauermethode** (über 2 Stunden; Fettstoffwechsel, Ökonomisierung der Herz-Kreislauf-Arbeit)

Trainingsform	Trainingsziele	Hinweise zur Durchführung	Häufigkeit pro Woche
In der Wettkampfperiode I			
Dauerlauf	aerobe Ausdauer	ca. 45 min, mittleres Tempo	2-mal
Fahrtspiel	aerobe und anaerobe Ausdauer	z.B. 20–30 min Kernprogramm; je 10 min Ein- und Auslaufen	1-mal
Bahntraining **(extensives Intervalltraining)**	anaerobe und aerobe Ausdauer	z.B.: Gesamtmenge der Belastungsabschnitte 5–7 km, Tempo höher als 10000-m-Renntempo; Trabpausen; 10 min Einlaufen; Koordinationsläufe; 10–15 min Auslaufen	1-mal
Bahntraining **(intensives Intervalltraining)**	anaerobe (und aerobe) Ausdauer	z.B.: Gesamtmenge der Belastungsabschnitte 4–6 km, höheres Tempo und längere Pausen als bei ext. Intervalltraining; 10 min Einlaufen; 15 min Koordinationsübungen; 15 min Auslaufen	1-mal

Tabelle 46
Trainingsbeispiel für die Wochengestaltung (5 Trainingseinheiten) in der speziellen Vorbereitungsperiode/Wettkampfperiode I für 5000-m-Lauf (aus WESSINGHAGE 1987)

155

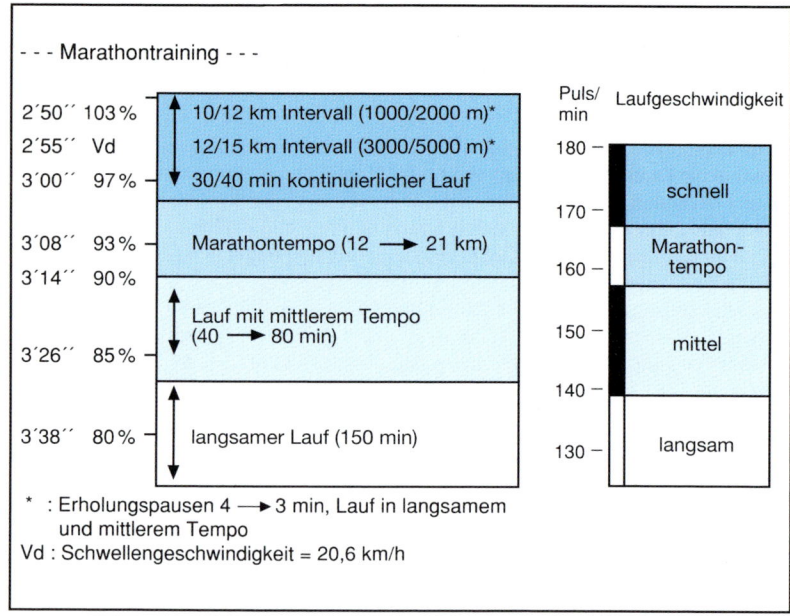

Abbildung 53
Unterschiedliche aerobe Trainingsformen in der speziellen Vorbereitung eines Spitzenmarathonläufers und die der Herzfrequenz entsprechenden Laufgeschwindigkeiten (= Intensitätsstufen) (BENZI 1987, 945)

- - - Marathontraining - - -

2´50´´ 103 %	10/12 km Intervall (1000/2000 m)*
2´55´´ Vd	12/15 km Intervall (3000/5000 m)*
3´00´´ 97 %	30/40 min kontinuierlicher Lauf
3´08´´ 93 %	Marathontempo (12 → 21 km)
3´14´´ 90 %	
3´26´´ 85 %	Lauf mit mittlerem Tempo (40 → 80 min)
3´38´´ 80 %	langsamer Lauf (150 min)

Puls/min — Laufgeschwindigkeit
180 — schnell
170 —
160 — Marathontempo
150 — mittel
140 —
130 — langsam

* : Erholungspausen 4 → 3 min, Lauf in langsamem und mittlerem Tempo
Vd : Schwellengeschwindigkeit = 20,6 km/h

- **intensive Dauermethode** (Verbesserung der VO_2max, Anheben der ANS, Vermehrung der Glykogenspeicher)
- **Methode der wettkampfspezifischen Einzelbelastung mit Unterdistanz** (ca. 50% der Wettkampfstrecke; Gewöhnung an die Wettkampfbelastung)
- **variable Dauermethode**
- **extensive Intervallmethode mit LZI (3–15 Min.)** (Verbesserung der aeroben Kapazität)

Aus Abb. 53 ist zu entnehmen, dass bei der speziellen Vorbereitung eines Marathonläufers neben der extensiven Dauermethode (langsamer Lauf) die intensive Dauermethode (Lauf mit mittlerem Tempo), die Wettkampfmethode mit Unterdistanz (Marathontempo, kontinuierlicher Lauf) und die extensive Intervallmethode + LZI zum Einsatz kommen.

LZA IV:
Die Ultra-LZA-Leistungen unterscheiden sich von Marathonleistungen (LZA III) vor allem darin, dass nur ein niedriger Prozentsatz der VO_2max (ca. 60% beim 100-km-Lauf gegenüber 70–85% bei Marathonläufen; KEUL et al. 1981) über diese lange Belastungszeiten gehalten werden kann.
Dafür zeigen sich eine **Steigerung der Fettoxidation** (bis auf 70–90% des Gesamtenergiebedarfs) und als Anpassungserscheinung ein gesteigerter Triglyzeridgehalt des Muskelgewebes (1,5-mal höher als bei gut trainierten Orientierungsläufern; OBERHOLZER et al. 1976).

Den Unterschied prägen außerdem der **starke Eiweißabbau** (Glukoneogenese), die **hohen Wasser-/Elektrolytverluste** und die Reaktionen des Stütz- und Bindegewebes (Knorpel, Knochen beim Laufen), unter deren Einfluss die Leistung zu erbringen ist.

Insgesamt wird deutlich, dass trainingsmethodisch

- **die extensive Dauermethode (über 2 Stunden),**
- **extensive Dauerbelastungen mit nüchternem Ausgangszustand** (zur verstärkten Fettverwertung),
- **extensive Dauerbelastungen mit Flüssigkeits- und Kohlenhydratzufuhr** (zur Gewöhnung an Nahrungsaufnahme im Verdauungstrakt während Belastung)

eine Rolle spielen.

Die Belastungszeiten dürfen jedoch nicht regelmäßig so weit gespannt sein, dass es zu deutlichem Substanzabbau kommt. Die entsprechenden Prozesse (hohe Fettutilisation, Glukoneogenese) sollten in Gang gebracht werden, jedoch nicht zu lange laufen. Der starke Einfluss des energetischen Geschehens auf die Ultra-LZA-Leistungen darf nicht zum Schluss führen, dass eine relativ hohe maximale Sauerstoffaufnahme keinen positiven Effekt mehr hätte. Die VO_2max ist ebenfalls bis zu einem gewissen Niveau zu entwickeln. Dies erfordert allerdings Belastungen im Laktatbereich von 4–6 mmol/l (intensive, variable Dauermethode).

7 Steuerung und Regelung der Ausdauerleistungsfähigkeit

Allgemeines zur Leistungssteuerung

Im Trainingsprozess wird mit Hilfe einer planmäßigen Vorgehensweise eine Zustandsänderung **(Optimierung, Stabilisierung** oder **Reduzierung)** der komplexen sportlichen Leistungsfähigkeit angestrebt. Diese Zustandsänderung wird dann in der optimalen Zeit erreicht, wenn eine gezielte, wissenschaftlich unterstützte kurz- und langfristige Abstimmung aller für die **Planung, Durchführung, Kontrolle, Auswertung** und **Korrektur** notwendigen Maßnahmen durchgeführt wird. Als Trainingssteuerung (Leistungssteuerung) bezeichnet man die gezielte Abstimmung aller im Hinblick auf das Erreichen des angestrebten Leistungszustands notwendigen Maßnahmen. Aus der Sicht der Kybernetik (= Wissenschaft von Regelsystemen) enthält der Trainingsprozess sowohl Steuerungs- wie auch Regelungsvorgänge. Der **Steuerungsvorgang** beschränkt sich dabei auf die Einflussnahme durch den Input (Trainingsanweisung) gemäß einer Zielvorgabe (Trainingsziel) auf das Ergebnis (Output = Trainingsergebnis). Erweitert wird dieser Vorgang durch die **Regelung,** die die Rückmeldung und Korrektur auf Grund eines Soll-Ist-Wert-Vergleichs ermöglicht. Steuerung und Regelung des Trainings zusammen ergeben somit einen Regelkreis, der kurz gefasst als Trainingssteuerung oder Leistungssteuerung bezeichnet wird. Abb. 54 verdeutlicht diesen Regelkreis.

Im Einzelnen laufen Steuerung und Regelung der sportlichen Leistung in Training und Wettkampf in 5 Schritten ab, die dem Modell (Abb. 55, S. 159) zu entnehmen sind.

Abbildung 54
Steuerungs- und
Regelungsvorgang

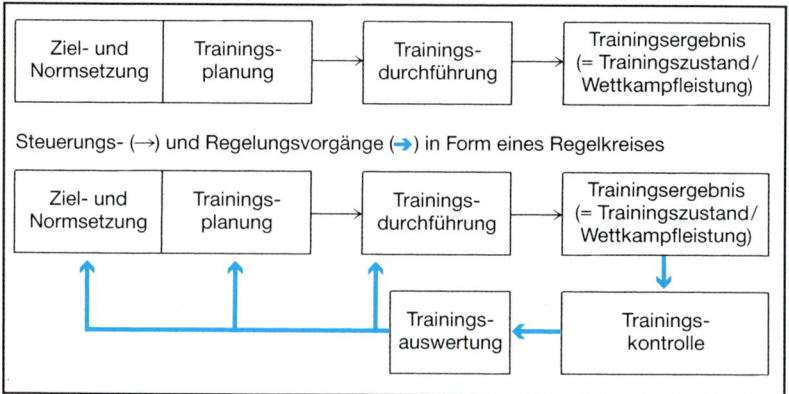

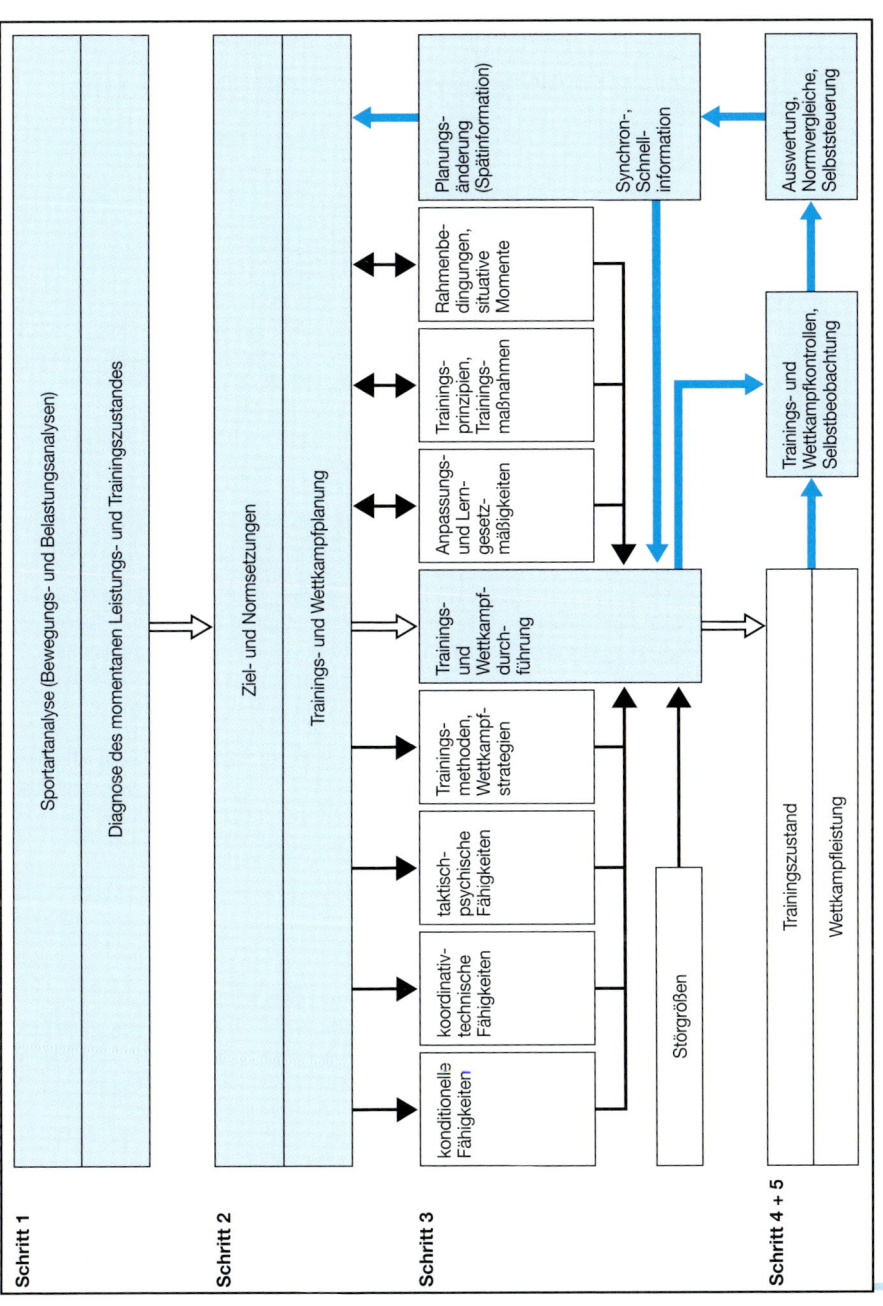

Abbildung 55 Modell der Steuerung und Regelung der sportlichen Leistung in Training und Wettkampf (= Leistungssteuerung/Trainingssteuerung) (nach GROSSER, 2000)

159

Voraussetzung für den gesamten Steuerungs- und Regelungsprozess ist die Sportartenanalyse, d. h. die Erstellung eines sportart- bzw. disziplinspezifischen Anforderungsprofils. In den Ausdauersportarten sind neben anderen Bedingungen (z. B. biomechanische, funktionell-anatomische, psychische, anthropometrische etc.) vor allem die energetischen entscheidend. Die eigentliche Trainings-/Leistungssteuerung beinhaltet dann:

- die Feststellung des momentanen Trainings- und Leistungszustandes mittels sportwissenschaftlicher und/oder sportpraktischer Tests,
- die an die Ziel- und Normsetzung gebundene Trainings- und Wettkampfplanung sowie die Trainings- und Wettkampfdurchführung,
- die Erfassung und Auswertung der Trainingswirkungen, erkennbar in Trainingszustand und Wettkampfleistung, mittels Beobachtung, Messungen und Tests,
- die Verwendung der Auswertungen dergestalt, dass rückkoppelnd die Trainings- und Wettkampfplanung sowie die Trainings- und Wettkampfdurchführung entsprechend der Ziel- und Normsetzung korrigiert werden.

Im Weiteren werden nur ausgewählte Punkte zur Trainingssteuerung angesprochen.

Tests zur Feststellung der Ausdauerleistungsfähigkeit

Sowohl zur Diagnose des Ausdauerleistungszustandes (Schritt 1) als auch zur Trainingskontrolle (Schritt 4) werden im Allgemeinen sportpraktische Verfahren und sportwissenschaftliche (sportmedizinische) Labor- und Feldtests angewandt.

Sportpraktische Tests

Die **einfachen sportpraktischen Tests** (Tab. 47, S. 161) stützen sich auf die Messung der Leistung und des Nachbelastungspulses nach einer definierten Belastung. Über verschiedene Beschreibungsgrößen (z. B. Leistungsquotient, Ermüdungsindex) wird indirekt Auskunft über das aerobe und teilweise auch anaerobe Leistungsvermögen erteilt. Hinsichtlich weiterer Einzelheiten und Normwerte zu diesen Tests sei auf die einschlägige Literatur verwiesen (siehe: GROSSER/STARISCHKA, Konditionstests, BLV 1981).

- Cooper-12-Minuten-Lauftest

Zweck: **Abschätzung der maximalen Sauerstoffaufnahme**
Anhand der in 12 Minuten maximal erreichbaren Laufleistung auf einer Laufbahn (standardisiertes Verfahren) kann zunächst eine Klassifizierung der Laufleistung (Tab. 48, S. 161) geschehen. Auf Grund der Vergleichsuntersuchung von COOPER und anderen Autoren (WEILER et al. 1985) zwischen den 12-Minuten-Laufergebnissen und Ergebnissen aus Laufbandtests zur Feststellung der VO_2max konnte ein Zusammenhang zwischen Laufleistung und rel. VO_2max erstellt werden.
Die von COOPER angegebenen Intervalle der rel. VO_2max sind sehr breit angelegt, so dass nur eine Groborientierung gegeben ist. Bei Laufleistungen von mehr als 2800 m (Männer) ist nach der Original-Wertungstabelle eine weitere Differenzie-

Tests zur Feststellung der Ausdauerleistungsfähigkeit

Für die aerobe Ausdauer:

- Im Schwimmen: der Belastungstest nach KIPKE/LABITZKE, der Dauerschwimmtest und Intervallschwimmtest
- Im Rudern: der Ermüdungstest und Intervallrudertest
- Im Radfahren: der Ermüdungstest
- Im Skilanglauf: der Skilanglauftest nach BUBE
- Im Boxen: der Boxausdauertest

Für die anaerobe Ausdauer:

- Im Kanu- und Rudersport: Bankziehen und Bankdrücken (45 s), Teilstreckentest (im Zeitbereich von 50–80 s)
- Für den leichtathletischen Mittelstreckenlauf: Mittelstreckentest nach KOSMIN und OWTSCHINNIKOW (4 × 60 s)
- Für Geräteturnen: der Liegestütztest (bis zur Erschöpfung nach vorgegebener Frequenz)
- Für Basketballer: Basketballausdauertest (über 10 × doppelte Spielfeldlänge, ca. 2–2$^{1}/_{2}$ min)

Tabelle 47
Beispiele für sportartspezifische trainingspraktische Ausdauertests (nähere Beschreibung und Normwertangaben zu diesen Tests bei GROSSER/STARISCHKA 1981)

Leistungsgruppe (Untrainierte)	zurückgelegte Entfernung (in m)	O$_2$-Verbrauch (in ml/kg/min)
I = sehr schlecht	< 1600	28,0 oder weniger
II = schlecht	1600–2000	28,1–34
III = mäßig	2000–2400	34,1–42
IV = gut	2400–2800	42,1–52
V = sehr gut	> 2800	52,1 oder mehr
	2900	52,1
	3000	53,8
	3100	55,5
Normbereich im Leistungssport für Nichtausdauerdisziplinen	3200	57,2
	3300	58,9
	3400	60,6
	3500	62,3
	3600	64,0
	3700	65,7
	3800	67,4

Tabelle 48
Richtwerte zum Cooper-Test (Männer) für die Klassifizierung der Laufleistung (Spalte 1) und zum Zusammenhang zwischen Laufleistung und relativer maximaler Sauerstoffaufnahme (ml/kg/min) (nach COOPER/SCHÜRCH 1987)

161

rung der Fitnesskategorien und damit eine Schätzung der rel. VO$_2$max nicht mehr möglich. Die Fortführung (unterer Teil der Tab. 48, S. 161) stellt gewissermaßen eine Erweiterung für höhere Ausdauerniveaus dar. Damit ist auch die Beurteilung des GLA-Niveaus im Leistungssport für Nichtausdauer- und Spielsportarten gegeben. Die aus der Trainings- und Wettkampfpraxis dafür bekannten Erfordernisse sind in der Tabelle als Normbereich herausgehoben. Die Werte beziehen sich dabei primär neben den Spielsportarten auf die Kampfdisziplinen (z. B. Judo, Boxen).

Hinsichtlich der Testergebnisse bei untrainierten und trainierten Personen ist noch zu beachten, dass Untrainierte ihre Laufleistung nur mit einem geringen Zuschuss aus der anaeroben Kapazität bestreiten. Sie bewegen sich im Bereich der anaeroben Schwelle (4–5 mmol/l Laktat). Trainierte bestreiten dagegen die 12-Minuten-Laufleistung mit relativ hohen Blutlaktatwerten (über 13 mmol/l nach eigenen Untersuchungsergebnissen) und damit unter beträchtlichem Einsatz der anaeroben Kapazität.

Für **Untrainierte** kann also die **mittlere Laufgeschwindigkeit aus dem Cooper-Test** mit der **Laufgeschwindigkeit an ihrer anaeroben Schwelle** in etwa identisch gesetzt werden. Über die ANS-Laufgeschwindigkeit Trainierter gibt Tab. 49 Auskunft. Diese Werte ergaben sich aus der bestehenden engen Beziehung zwischen zurückgelegter Strecke im 12-Minuten-Test und der Laufbandgeschwindigkeit an der individuellen anaeroben Schwelle. Die ANS-Werte dienen ja als Richtlinien für ein intensives Dauerlauftraining.

Anmerkung: Die Ergebnisse des Sauerstoffverbrauchs bei verschiedenen Nachuntersuchungen zu den Original-Cooper-Testergebnissen weichen deshalb voneinander ab, da beim Feldtest nicht die gleichen Witterungsbedingungen und beim Labortest nicht der gleiche Laufbandergometertyp vorhanden waren.

Tabelle 49
Errechnete Geschwindigkeit eines intensiven Dauerlauftrainings auf ebenem Gelände bei gegebener Laufstrecke im 12-Minuten-Test (Mittelwert u. Standardabweichung) (WEILER et al. 1985)

12-min-Test (m)	Intensives Dauerlauftraining V$_{ANS}$ (km/h)
2600	11,0 (10,5–11,5)
2700	11,5 (11,0–12,0)
2800	12,0 (11,6–12,4)
2900	12,6 (12,3–12,9)
3000	13,1 (12,8–13,4)
3100	13,6 (13,3–13,9)
3200	14,1 (13,7–14,5)
3300	14,6 (14,1–15,1)
3400	15,1 (14,6–15,6)
3500	15,6 (15,0–16,2)
V$_{ANS}$ = Geschwindigkeit an der anaeroben Schwelle	

● Feststellung des Nachbelastungspulses

Zweck: **Feststellung der Erholungsfähigkeit** und der Grundlagenausdauer

Der Grundlagenausdauer wird auch Einfluss auf die Erholungszeit nach einer Belastung zugeschrieben. Damit ist mit der Methode der Erholungspulsfrequenzkontrolle ein indirektes Indiz für das Niveau der Grundlagenausdauer gegeben. Obwohl wegen beträchtlicher individueller Abweichungen (Höhe von Ruhe- und Maximalpuls, emotionelle Einflüsse) eine Ungenauigkeit vorliegt, kann für eine **Groborientierung** doch die Zeitdauer vom Belastungsabbruch bis zum Wiedererreichen der Pulsfrequenz 100/min herangezogen werden.

Die Pulsmessung selbst muss standardisiert erfolgen durch Tasten des Pulses über 10 Sek. Dauer. Bei gezählten Pulsfrequenzen von über 180/min ist das Ergebnis mit +10 zu korrigieren. Die Feststellung mit Pulsmessgeräten ist wesentlich genauer.

Normwerte für Erholungszeiten nach längeren Belastungen sind
– gut bis sehr gut: **3 Minuten und weniger** (bis HF 100/min),
– befriedigend: **5 Minuten** (bis HF 100/min).

Zur Feststellung der Erholungsqualität nach kurzfristigen Maximalbelastungen (mit Erreichen maximaler Herzfrequenz) wird nach BÖHMER et al. (1975) die Pulsfrequenz zum Zeitpunkt 5 Minuten nach Belastungsabbruch verwendet (Tab. 50).

Pulsfrequenz 5 Minuten nach Belastungsende	
über 130/min	schlecht
130–120/min	ausreichend
120–115/min	befriedigend
115–105/min	gut
105–100/min	sehr gut
unter 100/min	Hochleistungstrainingszustand

Tabelle 50
Richtzahlen für die Qualität des Nachbelastungspulses nach Maximalbelastungen (nach BÖHMER et al. 1975)

Sportwissenschaftliche Tests

Die sportmedizinischen Tests dienen der **Beurteilung** des **kardiopulmonalen Leistungsverhaltens** zur Feststellung der **aeroben** und **anaeroben Leistungsfähigkeit.** Soll die VO_2max größenmäßig erfasst werden, so ist entscheidend, ob tatsächlich oder zumindest annähernd die maximale O_2-Aufnahme des Untersuchenden erreicht wurde. Dies kann u. a. anhand folgender Kriterien beurteilt werden:
1. Pulsfrequenzen > 190/min bei gesunden Personen der 3. Lebensdekade
2. ein »leveling off« in der O_2-Aufnahme (keine Zunahme der Sauerstoffaufnahme trotz Erhöhung der Belastungsintensität)
3. Blutlaktatwerte von mindestens 8 – 10 mmol/l

Die Labortests gewährleisten zuverlässige leistungsdiagnostische Aussagen mit einer Vielzahl von Messgrößen und gute Reproduzierbarkeit. Da sie für die unmittelbare Trainingssteuerung wenig nützlich sind, werden im Leistungssport der verschiedenen Ausdauerdisziplinen heute deshalb primär disziplinspezifische Feldtests oder für bestimmte Zwecke auch noch Tests auf speziellen Ergometern (z. B. Ruderergometer, Skilanglaufergometer, Paddel-Trainer) bevorzugt.

Unspezifische sportmedizinische Labortests

Die unspezifischen sportmedizinischen Labortests mittels Laufband- oder Fahrradergometrie haben heute ihre Bedeutung für die unmittelbare Trainingsregelung verloren. Die festgestellten Werte der VO_2max liegen bei der Fahrradergometrie ca. 10% niedriger als bei der Laufbandergometrie (HOLLMANN/HETTINGER 2000, 339), wobei als Ursachen

1. der Einsatz einer größeren Muskelmasse beim Laufen,
2. die lokale Ermüdung der Quadrizepsmuskulatur bei nicht speziell radfahrtrainierten Personen und
3. das kleinere Schlagvolumen, das auf die Interaktion zwischen dem venösen Rückstrom und der diastolischen Füllzeit des Herzens zurückzuführen ist,

zu nennen sind. Selbst die auf dem Laufband ermittelten Laufgeschwindigkeiten (Tab. 51) und allgemeinen Richtwerte für die aerobe und anaerobe Schwelle (Tab. 52) können für einen Läufer nicht ohne weiteres in das natürliche Laufgelände übertragen werden. Nach HECK et al. (1984) liegt im Geschwindigkeitsbereich der anaeroben Schwelle auf dem Laufband gegenüber dem freien Lauf auf der Bahn ein Unterschied von +0,16 m/s (= 0,6 km/h) vor. Der Typ des Ergometers stellt hier noch einen zusätzlichen Einflussfaktor dar.

Tabelle 51
Richtzahlen für Laufgeschwindigkeiten an der anaeroben Schwelle bei Laufbandtests (nach ROST/HOLLMANN 1982, 124)

Richtzahlen		Leistungszustand
3,0 ± 0,5 m/s	=	Normwert nichtausdauertrainierter Männer
3,5 – 4,0 m/s	=	gering ausdauertrainiert
4,0 – 4,7 m/s	=	mittel ausdauertrainiert
4,8 – 5,2 m/s	=	hoch ausdauertrainiert
5,3 – 5,6 m/s	=	Spitzensportler

Tabelle 52
Durchschnittliche Richtwerte für die anaerobe Schwelle (gemäß spiroergometrischen Laufbanduntersuchungen)

anaerobe Schwelle für Untrainierte	50–70% der VO_2max, HF 140–150
anaerobe Schwelle für Trainierte	70–80% der VO_2max, HF 170–175
anaerobe Schwelle für Hochtrainierte	85–95% der VO_2max, HF 180–190

Zur **Feststellung der unspezifischen maximalen aeroben Kapazität bzw. submaximalen Ausdauerleistungsfähigkeit** erfüllen folgende Labortests ihren Zweck:

- Einfache Fahrradergometrie zur Feststellung der maximalen aeroben Leistungsfähigkeit (Watt/kg Körpergewicht)
  Die Belastung wird stufenförmig in Schritten von 50 Watt gesteigert. In den meisten Untersuchungsstellen wird eine Stufendauer von 3 Min. eingehalten.

Damit ist der Proband in durchschnittlich 15 Min. erschöpfend belastet. Auf jeder Belastungsstufe werden Herzfrequenz, Sauerstoffaufnahme und Laktatkonzentration bestimmt.

Die Testergebnisse (in Watt) sind für die Trainingspraxis erst von Nutzen, wenn die festgestellte Leistung in Laufgeschwindigkeiten oder VO_2max-Werten ausgedrückt werden kann. Ansätze liegen vor in den Richtwerten von LAGERSTRÖM (ROST/HOLLMANN 1982, 94) für die Umsetzung der Wattzahlen in körpergewichtsabhängige Laufgeschwindigkeiten und in den Nomogrammen von ÅSTRAND und RHYMING bzw. KALTENBACH für die Umsetzung in VO_2max-Werte. Das körpergewichtsbezogene Belastungsverfahren nach dem Gießener Modell (Abb. 56) soll einen Vergleich der Wattleistungen mit Laufgeschwindigkeiten auf dem Ergometerlaufband ermöglichen. Tabellen dazu wurden erstellt (NOWACKI 1983, 258).

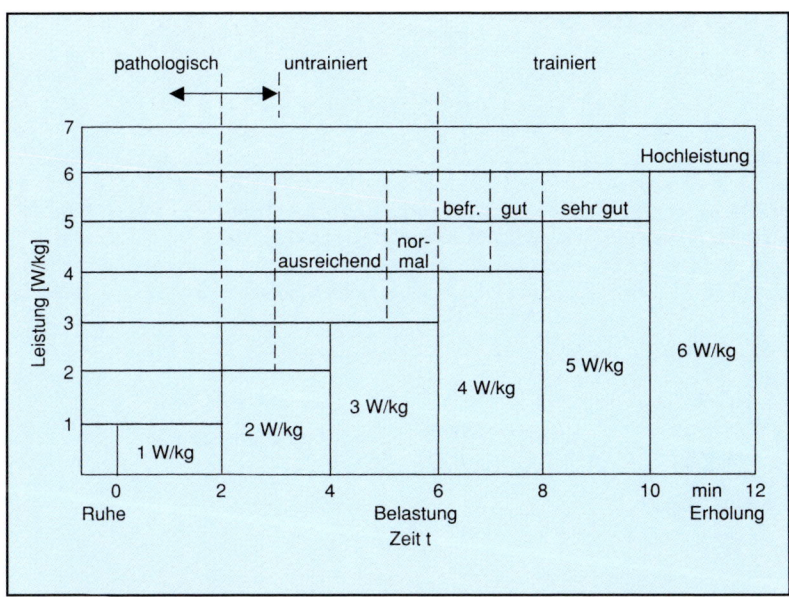

Abbildung 56
Gießener körpergewichtsbezogenes Belastungsverfahren (Watt/kg Körpergewicht-Methode) (nach NOWACKI 1983, 261)

● Einfache Fahrradergometrie zur Feststellung der PWC 170 und PWC 150
Die Ermittlung der PWC 170 bzw. 150 (= physical work capacity), d.h. der Herz-Kreislauf-Arbeitskapazität bei Puls 170 bzw. 150, hat den Vorteil, dass Motivationsfragen für den erforderlichen Belastungsgrad keine Rolle spielen wie beim oben genannten Maximaltest. Die Ergebnisse reichen für eine Einschätzung der Leistungsfähigkeit bzw. der zugehörigen Herzfrequenz an der anaeroben und aeroben Schwelle aus. SCHWABERGER et al. (1985) haben bei Untersuchungen von Radrennfahrern festgestellt, dass PWC 170 einen signifikanten Zusammenhang zur ANS und PWC 150 zur AS aufweisen. Bei Untersuchungen an Mittelstrecklern konnte dieser Zusammenhang nur in etwa bestätigt werden.

165

Berechnet wird die Leistung bei der Herzfrequenz von 170/min (Abb. 57). Kriterium der Leistung ist somit die Steilheit des Herzfrequenzanstiegs.

Abbildung 57
Veränderung der Anstiegssteilheit der Herzfrequenz (HF) und damit der physical work capacity (PWC₁₇₀) in Abhängigkeit von der Leistungsfähigkeit (nach NEUMANN 1991)

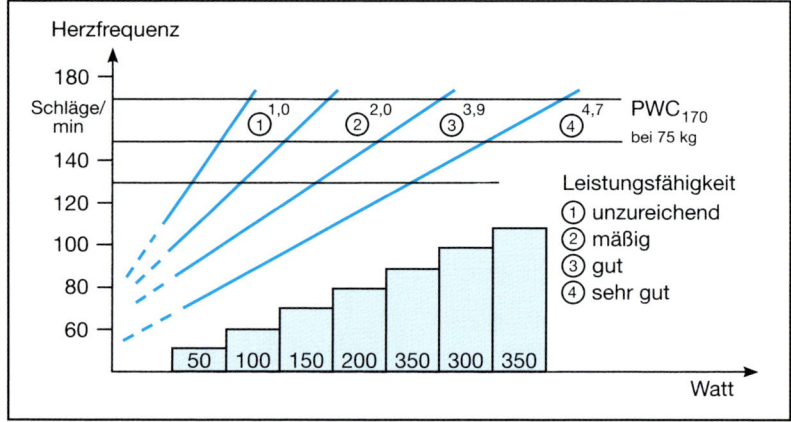

• <u>Anaerober 2-Phasen-Test mittels Fahrrad- oder Laufbandergometrie</u>
Die Varianten des Belastungsverfahrens gehen aus der Übersichtstabelle (Tab. 53) hervor. Bei vorgegebener konstanter Wattleistung bzw. Laufgeschwindigkeit einschließlich Laufbandsteigung werden die beiden Belastungsphasen mit einer da-

Tabelle 53
Varianten (1, 2) der sportmedizinischen anaeroben 2-Phasen-Tests (a, b)

Fahrradergometrie (sitzend)	Laufbandergometrie
7 Watt/kg	Männer 22 km/h (6,12 m/s) (7,5%)
	Frauen 20 km/h (5,56 m/s) (5,0%)
1. a) 40 s	1. a) 40 s
b) Ausbelastung	b) Ausbelastung
2. a) 20 s	2. a) 20 s
b) 60 s	b) 60 s
Laktat: 1., 3., 6., 10. min	Laktat: 1., 3., 6., 10. min
Radrennfahrer	400-m-Läufer
Ski alpin	Zehnkämpfer
	Fünfkampf (Frauen)
	Mittelstreckler
	Langstreckler (nicht Marathon)
	Skilangläufer
	Ballspielsportarten

zwischenliegenden Pause von 30–45 Minuten absolviert. Der Laktatwert nach der ersten Belastung (Submaximaltest) gilt als Schätzwert für die alaktazide anaerobe Kapazität, der Laktatwert nach der zweiten Belastung (Maximaltest) als Schätzwert für die globale anaerobe Kapazität. Nach SZÖGY et al. (1984) bleiben die aufschlussreichsten Parameter die Gesamtleistung in Watt für die anaerobe Kapazität und das Verhältnis der Laktatproduktion zur Gesamtarbeit nach zwei unterschiedlichen Belastungen (= alaktazider Quotient) für die alaktaziden Reserven.

Für eine Interpretation der Ergebnisse kann Folgendes festgehalten werden:

- **Athleten mit einer hohen anaeroben Kapazität** produzieren **in der ersten Testphase weniger Laktat.** Dies ist ein Ausdruck für die **hohe alaktazide** Kapazität.
- **In der zweiten Testphase** erreichen sie **höchste Laktatkonzentrationen** als Ausdruck hoher glykolytischer Energiebereitstellung und Säuretoleranz.
- Werden in der **ersten Testphase** bereits **hohe Laktatwerte** erreicht, so deutet dies auf eine **geringere alaktazide Kapazität** (Phosphatspeicher) hin.

Sportartspezifische Labor- und Feldtests

Da die meisten allgemeinen Labortests nicht ausreichend die Sportartspezifik in der muskulären Beanspruchung berücksichtigen (Tab. 55, S. 169), werden im leistungssportlichen Bereich die zur Trainingssteuerung notwendigen Parameter in sportartspezifischen Labortests oder in sportartspezifischen Feldtests erhoben.

Für **sportartspezifische Labortests** sind mittlerweile eine Reihe von **Spezialergometern** (Spezialfahrradergometer, Ruderergometer, Kanuergometer, breites Skilanglaufergometer, Strömungskanal für Schwimmen) entwickelt worden. Die Testverfahren sind zwar sportartbezogen, sie unterscheiden sich aber nur unwesentlich vom Vorgehen bei den allgemeinen Tests. Gemessen werden die Sauerstoffaufnahme (Spiroergometrie) und/oder die Laktatwerte zur Erstellung einer Laktatleistungskurve.

Bei den **sportartspezifischen Feldstufentests** wird von der gleich bleibenden Streckenlänge und nicht wie im Labortest von der gleich langen Belastungsstufe ausgegangen. Die **Streckenlängen** sind in Anpassung an die **Disziplinverhältnisse** recht unterschiedlich (Tab. 54, S. 168). Gemessen werden Geschwindigkeit, Herzfrequenz und häufig auch Laktatkonzentrationen. Bei der Durchführung ist Folgendes zu beachten:

- Die **Streckenlänge** ist, unabhängig von der Stufengeschwindigkeit, **gleich.**
- Die **Stufendauer** liegt sportartabhängig zwischen **5 und 16 Min.** Auch in der letzten Belastungsstufe sollte noch eine Belastungsdauer von 5 Min. gewährleistet sein (wegen Laktatkinetik).
- Die **Belastungssteigerung** geschieht besser in **5%-Stufen** (70–100%) bezüglich der aktuellen Bestleistung auf der Wettkampfstrecke als in gleich bleibenden Geschwindigkeiten (meistens 2 km/h).
- Die **Maximalbelastung** kann auch zeitlich abgesetzt getestet werden, damit die Ermüdung das Ergebnis nicht beeinflusst.
- Für die Erstellung der **Laktatleistungskurve** sind minimal 3–4 Belastungsstufen (Abb. 58, S. 168), besser **5–6 Stufen** notwendig.

167

Tabelle 54
Streckenlänge und Stufenzahl von praktizierten sportartspezifischen Feldstufentests

Sportart		Test
Schwimmen	Kurzstrecke	4–6 × 200 m
	Langstrecke	4–6 × 400 m
	Triathlon	4–6 × 400 m
Lauf	Sprintstrecke	4–6 × 400 m
	Mittelstrecke	4–6 × 1000 m
	Langstrecke	4 × 4000 m
	Triathlon	4–6 × 2000 m, 4 × 4000 m
Rad	Straße	4–6 × 8 km
	Triathlon	4–6 × 6 km
Skilanglauf		3–4 × 5 km
	Skiroller	3–4 × 1800 m bergan
Kanu		4–5 × 1000 m

Abbildung 58
Schematische Darstellung des Stufentests zur Erstellung der Laktatleistungskurve

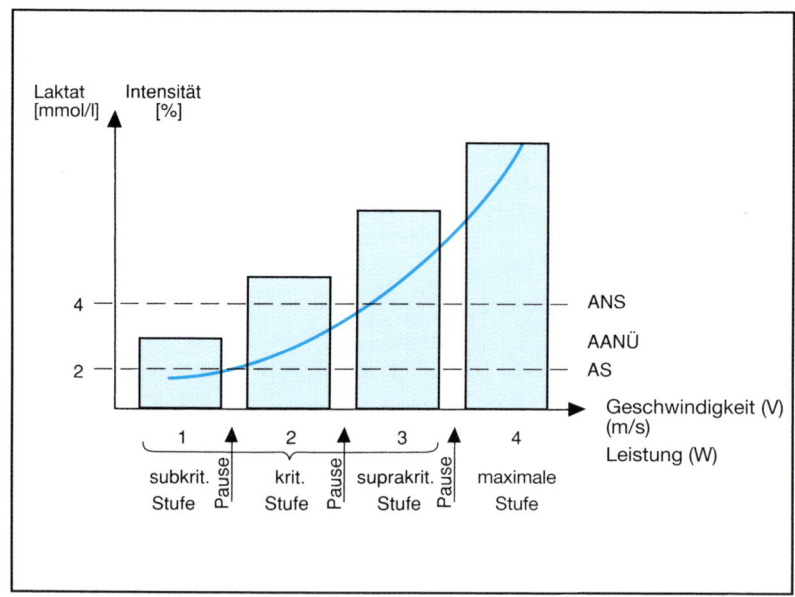

168

Tabelle 55 Der Einfluss unterschiedlicher Ergometerarten und somit Bewegungsabläufe auf kardiopulmonale Leistungskriterien bei ein und denselben Personen. Die für den jeweiligen Sportler sportartspezifische Bewegungsform ergibt die besten Leistungswerte. Bei dem Kajak-Leistungssportler fällt die maximale Sauerstoffaufnahme/kg Körpergewicht sogar auf dem Laufband niedriger aus als am Kajakergometer (HOLLMANN/HETTINGER 2000, 341, nach DAL MONTE 1974; abgeändert)

	Mittelstreckenläufer Größe: 172,5 cm, Gewicht: 58 kg, Alter: 21,7				Leistungssportler im Kajak Größe: 184 cm, Gewicht: 80 kg, Alter: 25,9			
	Laufband	Fahrrad-ergo-meter	Hand-ergo-meter	Kajak-ergo-meter	Laufband	Fahrrad-ergo-meter	Hand-ergo-meter	Kajak-ergo-meter
Gesamtarbeit höchster Krafteinsatz oder größtes Tempo	* 22 km/h	8350 mkg	2000 mkg	1312 mkg	** 16 km/h	6200 mkg	5400 mkg	10700 mkg
max. Herz-frequenz	210	198	156	166	174	168	170	188
VO$_2$max	4,045	3,803	2,450	2,303	4,516	3,998	4,507	4,914
ṘQ	1,00	1,02	1,14	0,82	1,04	1,01	1,04	1,02
V̇O$_2$/kg	69,74	65,56	42,24	39,70	56,46	49,97	50,71	61,42
kcal/kg/min	0,352	0,331	0,213	0,193	0,285	0,252	0,256	0,310

* 2 min 14 km/h – 2 min 16 km/h – 2 min 20 km/h – 2 min 22 km/h
** 3 min 8 km/h – 3 min 12 km/h – 3 min 16 km/h

- Ein Stufentest mit Laktatmessung muss in der Trainingsplanung berücksichtigt werden, da erwiesenermaßen (BRAUMANN et al. 1987) eine möglichst **optimale Glykogenauffüllung der Muskulatur** und ein gleich geartetes Training (Belastung) an den beiden letzten Tagen vor dem Test Voraussetzungen für die Vergleichbarkeit der Testergebnisse sind. Bereits auf Seite 74 f. wurde auf die Einflussnahme verarmter Glykogenspeicher auf die Laktatwerte und auf die damit verbundene Problematik in der Interpretation von Laktatleistungskurven hingewiesen. Glykogenarmut lässt die Laktatbildung erst bei höheren Belastungsintensitäten einsetzen und täuscht damit einen guten Trainingszustand vor. Eine Trainingsintensitätssteuerung auf Grund solcher Ergebnisse würde dem Trainierenden zu hohe Belastungen vorgeben und in kurzer Zeit zu einem Übertraining führen.

Aus den gewonnenen Messdaten wird die **Laktatleistungskurve** erstellt. In Verbindung mit der Fortbewegungsgeschwindigkeit oder mit dem Herzfrequenzverlauf (Abb. 59, S. 170) lassen sich dann die für die Intensitätssteuerung wesentlichen Kennwerte entnehmen: Fortbewegungsgeschwindigkeit an der AS und ANS bzw. die dazugehörigen Herzfrequenzen.

Aus dem **Vergleich zweier Laktatleistungskurven** desselben Athleten kann Entscheidendes über die Wirkung des dazwischen absolvierten Trainings festgestellt werden (Abb. 60a–d, S. 171):

● Eine Rechtsverschiebung vor allem im unteren Kurvenbereich (Abb. 60a) bedeutet eine Verbesserung im unteren Intensitätsbereich, d.h. eine Verbesserung der Grundlagenausdauer. Eine Linksverschiebung weist demgemäß auf eine diesbezügliche Verschlechterung hin. Die Erfahrung aus Kurvenvergleichen zeigt, dass normalerweise mit der Rechtsverschiebung ein Steilerwerden des Kurvenanstiegs verbunden ist (Abb. 60b), was einerseits zur Verbesserung im Grundlagenausdauerbereich führt, andererseits eine Verschlechterung im maximalen Leistungsbereich bedeutet. Solche Kurven sind typisch für einen guten Trainingszustand im Langzeitausdauerbereich.

● Eine Verflachung der Kurve (Abb. 60c) deutet einen Intensitätsgewinn im Bereich höherer Laktatwerte an, was als Zuwachs der anaeroben Kapazität oder auch als Einfluss der Kraft gedeutet werden kann. Eine Rechtsverschiebung der Kurve ist damit kaum verbunden, eher eine Linksverschiebung. Dies weist auf ein anaerob ausgelegtes Training hin. Dabei kommt es gewöhnlich zu Verbesserungen im anaeroben und zu Verschlechterungen im Grundlagenausdauerbereich. Derartige Kurvenverläufe (Abb. 60d) sind typisch für einen guten Trainingszustand in der KZA und MZA.

● Es kann nicht davon ausgegangen werden, dass der Trainingsprozess automatisch eine reine Rechtsverschiebung der Kurve ohne Änderung der Kurvenkrümmung

Abbildung 59
Schematische Darstellung der Laktatleistungskurve mit Herzfrequenzverlauf und Feststellung der Geschwindigkeiten bzw. Herzfrequenzen an der aeroben und anaeroben Schwelle (V_{AS}, V_{ANS} bzw. HF_{AS}, HF_{ANS})

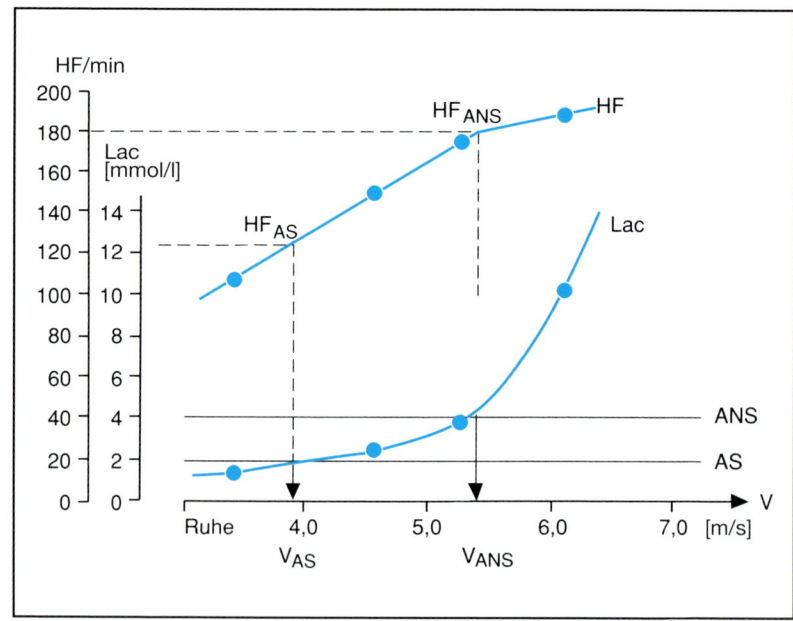

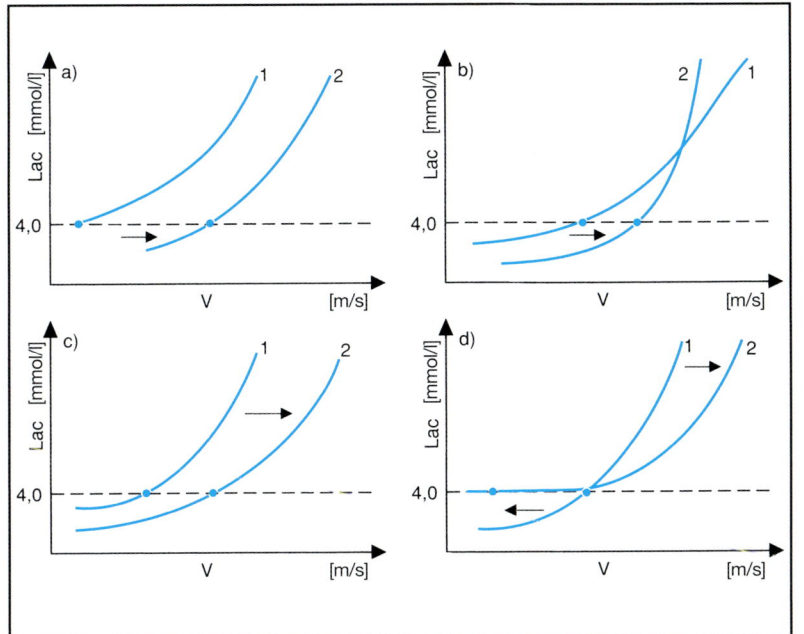

Abbildung 60a–d
Grundsätzliche Änderungsmöglichkeiten der Laktatleistungskurve im Trainingsgeschehen (Erklärungen siehe Text)

mit sich bringt. Die Kurvengestalt ändert sich im Laufe des periodisierten Trainings mehrmals.

Der **fußballspezifische Ausdauertest** (MÜLLER/KORNEXL/LEITENSTORFER 1992) ist ein Beispiel dafür, dass auch in ausdauerorientierten Spielsportarten spezifische Tests entworfen werden: Ein 205 m langer Laufparcours (Abb. 61, S. 172) muss nach definiertem Aufwärmen gemäß Zeitvorgabe (Tonband) 8-mal durchlaufen werden. Gemessen werden Herzfrequenz und Laktatkonzentrationen. Tab. 56, S. 172, beinhaltet Normwerte, die dazu erstellt wurden.

● Conconi-Test
Zweck: **unblutige Bestimmung der ANS über die Herzfrequenzänderung** zur Beurteilung der aeroben Leistungsfähigkeit und zur Steuerung der Trainingsintensität
Der Test baut auf der physiologischen Tatsache auf, dass die Herzfrequenz in einem weiten Bereich linear mit der Belastung ansteigt. Dies gilt nicht bei minimalen und bei nahezu maximalen Belastungen (ab ca. 90% der maximalen Leistungsfähigkeit) (Abb. 62, S. 173). Der obere Kurvenknickpunkt (Deflexionspunkt) kennzeichnet nach Conconi die anaerobe Schwelle (ANS), die jedoch nicht mit der anaeroben Laktatschwelle identisch ist. Deshalb ist es besser, von »**Conconi-Schwelle**« zu sprechen.

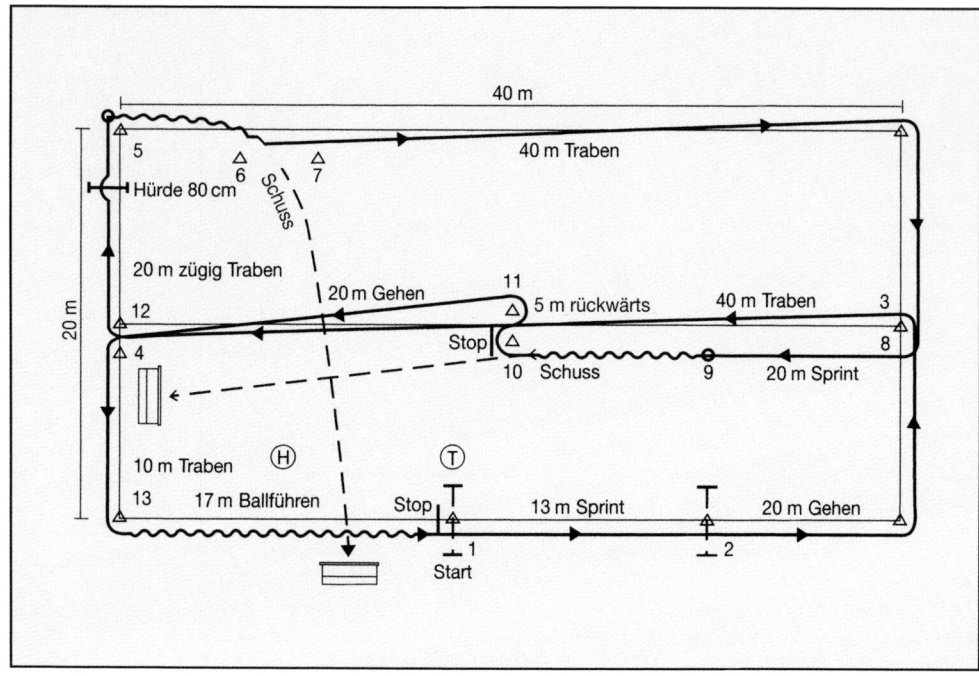

Abbildung 61
Laufparcours des fußballspezifischen Ausdauertests (nach MÜLLER et al. 1992)

Ursprünglich wurde der Test als Lauftest auf der Laufbahn konzipiert. Heute liegen auch für andere Sportarten (z.B. Skilanglauf, Radfahren, Eisschnelllauf, Rudern, Kanu; dazu: DROGHETTI et al. 1985, 299) entsprechende Testprotokolle vor. Eine weitere Modifikation stellt der Intervall-Test nach PROBST dar, bei dem spezifische Eigenarten der Sportspiele (Starts, Stopps, Richtungsänderungen, Pausen) berücksichtigt werden (dazu: MONA et al. 1989, 157).

Die Tests können ohne Hilfe von Ärzten und Laborpersonal mit relativ geringem Aufwand durchgeführt werden.

Tabelle 56
Normwerte für den fußballspezifischen Ausdauertest (Laktatkonzentration nach der Belastung) (nach MÜLLER et al. 1992)

Leistungsgruppe	sehr gut (mmol/l)	gut (mmol/l)	genügend (mmol/l)	ungenügend (mmol/l)
hohes Leistungsniveau (Bundesliga)	bis 3	3,1–6,0	6,1–8,0	größer 8,0
mittleres Leistungsniveau (Regionalliga)	bis 4,5	4,6–7,5	7,6–9,5	größer 9,5
Jugendklasse U 18 (hohes Leistungsniveau)	bis 4	4,1–7,0	7,1–9,0	größer 9,0

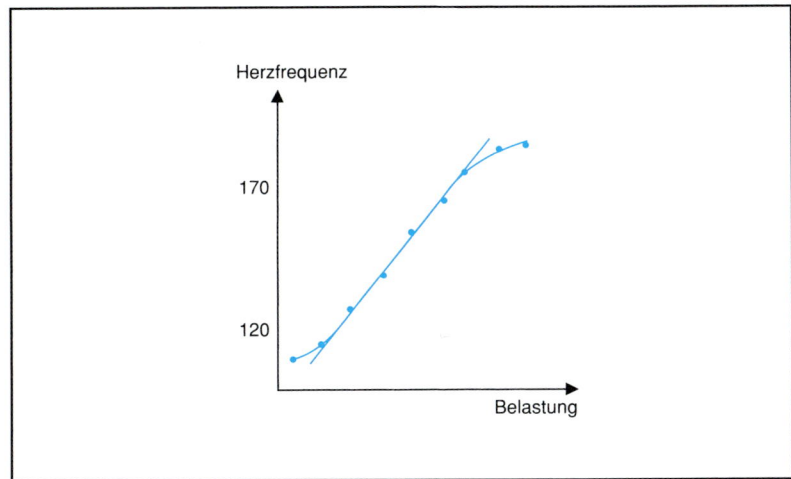

Abbildung 62
S-förmiger Verlauf der Herzfrequenz-Belastung-Beziehung. Der Verlauf ist nur im Herzfrequenzbereich zwischen 120 und 170/min linear.

Die Anwendung des Conconi-Tests in der Trainingspraxis ist nicht unumstritten. Während auf der einen Seite der Test seit Jahren uneingeschränkt Anwendung findet (z. B. im italienischen und schweizerischen Raum), haben andere Nachuntersucher (Urhausen et al. 1988, Jakob et al. 1987, Ribeiro et al. 1985) eine kritische Einstellung zur Zuverlässigkeit aus folgenden Gründen:

- Der Knick der Herzfrequenzkurve tritt nicht bei allen untersuchten Probanden ein. Die lineare Steigung geht mitunter bis zu Herzfrequenzen von 190/min.
- Der Test fordert eine maximale Ausbelastung, um mehrere Messpunkte in der Herzfrequenzkurve nach dem oberen Knick zu erhalten. Ansonsten wird die grafische Bestimmung des Kurvenknicks problematisch.
- Die Laufgeschwindigkeiten an der ANS mittels Herzfrequenzbestimmung lagen höher oder niedriger als die über die Laktatmessung bestimmten. Die Differenzen reichten bis zu 1,27 km/h. Trainingsempfehlungen auf Grund dieser Messwerte würden den individuellen optimalen Trainingsintensitätsbereich nicht treffen.

Hottenrott (1993) führt Gegenargumente dazu auf und betont die Möglichkeit der Anwendung des Conconi-Tests im Lauftraining.

Durchführung des Conconi-Lauftests:

- Nach ca. 15- bis 20-minütigem Aufwärmen Beginn des Laufs auf einer 400-m-Rundbahn mit einer bestimmten Geschwindigkeit (wenig Trainierte 70 Sek. für 200 m, Trainierte 60 Sek. für 200 m).
- Alle 200 m kommt es zu einer Geschwindigkeitssteigerung (= Reduzierung der 200-m-Laufzeit um ca. 2–3 Sek.). Der Herzfrequenzanstieg sollte maximal 7–8 Schläge/min betragen.
- Mittels Pulsmessgerät und Stoppuhr (2 Helfer notwendig) werden an den 200-m-Abschnitten Herzfrequenz und Laufzeit im Protokollblatt notiert bzw. die Herzfrequenzen im Herzfrequenzmesser gespeichert.

173

Abbildung 63
Beispiele eines
Herzfrequenz-
Verhaltens im
Conconi-Test.
Bestimmung der
kritischen Ge-
schwindigkeit (Vd)
bei Abweichen der
Herzfrequenz von
der Linearität (aus:
PROBST 1988, 185)

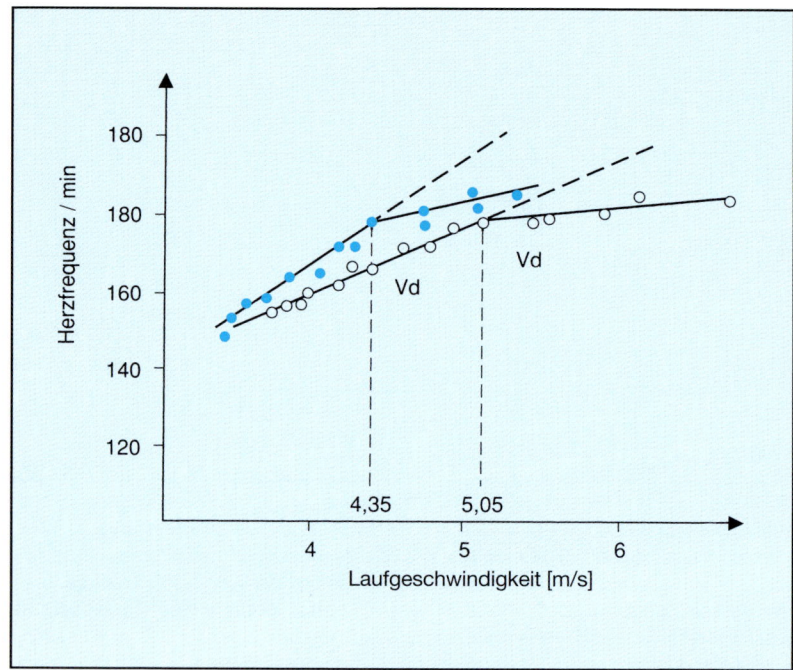

- Es kommt bis zur vollen Auslastung auf etwa 12–16 Geschwindigkeitssteigerungen bzw. Messungen (Laufstrecke ca. 2400–3200 m in etwa 10–12 Minuten).
- Aus den Protokolldaten werden die entsprechenden Wertepaare (Herzfrequenz und Laufgeschwindigkeit) als Punkte auf Millimeterpapier eingetragen. Anschließend wird durch Legen einer Geraden im linearen Teil der Punkt die kritische Geschwindigkeit (Vd = velocity deflection) bestimmt (Abb. 63).
  Die zugehörige Herzfrequenz ist die kritische Herzfrequenz und wird mit Pd (= pulse deflection) bezeichnet.

Weitergehende Informationen zur Testdurchführung findet man bei PROBST (1988) und PROBST/NONELLA (1986). Bei NEUMANN/PFÜTZNER/HOTTENROTT (1993) wird auch auf die computergesteuerte Auswertung des Tests mittels entsprechender Software (Polar Electro) eingegangen.

Über den ursprünglichen Zweck (Feststellen der Vd) wird der Conconi-Test auch zur **Beurteilung** der **aeroben** und **anaeroben Leistungsfähigkeit** herangezogen. Dabei stützt man sich für die Einstufung der aeroben Fähigkeit auf die am Deflexionspunkt erreichte Geschwindigkeit (Tab. 57, S. 175) und die insgesamt zurückgelegte Teststrecke. Die anaerobe Leistungsfähigkeit kann aus der Streckenlänge, die nach Erreichen der Conconi-Schwelle noch bewältigt worden ist, abgeschätzt werden. Auch dafür werden bereits Normwerte genannt (NEUMANN/PFÜTZNER/HOTTENROTT 1993, 117 f.).

Conconi-Schwelle	aerobe Leistungsfähigkeit	Charakterisierung
Vd (km/h)		
9	ungenügend	untrainiert
11	mangelhaft	
13	ausreichend	Freizeitsportler
15	befriedigend	
17	gut	Leistungssportler
19	sehr gut	
über 19	ausgezeichnet	Hochleistungssportler

Tabelle 57
Beurteilung der aeroben Leistungsfähigkeit durch den Conconi-Test. Mit verbesserter Ausdauer nimmt die Geschwindigkeit am Deflexionspunkt (Vd) zu. Die Geschwindigkeitsangaben gelten für Männer. Für Frauen wäre eine Korrektur von etwa 2 km/h vorzunehmen (aus: NEUMANN/PFÜTZNER/HOTTENROTT 1993, 116).

● Anaerober Zwei-Strecken-Feldtest (SZÖGY 1987)

Zweck: Feststellung der anaerob-alaktaziden und anaerob-laktaziden Kapazität
Der Test ist entstanden durch Übertragung der Belastungsmethodik des anaeroben 2-Phasen-Labortests (S. 166) auf die disziplinspezifischen Verhältnisse und wird in verschiedenen Sportarten (z.B. Leichtathletik, Schwimmen, Bahnradfahren) angewandt. Wesentlich ist eine zyklische Ausführung der Disziplinbewegung ohne koordinativ-technische Aufgabenstellung (z.B. in Spielsportarten mit Ballführen und Würfen etc.), da sonst kaum entsprechende Ausbelastung und vor allem keine Reproduzierbarkeit vorliegt.

Durchführung:
● Erste Belastungsstrecke mit maximaler Geschwindigkeit (z.B. 100-m-Lauf, 50 m Schwimmen, 200 m Bahnradfahren) und Errechnung der Höchstgeschwindigkeit nach halber Strecke. Laktatmessung im Anschluss an die Belastung. Diese Phase dient zur Feststellung der **alaktaziden Komponente.**
● Eine Stunde Pause (Laktatbeseitigung).
● Zweite Belastungsstrecke mit wiederum maximaler Geschwindigkeit (z.B. 300-m-Lauf, 100 m Schwimmen, 800 m Bahnradfahren) und Messung bzw. Errechnung der mittleren Geschwindigkeit. Laktatmessung nach Ende der Belastung. Diese zweite Phase dient der Feststellung der **laktaziden Komponente.** Belastungsdauern von mehr als 60 Sek. lassen bereits die aerobe Kapazität zur Geltung kommen!
● Zur Einschätzung der alaktaziden Energiereserven wird der sog. **alaktazide Quotient** herangezogen. Dieser stellt die Beziehung zwischen Gesamtarbeit und Laktatproduktion in den beiden Belastungsphasen dar. Je höher der Quotient, desto größer die Phosphatreserven. Zur Einschätzung der laktaziden Kapazität (= glykolytische Durchsatzrate + Säuretoleranz) wird der maximale Laktatwert nach der zweiten Belastung verwendet. Je höher der Wert, desto höher ist die Fähigkeit zur Säuretoleranz einzuschätzen (Weiteres bei SZÖGY et al. 1984, 153, und 1987, 715).

175

Hinweis zu den sportartspezifischen Feldtests:
– Eine gute Übersicht mit Autorennennung und einschlägiger Literatur bietet BAUMGARTL (»Laktatfeldtests im Leistungssport«, in: Österr. Journal für Sportmedizin, März 1987).
– Ausführliche Angaben zu verschiedenen praktizierten Feldtests im Ausdauersport (Schwimmen, Radfahren, Laufen, Triathlon) und zum Conconi-Test findet man bei NEUMANN/PFÜTZNER/HOTTENROTT (1993).

Multiple Leistungsdiagnostik

Die Erfahrung mit der unzureichenden Aussagekraft von nur einzelnen Testverfahren bzw. Parametern hat in verschiedenen Ausdauersportarten dazu geführt, zur Absicherung der Schwellenwerte eine mehrfach gestützte Leistungsdiagnostik durchzuführen. Die divergierenden Ergebnisse können zur genaueren Bestimmung der Steuergrößen für die Trainingsintensität herangezogen werden. Für die Trainingssteuerung im Hochleistungssport ist dies dringend zu empfehlen.
Unter multipler bzw. mehrfacher Stützung wird verstanden:
a) die **Erhebung mehrerer relevanter Parameter** bei den Labortests bezüglich der gleichen Zielsetzung.
Z.B. könnte das Herausfinden der sehr wesentlichen Belastungsintensität für das maximale Laktat-steady-state durch Koppelung der Laktatmessung mit Erfassung spiroergometrischer Daten (z.B. Ventilationskurve, Atemäquivalent) abgesichert werden. Bekanntlich zeigt sich in der Ventilationskurve (Anstieg des Atemminutenvolumens mit Belastungsanstieg) auch eine Veränderung des linearen Anstiegs (zu einem exponentiellen), was auch in einer Änderung des Atemäquivalents deutlich wird. Hier handelt es sich um die »Anaerobic Threshold« nach WASSERMANN et al. (1964), die mit der aeroben Schwelle (AS) identisch ist. Nach RIBEIRO et al. (1985) soll noch ein zweiter Wendepunkt in der Kurve zu erkennen sein, der der 4-mmol-Laktatschwelle gleichzusetzen wäre. Unabhängig davon, ob das Zweischwellenkonzept für die Atmungskurve zutrifft, soll hier nur darauf verwiesen werden, dass typische Eigenheiten der Ventilationskurve zur Unterstützung der Laktatdiagnostik herangezogen werden können. MARTIN/COE (1992) betonen z.B. den Wert der **ventilatorischen Schwelle** zur Findung der optimalen Trainingsintensität. Sie verwenden auch die Begriffskombination Laktat-/ventilatorische Schwelle.
b) die **Anwendung mehrerer Tests nebeneinander** bei Feldtests.
Hier wäre zu verweisen auf die Durchführung des Conconi-Tests neben den sportartspezifischen Mehrstreckentests und die Überprüfung einzelner Trainingsbelastungen durch Laktatmessung.

Bestimmung der Trainingsintensität

Schon bei der Beschreibung der Trainingsbereiche und Trainingsmethoden wurde deutlich, welche Bedeutung die Belastungsintensität für die Wirkungsrichtung des Trainings hat. Die Benennung der Intensität geschieht dabei mit verschiedenen

Messgrößen (VO₂max, Laktatkonzentration, Herzfrequenz, Fortbewegungsgeschwindigkeit). An dieser Stelle soll nun auf die in der Trainingspraxis bekannten Möglichkeiten näher eingegangen werden.

Intensitätsbestimmung mit Herzfrequenz (HF)

Die Herzfrequenz ist eine anerkannte Messgröße für die Auslastung des Herz-Kreislauf-Systems. Durch die Möglichkeit der Messung mit **Sporttestern** (Herzfrequenzmesser nach dem EKG-Prinzip) ist auch während der Belastung ein zuverlässiges Ablesen möglich. Für eine ausreichend genaue Kontrolle des Belastungspulses sind solche Geräte dringend zu empfehlen.

Bei **Pulsmessung durch Tasten** an der Halsschlagader (Karotispuls) oder Speichenschlagader am Handgelenk (Radialispuls) muss immer mit einer gewissen Ungenauigkeit gerechnet werden. Es kann Schwierigkeiten geben, den Puls überhaupt zu erfühlen oder bei hohen Frequenzen die Einzelschläge genau zu erfassen. Die Messdauer darf nicht lange sein (üblicherweise 10 s × 6 = HF/min), da wegen des schnellen Pulsabfalls bei Belastungsabbruch der wirkliche Belastungspuls nicht mehr erfasst wird. Bei festgestellten Werten von über 180/min muss ein Zuschlag von +10/min erfolgen. Der Ruhepuls ist günstiger über eine Zähldauer von 1 Min. zu ermitteln.

Es ist auch zu beachten, dass sich die Herzfrequenz für eine bestimmte Belastungsstufe erst mit einer gewissen Verzögerung einstellt. Normal ist dies nach 5 Min. etwa der Fall. Bei gutem Trainingszustand kann das HF-steady-state bereits nach 2–3 Min. erreicht sein.

Die Herzfrequenz unterliegt gewissen Einflüssen, die gegebenenfalls zu berücksichtigen sind. **Altersbedingt** nehmen Ruhe- und Maximalpuls nach dem 30. Lebensjahr ab (Abb. 64). Im Kindesalter sind beide gegenüber dem Erwachsenenalter erhöht.

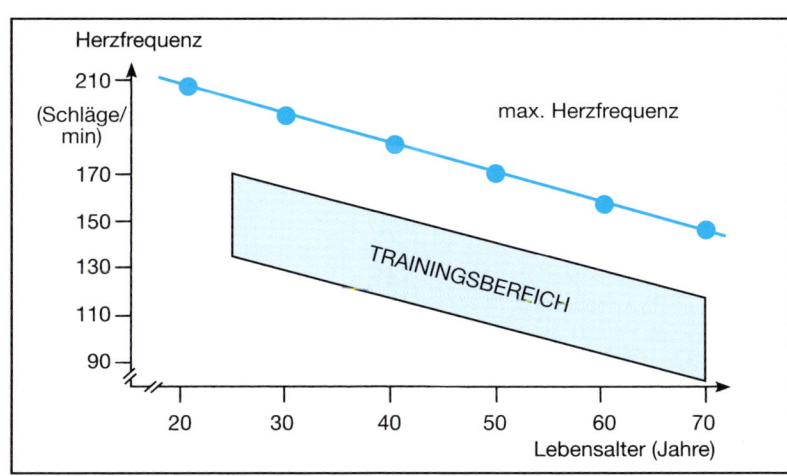

Abbildung 64
Abnahme der maximalen Herzfrequenz (HF) mit der Zunahme des Lebensalters. Von der maximalen HF können die günstigsten Belastungsbereiche (Trainingsbereiche) abgeleitet werden (aus: ENGELHARDT/NEUMANN 1994, 102).

177

Bei der Festlegung der gewünschten Trainingsherzfrequenz ist das Alter in Anrechnung zu bringen. Eine Empfehlung der Trimm-Herzfrequenz (130/min) nach dem Motto »Trimming 130« für alle Erwachsenen kann deshalb kaum richtig sein.

In Bezug auf eine gewünschte prozentuale Herz-Kreislauf-Auslastung ist nach folgender **Formel** (STRAUZENBERG 1976, 37) das Lebensalter (LA in Jahren) zu berücksichtigen:

- **Maximalpuls: HFmax = (220−LA)/min**
- **80%-Auslastung: HF = (200−LA)/min**
- **70%-Auslastung: HF = (180−LA)/min**
- **50−60%-Auslastung: HF = (160−LA)/min**

Für die **optimale Trainingsherzfrequenz (opt. THF)** liegt eine weitere Berechnungsformel (SCHMITH/ISRAEL 1983) vor:

$$\text{opt. THF/min} = 170 - {}^{1}/_{2}\,\text{LA} \pm 10/\text{min}$$

Diese Formel ist gültig bis zum 60. Lebensjahr. Der Spielraum von ± 10 ergibt sich aus dem Anstrengungscharakter verschiedener Sportarten, der Belastungszeitdauer und dem Trainingszustand.

Die **Karvonen-Formel** (KARVONEN/VUORIMAA 1988) berücksichtigt die individuellen Verhältnisse bezüglich des Maximal- und Ruhepulses:

$$\text{THF} = \text{Ruhe-HF} + (\text{HFmax} - \text{Ruhe-HF}) \times \text{Int.-\%}$$

Die individuelle HFmax ist durch einen Ausbelastungstest mit ansteigender Belastung über mindestens 5 Min. Dauer (Laborstufentest oder 1000- bis 1200-m-Lauf mit maximal möglicher Anstrengung in der letzten Runde) festzustellen. Die Ruhe-HF wird als Durchschnittswert aus Messungen an 5 aufeinander folgender Tagen (früh, Bettruhe) ermittelt. Als anzusetzende Int.-% werden empfohlen 60−80% für den aeroben Trainingsbereich, 80−90% für den Bereich, in dem normalerweise die IANS liegt.

MARTIN et al. (MARTIN 1989) entwickelten nach Auswertung von Daten, die aus der Überprüfung vorhandener Formeln und aus Conconi-Testergebnissen stammen, eine **THF-Formel für »allgemein trainierende« Fortgeschrittene** zur Berechnung der optimalen Belastungsintensität (für Belastungsdauern von 45−60 Min.):

$$\text{THF} = \text{HFmax} - (0{,}45 \times \text{Ruhe-HF})$$

Eine individuell genauere Bestimmung der Trainingsherzfrequenz ist mit einem **Conconi-Test** (S. 171) möglich, soweit er als Lauftest durchgeführt wird und beim Probanden sich ein deutlicher Deflexionspunkt (Pd) festlegen lässt. Die **Trainingsherzfrequenzen** werden dann von der **Conconi-Schwellen-HF (= 100%)** abgeleitet. Folgende Zuordnungen werden für LZA-Athleten getroffen:

- **75−80% von Pd: Regenerationsbereich**
- **80−85% von Pd: Grundlagenausdauertraining 1 (> 90 Min.)**
- **85−90% von Pd: Grundlagenausdauertraining 1 (−60 Min.)**
- **90−95% von Pd: Grundlagenausdauertraining 2 (20−45 Min.)**
- **100% = Pd: wettkampfspezifische Ausdauer (ext. Intervalle)**
- **103−105% von Pd: wettkampfspezifische Ausdauer (int. Intervalle)**

Für KZA/MZA-Athleten liegen die Zuordnungen für den regenerativen und die beiden Grundlagenausdauertrainings-Bereiche gleich. Für wettkampfspezifisches Training (Intervallmethode) wird die Intensität über die Geschwindigkeit (% Schwellengeschwindigkeit) oder die HFmax gesteuert.

Die für »systematisch Trainierende« empfohlenen Belastungsintensitäten (MARTIN/ CARL/LEHNERTZ 1991) liegen bei **90–95% von Pd bei 45 Min. Belastungsdauer, 85–90% bei 60 Min., 80–85% bei 90 Min., 75–80% bei 120 Min.**
Für Anfänger im Gesundheits-/Fitnesstraining sind Angaben zur Intensitätssteuerung über die Herzfrequenz wenig sinnvoll, solange die »Trainierenden« nicht in der Lage sind, zusammenhängend mindestens 30 Min. sich zu belasten (siehe Aufbauprogramme S. 137 f.). Angaben wie »HF 160–LA« sind von zweitrangiger Bedeutung, soweit sich die Herzschlagfrequenz im Zuge der Ökonomisierung des Herz-Kreislauf-Systems nach mehreren Wochen noch nicht an die tatsächliche körperliche Belastung angepasst hat. Meistens reagiert die Herzfrequenz bei Anfängern überschießend. Wird später (Optimalprogramm) nach der Formel 180–LA vorgegangen, so können die Laktatwerte individuell stark variieren (3–6 mmol/l), was für den Fitnessbereich eventuell noch akzeptabel sein mag, aber auch auf die Bedeutung der individuellen HF-Bestimmung hinweist.
Die **sportartspezifische Beanspruchung** mit den typischen Belastungszeiten ist ein weiterer Einflussfaktor auf die Trainingsherzfrequenz.
Die o.g. HF-Formeln beziehen sich überwiegend auf Erfahrungswerte und Untersuchungsergebnisse zum Laufen. Sie sind deshalb nicht unkorrigiert auf andere Ausdauersportarten übertragbar.
Erfahrungsgemäß liegen die **Trainingsherzfrequenzen** für vergleichbare Belastungsstufen beim Radfahren und Skilanglauf um **ca. 8–10%**, beim Schwimmen (Wirkung des Tauchreflexes) um **ca. 6–7%** niedriger als beim Laufen. Das trifft für Sportler zu, die die Bewegungstechnik gut beherrschen. Eine schlechte Technik (unökonomische Fortbewegung) wirkt sich im Schwimmen und Skilanglauf dahingehend aus, dass bei geringen Geschwindigkeiten bereits hohe Herzfrequenzen erreicht werden und bei höheren Geschwindigkeiten die Ausbelastungsherzfrequenz (auf längere Distanz) nur noch geringfügig gesteigert werden kann. Auch die Regulationsbreite der HF ist größer. Während sie beim Laufen (Flachlauf) und Schwimmen in engen Grenzen (ca. 10 HF-Schläge/min) relativ stabil ist, müssen beim Radsport und Skilanglauf größere Bandbreiten (ca. 15–20 HF-Schläge/min) und instabilere Verhältnisse wegen der äußeren Einflussfaktoren (Streckenprofil, Windverhältnisse, Schneeart etc.) zur Kenntnis genommen werden.
In diesen Sportarten ist es auch schwierig, während des Trainings die beabsichtigte Intensitätsstufe über die Herzfrequenz zu kontrollieren, da letztlich der HF-Streckenmittelwert entscheidend ist. Durch Verwendung eines Sporttesters (mit Speicher) ist eine genaue Kontrolle möglich, allerdings erst nach dem Training. Für die Überwachung während des Trainings wird zwar eine sog. 3-Punkte-Methode (BATALOV 1989; für Skilanglauf Messung jeweils am Ende einer Flachstrecke, eines Anstiegs, einer Abfahrt und Feststellung des Mittelwerts daraus) vorgeschlagen. Deren Gültigkeit ist jedoch auch nur für standardisierte Trainingsstrecken (zeitlich gleiche Streckenanteile, bestimmte Minimalabstände im Wechsel der Abschnitte)

gegeben. Eine noch akzeptable Lösung ist die Orientierung an der HF am Ende der Flachstücke, da diese auch aussagekräftig für die mittlere Strecken-HF ist (nach BATALOV beim Skilanglauf in der Skatingtechnik noch mehr als in der Diagonaltechnik).

Bei überlangen Laufstrecken (> 90 Min. und 45–90 Min.) ist die THF um 6–7% bzw. 3–4% niedriger anzusetzen als die entsprechende für normale Streckenlängen (−50 Min.). Im Radsport und Skilanglauf trifft das Gleiche (6–7% bzw. 3–4%) für die grundsätzlich längeren Trainingsbelastungen von > 150 Min. bzw. 90–150 Min. zu. (Anmerkung: Die allgemein gehaltenen Zahlenangaben sind Auswertungsergebnisse von detaillierten HF-Tabellen der Fachsportliteratur.)

Auch die **belastungsbedingte Überwärmung** des Körpers (hohe Außentemperatur, warme Trainingskleidung) schlägt sich in der Herzfrequenz nieder. In Verbindung mit einem gesteigerten Herzminutenvolumen zum Wärmeabtransport in die Körperschale (Haut) kann eine HF-Erhöhung um 10–15/min auftreten.

Intensitätsbestimmung mit Atemfrequenz (AF)

Wegen des funktionell engen Zusammenhangs des Atemsystems mit dem Herz-Kreislauf-System wirkt sich eine Belastungssteigerung auch in der Lungenatmung (Atemminutenvolumen), insbesondere in der Atemfrequenz, aus. Grundsätzlich stellt sich bei den unterschiedlichen Belastungssituationen die Atemfrequenz in Verbindung mit dem zugehörigen Atemzugvolumen so ein, dass der optimale Wirkungsgrad der Atmung vorliegt. Ein echtes Atem-steady-state zeigt sich eigentlich nur bei Beanspruchungen bis zu 50% VO_2max. Werden 60–80% VO_2max über längere Zeitdauer als 10 Min. gefordert, so kommt es zu einem kontinuierlichen allmählichen Anstieg der AF/min (DEMPSEY/MANOHAR in: SHEPARD/ÅSTRAND 1993, 74). Die Ursache dafür ist ungeklärt, sie scheint multifaktorieller Natur zu sein, wobei Temperaturerhöhung, Noradrenalinausschüttung und reflektorische Einflüsse aus der Muskeltätigkeit als mögliche Stimulierungsfaktoren diskutiert werden. Solange der Maximalwert des Atemzugvolumens (60–65% der Vitalkapazität) noch nicht ausgeschöpft ist, ist die AF-Steigerung eigentlich untypisch. Normalerweise wird dann noch über das Atemzugvolumen reguliert.

Unabhängig von diesen Tatsachen liegen Untersuchungen zum Zusammenhang zwischen körperlicher Beanspruchung beim Laufen und Atemfrequenz vor (JABLONSKI et al. 1985: BUSKIES et al. 1992). Als pauschales Ergebnis kann für ein **gesundheits- bzw. breitensportorientiertes Ausdauertraining** festgehalten werden:

- **Lauftempo im 4-Schritt-Atemrhythmus** (4 Schritte ein – 4 Schritte aus) liegt im **Bereich der aeroben Schwelle** (AS).
- **Lauftempo im 3-Schritt-Atemrhythmus** liegt im **Bereich der IANS**.

Intensitätsbestimmung über Laktatschwellenwerte

Im leistungssportlichen Training ist neben der »Steuerung über HF« die Festlegung der Intensität mittels der Messgröße Laktat verbreitet. Durch die Laktatkonzentrationen im Blut (niedriger als das Muskellaktat) wird ein Einblick in die Stoffwechselverhältnisse des Belastungszustands gegeben.

Es muss eine **Laktatleistungskurve** aus einem mehrstufigen sportartspezifischen Labor- oder Feldtest erstellt werden (s. S. 167 f.). Daraus sind dann die individuell korrespondierenden Herzfrequenzen und Fortbewegungsgeschwindigkeiten zu den verschiedenen Laktatschwellen (AS, IANS, 3-mmol- oder 4-mmol-ANS) zu ermitteln. Mit diesen Werten kann in der Trainingspraxis gearbeitet werden.

Die Intensitätssteuerung über Laktatmessung galt längere Zeit als die zuverlässige und genaue Methode (»Zeitalter der Laktateuphorie«). Gegen eine unkritische Anwendung sind jedoch aus verschiedenen Gründen Bedenken zu erheben. Die wichtigsten Kritikpunkte sind u. a.:

- Die Laktatelimination beeinflusst die Laktatwerte und ändert sich im Muskel und Blut mit dem Belastungszustand. Die Höhe des Blutlaktatspiegels ist damit kein direktes Maß für die anaerobe Glykolyserate.
- Das Testprotokoll beeinflusst die Ergebnisse stark. Die Laktatwerte, die nach Belastungsschemata mit kurzen Stufendauern (3–5 Min.) gewonnen werden, sind als Richtwerte für Dauerbelastungen nicht brauchbar. Sie liegen in der Regel zu niedrig. Schon bei Verlängerung der Stufendauer auf 10 Min. sind – individuell verschieden – wesentlich höhere Laktatkonzentrationen zu verzeichnen.
- Die aus Labortests gewonnenen Ergebnisse sind nur mit Einschränkungen (Korrekturen) auf die Feldbedingungen übertragbar.

Trotz möglicher Fehlerquellen und Interpretationsschwierigkeiten geschieht die Laktatschwellenbestimmung zur Intensitätssteuerung in der Trainingspraxis nach wie vor. Um ausreichende Gültigkeit zu erhalten, sollte dabei unbedingt Folgendes beachtet werden:

- Wenn Testverfahren mit kurzen Belastungsstufen (3 Min.) angewandt werden, sind lediglich die für die niedrigen Laktatkonzentrationen (bis 2,5 mmol/l) gefundenen HF- bzw. Geschwindigkeitswerte zur Trainingssteuerung brauchbar. Erfahrungsgemäß gehen bei Dauerbelastungen die Laktataufstockungen dann nicht über 3–4 mmol/l hinaus. Für LZA-Athleten sollte die Stufendauer deshalb nicht unter 5 Min. liegen.
- Im Training sollten die tatsächlichen Laktatkonzentrationen nach langen Dauerbelastungen kontrolliert werden, um Korrekturen vornehmen zu können.
- Für Sportler mit **niedrigem aerobem** Ausdauerniveau sollte der Orientierungsmaßstab für das maximale Laktat-steady-state, das definitionsgemäß der IANS entspricht, im **4(–6)-mmol-Bereich,** bei **gutem aerobem** Niveau bei **3 mmol** und für **LZA-Leister** (Marathonläufer) bei **2,5 mmol** sein (HECK 1990).

NEUMANN et al. (1993) erwähnen für die Bedeutung der Laktatschwellen als Leistungskriterium folgende differenzierte Zuordnung:
- **KZA:** (4 mmol/l), 7 mmol/l, 10 mmol/l
- **MZA:** (3 mmol/l), 4 mmol/l
- **LZA I + II:** 3 mmol/l, (4 mmol/l)
- **LZA III + IV:** 2 mmol/l, (3 mmol/l)

Eine alle Ausdauersportarten übergreifende Zuordnung derselben Laktatwerte zu den Trainingsbereichen ist aus den angeführten Gründen nicht möglich. Es existieren deshalb auch in den verschiedenen Ausdauerdisziplinen unterschiedliche Schemata. Einige Beispiele sollen dies verdeutlichen.

Das Schema für den **leichtathletischen Mittelstreckenbereich** (Abb. 66, S. 183) enthält in Ausrichtung auf die 4-mmol-ANS 6 Intensitätsstufen:

- Kompensationsbereich: < 2 mmol/l
- Grundlagenausdauer-1-Bereich: 1,5–2,5 mmol/l = 85–90% Schwellengeschwindigkeit
- Grundlagenausdauer-2-Bereich: 2,5–3,5 mmol/l = 90–97% Schwellengeschwindigkeit
- Entwicklungsbereich: 3,6–6,0 mmol/l
- Grenzbereich: 6–13 mmol/l
- Wettkampfbereich: > 13 mmol/l

Im Schema für **Marathonlauf** (Abb. 67, S. 183) ist der Bezug zur 2,5-mmol-Schwelle (= 100% Marathonrenntempo) hergestellt und die Stufeneinteilung wie folgt:

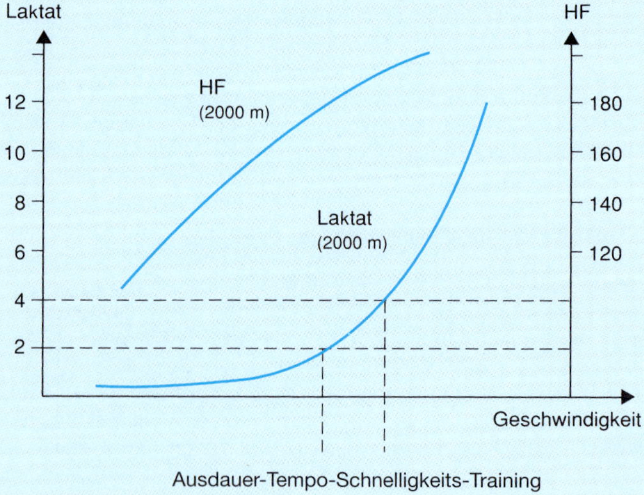

Abbildung 65
Intensitätsstufen im Gehertraining (HUPFELD 1986)

	Ausdauer	Tempo	Schnelligkeit
Ziel	allgemeine Ausdauer	spezielle Ausdauer	Schnelligkeit
Belastung	rein aerob	gemischt aerob/anaerob Mittel-	anaerob-laktazid
Belastungsdauer	über WK-Distanz	bis WK-Distanz	Kurzdistanz
Relation zur WK-Geschwindigkeit	75–85%	95–100%	> 105%
HF	bis 140	160–180	> 180
Laktat	< 2	2–4 (bei 2 km)	> 5

Ausdauer-Tempo-Schnelligkeits-Training

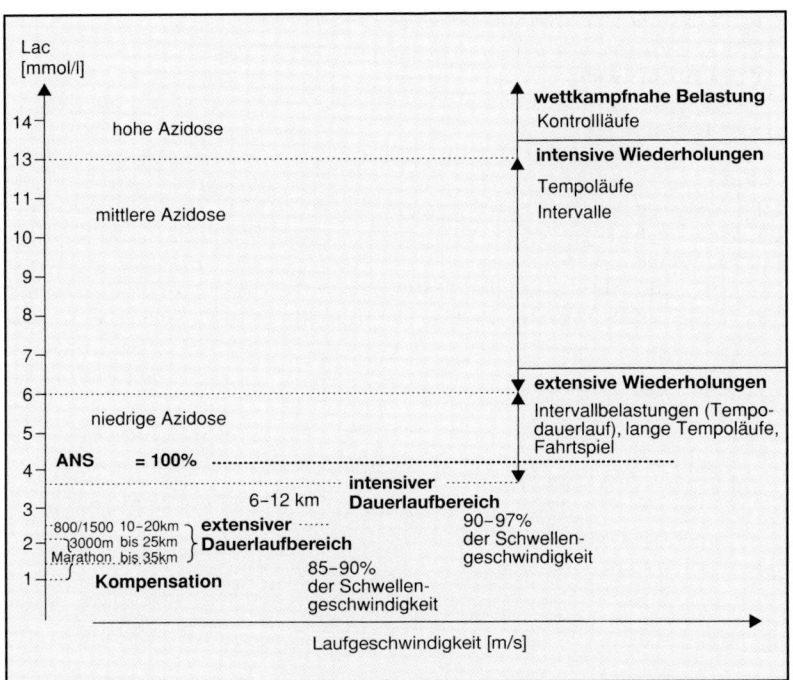

Abbildung 66
Schema über die Einteilung von aeroben (unter 4 mmol/l Laktat) und anaeroben (über 4 mmol/l Laktat) metabolischen Energiezuständen und deren Einordnung in die bisher bekannten methodischen Bezeichnungen aus der Trainingslehre (modifiziert nach FÖHRENBACH 1981, 1354)

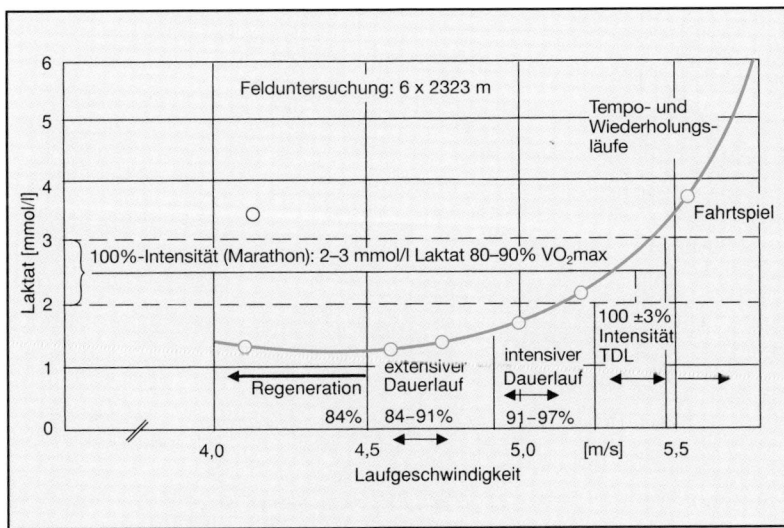

Abbildung 67
Möglichkeit der Steuerung der Trainingsbelastung anhand der Laktat-Geschwindigkeitskurve unter Zuordnung bekannter Bezeichnungen aus der Trainingslehre (FÖHRENBACH et al. 1985)

Tabelle 58 Trainingsbereiche im Rudertraining (aus FRITSCH 1981)

Strukturbereich Kategorie	Intensität	Umfang in der beabs. Intensität in min	Dauer des Einzelreizes in min	Dichte (Pausenlänge) in min	Anzahl der Wiederholungen	Laktatbildung in mmol/l	Effekt
I	103–110%	5–8	0,5–1,5	2–15	3–8 ×	> 10	Entwicklung der – anaeroben Kapazität – Start- u. Spurtfähigkeit – max. Geschwindigkeit
II	93–100%	15–20	2–5	2–15	4–6 ×	6–10	– takt. Fähigkeit – Gefühl für Renntempo – Koordination
III	85–93%	25–40	6–10	3–10	4–6 ×	4–6	– aerobe Kapazität – Kraftausdauer – Taktik – mannsch. Koordination
IV	80–85%	15–60	15–45	5–10	1–3 ×	3,5–4	– aerobe Kapazität – Kraftausdauer
V	70–80%	30–100	30–100	–	1 ×	2,5–3,5	– Stabilisierung und – Wiederherstellung des aeroben Niveaus – Koordination
VI	~70%	30–150	30–40	beliebig	1 ×	~2,5	– Regeneration – Koordination (Technik) – Willensschulung

= Entwicklungsbereich II   = Entwicklungsbereich I

- Regenerationsbereich: < 1,25 mmol/l ≤ 84% Schwellengeschwindigkeit
- Grundlagenausdauer-1-Bereich: 1,0–1,5 mmol/l = 84–91% Schwellengeschwindigkeit
- Grundlagenausdauer-2-Bereich: 1,5–2,0 mmol/l = 91–97% Schwellengeschwindigkeit
- Grenzbereich: 2,0–3,0 mmol/l = 100% ± 3%
- Schnelligkeitsausdauer-Bereich: > 3 mmol/l ≥ 105% Schwellengeschwindigkeit

Im Schema für **Gehertraining** werden lediglich 3 Bereiche unterschieden (Abb. 65, S. 182): Ausdauerbereich (< 2 mmol/l), Tempobereich (2–4 mmol/l), Schnelligkeitsbereich (> 5 mmol/l).

Das Schema für **Rudern** (Tab. 58, S. 184) weist 6 Trainingskategorien (-bereiche) auf. Die Laktatwerte sind in Beziehung gesetzt zur prozentualen Wettkampfgeschwindigkeit.
- Regenerationsbereich: < 2,5 mmol/l ≤ 70% WK-Geschwindigkeit
- Stabilisierungsbereich: 2,5–3,5 mmol/l = 70–80% WK-Geschwindigkeit
- Entwicklungsbereich I: 3,5–4,0 mmol/l = 80–85% WK-Geschwindigkeit
- Entwicklungsbereich II: 4–6 mmol/l = 85–93% WK-Geschwindigkeit
- Grenzbereich: 6–10 mmol/l = 98–100% WK-Geschwindigkeit
- Wettkampfspez. Bereich: > 10 mmol/l = 103–110% WK-Geschwindigkeit

Im Schema für **Straßenradsport** (LINDNER 1993, 58) wird innerhalb der Trainingsbereiche folgende Beziehung angegeben:
- Kompensationsbereich –1,0 mmol/l = 50–55% HFmax
- Grundlagenausdauer- und Kraftausdauer (K 3)-Bereich: 1–3 mmol/l = 65–70% bzw. 77–83% HFmax

Belastungs-intensität [mmol/l]	Belastungs-umfang	Stoffwechsel-bedingungen	Trainingsziele
über 10	sehr klein	sehr ungünstig	
8–10 3. Stufe	klein	ungünstig	– Azidosetoleranz – techn.-takt. Fertigkeiten (»Stresstraining«) – Kraftkomponenten)
bis 6 2. Stufe	hoch	günstig	– Grundlagenausdauer – techn.-takt. Fertigkeiten – Schnelligkeitskomponenten – Kraftkomponenten
bis 2–3 1. Stufe	hoch	günstig	– Grundlagenausdauer – Neuerwerb von Techniken – Variation der Technik – Üben takt. Elemente

Tabelle 59
Darstellung der über die Blutlaktatspiegel im Training definierten Intensitätsbereiche und Zuordnung der in den einzelnen Intensitätsbereichen möglichen Entwicklung von konditionellen und technisch-taktischen Fertigkeiten (nach: LIESEN et al. 1985, 18)

- Entwicklungsbereich: 3–6 mmol/l = 82–95% HFmax
- Spitzenbereich: 6–>12 mmol/l = 100% HFmax

Wenn im Training die Belastungsbedingungen ständig wechseln, wie das beim Crosslauf, Skilanglauf und vor allem in den Spiel- und Kampfsportarten der Fall ist, spielt das **Laktatempfinden** eine größere Rolle.

Es ist bei Untrainierten schwach ausgeprägt (GAISL et al. 1985), kann aber nach LIESEN (1983) so weit erlernt werden, dass nicht nur für den Konzentrationsbereich 4–6 mmol/l, sondern sogar für 10–12 mmol/l Schätzungen mit großer Genauigkeit möglich sind. Hohe Laktatempfindlichkeit ist auch von Bedeutung, wenn in Verbindung mit Ausdauer auch technisch-koordinative Leistungsfaktoren zu trainieren sind (z.B. im Eisschnelllauf, Ringen). Es hat sich nämlich gezeigt, dass einerseits die gewünschte Intensität im Training gar nicht so exakt getroffen wird und andererseits bei Blutlaktatspiegeln von 6–8 mmol/l technische Fertigkeiten bereits an Qualität verlieren. Für die Intensitätssteuerung über das Laktatempfinden ist deshalb häufiger eine unmittelbare Rückkopplung zwischen der eingehaltenen Trainingsintensität und den Messergebnissen notwendig. Deshalb und auch zur Feststellung der Trainingswirkung ist ein Zeitabstand für aerobe Stufentests von 3 Wochen optimal, von ca. 6 Wochen das Minimum.

Obwohl in den **Kampfsportarten** mit hohen Krafteinsätzen (z.B. Ringen, Boxen, Judo) im Wettkampf höhere Laktatkonzentrationen als in den Spielen zu verzeichnen sind, haben Trainingserfahrungen (SCHMENGLER et al. 1983) ergeben, dass im Training zur Entwicklung der benötigten koordinativen Fähigkeiten (komplexe sportliche Technik) und konditionellen Fähigkeiten (Schnelligkeit, Schnellkraft, Grundlagenausdauer) in der Hauptsache **2 Intensitätsstufen** eingehalten werden sollen (Tab. 59, S. 185). Die notwendigen anaerob-laktaziden Fähigkeiten sollten im Rahmen von Aufbauwettkämpfen und in intensiven Trainingseinheiten mit geringem Umfang **(3. Intensitätsstufe)** entwickelt werden.

Die Analyse des Dauerringens (beliebte Trainingsform zur Ausbildung spezifischer Ringausdauer) zeigte, dass mit einer durchschnittlichen Laktatkonzentration von 8 mmol/l die Fähigkeit verloren geht, technisch-taktische Aufgaben zu lösen. Durch wiederholte Übersäuerung (über 8–10 mmol/l) wird auch die aerobe Ausdauerfähigkeit verschlechtert.

Anmerkung: Für einen vertieften Einblick in die Problematik der Laktatmessung und der Schwellenkonzepte ist zu empfehlen: HECK H., Energiestoffwechsel und medizinische Leistungsdiagnostik (Studienbrief 8 – Trainerakademie Köln), Schorndorf 1990.

Intensitätsbestimmung aus der Wettkampfgeschwindigkeit

Die Festlegung der Trainingsintensität unter Bezugnahme auf die Wettkampfgeschwindigkeit ist eine weitere Möglichkeit, die in der Sportpraxis Anwendung findet.

Es ist dabei genau auf die Streckenlänge Rücksicht zu nehmen, so dass sich Richtwerte nicht nur sportartspezifisch, sondern auch disziplinspezifisch unterscheiden. Mit zunehmender Wettkampfdauer (KZA bis LZA IV) werden die Wettkampfge-

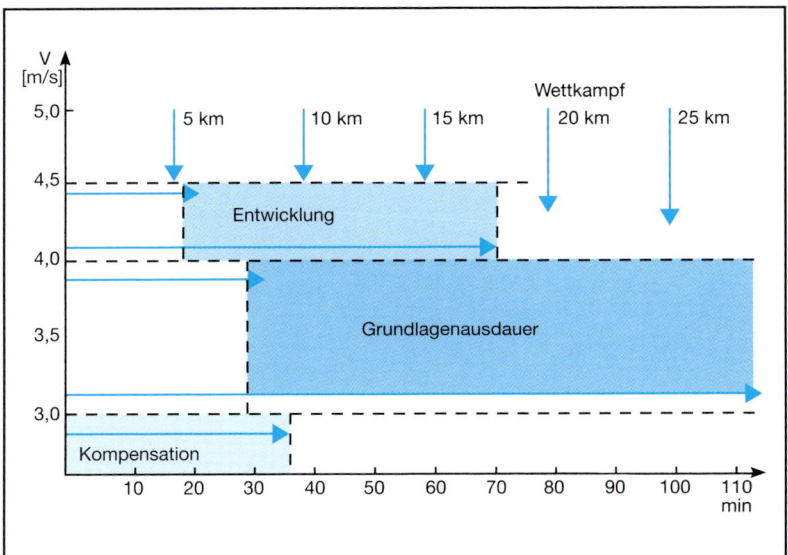

Abbildung 68
Wesentliche Trainingsbereiche und die dafür erforderliche Belastungsintensität beim Langlauf (aus: NEUMANN 1991)

schwindigkeiten ja immer niedriger. Anhand einiger ausgewählter Beispiele wird durch die Vergleichsmöglichkeit der gelegentlich vorliegende Unterschied deutlich.

Für das **Lauftraining im Freizeitsport** liegen unter Bezugnahme auf die aktuelle Bestleistung für die bevorzugte Wettkampfstrecke folgende Angaben (NEUMANN 1991, 185) zu den wesentlichen Trainingsbereichen (Abb. 68) vor:
- Grundlagenausdauerbereich: 75–85% WK-Geschwindigkeit, wobei an der Obergrenze schon GLA-2-Training (3–5 mmol/l) vorliegen dürfte.
- Entwicklungsbereich: 85–100% WK-Geschwindigkeit, je nach Streckenlänge bei den verschiedenen Tempowechselmethoden
- Wettkampfbereich: 100 ± 5% WK-Geschwindigkeit

Für das **Gehertraining** (10-km-Wettkampfstrecke) sind die Richtwerte differenzierter ausgewiesen (Tab. 60, S. 188).

Die Übersicht zum **Triathlontraining** (Tab. 61, S. 188) macht durch die Vergleichsmöglichkeit der 3 Disziplinen Schwimmen, Radfahren, Laufen den Unterschied bezüglich der gleichen Trainingsbereiche deutlich.

Im leichtathletischen **Mittelstreckentraining** werden die Belastungsintensitäten für die Tempoläufe (Intervall-, Wiederholungsmethode) von der Wettkampfgeschwindigkeit abgeleitet, für die Dauerlaufintensitäten wird Bezug genommen auf die Geschwindigkeit an der 3-mmol-Laktatschwelle (ANS). In Tab. 62, S. 189, sind auch die korrespondierenden Belastungsstrecken angegeben.

187

Tabelle 60
Richtwerte für das Gehertraining (10-km-Wettkampfstrecke) in den verschiedenen Trainingsbereichen (nach DLV-Rahmentrainingsplan)

	Trainingsmethode	% vom Renntempo	Streckenbereich (m)
GA 1	DLM	< 80	≥ 5000
GA 2	IM	< 105	200–1000
	IM	< 100	≥ 1000
	DLM	≥ 90	≥ 5000
SA	WHM	≥ 110	≤ 200
WA	IM/WHM	≥ 105	200–1000
	IM/WHM	≥ 100	≥ 1000
	DLM	≥ 90	≥ 5000
S	WHM	submax./max.	< 80

GA = Grundlagenausdauer, SA = Schnelligkeitsausdauer, WA = wettkampfspez. Ausdauer, S = Schnelligkeit

Tabelle 61
Trainingsintensitäten zu den Belastungsbereichen im Triathlontraining. Bezugspunkt ist die aktuelle Bestleistung auf der jeweiligen Disziplinstrecke. Die Streckenangaben sind Hinweise auf die jeweils erforderliche Belastungsdauer (aus: NEUMANN/PFÜTZNER/HOTTENROTT 1993, 154).

Streckenlängen	Angaben in Prozent von der Wettkampfgeschwindigkeit		
	GA 1 aerob	GA 2 aerob/anaerob	WSA stark anaerob
Schwimmen			
GA 1 (1500 m)	80%		
GA 2 (400–800 m)		85–90%	
WSA (100–300 m)			> 95%
Radfahren			
GA 1 (80–200 km)	70–75%		
GA 2 (20–40 km)		85–90%	
WSA (3–6 km)			> 95%
Lauf			
GA 1 (15–30 km)	75–80%		
GA 2 (5–12 km)		90–95%	
WSA (1–3 km)			> 95%

Tabelle 62 Disziplinspezifischer Belastungskatalog für das Aufbautraining (pro TE) im Mittelstreckenlauf. Bei den Vorgaben handelt es sich um Beispielprogramme. Die Intensität der Tempoläufe orientiert sich an der geplanten Wettkampfgeschwindigkeit (aus: PÖHLITZ 1986, 1443).

Disziplin	Dauerlauf			Tempoläufe			
	Intensität niedrig bis 70%	Intensität mittel 70–90%	Intensität hoch ab 90%	Intensität niedrig bis 85%	Intensität mittel 85–95%	Intensität hoch ab 95%	Unterdistanztraining
800 m	4–6 km etwa 30 Minuten	10–15 km	6–8 km	4–6 × 1000 2–3 × 2000	3–4 × 1000 3–5 × 600 8–10 × 300	1000–600–300 2–3 × 600 4 × 400	6 × 200 300–250–200–150
1500 m	6–8 km etwa 40 Minuten	12–16 km	8–10 km	5–6 × 1000 3 × 2000	3 × 1600 4 × 1200 8–10 × 500	1600–1200–600 2–3 × 1200 4 × 600	6 × 300 150–300–600–300–150
3000 m 2000 Hi	6–8 km etwa 40 Minuten	12–20 km	8–12 km	6–8 × 1000 3–4 × 2000	2 × 3000 3 × 2000 6 × 1000	2000–1200–600 3–4 × 1000 6 × 600	6 × 400 400–600–1000–600–400

= Entwicklungsbereich I
= Entwicklungsbereich II

Trainingsumfang als Basis-Belastungskomponente

Bisher wurde die Belastungsintensität als die entscheidende Komponente für die Wirkungsrichtung der Trainingsbelastung angesprochen. Durch die Beschreibung der Trainingsmethoden wurde aber auch deutlich, dass die Intensität in Zusammenhang mit dem Belastungsumfang (pro Trainingseinheit) zu sehen ist.

Der **Belastungsumfang** kann – v. a. langfristig gesehen – als die Basiskomponente für die gesamte Trainingsbelastung bezeichnet werden. Aber auch hier gilt zunächst: Eine alleinige Umfangsangabe in Wegstrecke oder Trainingsstunden hat noch keine Aussagekraft über die Qualität des Trainings. Andererseits ist es eine Erfahrungstatsache, dass ein wesentlich verkürzter Umfang nicht durch bessere Qualität des Trainings ersetzt werden kann.

Deshalb werden auch **Kennziffern für den Belastungsumfang** pro Jahr als Kriterium für die Einteilung in Leistungskategorien im Ausdauersport herangezogen (Neumann et al. 1993; Engelhardt 1994):

Freizeitsportler < 300 Std./Jahr, Leistungssportler 300–1000 Std./Jahr, Hochleistungssportler > 1000 Std./Jahr

Auf die einzelnen Ausdauersportarten differenzierte Angaben liegen von Sleamaker und Platonov (Tab. 63 u. 64, S. 191) vor.

Die Stellung des Belastungsumfangs wird noch deutlicher, wenn man die Verteilung (prozentualer Anteil) auf die Trainingsbereiche berücksichtigt (Tab. 66, S. 192). Die hohen Umfänge sind in erster Linie in den Bereichen des **GLA-Trainings** zu finden. Die Anteile liegen **zwischen 55 und 90%,** wenn man die sportartspezifischen Unterschiede einbezieht. Im leichtathletischen Lauf und Skilanglauf wird im Kompensationsbereich (30% Anteil) teilweise auch die Zielstellung des GLA-Trainings mit erfüllt. Im Straßenradsport ist der hohe WSA-Anteil durch die überlangen Belastungen bedingt, die energetisch großenteils GLA-Charakter haben.

Für den **LZA-III-Sport (Marathonlauf)** ist ein hoher Zusammenhang zwischen dem Wochentrainingsumfang (km/Woche) und der gelaufenen Marathonzeit empirisch nachgewiesen (Abb. 69, S. 192).

Aus den Jahresumfängen ergeben sich durchschnittliche Wochenumfänge, die die Unterschiede bezüglich der Leistungskategorien und Sportarten ebenfalls markieren (Tab. 65, S. 191).

Tabelle 63
Trainingsumfänge in Ausdauersportarten (nach Sleamaker 1991)

Leistungskategorien	Stunden pro Jahr				
	Laufen	Radsport	Triathlon	Skilanglauf	Rudern
Weltklasse	500–700	700–1200	800–1400	700–1000	700–1200
Spitzensportler	400–500	500–700	500–800	500–700	500–700
Guter Sportler	300–400	350–500	400–500	400–500	400–500
Durchschnittssportler	200–300	200–350	300–400	300–400	300–400
Anfänger	< 200	< 200	< 300	< 300	< 300

Sportarten	Belastungs-dauer (h)	Belastungs-umfang (km)	Trainings-tage	Trainings-einheiten
Mittelstreckenlauf	$\frac{25-30^*}{1100-1200}$	$\frac{300-340}{6500-7500}$	$\frac{6-7}{320-340}$	$\frac{12-15}{500-550}$
Langstreckenlauf	$\frac{30-35}{1200-1300}$	$\frac{360-420}{9000-10000}$	$\frac{6-7}{320-340}$	$\frac{12-18}{550-600}$
Schwimmen	$\frac{30-35}{1300-1400}$	$\frac{110-120}{3200-3600}$	$\frac{7}{300-320}$	$\frac{15-20}{550-600}$
Kajak-Rennsport	$\frac{30-35}{1100-1200}$	$\frac{220-250}{5500-6000}$	$\frac{6-7}{290-310}$	$\frac{12-18}{500-550}$
Radsport (Bahn)	$\frac{30-40}{1300-1400}$	$\frac{800-900}{20000-25000}$	$\frac{6-7}{310-330}$	$\frac{12-18}{550-600}$
Radsport (Straße)	$\frac{30-40}{1300-1400}$	$\frac{1300-1500}{40000-45000}$	$\frac{6-7}{320-340}$	$\frac{12-18}{500-550}$
Skilanglauf	$\frac{30-40}{1200-1300}$	$\frac{420-480}{11000-12000}$	$\frac{6-7}{300-330}$	$\frac{12-15}{500-550}$
Rudern	$\frac{30-35}{1200-1300}$	$\frac{300-350}{9000-10000}$	$\frac{7}{300-320}$	$\frac{15-20}{550-600}$
Eisschnelllauf	$\frac{12}{1200-1300}$	$\frac{280-320}{8000-9000}$	$\frac{6-7}{300-320}$	$\frac{12-15}{500-550}$

* Im Zähler sind die Werte für den Wochenzyklus, im Nenner die für den Jahreszyklus dargestellt. Für Frauen liegen die Maximalwerte etwas niedriger: Belastungsdauer und Zahl der Trainingseinheiten im Jahr um 10–15%, Belastungsumfang um 20–30%. Dabei handelt es sich nur um Belastungen in »entwickelnder« und »kritischer« Intensität bei Konzentration der Belastungen (aus Tschiene 1990).

Tabelle 64
Maximale Modell-merkmale der Trainingsbelastung in den Ausdauer-sportarten für Männer (Platonov 1988)

Leistungskategorie	sportarten-übergreifend	Laufen (LZA III)	Radsport	Schwimmen	Triathlon
Freizeitsport	5–6 h	–	–	–	–
Leistungssport	12–15 h	160 km	700 km	30 km	260 km*
Hochleistungssport	18–24 h	200 km	900 km	70 km	490 km*

* davon 12/20 Schwimmen, 200/400 Radfahren, 50/75 Laufen

Tabelle 65
Trainingsumfänge pro Woche (Durch-schnittswerte)

Die Umfangsangaben sind als Groborientierung zu verstehen, da die individuellen Unterschiede in beträchtlichen Spannen zusätzlich vorliegen können. Die Wochenumfänge stellen zudem einen Durchschnittswert dar. Die tatsächlichen Größen fallen in den einzelnen Trainingsperioden und Trainingszyklen unterschiedlich aus. Genauere Angaben sind nur möglich unter Berücksichtigung der einzelnen Disziplin, des Trainingsalters (Trainingsstufe) und der Trainingsperiodisierung. Zwei Ausdauerdisziplinen werden dazu beispielhaft angeführt.

Tabelle 66 Prozentuale Verteilung des gesamten Trainingsumfangs/Jahr auf die Trainingsbereiche bei den 3 Leistungskategorien und bei Ausdauersportarten in der Hochleistungskategorie (nach: NEUMANN et al. 1993, ENGELHARDT 1994)

Trainings-bereich	Freizeit-sport	Leistungs-sport	Hoch-leistungs-sport	Laufen	Rad-fahren	Ski-langlauf	Biathlon	Triathlon	Schwim-men
GLA-1-Bereich	50%	60%	75%	50%	55%	34%	35%	69%	60%
GLA-2-Bereich	35%	25%	15%	15%	7%	20%	40%	19%	20%
WSA*-Bereich	15%	15%	10%	5%	35%	15%	15%	5%	2%
Kompensations-bereich	–	–	–	30%	3%	31%	10%	7%	18%
Gesamt-umfang/Jahr	300 h	300–1000 h	1000 h	9000 km	40000 km	10000 km	9000 km	20800 km**	3000 km

* WSA = wettkampfspezifische Ausdauer, umfasst Schnelligkeitsausdauer-, Kraftausdauer- und wettkampfgemäße Belastungen.
** davon 16000 km Radfahren, 4000 km Laufen, 800 km Schwimmen.

Abbildung 69
Beziehung zwischen der durchschnittlichen Trainingsbelastung pro Woche und der Laufzeit über die Marathondistanz (aus NEUMANN 1991, 183)

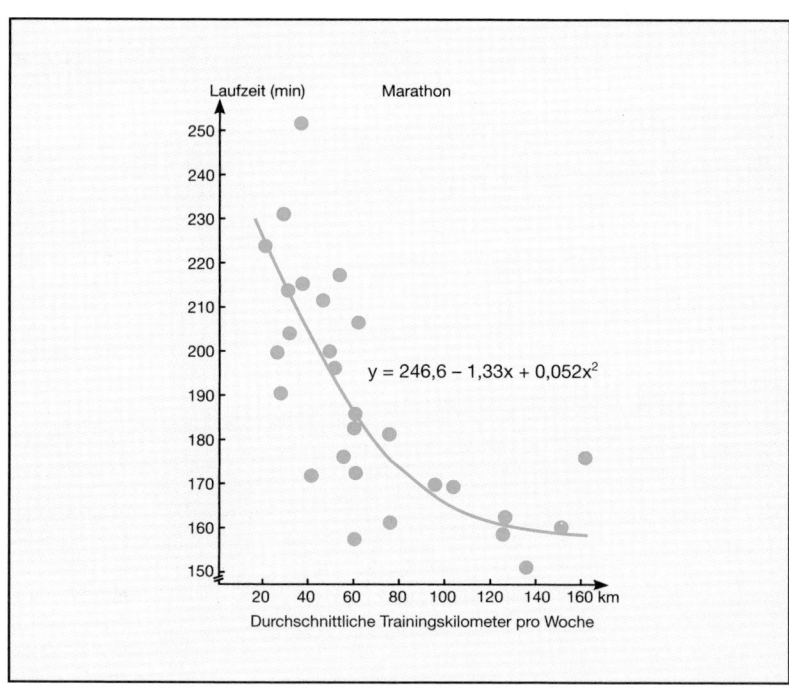

$$y = 246{,}6 - 1{,}33x + 0{,}052x^2$$

GLA-km (Rad)	1. Woche	2. Woche	3. Woche	4. Woche
1. VP (Nov.)	250	360	430	210
2. VP (März)	600	950	650	220

Tabelle 67
Umfänge des GLA-Trainings (Rad-km) innerhalb 4-wöchiger Zyklen aus der 1. und 2. Vorbereitungsperiode bei Doppelperiodisierung im Radsport-Hochleistungstraining (nach: LINDNER 1993)

Für den Straßenradsport zeigen Abb. 70 die Umfangssteigerung im langfristigen Leistungsaufbau und Tab. 67 die Änderung des Wochenumfangs im Rahmen von 4-wöchigen Makrozyklen.

Für den Mittelstreckenlauf (800/1500 m) ist aus Tab. 68, S. 194, einerseits die Umfangszunahme im langfristigen Entwicklungsprozess und andererseits die Umfangsverteilung auf die Trainingsperioden mit Differenzierung auf die Trainingsbereiche zu entnehmen.

Bei der **Umfangssteigerung pro Jahr** ist im Rahmen der progressiven Belastungssteigerung grundsätzlich Zurückhaltung geboten, da mit zu sprunghafter Steigerung Überlastung provoziert wird. Solange der Trainingsumfang im Jahr nicht über 300–500 Std. liegt, sollte die **Steigerungsrate** von **5–10%** nicht überschritten werden. Nach mehreren Trainingsjahren mit Umfängen von 500–800 Std./Jahr werden auch Zunahmen von **10–15%** toleriert. Sobald 1000 Std./Jahr überschritten werden, ist wieder in kleineren Raten vorzugehen, da mit 1200–1400 Std./Jahr in den meisten Ausdauersportarten derzeit der Grenzbereich erreicht wird.

Die hohen Trainingsumfänge sind nur mit gezielten **Regenerationsmaßnahmen** zur Verkürzung der Erholungsdauer und Anwendung sog. **semispezifischer und allgemeiner Trainingsformen und -mittel** möglich. Die Sportart Triathlon hat gezeigt, dass durch den hier notwendigen Wechsel in den Trainingsübungen eine Umfangssteigerung über das Maß der einzelnen Spezialsportarten möglich ist. Tab. 69, S. 195, zeigt beispielhaft den Einsatz semispezifischer Trainingsformen im Mittel- und Langstreckenbereich. Darunter hat das Aquatraining (Wasserlaufen) nicht nur zu Rehabilitationszwecken (nach Verletzungen), sondern auch als Trainingsform

Abbildung 70
Darstellung des langfristigen Leistungsaufbaus vom Schüler zum Spitzenamateur am Belastungsumfang der Jahresgesamt- und Wettkampf-kilometer (aus: LINDNER 1993)

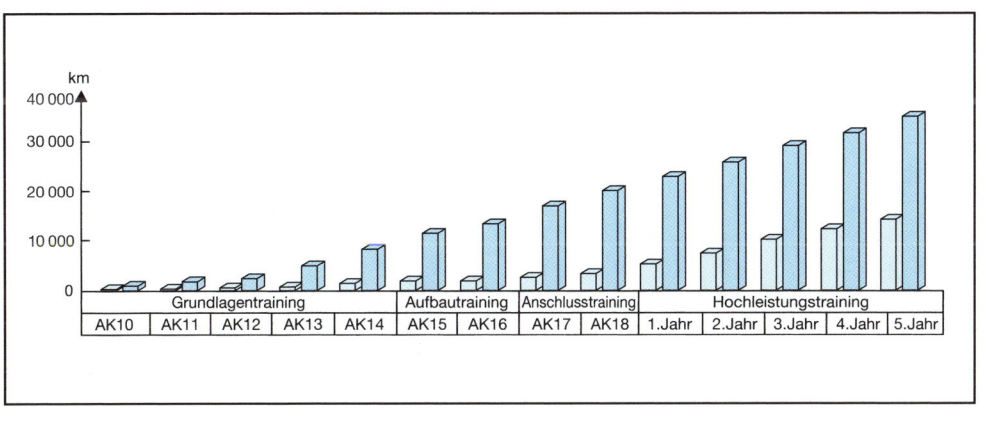

Tabelle 68 Trainingsumfänge im Grundlagen- und Aufbautraining von jugendlichen Mittelstrecklern (800/1500 m) und die Umfangsverteilung auf die Trainingsperioden in Differenzierung auf die Intensitässtufen (RACZEK 1989)

Alter (Jahre)	Gesamtumfang km/Jahr	Trainingsperioden	Umfang der Laufbelastungen in den jeweiligen Intensitätszonen* (km)					
			LA 1	LA 2	LA 3	TA	S	Gesamtumfang
13	600–800	Vorbereitungsperiode	1170	690	250	70	20	2200
14	1000–1200							
15	1600–1800	Wettkampfperiode	750	300	180	135	35	1400
16	2000–2200							
17	2400–2600	Übergangsperiode	110	–	–	–	–	110
18	2600–3000							
19	2800–3500	Gesamtumfang	2030	990	430	205	55	3710

* Intensitätszonen: LA 1 = Laufausdauer im kompen./stabil. Bereich
LA 2 = Laufausdauer im entwickelnden Bereich (2,5–4 mmol/l Lac)
LA 3 = Laufausdauer im intensivierenden Bereich (4–7 mmol/l Lac)
TA = Tempoausdauer im kritischen Bereich (7–10 mmol/l) und überkritischen Bereich (10 mmol/l Lac)
S = Schnelligkeit

Tabelle 69 Beispiele für die Anwendung semispezifischer Trainingsformen im Mittel- und Langstreckenlauf mit Vorgaben für die Belastungsgestaltung (aus: DLV-Aktuelle Trainingsgrundlagen des Hochleistungstrainings 1991, 35)

Trainingsformen/ Trainingsmittel	Wirkrichtung	Vorgaben methodisch	Vorgaben physiologisch	Vorgaben technisch	Einsatz- schwerpunkt
Skilanglauf/ Skiroller	GA (KA) aerob aerob/anaerob	GA-I: t ≥ 1,5–4 h – DM Str. ≥ 20 km GA-II: t ≤ 45 min – DM Str. ≥15 km – IM Str. 2 × 10 km – TW – Wettkampf	Lac ≥ 3 mmol/l HF 150–170 Lac 3–5 mmol/l HF 170–180	Diagonalschritt-/Doppelstockschubtechnik Bewegungsablauf mit Aufgabenstellungen (nur Arme bzw. Beine) Spiel-/Wettkampfformen	1., 2. und 5. MEZ
Radfahren/ Radergometer	GA (KA) aerob aerob/anaerob	GA-I: t ≥ 1,5–4 h – DM GA-II: t ≤ 45 min – DM – IM 10 × 3 min (Ergo) – TW – Wettkampf	Lac ≤ 3 mmol/l HF 120–150 Lac 3–5 mmol/l HF 150–170	Trittfrequenz: GA-I: 75–110 U/min GA-II: 90–120 U/min geringer Tretwiderstand und niedrige Übersetzung, um überbetonte Hypertrophie zu vermeiden	1., 2. und 5. MEZ
Wasserlauf	GA aerob aerob/anaerob	GA-I: t ≥ 30–60 min – DM GA-II: t ≤ 30–45 min – IM 10 × 3 min – TW 20 × 1 min	Lac ≤ 3 mmol/l HF 120–150 Lac 3–5 mmol/l HF 150–180	Verwendung von Auftriebshilfen (Schwimmweste, -brett) zur Unterstützung der Technik kein Abknicken in der Hüfte! Frequenz in Abhängigkeit des Programms	ganzjährig mit Schwerpunkt 1., 2. und 5. MEZ

GA = Grundlagenausdauer, KA = Kraftausdauer,
DM = Dauermethode, IM = Intervallmethode, TW = Tempowechsel,
La = Laktat, HF = Herzfrequenz (Schläge/min),
MEZ = Mesozyklus

195

des GLA-1- und GLA-2-Trainings bereits einen festen Platz. Im Rudersport werden z. B. Ruderergometer, Radfahren, Skilanglauf, Laufen und Circuittraining als allgemeine und semispezifische Inhalte genutzt.

Periodisierung und Zyklisierung des Trainings

Für die Gliederung eines Periodisierungsmodells sind unterschiedliche Bezeichnungen in den verschiedenen Sportarten in Gebrauch. Man trifft entweder auf die herkömmlichen Begriffe **Vorbereitungs-, Wettkampf- und Übergangsperiode,** wobei der erstgenannte meist einen allgemeinen (**allg. VP**) und einen speziellen (**sp. VP**) Abschnitt hat und die **Wettkampfperiode von einfacher oder komplizierter Struktur** ist. Die weitere Untergliederung geschieht in **Mesozyklen** (MEZ, 4–8 Wochen) und **Mikrozyklen** (meist 1 Woche). An Stelle des Begriffs Mesozyklus wird auch die Bezeichnung **Makrozyklus** gebraucht. In einem anderen Konzept wird in der Grobgliederung von Makrozyklen (MAZ = jeweils Vorbereitungs- und Wettkampfperiode) ausgegangen und die weitere Aufteilung nach Mesozyklen vorgenommen. Auch die Bezeichnung **Etappe** für einen mittelfristigen Zeitraum (4–16 Wochen) ist anzutreffen.

Unabhängig von der Bezeichnung ist für die **Gliederung eines Periodenzyklus** grundsätzlich folgende Reihenfolge zu erkennen: Entwicklung allgemeiner Leistungsgrundlagen – Entwicklung sportartspezifisch dominanter Grundlagen – Entwicklung der disziplinspezifischen Leistungsfähigkeit – Ausprägung und Stabilisierung (Anwendung) der sportlichen Form (= Wettkampfform).

SLEAMAKER (1991) drückt dies folgendermaßen aus (Die Zeitangaben beziehen sich auf Einfach- oder Doppel- oder Dreifachperiodisierung des Jahres.):

- Grundlagenetappe (allgemeine und spezielle Grundlagen; 20, 8–10, 4 Wochen)
- Intensitätsetappe (Steigerung der Trainingsintensität; 16, 4–8, 4 Wochen)
- Etappe der Topform (= tapering oder peaking, Erarbeiten der WK-Form; 4–6 Wochen)
- Wettkampfetappe (Vorbereitungs- und Hauptwettkämpfe; 8–12 Wochen)
- Erholungsetappe (aktive Regeneration, wenig Leistungsverlust; 4–6 Wochen)

Ob für das Trainingsjahr **Einfachperiodisierung, Doppelperiodisierung** oder **Dreifachperiodisierung** angewandt wird, hängt von der Disziplin, der Trainingsstufe und vom Wettkampfkalender ab. Im Grundlagen- und Aufbautraining ist im Sinne einer stabilen Leistungsentwicklung der Einfachperiodisierung der Vorzug zu geben. Im Anschluss- und Hochleistungstraining macht sich die Doppelperiodisierung mit dem häufigeren Wechsel von allgemeinem, speziellem Training und Wettkampftätigkeit für die weitere Leistungsentwicklung meist positiv bemerkbar. Mehrfachperiodisierungen sind meist Zugeständnisse an den Wettkampfkalender und nur im Hochleistungssport bei stabilem Leistungsniveau sinnvoll. Lange Wettkampfphasen, meist gepaart mit hoher Wettkampfdichte, wirken sich meist ungünstig auf die Leistungsstabilität aus. Es ist aus Erfahrung bekannt und biologisch begründbar, dass die durch den Kalender (jeweils am Wochenende) vorgegebenen Zeitabstände für eine Wettkampfserie nicht die nötige Regenerationsmöglichkeit bieten.

Tab. 70 und Abb. 71, S. 198, zeigen exemplarisch (Leichtathletik, Triathlon) verschiedene Periodisierungsmodelle. Im Beispiel für Mittel-/Langstreckenlauf sind die Hallen- bzw. Crossmeisterschaft und 2 Wettkampfserien (nationale und internationale Meisterschaften) im Sommer in die Dreifachperiodisierung eingeplant. Im Triathlon und Skilanglauf bietet sich die Einfachperiodisierung wegen der langen Wettkampfperiode (= komplizierte Struktur; 2–4 Monate) bzw. aus jahreszeitlichen Gründen (Wettkämpfe im Winter) an.

Die zeitliche Festlegung von Trainingsperioden bzw. Trainingszyklen geschieht auf Grund von Kenntnissen und Erfahrungswerten zu den Adaptionszeiten, d.h. Zeitspannen, in denen sich Trainingswirkungen zeigen. Es ist schwierig, allgemein gültige genaue Angaben zu machen, da die Anpassungsfähigkeit individuell unterschiedlich und stark vom Belastungsmaß (Intensität, Umfang, Trainingshäufigkeit) abhängig ist. Wissen über biologische Gesetzmäßigkeiten und Adaptionszeiten kann für die Planung individueller Trainingspläne eine Hilfe sein. In diesem Zusammenhang ist auf das **Modell des Adaptionsverlaufs** beim Ausdauertraining (NEUMANN 1993, 11) hinzuweisen. Nach diesem Modell vollzieht sich die Anpassung an die regelmäßige Trainingsbelastung in Stufen mit fest umrissenen Zeitspannen (Abb. 72, S. 199). Es ist zu erkennen, dass für das Erreichen eines neuen stabilen Funktionszustands mit einer Zeitdauer von 6 Wochen zu rechnen ist. Das ist von Bedeutung für die zeitliche Gestaltung von Mesozyklen. Außerdem reicht ein einmaliger Durchlauf dieser Stufenfolge für bleibende Verbesserungen nicht aus. Drei- bis viermalige Wiederholung eines Adaptionszyklus (mit geänderter

	Zeitraum	MEZ	Wochen-anzahl	Abschnittsinhalt/Trainingsaufbau
1. VP	23. 9.–3. 11.	1.	6	allgemein grundlegender Trainingsaufbau
	4. 11.–15. 12.	2.	6	disziplinspezifisch grundlegender Trainingsaufbau
	16. 12.–26. 1.	3.	6	spezieller Trainingsaufbau
1. WP	27. 1.–8. 3.	4.	4 + 2	1. (Hallen-)Wettkampfserie
2. VP	9. 3.–19. 4.	5.	6	disziplinspezifisch grundlegender Trainingsaufbau
	20. 4.–31. 5.	6.	6	spezieller Trainingsaufbau
2. WP	1. 6.–26. 7.	7.	8	2. Wettkampfserie
UWV	27. 7.–30. 8.	8.	5	(Trainings-Zwischenetappe)
3. WP	31. 8.–20. 9.	9.	3	3. Wettkampfserie
ÜP	21. 9.–4. 10.		2	aktive Regeneration

VP = Vorbereitungsperiode, WP = Wettkampfperiode, MEZ = Mesozyklus
UWV = unmittelbare Wettkampfvorbereitung, ÜP = Übergangsperiode

Tabelle 70
Modell einer 3-gipfeligen Periodisierung für Mittel-/Langstreckenlauf

197

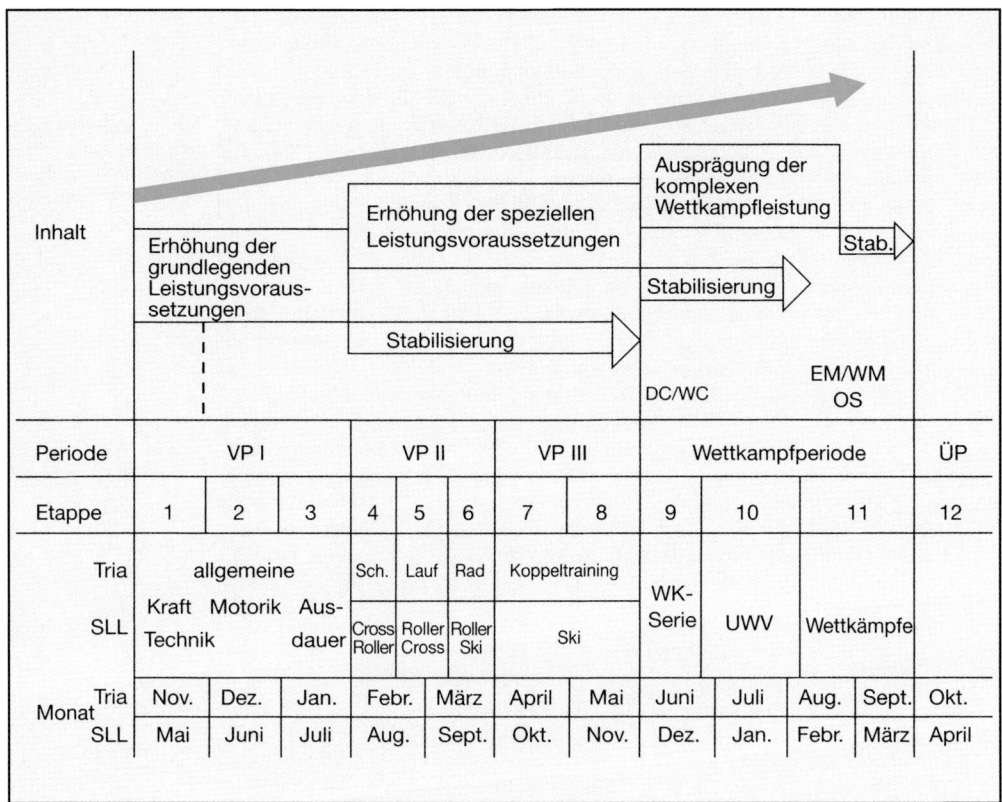

Inhalt	Erhöhung der grundlegenden Leistungsvoraussetzungen			Erhöhung der speziellen Leistungsvoraussetzungen			Stabilisierung		Ausprägung der komplexen Wettkampfleistung / Stabilisierung		Stab.
							DC/WC		EM/WM OS		
Periode	VP I			VP II			VP III		Wettkampfperiode		ÜP
Etappe	1	2	3	4	5	6	7	8	9	10	11	12
Tria	allgemeine			Sch.	Lauf	Rad	Koppeltraining		WK-Serie	UWV	Wettkämpfe	
SLL	Kraft Motorik Ausdauer / Technik			Cross Roller	Roller Cross	Roller Ski	Ski		WK-Serie	UWV	Wettkämpfe	
Monat Tria	Nov.	Dez.	Jan.	Febr.	März	April	Mai	Juni	Juli	Aug.	Sept.	Okt.
Monat SLL	Mai	Juni	Juli	Aug.	Sept.	Okt.	Nov.	Dez.	Jan.	Febr.	März	April

Abbildung 71
Modell einer 1-gipfeligen Periodisierung mit dreigeteilter Vorbereitungsperiode und langer Wettkampfperiode Tria = Triathlon, SLL = Skilanglauf; DC/WC = Deutschlandcup/Weltcup, EM/WM = Europameisterschaft/Weltmeisterschaft, OS = Olympische Spiele (NEUMANN et al. 1993)

Zielsetzung) ergibt zeitlich die Periodendauer für Vorbereitungsperioden. Aus dem Modell ist weiterhin zu erkennen, dass innerhalb eines Mesozyklus nach 3-wöchiger progressiver Belastungssteigerung eine Entlastungswoche notwendig ist. Hohe Belastungen in dieser Phase stören das Anpassungsgeschehen. Eine Rücknahme der Gesamtbelastung um mindestens 30% erleichtert die laufenden biologischen Prozesse. (Weitere Einzelheiten zum Modell bei NEUMANN G. in: Leistungssport 1993, H. 5.)

In der **Praxis des KZA/MZA- und LZA-Trainings** haben sich für die kurz- und mittelfristige Steuerung ebenfalls Zeitspannen von 4–6 Wochen (12–18 Trainingseinheiten) bzw. 8–12 Wochen (30–45 Trainingseinheiten) als günstig herausgestellt. In 3–5 Wochen zeigen sich z. B. schon signifikante Anpassungen auf muskelzellulärer Ebene, wenn im Intensitätsbereich von 4–12 mmol/l Laktat belastet wird (FÖHRENBACH 1986). Bei einem stark aerob ausgerichteten Marathontraining geschieht der Anpassungsvollzug zur sportlichen Form in 6- bis 10-wöchigen Zyklen (LENZI 1987). Enzymänderungen und metabolische Differenzierung der

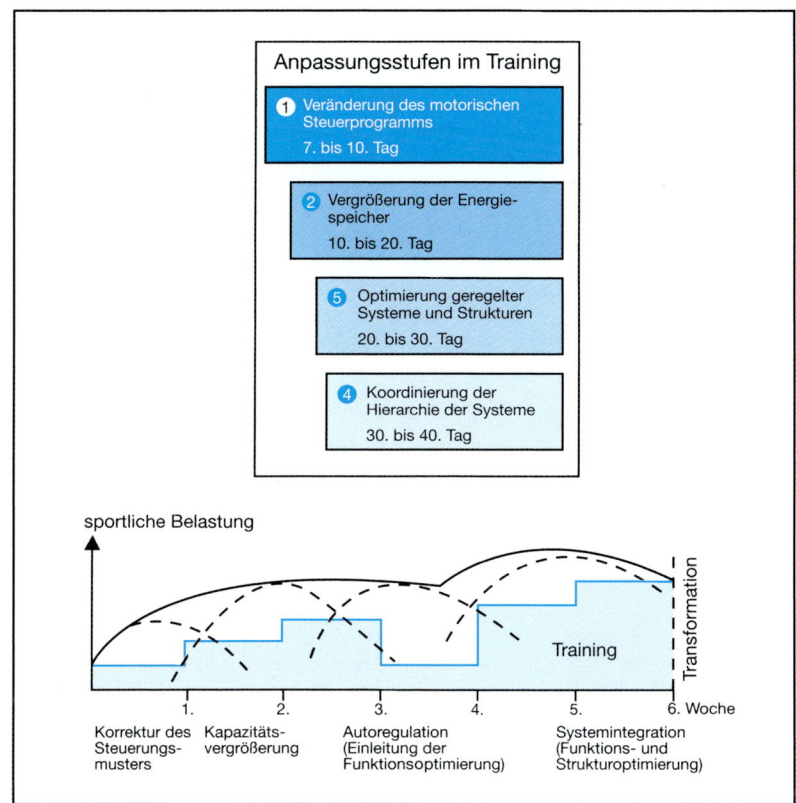

Abbildung 72
Anpassungsstufen im Training und Ablauf der Anpassungsprozesse in einem Stufenzyklus mit Entlastungsphase (nach: NEUMANN 1993, 11)

Muskelfasern werden nach 4–6 Wochen deutlich messbar. Die Ausdauertypen bedürfen grundsätzlich einer jahrelangen Entwicklung, während deren sich Phasen der Steigerung und solche des vorübergehenden Stillstands ablösen. Bis zum Erreichen internationalen Spitzenniveaus sind durchschnittlich 8–12 Trainingsjahre notwendig.

Regenerationszeiten – Grundlage für die Mikrozyklus-Gestaltung

Aus Untersuchungen über den Erholungsverlauf nach unterschiedlich langen intensiven Belastungen liegen zahlreiche Einzelkenntnisse über die Regenerationsdauer beanspruchter Funktionsbereiche des menschlichen Organismus vor. Wenn auch der biologische Komplex Belastung–Erholung letztlich immer seine eigene Prägung hat und deshalb nur persönliche Verlaufsbeobachtungen zuverlässige indivi-

199

duelle Aussagen erlauben, sollten die vorliegenden Kenntnisse und Erfahrungen als Richtwerte für Trainingsplanung und eventuelle Korrekturen nicht außer Acht gelassen werden. Die Zeitangaben differieren im Allgemeinen sehr stark, was darin begründet liegt, dass Erholung sich auf verschiedene organismische Bereiche erstreckt (Energiedepots, Herz-Kreislauf-Funktion, Hormonhaushalt, Elektrolythaushalt etc.) und phasenhaften Verlauf zeigt (unvollständig, vollständig, überkompensiert). Zur vereinfachten Darstellung des komplexen Geschehens wird der **Regenerationsprozess** pauschal in eine **Frühphase, Spätphase, Superkompensationsphase** und die **Phase des Einschwingens** auf ein neues Endniveau aufgeteilt (BADTKE et al. 1995, 310) (Tab. 71). Tatsächlich aber überlagern sich die Phasen der einzelnen Bereiche sehr stark. In Tab. 72, S. 201, wird versucht, das differenzierte Geschehen innerhalb der generellen Einteilung unterzubringen.

Aus den Einzelheiten wird deutlich, dass hinsichtlich der Regeneration Ausdauerbelastungen in Training und Wettkampf primär nach ihrer Intensität zu beurteilen sind. An zweiter Stelle ist die jeweilige Belastungsdauer mit heranzuziehen. Etwas verallgemeinert kann herausgestellt werden:

- Training im **extensiven Belastungsbereich** (unter $2-3$ mmol/l) von unter 1 Stunde Dauer beansprucht weder die Glykogenreserven noch die neurohormonelle Regulation sehr stark. Es wird auch als Regenerationstraining durchgeführt und ist täglich möglich. Extensives Training mit $1^1/_2-2$ Stunden und länger bringt selbst bei vorrangiger Fettverbrennung eine starke Glykogenspeicherausbeutung und meist überdurchschnittliche Flüssigkeitsverluste mit sich. Das erfordert $1-2$ Tage Regenerationsdauer für eine intensivere Belastung (siehe auch S. 83 f.).
- **Intensives Training** im ANS-Bereich und knapp darüber ist bei gezielter Kohlenhydraternährung wegen der fast kompensierten Glykogenspeicher nach 24 Stunden wieder möglich. Der beanspruchte Hormonhaushalt (Katecholamine) verlangt aber, auf die Dauer gesehen, eine zweitägige Regenerationsphase. (Siehe auch S. 204.)

Tabelle 71
Phasen des Wiederherstellungsprozesses (in Anlehnung an BADTKE et al. 1995, 310)

	Zeitdauer	Vorgänge
Frühphase	bis 6 Std.	– Regeneration energiereicher Phosphate – Rückschwingung von Herzfrequenz u. Blutdruck, Atemfrequenz – Milchsäureabbau, Normalisierung des Säurezustands – Wiederherstellung der Nerv-Muskel-Funktionen – Beginn der Substratauffüllung
Spätphase	6–36 Std.	– Auffüllung von Muskel- u. Leberglykogen – Einlagerung von Fetten in die Muskelzelle – Regeneration von Mitochondrien – Regeneration von kontraktilen Eiweißen – Regeneration von Binde- u. Stützgewebe
Superkompensationsphase	36 Std. bis mehrere Tage u. Wochen	– Mehrausgleich bei den träge ablaufenden Wiederherstellungsvorgängen (z.B. Struktureiweiß, Hormonspeicher, Elektrolytkonzentrationen)

Tabelle 72 Durchschnittliche Zeitspannen für einzelne Regenerationsabläufe nach entsprechender Belastung (zusammengestellt nach Angaben von KEUL et al. 1986, KINDERMANN 1978, BADTKE et al. 1995)

pauschale Phaseneinteilung	Regenerationsvorgänge	Zeitdauer	notwendige Belastung
Frühphase	– Wiederauffüllung des KrP (Superkompensation)	3–5 min (20–30 min)	– Maximalbelastungen (alaktazid) 10–12 s
	– Abbau des Blutlaktats (Halbwertszeit)	1–3 h (ca. 15 min)	– intensive anaerobe Belastung (Lac > 10–12 mmol/l)
	– Beginn der Glykogenauffüllung, v.a. in FT-Fasern	bis 30 min	– anaerob-laktazid mit FT-Fasern-Beanspruchung
Spätphase	– Kompensation von Glykogen, v.a. in ST-Fasern	24–36 h	– intensive aerobe Belastung (45–60 min)
	– Elektrolytausgleich (Na, K)	6 h	– lange Belastung mit Wasserverlusten (> 1 h)
	– Aufbau kontraktiler Eiweiße (Aktin, Myosin)	12–48 h	– maximale Muskelbelastungen
Superkompensationsphase	– Ausgleich verlorener Muskelenzyme	48–60 h	– hoch intensive oder überlange B. (LZA III u. IV)
	– Wiederaufbau von Struktureiweiß (z.B. Mitochondrien)	48–72 h	– häufige Laktatbildung im Muskel (Übersäuerung)
	– Superkompensation der Glykogenspeicher	2–3 Tage (KH-Diät)	– intensive aerobe Belastung (60–90 min)
	– Elektrolytausgleich (Mg, Fe)	2–3 Tage (Substitution)	– lange Belastung mit Wasserverlust
	– Ausgleich im Hormonhaushalt: Katecholamin-Resynthese	2–3 (5) Tage	– anaerob-laktazide Belastung, häufige Intensitäts-änderungen, psychischer Stress
	Kortisol-Resynthese	3–5 (7) Tage	– Marathon- u. Ultra-LZA-Belastungen
	– Neuaufbau von Struktureiweiß (Enzyme, Mitochondrien, Binde- u. Stützgewebe)	Tage–Wochen	– lange, relativ intensive Belastungen

201

- **Intensives Training mit anaerob-laktaziden Belastungen** (intensives Intervall-training, intensive Wiederholungsarbeit), das durch hohe Laktatkonzentrationen in der Muskelzelle die Mitochondrien beeinträchtigt, wegen der Übersäuerung den Elektrolythaushalt stört und zur Mobilisation der Glykolyse Katecholamin-ausschüttung benötigt, verlangt 2–3 Tage Regenerationszeit.
- **Nach Ausdauerwettkämpfen** kann wegen der üblicherweise stärkeren nervalen und auch hormonellen Beanspruchung (im Vergleich zu selbst intensivem Training) die Erholungsdauer verlängert sein. Nicht selten ist bei KZA- und MZA-Wettkämpfen (vor allem bei zusätzlichen Qualifikationsrennen) erst nach 3 Tagen, nach Marathonausdauer- und Ultra-LZA-Wettbewerben (wegen des Eiweißab-baus) erst nach ca. 5 Tagen mit intensiverer Belastungsmöglichkeit zu rechnen.

Regenerationsunterstützende Maßnahmen

Angesichts des heutigen Trainingsumfangs und der damit verbundenen hohen Dichte von Trainingseinheiten dürfen die **Erholungsprozesse sich nicht selbst überlassen** bleiben, sondern müssen durch zusätzliche Maßnahmen gezielt unter-stützt werden. Der Sinn dieser Maßnahmen ist die **Beschleunigung des Regenera-tionsprozesses** nach Trainings- oder Wettkampfbelastungen. Dabei darf allerdings nicht der Anpassungsgewinn aus der Trainingsbelastung beeinträchtigt werden. Das wäre der Fall, wenn die Komplexität des Erholungsgeschehens außer Acht gelassen würde. Da die Ermüdung während der Belastung sich auf verschiedene Funktions-systeme des Organismus erstreckt, sind die begleitenden Maßnahmen natürlicher-weise auch recht vielgestaltig. Den Bedürfnissen und ihrer Wirkung entsprechend sind sie miteinander zu koppeln.

Im Einzelnen wird auf Folgendes eingegangen:

Auslaufen, Massage, Sauna, Warmwasserbad, Solarium, Elektrotherapie und ernährungsphysiologische Maßnahmen.

Auslaufen

Der Sinn dieser körperlichen Aktivität ist primär die beschleunigte Beseitigung von Stoffwechselschlacken, die über das Blut- und Lymphgefäßsystem geschieht. Un-tersuchungen (ROTH et al. 1973, 271) haben gezeigt, dass aktive Muskelarbeit eine höhere Durchblutungssteigerung (ca. 6fach) als eine passive Maßnahme (Massage, ca. 1,5- bis 2fach) bewirkt. Es ist auch nachgewiesen (KINDERMANN 1978, 352), dass Blutlaktatspiegel nach Laufbelastungen durch ein halbstündiges Auslaufen wesentlich schneller beseitigt werden als durch Ruhe (Abb. 25, S. 54). Neben der erhöhten Anflutung von Stoffwechselprodukten laufen in der ersten Nachbelas-tungsphase (ca. 2 Stunden) auch wesentliche Prozesse für die Stabilisierung der Homöostase ab. Auch diese werden durch körperliche Aktivität geringer Intensität (30–50% der Maximalleistung, unter der AS) und von einem zeitlichen Umfang von ca. 15–20 Minuten positiv beeinflusst. Die »Auslaufübungen« sollten neben der **durchblutungsfördernden Wirkung** auch **Lockerungs- und Entspannungs-effekte** auf die Muskulatur haben (Lockerungsgymnastik).

Massage

Im Zusammenhang mit der Leistungssteuerung interessieren hier zwei Massageformen:

1. Die **Wiederherstellungsmassage** nach einer größeren Anstrengung hat als wesentliche Ziele die Beseitigung der Stoffwechselschlacken, Herabsetzung des Muskeltonus und vegetative Umschaltung. Ungeeignet ist die Massage bei Muskelkater, wenn dieser durch mechanische Schädigungen, weniger über die Milchsäurehypothese, erklärbar ist. Dann käme es zu weiteren Irritationen der Muskulatur, die die Erscheinungen des Muskelkaters verstärken.

2. Mit der **Vorbereitungsmassage** vor einem Wettkampf werden eine Durchblutungssteigerung und die Lockerung der Muskulatur sowie unter Umständen eine psychische Beeinflussung des Athleten beabsichtigt. Die damit erreichte Durchblutung kann das aktive Aufwärmen allerdings nicht ersetzen. Der Wert ist besonders in der Lockerung der Muskulatur und in der Dämpfung von Erregungsspitzen zu sehen. Über die mechanische Reizung von sensiblen Nervenendigungen in der Haut kann auch das vegetative Nervensystem erreicht und dort eine Verschiebung der vegetativen Tonuslage zur Vagotonie hin hervorgerufen werden (Senkung der Herzfrequenz, langsamere und tiefere Atmung).

Sauna

Saunaanwendung in einem ausreichenden Abstand vom Trainings- oder Wettkampfende dient dem Sportler vor allem der raschen Entmüdung (gesteigerte periphere Durchblutung mit Schlackenabtransport), der Muskelentspannung (Gewebserwärmung) und der vegetativen Umstellung.

Im Allgemeinen wird das Saunabad **einmal wöchentlich** empfohlen. Nach Gewöhnung und bei verkürzter Anwendung (ein Durchgang 5 – 6 Minuten) kann auch mehrmals in der Woche zwischen den Trainingseinheiten der Saunagang zur Regenerationsbeschleunigung eingesetzt werden. Vor Wettkämpfen sollte auf Saunaanwendungen verzichtet werden (Zeitabstand mindestens 24 Stunden).

Warmwasserbad

Aus dem breiten Angebot von Therapieformen der Hydro- und Thermotherapie hat sich für die Zwecke der trainingsbegleitenden Maßnahmen das Warmwasserbad als am günstigsten erwiesen. Es kommen die Wirkungen des Temperaturreizes und des Wasserauftriebs zur Geltung. In einem **36 – 38 °C warmen Bad von etwa 10 bis 15 Minuten Dauer** werden Detonisierungen der Muskulatur, bessere Durchblutung und eine beruhigende Wirkung im vegetativen Bereich festgestellt. Leichte Bewegungen verstärken die Wirkung. Nach dem Bad besteht häufig ein Ruhebedürfnis. In der unmittelbaren Wärmewirkung ist das Wannenbad besser als der Saunagang oder eine warme Dusche.

Schwimmen bei entsprechend temperiertem Wasser (über 26 °C) beinhaltet einen Teil dieser Wirkungen und stellt wegen der vermehrten Aktivität eine Zwischenlösung zwischen Warmwasserbad und Auslaufen dar.

203

Solarium

UV-Strahlen sind ein therapeutisch wesentlicher Teil des Sonnenlichts. Ihre künstliche Anwendung in Solarien beruht auf der stoffwechselaktivierenden Wirkung (Aktivierung von Enzymsystemen) und zielt auf Erhöhen der körperlichen Leistungsfähigkeit sowie Verstärkung der Infektabwehr ab. Den UV-Strahlen wird auch eine positive Wirkung auf das Hormonsystem (Testosteronausschüttung) und damit ein womöglich nicht unwesentlicher Einfluss auf die Erholung und Muskelentwicklung zugeschrieben. In kombinierter Anwendung mit Infrarotlicht (Wärmestrahlung) kann die erwähnte Wirkung gesteigert (Durchblutungsförderung) und darüber hinaus ein beruhigender, harmonisierender Effekt im vegetativen Nervensystem erreicht werden.

Elektrotherapie

Aus der Stromanwendung in der Physiotherapie ist bekannt, dass **galvanische Ströme** (Gleichstrom) eine rasche Entmüdung der Muskulatur bewirken, wenn großflächige Elektroden auf Agonisten und Antagonisten der vorher strapazierten Muskeln angelegt werden (aktive Durchblutungssteigerung).
Ähnliches gilt für das **Stanger-Bad** (Wannenbad mit elektrischer Durchblutung, Dauer 10–30 Minuten). Durch detonisierende Schaltung kann eine relativ rasche und nachhaltige Regeneration erreicht werden (PABST 1986). Da die Wirkung sehr intensiv ist, sollte allerdings ein 2- bis 3-tägiger Abstand bis zur nächsten stärkeren Trainingsbelastung eingehalten werden.

Ernährungsphysiologische Maßnahmen

Es ist bekannt, dass unter den Trainingsanforderungen des Hochleistungssports Defizite an Nährstoffen und Elektrolyten auftreten können. Durch gezielte Substitution muss die entstandene katabole Stoffwechselsituation möglichst frühzeitig in eine anabole übergeführt werden. Die notwendigen Anwendungen und zu erwartenden Wirkungen mit wesentlicher Bedeutung für die Regeneration gehen im Überblick aus Tab. 73, S. 205, hervor. Ausführliche und gezielte Angaben dazu macht KONOPKA (Sporternährung, BLV-Sportwissen). Hier sind die wesentlichen Richtlinien nur punktuell herausgestellt.
Gezielte **Eiweißernährung** ist notwendig bei Ausdauertraining hoher Intensität. Die zugeführten Eiweiße haben den Bedarf an Aminosäuren zu decken, die ihrerseits zum Aufbau von Eiweißen, z.B. Mitochondrien-, Hormon-, Enzymeiweiße, notwendig sind. Die regenerative Wirkung beginnt mit Ende der Belastungsphase. Es muss also rechtzeitig, auch schon vor dem Training, zugeführt werden.
Erhöhte **Kohlenhydratzufuhr** ist vor allem im Ausdauersport notwendig, wenn durch intensive und umfangreiche Belastungen eine Entleerung der Glykogenspeicher zustande kommt. Mit normaler Mischkost währt die Wiederauffüllung 46–48 Stunden, mit kohlenhydratreicher Kost (60–80% KH-Anteil) kann der Resynthesevorgang auf ca. 24 Stunden verkürzt werden (Abb. 73, S. 206). Die schnelle Wiederauffüllung der Glykogenspeicher wird beeinflusst durch den Zeit-

Kohlenhydrate (Mono-, Oligo-, Polysaccharide)		
Nach starker Trainingsbelastung:	Glykogen	++
Vor Wettkämpfen:	Kohlenhydratspeicher	++
	Kohlenhydratutilisation	++
	Fettutilisation	—
	Wirkungsgrad	++
Proteine und Aminosäuren		
Krafttraining:	muskelanabole Wirkung	+
Ausdauertraining:	Nachlieferung von Dikarbonsäure (Glutamat, Aspartat [Krebszyklus])	+
	Entschlackung (Methylierung, Methionin)	+
	Blutbildung	+
Elektrolyte (Na, K, Mg u.a.)		
Belastungen mit hohem Schweißverlust:	Muskelerregbarkeit	+
	Muskelkontraktion	+
Spurenelemente (Fe, Co, Mn, Zn u.a.)		
Intensives Training und Wettkampf:	O_2-Transport	+
Höhentraining:	Hämoglobin	+
	Myoglobin	+
	innere Atmung	++
	Enzyme	+
	Atmungskette	+
Vitamine (Vit. C, B-Komplex, Folsäure, Nicotinamid u.a.)		
Training und Wettkampf:	Blutbildung	+
Höhentraining:	Energieumsatz	+

Tabelle 73
Die notwendigen Anwendungen und zu erwartenden Wirkungen ergogener Substanzen im Sport haben wesentliche Bedeutung für die Regeneration und die Verminderung der Ermüdung. Neben energieliefernden Substraten wie Kohlenhydraten, Proteinen und Fetten kommt den Elektrolyten und Spurenelementen, vor allen Dingen dem Eisen und den Vitaminen, besondere Bedeutung zu, da sie den Sauerstofftransport und die innere Atmung in der Zelle maßgeblich fördern (nach KEUL et al. 1986, 81).

punkt der Kohlenhydrataufnahme sowie durch die Menge und Art der zugeführten Kohlenhydrate. Die Glykogenresynthese geht schneller vonstatten, wenn Kohlenhydrate mit einem hohen glykämischen Index unmittelbar nach Belastungsende eingenommen werden. Für die Ernährung zwischen den Trainingseinheiten ist dies wesentlich. Es ist allerdings gleichzeitig eine erhöhte Zufuhr von Wasser und Kalium notwendig, da die Glykogeneinlagerung nur mit beiden Stoffen zusammen geschieht. Bei Sportarten, bei denen sich ein höheres Körpergewicht leistungsmindernd auswirkt, ist zu bedenken, dass für die Einlagerung von 1 g Glykogen ca. 3 g Wasser gebunden werden. Deshalb ist abzuwägen, ob sich große Glykogenreserven durch die damit verbundene Körpergewichtszunahme dann letztendlich doch negativ auf die Leistung auswirken.

Abbildung 73
Zeitlicher Verlauf der Glykogenspeicherresynthese nach vorausgegangener belastungsinduzierter Entleerung in Abhängigkeit von der Zusammensetzung der Nahrung (kohlenhydratreiche Kost ca. 24 Stunden; Mischkost ca. 48 Stunden; Fett-Eiweiß-Diät erlaubt kaum Glykogenaufbau) (BADTKE et al. 1995, 313)

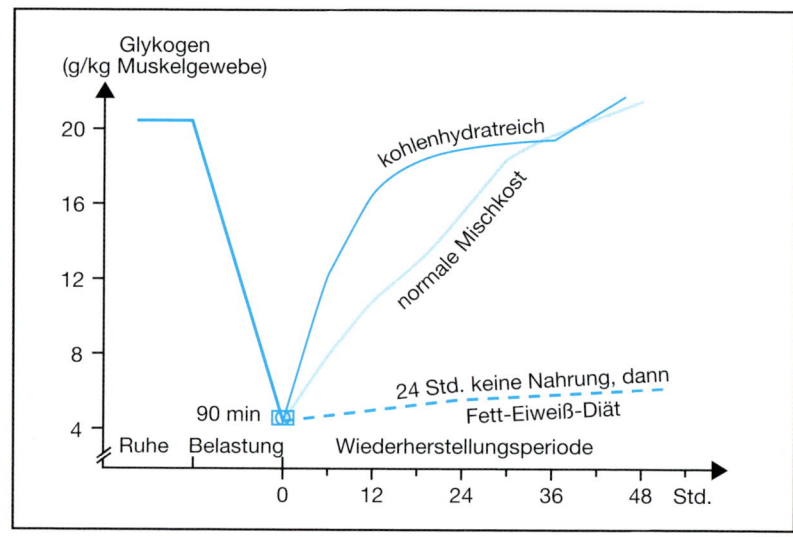

Im Hinblick auf die Schaffung erhöhter Glykogenspeicher für Wettkämpfe wird das **Superkompensationsprinzip** angewandt. Es gibt prinzipiell drei Verfahrensweisen:

1. 7 Tage vor dem Wettkampf werden die Glykogenspeicher durch umfangreiches und intensives Training entleert. Dann folgt unter Fett-Eiweiß-Diät 3–4 Tage weiteres Training niedrigerer Intensität, und in den letzten 3 Tagen kommt es zur Kohlenhydratmast. So werden die Muskelspeicher maximal gefüllt.
2. Die Trainingsbelastung zur Entleerung liegt 3–4 Tage vor dem Wettkampf. Dann wird in den folgenden Tagen die Ernährung kohlenhydratreich gestaltet und das Training mit niedrigerer Intensität fortgesetzt.
3. Ohne Ausbeutung der Speicher ernährt man sich 3–4 Tage überwiegend kohlenhydratreich. Es kommt zu einer mäßigen Anreicherung, aber nicht zur Superkompensation. Für viele Sportarten genügt diese Anreicherung.

Gezielte **Kohlenhydratzufuhr** ist auch **während eines Wettkampfes** (Ausdauerwettbewerb, Spiele, Turniere etc.) zur laufenden Ergänzung der Glykogene erforderlich. Am besten geschieht dies mit Kohlenhydrat-Mineralstoff-Drinks, da mit dem Kohlenhydratverbrauch auch **Mineralverluste** (Kochsalz, Kalium, Magnesium u.a.) über den Schweiß gleichzeitig vorliegen. Wesentlich ist auch, dass eine isotone Lösung zugeführt wird. Dies bedeutet, dass die Stoffe in ihrer Konzentration der in der Blutflüssigkeit gleichen (z.B. Zucker 5%ig, 5 g Mehrfachzucker auf 100 ml Flüssigkeit).

Elektrolytzufuhr:
Immer dann, wenn im Training oder Wettkampf viel Schweiß verloren geht, ist der Ersatz der Flüssigkeit und der Elektrolyte notwendig, um einem Leistungsabfall zu begegnen. Kochsalz kann mit üblichen Nahrungsmitteln (z.B. gesalzene Suppe)

schnell ergänzt werden. Der Engpass liegt bei Kalium und Magnesium. Die ausgewogene Zufuhr aller fehlenden Elektrolyte und auch einiger Spurenelemente (Eisen, Zink) ist am sichersten durch Mineraldrinks gewährleistet. Die Verwendung natürlicher Getränke (z.B. Fruchtsaft) ist möglich, es gehören allerdings Einzelkenntnisse dazu (KONOPKA 1985, 126).

Vitaminzufuhr:
Der Vitaminbedarf ist unter sportlicher Belastung größer (3- bis 4fach). Mangelerscheinungen wirken sich im Absinken der körperlichen Leistungsfähigkeit aus. Vitaminzufuhr kann hier ausgleichen, die Gabe von Überdosen aber bringt keinen weiteren leistungssteigernden Effekt. In erster Linie handelt es sich um die Vitamine B_1, B_2, Niacin und C, bei denen ein Defizit zwischen Verbrauch und natürlicher Zufuhr über die Lebensmittel entsteht. Zunächst sollte versucht werden, über die gezielte Auswahl vollwertiger Kost die Defizite zu decken. Vitaminpräparate sollten in der Ergänzung die Ausnahme sein. Da Vitamine den gesamten Nährstoffwechsel direkt und über Zwischenstufen indirekt beeinflussen, können Überdosen von einzelnen Vitaminen auch ungünstig wirken. So betrachtet, ist die Zufuhr von Multivitaminpräparaten günstiger.

Alkohol:
Dieser ist hier insofern zu erwähnen, als er die Testosteronausschüttung während der Nachtruhe stark behindern kann. Testosteron ist jedoch in der Muskelzelle zur Regeneration notwendig. Deshalb sollte auf alkoholische Getränke (vor allem mit hoher Konzentration) unmittelbar nach dem Training verzichtet werden. Wenngleich vom Bier in gewisser Hinsicht auch eine positive Wirkung ausgehen kann (ausgewogener Mineralgehalt, Kohlenhydratanteil, beruhigende Wirkung), so sollte wegen des Alkoholgehalts ein vermehrter Genuss nicht stattfinden.

Kontrolle der Trainingsbelastung

Im Grunde genommen sollte eine sinnvolle Gesamtbelastung im Training durch die Konzeption eines Trainingsplans mit Berücksichtigung der definierten Trainingsmethoden und notwendigen Regenerationszeiten gewährleistet sein.

Es zeigt sich jedoch immer wieder, dass ohne begleitende Kontrollen das abgestimmte Verhältnis von Trainingsumfang, Trainingsintensität und Trainingshäufigkeit selten getroffen wird. Dies trifft vor allem für den Hochleistungssport zu, wo im Grenzbereich der Leistungsfähigkeit trainiert werden muss.

Seitens der Sportmedizin gibt es nun verschiedene Möglichkeiten, das Belastungsausmaß festzustellen. Biochemische und physiologische Kenngrößen können darauf hinweisen, ob die Trainingsbelastung zu einer positiven oder fehlgesteuerten Anpassung führt. Bei der Auswahl der Messgrößen ist zu berücksichtigen, dass Energie-, Baustoffwechsel und der neurovegetative (hormonelle) Bereich unmittelbar ineinander greifen, was die Messung von Parametern aus den drei Bereichen erfordert. In der Hauptsache werden deshalb durchgeführt:

- **Laktatmessungen**
- **Bestimmung von Harnstoff, Kreatinkinase und Ammoniak**

207

- **Hormonbestimmungen** (Katecholamine, Testosteron, Kortisol)
- **Elektrolytbestimmungen**

Dem Trainierenden stehen aber auch einfachere – natürlich weniger genaue – Mittel für die Selbstkontrolle zur Verfügung:

- **Beobachtung der Ruhe-Herzfrequenz**
- **Kontrolle des Körpergewichts und des Allgemeinbefindens**

Glykogenschnelltest

Zur **Feststellung der Muskelglykogenkonzentration** nach einem Training haben BUSSE et al. (1987) aus der bekannten Laktatbestimmung mit Erstellung der Laktatleistungskurve einen Schnelltest für Glykogen entwickelt. Er kann eine Aussage bieten über den zeitlichen Resyntheseablauf des Muskelglykogens, was für die Regenerationszeit zwischen den Trainingseinheiten und in Vorbereitung auf Wettkämpfe wesentlich ist.

Wegen der individuellen Laktatcharakteristik ist die Durchführung von **2 Schnelltests zu Saisonbeginn** notwendig (Basistest). Test 1 wird nach einer bewussten Glykogenverarmung durchgeführt, Test 2 in einem zeitlichen Abstand von 2 Tagen nach einer Kohlenhydratdiät. Aus den Testergebnissen werden für spätere Vergleiche die beiden individuellen Laktatkurven erstellt. (Bezüglich der standardisierten Testbelastungen auf einem Radergometer wird auf die Literaturquelle verwiesen.) Zu gegebener Zeit kann ein **Schnelltest nach dem standardisierten Verfahren** durchgeführt und können die Ergebnisse mit denen aus dem Basistest verglichen werden. Abb. 74 zeigt beispielhaft, wie die Laktatleistungskurven voneinander abweichen können.

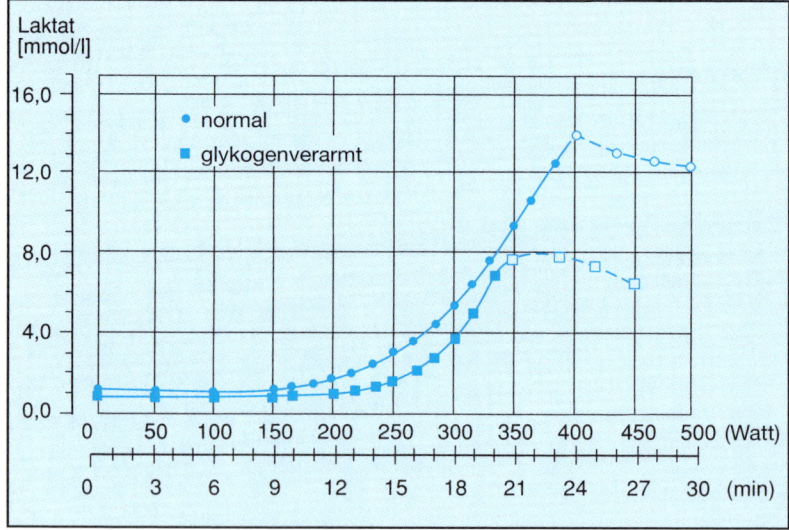

Abbildung 74
Leistungslaktatkurven eines Sportlers nach zweitägiger Trainingspause und nach Glykogenverarmung (aus: BUSSE et al. 1987, 455)

Bestimmung von Harnstoff und Kreatinkinase (CK) aus dem Blutserum

Die Parameter Harnstoff (als Endprodukt des Eiweißstoffwechsels) und Kreatinkinase (als Enzym des Kreatinphosphatstoffwechsels) können Aufschluss geben darüber, ob die vorangegangene **Trainingsbelastung im Vergleich zur bestehenden Regenerationsfähigkeit** zu hoch gewählt worden war.

Die Kreatinkinase kommt infolge der Permeabilitätsstörung (erhöhte Durchlässigkeit) der Muskelzellwand bei intensiven Beanspruchungen, der Harnstoff über den Belastungsstoffwechsel in das Blut. Als biochemische Parameter sind Harnstoff und CK nicht austauschbar. Die **Harnstoffwerte** weisen mehr **auf den Belastungsumfang,** die **CK-Werte** mehr **auf die Belastungsintensität** hin.

Ausdauerbelastungen von mehr als 30 Minuten Dauer führen mit Zunahme des Belastungsumfanges zu einem verstärkten Eiweißabbau und somit zu einer Harnstofferhöhung im Blut. Der erhöhte Spiegel kann als Zeichen einer Glukoneogenese wegen Glykogendefizit gelten, aber auch wegen eingeschränkter Harnstoffelimination (über die Nieren) und Wasserverlusten (Schweiß, Abatmung) hervorgerufen worden sein. Die Harnstoffwerte normalisieren sich erst nach Belastungsende (Tab. 74). Deshalb sind bei laufendem Training die morgendlichen Ausgangswerte meist erhöht. Der Harnstoff kann sich sogar auf ein höheres Niveau einpendeln. Konstant hohe Werte von über 8–10 mmol/l (50–60 mg%) über mehrere Tage hinweg (gemessen ca. 12–15 Stunden nach Belastung) können einen Leistungseinbruch andeuten. Dann sollte die Trainingsbelastung reduziert werden, bis die Serumharnstoffwerte bis auf 3–4 mmol/l abgesunken sind. Abb. 75, S. 210, verdeutlicht den Harnstoffspiegelverlauf nach einer typischen LZA-Belastung.

Auch die CK zeigt bei Ausdauerbelastungen eine deutliche Aktivitätserhöhung (Tab. 74). Der Gipfel liegt nicht direkt am Belastungsende vor, sondern Stunden später. Sind im Training die Werte nach der Nachtruhe laufend erhöht, kann mit einer zu intensiven Belastung gerechnet werden. Der Grenzwert des Normalbereichs liegt bei 80 U/l (Unities pro Liter Blut). Regelmäßige Erhöhungen bis 200 U/l können

	n	Ruhe	nach Belastung	6 h	24 h	40/48 h	4/6 Tage
Harnstoff [mmol/l]							
2 h Ergometrie	40	6,11	7,84	8,70	7,81	6,26	–
75-km-Lauf	20	3,31	4,86	–	3,97	3,18	–
100-km-Lauf	11	7,49	11,32	–	8,99	–	–
CK [U/l]							
2 h Ergometrie	40	46,91	60,2	–	109,1	67,9	64,9
75-km-Lauf	16	25,3	423	–	411	224	32,0
100-km-Lauf	7	39,0	629,2	–	–	–	–

Tabelle 74
Verhalten von Harnstoff und Kreatinkinase (CK) nach 2 Std. Fahrradergometrie, einem 75-km-Lauf und einem 100-km-Lauf (nach CLASING/SIEGFRIED 1986)

Abbildung 75
Nach lang währenden Belastungen kommt es zu einem deutlichen Anstieg des Harnstoffs sowie entsprechenden Abfällen der Aminosäuren, die sich häufig 24 Stunden nach Belastung noch nicht ausgeglichen haben (aus: KEUL et al. 1986, 66).

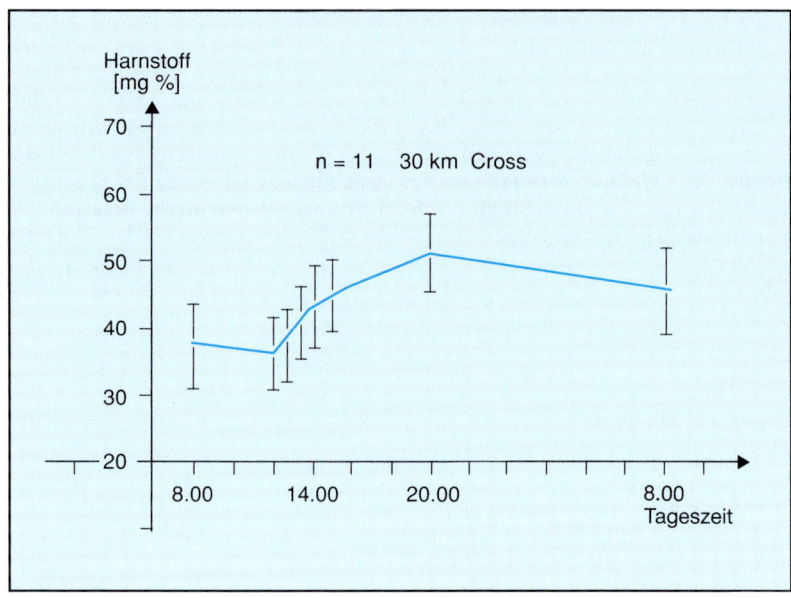

bei fortgesetztem Training noch als selbstverständlich betrachtet werden. Ab 300 U/l ist mit einer abnormen Zellwanddurchlässigkeit und so auch mit strukturellen Veränderungen zu rechnen. Dann ist die Trainingsbelastung unter weiteren Kontrollen zu reduzieren. Bei Marathon- und Ultra-LZA-Leistungen wurden auch schon CK-Erhöhungen auf über 500 U/l und in Einzelfällen bis über 1000 U/l festgestellt.

Katecholaminbestimmung

Aus den »biologischen Grundlagen« (S. 79 f.) ist bekannt, dass sportliche Belastungen als psycho-physische Beanspruchungen in den Hormonhaushalt eingreifen und damit speziell einen Anstieg der Katecholamine **Adrenalin** und **Noradrenalin** im Blut und im Urin bewirken.
Die Katecholamine können somit im Blutplasma und im Urin bestimmt werden. Die Blutplasmakonzentrationen zeigen in erster Linie die Aktivität des sympathischen Nervensystems an und haben Aussagekraft über die unmittelbar vorausgegangene Belastung. Wegen des schnellen Abbaus im Blut muss die Bestimmung sofort nach der Belastung erfolgen (Halbwertszeit der Katecholamine im Blut 3–4 Minuten).
Die Katecholaminbestimmung im Urin ist wegen der trägen Harnausscheidung nur für längere Belastungen (Mindestdauer ca. 20–30 Min.) aussagekräftig und hat Bedeutung bei der Feststellung der basalen Katecholaminausschüttung im Morgenurin (nach der Nachtruhe). Nach LEHMANN et al. (1990, 1992) lässt sich anhand der ba-

salen Ausschüttung die Anpassung des Organismus an die Trainingsbelastungen oder auch eine Überlastung mit Tendenz zu zentraler Ermüdung (Abfall der basalen Konzentration um 50% und mehr, besonders von Adrenalin) erkennen. Körperliche Anstrengungen erhöhen vor allem den Noradrenalinspiegel, psychische Belastungen vorwiegend den Adrenalinspiegel. ZIMMERMANN et al. (1985) fanden heraus, dass wesentliche Aussagen über die Art der Beanspruchung aus dem **Quotienten der Urinkonzentration von Noradrenalin und Adrenalin (N/A)** gemacht werden können. Der **Quotient gibt Aufschluss über die psychische Belastung** im Zusammenhang mit dem körperlichen Einsatz. Hohe Quotienten (N/A > 3) deuten auf eine »ruhige Ausgangslage« vor einem Wettkampf oder geringen psychischen Stress bzw. geringe Motivation im Training hin. Niedrige Quotientenwerte zeigen große Nervosität (vor dem Wettkampf) bzw. hohen psychischen Einsatz (Motivation) im Training (wettkampfgemäßes Training guter Athleten) an (Abb. 76).

Bei Ausdauerbelastungen verschiedener Intensitäten zeigen die Katecholamine ein unterschiedliches Verhalten: bei extensivem Training im **AS-Bereich** steigt Noradrenalin mäßig, Adrenalin unwesentlich an (Abb. 77, S. 212). Bei Training **an der IANS** von längerer Dauer (über 30 Minuten) steigen Noradrenalin und Adrenalin erhöht an. Zu dicht gelegte Trainingseinheiten dieser Art können zur Überbeanspruchung des vegetativen Nervensystems (Übertraining) führen. Bei Belastungen im Bereich **über der ANS** (Tempoläufe nach der Wiederholungsmethode) sind die stärksten Anstiege von beiden Hormonen zu verzeichnen.

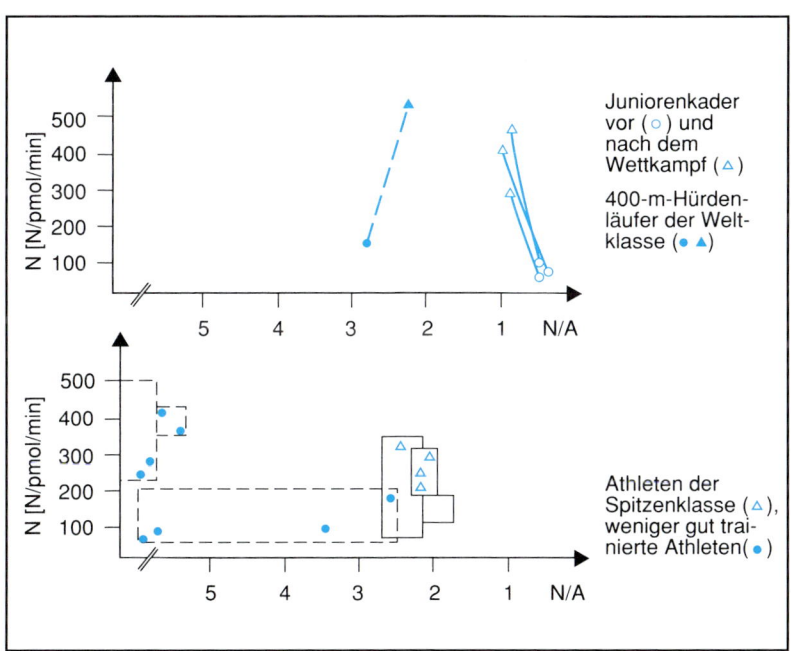

Juniorenkader vor (○) und nach dem Wettkampf (△)

400-m-Hürdenläufer der Weltklasse (● ▲)

Athleten der Spitzenklasse (△), weniger gut trainierte Athleten (●)

Abbildung 76
Das Katecholaminverhalten (Adrenalin = A, Noradrenalin = N) bei 400-m-Hürden-Nachwuchsläufern und einem Weltklasseathleten (oben) sowie Trainingswerte (gemessen nach dem Training) bei sehr guten und weniger guten Athleten (unten) (aus: ZIMMERMANN et al. 1985, 380)

Abbildung 77
Verhalten von
Noradrenalin
(oben) und Adrena-
lin (unten) bei Aus-
dauerbelastungen
unterschiedlicher
Intensität: o——o
extensive Aus-
dauerbelastung;
●——● intensive
Ausdauerbelastung;
□——□ Tempo-
dauerbelastung
(aus: KINDERMANN
1987, 1039)

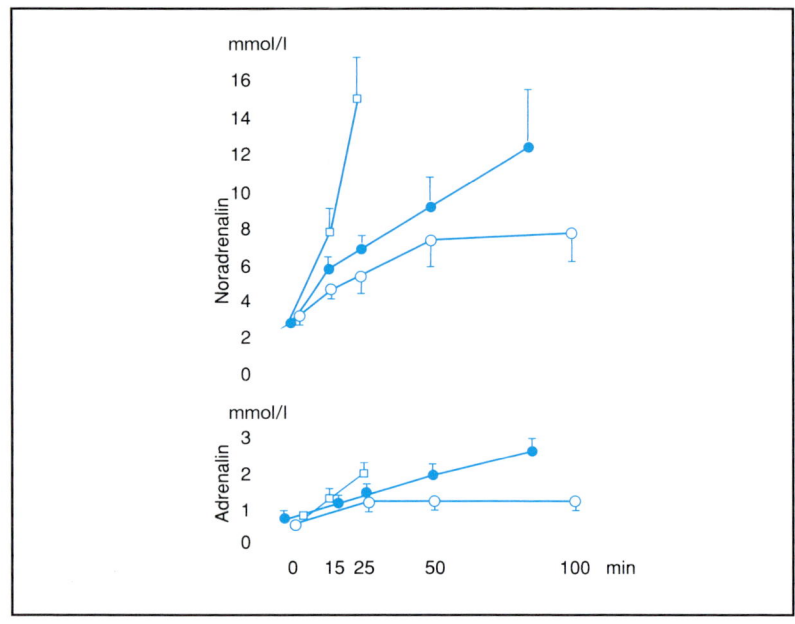

Blutammoniakbestimmung

In jüngster Zeit wird zum Zwecke der Trainingssteuerung die Ammoniakbestimmung im Blut diskutiert.

Ammoniak ist ein Produkt aus dem Proteinstoffwechsel (Aminosäureabbau) und dem Purin-Nukleotid-Zyklus (Teil des Energiestoffwechsels beim Abbau energiereicher Phosphate in der Muskelzelle). Es findet sich in Darm, Nieren, Leber, Nervensystem (Gehirn) und bei körperlicher Belastung im Skelettmuskel. Die **Muskelfasertypen** zeigen – analog zur Laktatbildung – **unterschiedlichen Ammoniakstoffwechsel** (ST-Fasern geringer, FTO-Fasern mehr, FTG-Fasern am höchsten). Bei ansteigenden Konzentrationen im Blut durch anhaltende Muskeltätigkeit kann es auch zum Übertritt des Ammoniaks ins Gehirn und dort mit der steigenden Anreicherung zu einer »Vergiftung« des Nervengewebes kommen. Dies wird auch als Ursache für die sog. zentrale Ermüdung angesehen.

Während man zu Beginn der Ammoniakdiagnostik hoffte, einen Ersatz für die Laktatbestimmung zu erhalten (Bestimmungsmethode ist einfacher) und auch genauere Auskunft über den Fasertypeneinsatz bei Muskelarbeit zu bekommen, ist die heutige Ansicht folgende:

- Ammoniakbestimmung kann die Laktatmessung nicht ersetzen.
- Durch kombinierte Ammoniak- und Laktatmessung bzw. Ammoniak- und Harnstoffbestimmungen können wertvolle Zusatzinformationen über die Stoffwechselverhältnisse gewonnen werden.

● Man kann Erkenntnisse gewinnen über Belastungsverträglichkeit bzw. Überforderung durch das Training, hinsichtlich der mengenmäßigen Veränderung der Energiebereitstellung (in Richtung FFS- oder KH-Verbrennung), über die Glykogenverarmung der Arbeitsmuskulatur, und man erhält zumindest Hinweise zur Beurteilung der psychischen Beanspruchung (LEHNERTZ 1986).

Die **Bestimmungsmethode mit dem Ammoniak-Checker** (transportables Reflektometer mit digitaler Anzeige) ist wegen ihrer Unabhängigkeit vom Labor gut für Feldtests geeignet und kann sich auf eine geringe Blutentnahme aus dem Ohrläppchen (arterialisiertes Kapillarblut) stützen. Die Messung kann sofort erfolgen; in ca. 15 Minuten liegt das Ergebnis vor.

Es bestehen aber auch grundsätzliche Bedenken gegen die Ammoniakbestimmung und einige Nachteile der Checker-Methode (KINDERMANN 1988; HAGELOCH/WEICKER 1988). Die Genauigkeit der Ammoniakbestimmung ist gering, da die Streuungsbreite des Messwertes bei 10% liegt (bei Laktatmessung im 4-mmol/l-Bereich bei 1%). Ruhewerte sind deshalb unzuverlässig, Belastungswerte aus Ausdauerbelastungen haben größere Reliabilität. Temperatureinflüsse auf das Gerät (Sonneneinstrahlung, Winterkälte), soweit sie eine Abweichung von der empfohlenen Arbeitstemperatur (15–30 °C) bewirken, lassen Wertedifferenzen von ± 12–15% zustande kommen. Ammoniak im Schweiß kann ebenfalls die Blutammoniakkonzentration verzerren. Blutentnahmestelle und Hände des tätigen Personals müssen deshalb schweißfrei sein.

Normwerte sind 16,6–47,3 μmol/l (Männer) bzw. 11,5–38,0 μmol/l (Frauen). Weiterreichende Informationen zur Blutammoniakbestimmung sind in o.g. Literatur zu finden.

Elektrolytbestimmung

Lang anhaltende Ausdauerbelastungen in Training und Wettkampf bedingen auch Elektrolytverluste mit den bereits angesprochenen Folgen (S. 83 f.). In erster Linie handelt es sich um Defizite von **Kalium, Magnesium und Eisen.**

Kalium (K) tritt während der Belastung aus der Muskelzelle aus. Es erhöht sich der Blutkaliumspiegel trotz Verlusten über Schweiß und Urin. Nach der Belastung sinkt der Kaliumspiegel im Blut wieder, da in der Muskelzelle ein hoher Bedarf (vor allem für die Glykogeneinlagerung) besteht. Die Kaliumergänzung wird sinnvollerweise in der Regenerationsphase durchgeführt (Obst, Säfte u.a.). Die Defizite lassen sich relativ schnell ausgleichen.

Kaliumverluste beeinträchtigen die Erregbarkeit der Muskelzelle, was sich als allgemeine Ermüdung äußert. Der Normbereich des Blutkaliums liegt bei 14,0–20,3 mg% (3,6–5,4 mmol/l); die untere Grenze für Sportler wird mit 15,6 mg% (4,0 mmol/l) angegeben.

Magnesium(Mg)-Verluste können mit umfangreichen Schweißabsonderungen so groß werden, dass in Verbindung mit erhöhter Mg-Aufnahme in den tätigen Organen der Blut-Mg-Spiegel deutlich absinkt und innerhalb 24 Stunden oft nicht ausgeglichen werden kann. Deshalb finden sich bei Ausdauersportlern mit hohem Trainingsumfang nicht selten deutlich erniedrigte Mg-Spiegel. In solchen Fällen sollte eine prophylaktische Mg-Zufuhr dazu dienen, die Blut-Mg-Konzentration nie unter

Tabelle 75
Eisenmangel mit und ohne Anämie führt zu einer Einschränkung der Leistungsfähigkeit und zu subjektiven Beschwerden, die sich vor allem in Müdigkeit, Appetitlosigkeit, Muskelkrämpfen und vasomotorischen Störungen auswirken (nach KEUL et al. 1986, 78).

ohne Anämie		mit Anämie	
1. Verminderung der Arbeitsleistung		1. Reduktion der aeroben Kapazität Reduktion der Ausdauer	
2. vorzeitige Laktazidose		2. Laktazidose verstärkt	
+	3. Müdigkeit	++	
+	4. Appetitlosigkeit	++	
+	5. Muskelkrämpfe	++	
+	6. vasomotorische Störungen	++	

2 mg% sinken zu lassen. Bei einem Normalwert von 1,9–2,5 mg% (0,78 bis 1,03 mmol/l) wird der Optimalwert für Trainierende mit 2,15–2,45 mg% (0,88 bis 1,01 mmol/l) angegeben. Damit können übergroße Verluste vermieden werden.

Mg-Verluste führen zu einer Störung der Muskelerregbarkeit in der Art, dass es zu Krämpfen kommt. Auch die Zellmembrandurchlässigkeit für Enzyme (z.B. CK) wird größer. Daraus ist zu schließen, dass Mg-Substitution einen gewissen Schutzeffekt für die Muskelzelle bedeuten kann.

Der **Eisenbedarf** von Leistungssportlern, insbesondere von Ausdauerleistern, ist aus drei Gründen deutlich erhöht: Es liegen größere Verluste über Schweiß und Nieren vor, es kommt eine belastungsbedingte eingeschränkte Resorption (Aufnahme im Darm) hinzu, und es entstehen Defizite über unkontrollierte Blutverluste. Letzteres ist der Fall durch die Monatsblutungen bei Sportlerinnen und durch die »Läuferanämie«. Hier handelt es sich um eine Hämoglobinverminderung durch mechanische Zerstörung roter Blutkörperchen im Fußsohlenbereich durch den Laufschritt. Zur Feststellung eines Eisenmangels müssen neben dem Serumeisen auch Transferrin (= Transportform) und Ferritin (= Speicherform) untersucht werden.

Eisenmangel kann – ohne und mit Anämie – verschiedene Auswirkungen haben (Tab. 75). Der Grenzwert des Bluteisenspiegels ist bei 80 μg/100 ml (Normalwerte 59–158 für Männer, 37–145 für Frauen). Dieser sollte nicht unterschritten werden. Der entsprechende Hämoglobingehalt wird mit 15 bzw. 14 g% (Normalwert 14 bis 18 für Männer, 12–16 für Frauen) angegeben.

Durch Versuche ist nachgewiesen, dass Eisenpräparate bei Eisenmangel die sportliche Leistungsfähigkeit deutlich verbessern (KEUL et al. 1986).

Die Elektrolytbestimmung kann nur durch ärztliches Personal in Zusammenarbeit mit einem Labor durchgeführt werden. Trotzdem sollte bei Ausdauersportlern, insbesondere bei Läufern, zumindest in vierteljährigen Abständen (vor allem Eisen) kontrolliert werden. Mit einer mehrwöchigen Eisensubstitution sollte nicht gezögert werden, sofern Anzeichen dafür gegeben sind. Die Einnahme von Eisenpräparaten in Verbindung mit Vitamin C führt zu einer intensiveren Eisenausnutzung.

Selbstkontrolle des Athleten

Neben den bisher erwähnten genaueren Kontrollmitteln der Sportmedizin hat der Sportler selbst auch Möglichkeiten der Kontrolle, ob Belastung und Erholung im richtigen Verhältnis zueinander stehen.

Eine gewisse Aussagekraft hat die **Feststellung des morgendlichen Ruhepulses** nach dem Aufwachen. Nur dieser absolute Ruhepuls stellt ein verlässliches Bezugskriterium dar. Deutlich erhöhte Pulswerte (ca. 5 – 10/min) gegenüber dem üblichen Mittelwert können ein Hinweis auf Überlastung bzw. zu geringe Regeneration sein.

Auch die tägliche Gewichtskontrolle (immer zur gleichen Tageszeit) kann bei hohem Trainingsumfang helfen, Überlastungen oder auch überreiche Ernährung rechtzeitig aufzudecken. Gewichtsdifferenzen von über 1 kg sind hier zu beachten.

Die **Beobachtungen des Allgemeinbefindens,** die dann eventuelle Rückschlüsse auf Überlastungen oder gesundheitliche Probleme zulassen, sollten sich in erster Linie auf das Schlafverhalten, körperliche Frische am Morgen und das Wohlbefinden vor und beim Training richten.

Trainingsdokumentation

Zur Steuerung der Leistungsentwicklung reichen die bisher angesprochenen Mittel nicht aus. Nur durch einen Vergleich mit dem realisierten Training sind die Ergebnisse aus der Anwendung dieser Steuerungsmittel optimal zu verwerten.

Voraussetzung für die Auswertung der Ergebnisse ist die **Datendokumentation.** Sie hat so zu erfolgen, dass neben persönlichen Daten (Name, Gewicht, subjektives Befinden usw.) die Intensitätskategorien, der Trainingsumfang (auch für die einzelnen Intensitätsstufen), die Trainingsinhalte und eventuell auch Trainingsformen über den geplanten Zeitraum übersichtlich aufscheinen.

Die Aufzeichnung der Trainingsdaten sichert ab, dass eine festgestellte Leistungsveränderung auch hinsichtlich der benötigten Zeitspanne, der angewandten Trainingsinhalte und Trainingsmethoden erklärbar wird.

Tab. 76, S. 216, zeigt ein Beispiel (aus mehreren Möglichkeiten der Gestaltung) für eine systematische und kategorisierte Erfassung der Trainingsdaten. In dem Schema sind enthalten die Zeiten zu Trainingswoche, Trainingstagen und Trainingseinheiten (A; B), die Belastungszeiten in Minuten, Intensitätsstufen (hier 5 Stufen in Anlehnung an % HFmax), allgemeine und semispezifische Inhalte, Gefühlsskala für das subjektive Empfinden (von 1 = schlecht bis 5 = hervorragend), die Ausführung der geplanten Trainingseinheit (J = Ja, N = Abbruch), Kontrollwerte zu Ruhepuls, Gewicht und Schlaf.

Die Auswertung der aufgezeichneten Daten muss die Kategorisierung (Inhalte mit Belastungsintensitäten) fortsetzen und einen Überblick über die Umfangsverteilung (Quantifizierung) auf die einzelnen Kategorien ergeben. Die Auswertung kann per Hand geschehen und zu tabellarischen oder grafischen Übersichten führen. Eine Effektivierung geschieht heute bereits über computergestützte Dokumentation (Athleten oder Trainer) und EDV-Auswertung. Diesbezüglich wird auf die einschlägige Literatur verwiesen (PÖLITZ 1988, 407; STARISCHKA 1988). Für eine optimale Nutzung der Trainingsprotokollierung und Auswertung ist wesentlich, dass bereits bei der Erstellung des Trainingsplans die Vorgaben auf die entsprechenden Kategorien abgestimmt sind.

Tabelle 76
Beispiel eines systematisch angelegten Trainingsprotokolls (Woche aus dem Sommertraining Skilanglauf) (nach SLEAMAKER 1991)

Woche / Zeit — Tag	1 A	1 B	2 A	2 B	3 A	3 B	4 A	4 B	5 A	5 B	6 A	6 B	7 A	7 B	Gesamt
Datum	14.	6.	15.	6.	16.	6.	17.	6.	18.	6.	19.	6.	20.	6.	
Schnelligkeit															
Ausdauer			25				20		80			30			
Wettkampf/ Tempo															
Intervall									25						
Überdistanz	90	120			74										
Hügel-Intervall												40			
Kraft				30				30			30				
Intensität (I–V)	I	I	I	II			I	II	IV	II	II	IV			
Radfahren									MTN Bike						
Wandern															
Rudern															
Skilanglauf	Roller Ski				Roller Ski										
Schwimmen															
Laufen															
Andere (K = Kraftprogramm)		Kanu	K				K				K				
Stretching	15		15				15	15			15	15			
Gefühl (1–5)	4	4	3	3			3,5	3	3		1	2	1		
Training beendet J/N	J	J	J	J			J	J	J		J	J	N	N	
Morgenpuls	42		41		44		45		52		54		48		
Morgengewicht	152		151		152		149		149		150		150		
Schlafstunden	7		8		6,5		6		6		9		8		

RUHE = ERSCHÖPFT

216

 8 Ausdauertraining im Kindes- und Jugendalter

Zur Ausdauerleistungsfähigkeit und Trainierbarkeit der Ausdauer im Kindes- und Jugendalter liegen heute zahlreiche differenzierte Aussagen von berufener Seite (Sportmedizin) vor, so dass sich das Bild über die Ausdauerbelastbarkeit in diesen Altersstufen gegenüber früheren Jahren geändert hat: Während vorher meist vor Überbeanspruchung durch lange Belastungsdauern gewarnt wurde, wird heute das Problem der unangemessenen Ausdauerbelastungen entweder in der **Anwendung zu hoher Belastungsintensitäten** (bei kurzen Belastungszeiten) oder vor allem in der **allgemeinen Unterbeanspruchung** durch die Bewegungstätigkeiten des täglichen Lebens und des üblichen Schulsports gesehen.

Es ist mittlerweile bekannt, dass z. B. Kinder und Jugendliche auf Ausdauerbelastungen hin dieselben Anpassungserscheinungen wie Erwachsene zeigen (KÖHLER 1977, 606) und ausdauertrainierte Kinder relative Herzvolumina von ca. 15–18 ml/kg (CHRUSTSCHOW et al. 1975, 366) haben können, was den Größen von Sportherzen entspricht. Andererseits ist auch deutlich geworden, dass Trainingsbelastungen mit ca. 50% der maximalen Leistungsfähigkeit – auch bei ausreichendem Umfang – bei 8- bis 12-jährigen Kindern keine messbare Verbesserung der maximalen Sauerstoffaufnahme erzielen, sondern nur Leistungssteigerungen über eine optimierte Koordination mit sich bringen (KEUL et al. 1982, 264). Das ist selbst für gesundheitliche Bedürfnisse zu wenig.

Im Folgenden wird auf die wesentlichen Aspekte der angesprochenen Thematik nur in einer knappen Übersicht eingegangen, da eine umfangreiche Literatur bereits vorliegt (siehe Literatur zu Kinder-/Jugendtraining).

Altersstufen

Aus Tab. 77, S. 218, gehen die biologischen Altersstufen hervor, die im Rahmen des Kinder- und Jugendbereichs betrachtet werden sollen. Jede Entwicklungsstufe hat ihre biologischen Besonderheiten und Vorzüge hinsichtlich der Trainierbarkeit konditioneller und koordinativer Fähigkeiten.

Es ist aus der Altersstufencharakteristik bekannt, dass

- im **frühen Schulkindalter** günstige Voraussetzungen für den Erwerb motorischer Fertigkeiten und zur Verbesserung koordinativer Fähigkeiten gegeben sind,
- im **späten Schulkindalter** das beste Lernalter für das zielgerichtete Üben sportlicher Grundtechniken vorliegt,
- in der **Pubeszenz und Adoleszenz** wegen des Wachstumsschubs sehr günstig die konditionellen Fähigkeiten zu entwickeln sind.

217

Tabelle 77
Einteilung der Ent-
wicklungsstufen
nach dem kalenda-
rischen Alter

Entwicklungsstufe		kalendarisches Alter (Jahre)
frühes Schulkindalter spätes Schulkindalter	} Kindesalter	6/7 bis 10 10 bis Eintritt der Pubertät (Mädchen 11/12; Jungen 12/13)
erste puberale Phase (Pubeszenz) zweite puberale Phase (Adoleszenz)	} Pubertät Jugendalter	Mädchen 11/12 bis 13/14 Jungen 12/13 bis 14/15 Mädchen 13/14 bis 17/18 Jungen 14/15 bis 18/19

Grundlagenausdauer (aerobe Ausdauer) ist in allen Altersstufen trainierbar. Die sensitive Phase (= Phase erhöhter Trainierbarkeit) fällt in die Pubeszenz (KOINZER 1981, 201).

Die **anaeroben Ausdauerfähigkeiten** nehmen in der Pubeszenz zu, werden aber lohnend erst in der Adoleszenz trainierbar.

Biologische Voraussetzungen zur aeroben Ausdauerleistungsfähigkeit

Es kann hier von überwiegend **günstigen Bedingungen** gesprochen werden, was sich durch folgende Tatsachen bestätigen lässt:

● Das **Herz-Kreislauf-System** reagiert auf Ausdauerbelastungen wie beim Erwachsenen. Die Anpassung geschieht allerdings schneller. 5- bis 12-Jährige erreichen bereits 30 Sekunden nach Beginn der Maximalbelastung ca. 50% der maximalen Sauerstoffaufnahme, während es bei Erwachsenen ca. 33% sind (KLIMT et al. 1975, 163).

● Sehr **hohe Belastungsherzfrequenzen** (200/min und darüber; Abb. 78, S. 219) auch über längere Belastungszeit sind normal, da bereits hohe Ruheherzfrequenzen vorliegen (8-Jährige ca. 90/min, 12-Jährige ca. 80/min, Erwachsene ca. 70/min). Dies hat Konsequenzen für die trainingswirksamen Belastungsherzfrequenzen: Für Kinder liegt das Minimum bei 150/min (Wirkung: Senken der Ruhefrequenz), das Optimum bei 170/min (Wirkung: Verbesserung der maximalen Sauerstoffaufnahme), für Jugendliche bei 140/min bzw. 160/min (BLÖDORN/ SCHMIDT 1977). Im Allgemeinen ist jedoch bei Kindern die Belastungsintensität anhand der Belastungsherzfrequenzen schlecht feststellbar, da in der Herzfrequenzhöhe zwischen Trainierten und Untrainierten kaum Unterschiede feststellbar und bei hohen Frequenzen (170–180/min) mitunter noch erhebliche Intensitätssteigerungen möglich sind. Es ist sinnvoller, die Belastungsintensität über die Fortbewegungsgeschwindigkeit zu steuern.

● Die **relative Herzgröße** (körpergewichtsbezogen) ist wie bei Erwachsenen. Der Normwert untrainierter Kinder liegt bei 12 ml/kg; Ausdauertrainierte verzeichnen Werte zwischen 14,9 und 18,1 ml/kg (CHRUSTSCHOW et al. 1975). Relative Herzgrößen ab 14 ml/kg werden als Sportherzen bezeichnet. Durch geeignete Trainingsbelastungen ausgelöst, sind bereits vor der Pubertät kardiopulmonale

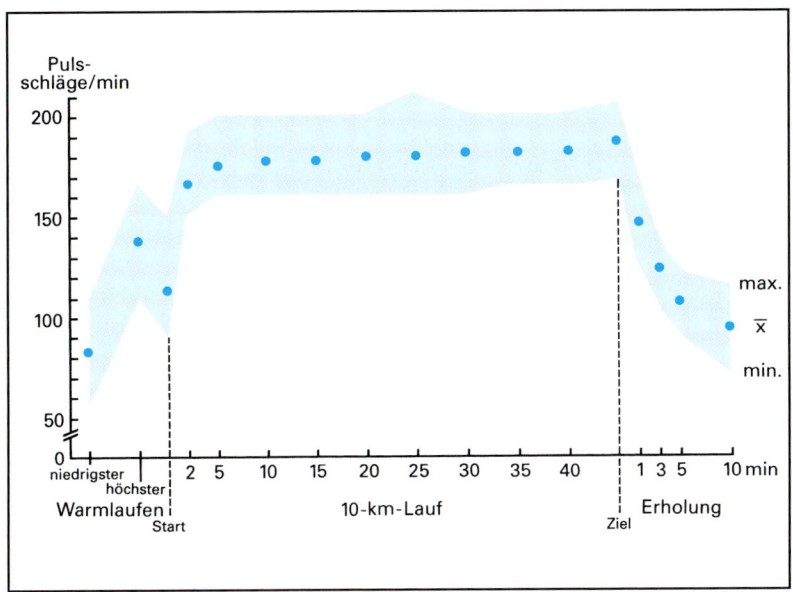

Abbildung 78
Grafische Darstellung der Herzfrequenzen bei trainierten Schülern im frühen und späten Schulkindalter vor, während und nach einem 10-km-Lauf (BUSCHMANN 1986, 36)

Trainingseffekte einschließlich der Sportherzentwicklung zu beobachten (ROST 1989, 166 ff.).

- Die **relative maximale Sauerstoffaufnahme** als Bruttokriterium für die Ausdauerleistungsfähigkeit hat für untrainierte Kinder ihren Normwert bei 40–48 ml/kg/min. Ausdauertrainierte Kinder weisen Werte bis 60 ml/kg/min auf. Dies entspricht Größen, die erwachsene Ausdauersportler von mittlerem Leistungsniveau haben.

- Die Messwerte im Bereich der **anaeroben Schwelle** zeigen bei sporttreibenden Kindern eine Tendenz, wie sie für trainierte Erwachsene typisch ist: Das maximale Laktatgleichgewicht liegt unter 4 mmol/l (3,0–3,5 mmol/l); es werden dabei ca. 80% der maximalen Sauerstoffaufnahme eingesetzt und Herzfrequenzen von 180–190/min verzeichnet. In der Pubertät verschlechtern sich diese relativen Werte (ca. 70% max. Sauerstoffaufnahme, HF 178/min), was damit erklärt wird, dass die Körpermasse einen beschleunigteren Zuwachs erfährt als der weitere Anstieg der funktionellen Leistungskapazität durch Training (GAISL/BUCHBERGER 1986).

Nach BUHL et al. (1982) liegt die prozentuale Nutzung der maximalen Sauerstoffaufnahme im aerob-anaeroben Übergang (Geschwindigkeit bei einer Laktatkonzentration von 3 mmol/l) bei Kindern bei 75%, bei erwachsenen Volkssportlern ebenfalls bei 75% und bei Hochleistungssportlern um 80%. Dieser aerob-anaerobe Übergangsbereich (3 mmol/l Laktat) wird von den Kindern (8- bis 10-Jährige) mit einer Laufgeschwindigkeit von durchschnittlich 11,5 km/h, von Volkssportlern mit 11,8 km/h und von Leistungssportlern mit 17,6–19,4 km/h erreicht.

- Aus der Sicht des **Muskelstoffwechsels** liegen bei Kindern gute Voraussetzungen für aerobe Leistungsfähigkeit vor. Nach KEUL et al. (1982) und KOINZER (1987) kann aus dem festgestellten Verhältnis von Glyzerol zu freien Fettsäuren im Blut bei Kindern auf eine höhere Oxidationsrate von freien Fettsäuren als bei Erwachsenen geschlossen werden. Dies scheint durch die noch nicht voll entwickelte glykolytische Kapazität und durch die vorliegende hormonelle Steuerung (Katecholamine, insbesondere Adrenalin, und Wachstumshormon [STH]) bedingt zu sein.
- In der **Wärmeregulation** liegen auf kindlicher Seite gewisse Nachteile vor. Kinder haben eine geringere Schweißsekretion (Schweißdrüsen noch nicht voll entwickelt) und damit geringere Wärmeabfuhr über die wirkungsvolle Verdunstung. Für die bei Ausdauerbelastungen anfallende Wärme sind deshalb ein vermehrter Bluttransport zur Haut (Wärmeabstrahlung) und eine verstärkte Atmung (Abatmung von Wärme durch flache und schnelle Atemzüge) erforderlich. Beides beeinträchtigt die Ausdauerleistungsfähigkeit bei Wärme. Die Thermoregulation ist zwar auch trainierbar; es bleiben jedoch stets Defizite gegenüber Erwachsenen.

Biologische Voraussetzungen zur anaeroben Ausdauerleistungsfähigkeit

Die anaerobe Kapazität baut auf wesentlich **ungünstigeren Voraussetzungen** auf als die aerobe Kapazität, was im Einzelnen auf folgende Tatsachen zurückzuführen ist:

- Der **Phosphatvorrat in der Muskelzelle** (= alaktazide anaerobe Kapazität) ist geringer als bei Erwachsenen. Dies bedeutet im Vergleich einen früheren Rückgriff auf die glykolytische (laktazide) Energieproduktion.
- Die **anaerobe Glykolyse**, d.h. die Fähigkeit zu hoher Laktatproduktion, ist wegen der geringen Aktivität (Menge) ihres Schlüsselenzyms (PFK) beeinträchtigt (KINDERMANN et al. 1978, 222). Erst in der Pubertät kommt es zu einem Anstieg. Es kann somit nicht ohne weiteres viel Laktat gebildet werden (4- bis 6-Jährige: 3–6 mmol/l, 6- bis 9-Jährige: 4–8 mmol/l, 15-Jährige: 6–14 mmol/l).
- Für eine gleich große Laktatmenge ist gegenüber den Erwachsenen eine wesentlich höhere **Katecholaminausschüttung** notwendig (10fach erhöhter Adrenalin- und Noradrenalinspiegel; LEHMANN et al. 1980, 230). Dieser hohe Stresshormonanstieg führt an die Grenze psychophysischer Belastbarkeit.
- Die **Laktateliminierung** ist gegenüber Erwachsenen verzögert, was sich als eingeschränkte Erholungsfähigkeit äußert. Nach KLIMT et al. (1973) waren z.B. bei 8- bis 9-Jährigen erst eine Stunde nach Ende eines 800-m-Laufs die Laktatwerte wieder auf dem Ausgangsniveau.
- Die **laktazide Kapazität** ist durch mehrjähriges Training auch bei Kindern zu steigern – allerdings wie im Erwachsenenbereich über sportartspezifische Ausbelastungen. Bei 9-Jährigen können dann Laktatwerte von 13 mmol/l im 50-m-Schwimmen und 16 mmol/l im 200-m-Lauf produziert werden (BORMANN et al. 1981). Derartige Werte sind mit Spitzenwerten von Erwachsenen (über 20 mmol/l) vergleichbar.

Trotz dieser Möglichkeiten sind solche **anaerob-laktaziden Belastungen** aus vorher angeführten Gründen **nicht kindgemäß**.

Trainingsbelastungen

Hinsichtlich dieser Thematik ist zwischen **Schulsport** (Gesundheitssport) und **Vereinssport** (Leistungssport) zu differenzieren.

Zum Schulsport

Sowohl im frühen wie auch im späten Schulkindalter gelten hier im Prinzip die gleichen Richtlinien:

- Gemäß dem Prinzip der Kindgemäßheit sind **aerobe Belastungen altersadäquat**. Anaerobe Belastungen sind möglichst zu vermeiden. Ein **umfangsbetontes** Ausdauertraining hat vor einem intensitätsbetonten zu stehen.
- Das primäre Ziel ist, eine ca. **20-minütige Dauerbelastung** durchhalten zu können. Eine Hinführung dazu geschieht über **Minutenbelastungen,** die von 5 Minuten an jeweils eine ca. 10%ige Steigerung (in jeder 2. bis 3. Übungsstunde) erfahren können. Dann erst sollten Intensitätserhöhungen stattfinden. REISS (in: DEMETER 1981, 72) stellt z.B. folgende Bedingungen für die Übungsdauer im Laufen zur Verbesserung der aeroben Kapazität auf:

6- bis 7-Jährige	7 Minuten
8- bis 9-Jährige	10 Minuten
10- bis 11-Jährige	12–15 Minuten
12- bis 13-Jährige	15–18 Minuten
14- bis 15-Jährige	18–20 Minuten
16- bis 17-Jährige	20–25 Minuten

- Die für gesundheitliche Wirkungen notwendige Bruttobelastungszeit pro Woche von 60 Minuten (für Erwachsene) kann wegen der besseren Trainierbarkeit der Kinder auf **45 Minuten pro Woche** herabgesetzt werden. Es ist jedoch eine minimale Trainingshäufigkeit von **zweimal pro Woche** notwendig, um außer der Koordinationsverbesserung tatsächlich Änderungen im Organismus zu erzielen. Das Optimum der Trainingshäufigkeit liegt bei 3- bis 4-mal pro Woche (also dreimal 15 Minuten oder viermal ca. 12 Minuten).
- Bei zweimaligem Training pro Woche ist für eine signifikante Senkung der Ruheherzfrequenz und **Ökonomisierung des Herz-Kreislauf-Systems** mit einer Zeitspanne von **4–5 Wochen** (also 8–10 Trainingseinheiten) zu rechnen.
  Weitere kardiovaskuläre (= Herz und Gefäßsystem betreffende) Änderungen, die zu einer **Steigerung der maximalen Sauerstoffaufnahme** führen, sind frühestens nach **ca. 10 Wochen** (ca. 20 Trainingseinheiten), im Allgemeinen nach 4–6 Monaten zu erwarten.
- Die trainingswirksame **Belastungsintensität** für das gesundheitsorientierte Grundlagenausdauertraining ist **leicht bis mittel** (ca. 50–70% der maximalen Herz-Kreislauf-Auslastung). Das entspräche im Kindesalter Herzfrequenzen von etwa 150–170/Minute. Da sich – wie schon erwähnt – eine Intensitätssteuerung

221

über die Herzfrequenz bei Kindern als sehr schwierig erweist, ist eine Geschwindigkeitsvorgabe (durch den Lehrer oder einen Schüler) für die individuelle Auslastung günstiger. Hinsichtlich des leichtathletischen Laufs macht BUSCHMANN (1986, 57) altersstufengemäße Geschwindigkeitsvorschläge, die als Orientierungswerte gelten können (Tab. 78). Für diese Art der Intensitätssteuerung ist allerdings ein gutes Tempogefühl des Führenden erforderlich, was ohne längere Lauferfahrung meist nicht gegeben ist.

Es bleibt letztlich in der anfänglichen Ausdauertrainingspraxis nur die **indirekte Steuerung über die Atmung:** »Es wird so gelaufen, dass man sich mit den Mitläufern noch in zusammenhängenden Sätzen unterhalten kann und dabei nicht in Atemnot gerät!« Damit ist immerhin eine Überschreitung der oberen Belastungsintensität zu vermeiden.

● Geeignete Trainingsmethoden sind die **Varianten der Dauermethode** (Geländelauf, Waldlauf, Crosslauf, Hindernislauf, Fahrtspiel, Orientierungslauf in kindgemäßer Ausführung) und **intervallartige Belastungen** (kleine Spiele, kleine Mannschaftsspiele, Staffeln), soweit bei Letzteren durch entsprechende Abstimmung von Belastungsdauer, Belastungsintensität und Pausendauer der Eingriff in die anaerobe Kapazität weitgehend vermieden wird. Der wesentliche Grundsatz innerhalb der Trainingsmethodik hier ist das laufende **Wechsel der Trainingsmethoden und auch der Trainingsinhalte.** Neben dem Lauf sollte auch – soweit es der organisatorische Rahmen zulässt – z.B. Radfahren, Rollschuhlaufen, Bergwandern, Schwimmen, Rudern, Paddeln, Skilanglaufen und Eisschnelllaufen mit einbezogen werden. Eine positive Einstellung zum Ausdauersport ist nur zu erreichen bzw. zu erhalten, wenn das Training abwechslungsreich ist. Tab. 79,

Tabelle 78
Vorschläge zur altersstufengemäßen Belastungsintensität anhand der Laufgeschwindigkeit (km/h) für 12- bzw. 30-minütige Belastungsdauer (modifiziert nach BUSCHMANN 1986, 57)

	12-Minuten-Lauf		30-Minuten-Lauf	
Alter (Jahre)	Jungen	Mädchen	Jungen	Mädchen
7	8–10,5		8–9	
8	10,75	10	9,75	9,25
9	11	10	10	9,75
10	11,5	10,5	10,5	9,75
11	11,75	10,5	10,75	10
12	11,75	10,75	11	10
13	12,25	11	11,5	10,5
14	12,5	11,5	11,75	10,75
15	12,5	11,75	12,25	10,75
16	13,0	11,75	12,5	10,75

222

nach Dauerprinzip	nach Intervallprinzip
– Minutenläufe (wer kann 1, 2, 3 usw. Minuten ohne Pause laufen?) – Minutenläufe nach Pyramidensystem (1-2-3-2-1 min) – Ausdauerschein I, II, III (5, 10, 15 min kontinuierliches Laufen) – Dreiecksläufe (Abb. 81, S. 224) mit der Vorgabe, dass die Eckpunkte zu bestimmten Zeiten (z.B. Pfiff) erreicht werden sollen (Hinführung zu gleichmäßigem Lauftempo) – Laufen im Irrgarten: In möglichst unübersichtlichem Gelände wird unter Aufgabenstellung der Wegsuche laut Markierungen eine möglichst lange Strecke zurückgelegt. – Partnerlauf mit Fahrradbegleitung: Nach gewissen Belastungsdauern wird zwischen Laufen und Radfahren gewechselt.	– kleine Spiele wie Schwarz-Weiß, Nummernwettlauf, Schwarzer Mann – Staffeln: Pendelstaffeln, Umkehrstaffeln, Endlos-Rundenstaffeln (mit Zusatzaufgaben hinsichtlich Fortbewegungsart und Transport von Gegenständen) – kleine Mannschaftsspiele wie Rollball, Sitzball, Raufball – Sportspiele wie Handball, Basketball, Fußball, Hockey mit entsprechender Spielfeld- oder Regeländerung – Figurenlaufen: Vorgezeichnete Figuren oder Zahlen (mit Spielfeldmarkierungsmaschine) werden längs ihrer Umrisse durchlaufen.

Tabelle 79
Beispiele kindgemäßer Ausdauertrainingsformen

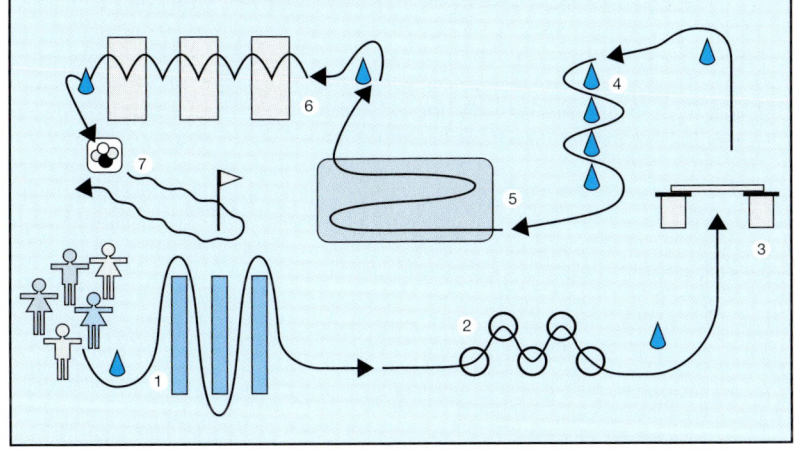

Abbildung 79
Konfiguration eines Laufparcours mit 7 Aufgabenstellungen: (1) Umlaufen von 3 Turnbänken, (2) Schluss- oder Einbeinsprünge, (3) Durchkriechen eines Tunnels, (4) Slalomsprint, (5) Kniehebelauf auf dem Weichboden, (6) Schrittsprünge, (7) Gymnastikball prellen. Belastungsdauer 10–15 Minuten bei freier Intensitätswahl (MARTIN et al. 1999, 369)

Abb. 79, 80 und 81, S. 223 f., führen einige Beispiele des kindgemäßen Ausdauertrainings an. Eine umfangreiche Sammlung von Trainingsformen ist bei BUSCHMANN (1986, 90–115) zu finden.

- Wenn schulsportinterne Gründe (z.B. Sportstundenzahl und Stundenverteilung, Sportstättenlage, weitere Lernziele gemäß Lehrplan) nicht immer die aus biologischer Sicht notwendige regelmäßige Durchführung eines Ausdauertrainings gestatten, sollte auf ein »periodisiertes Ausdauertraining« ausgewichen werden. Darunter ist die konzentrierte, vorrangige Durchführung von Ausdauertrainingseinheiten (2- bis 3-mal pro Woche) über eine Zeitspanne von 4–6 Wochen zu verstehen. Auf diese Art und Weise lässt sich die Ausdauer deutlich verbes-

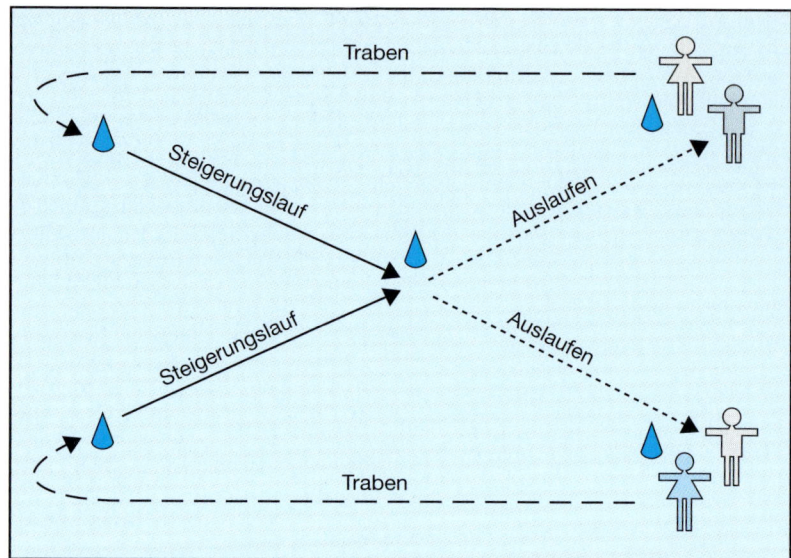

sern. Die Leistungsfähigkeit geht im Kindesalter auch nicht wieder verloren, da in den folgenden Schulsportperioden mit anderen Zielsetzungen (z. B. Koordination, Schnelligkeit) Spiele und das sonstige Konditionstraining zum Erhalt des erreichten Ausdauerniveaus dienen können. Zwei derartige »Ausdauertrainingsperioden« in einem Schuljahr sind weit wirkungsvoller als punktuell über größere Zeitspannen verteilte Ausdauerstunden. Letztere sind praktisch im Hinblick auf eine Verbesserung wirkungslos.

In der Pubertät (vor allem in der ersten puberalen Phase) liegen einerseits reifungsbedingt die besten Voraussetzungen für die Entwicklung aerober Ausdauerfähig-

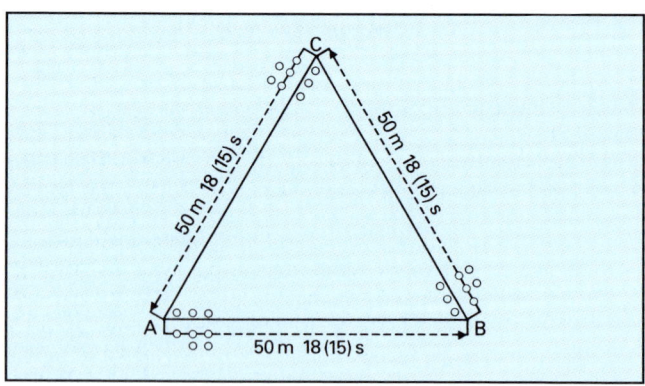

keiten vor, andererseits geht aber auch ohne entsprechende Belastungsreize die natürliche Ausdauerfähigkeit zurück. In diesem Alter fehlt es auch meist an der entsprechenden Motivation für die monotonen Belastungen des Ausdauertrainings. Daraus erwachsen im Rahmen des Schulsports gewisse Probleme für die Durchführung eines wirkungsvollen Ausdauertrainings.

- Als Trainingsmethoden kommen hier vorrangig die **variable Dauermethode** (Fahrtspiel, Tempowechsellauf, Hindernislauf) und zunehmend auch die **extensive und intensive Intervallmethode** zur Anwendung. Bei den Intervallmethoden dient die extensive Variante zusammen mit mittleren Belastungsintensitäten noch überwiegend der Förderung aerober Kapazität (vor allem Herzleistung), die intensive Variante mit submaximalen Intensitäten und Kurzzeitintervallen der Entwicklung der anaeroben Fähigkeit (vor allem der anaerob-laktaziden Energieproduktion, weniger wegen der Laktattoleranz).

- Trainingsinhalte und Trainingsformen sind nicht wesentlich anders als im Kindesalter. Altersstufengemäß sollte der Schwerpunkt auf **Geländeläufen, Partnerlaufen mit Fahrrad, Ausdauermehrkämpfen** (z. B. Laufen + Radfahren, Rudern + Schwimmen) bzw. **Endlosstaffeln** (z. B. drei Läufer auf eine Bahnrunde verteilt), **Hügelläufen** und **großen Spielen** (Fußball, Feldhandball, Basketball mit erweitertem Spielfeld) liegen.

- Da in diesem Alter ohne gezielte Belastung die Rückbildung erworbener konditioneller Fähigkeiten relativ schnell vor sich geht, stellt ein »periodisiertes Ausdauertraining« wie im Kindesalter nicht die gekonnte Lösung für den Schulsportunterricht dar. Eine **Steigerung der Ausdauerfähigkeit ist nur bei mindestens 2- bis 3-maliger Belastung pro Woche** (von je 30 bzw. 20 Minuten effektiver Dauer) zu erwarten. Der Erhalt eines erworbenen gesundheitlichen Ausdauerminimums kann bestenfalls über eine Sportstunde mit konzentrierter Ausdauerschulung und einer weiteren Stunde mit Spielen erreicht werden. Für die Schulsportpraxis bedeutet dies, dass die Schüler/innen in diesem Alter zur **Selbstbetätigung in der Freizeit** (wenigstens einmal pro Woche) angeregt werden müssen oder ihnen im Rahmen von Neigungs- und Leistungsgruppen Gelegenheit für ausreichendes regelmäßiges Training zu geben ist.

- Im Rahmen schulsportlichen Ausdauertrainings ist die **Bedeutung von Ausdauerwettkämpfen** für die Motivation zum Training nicht zu unterschätzen. Dies trifft sowohl für das Kindes- als auch für das Jugendalter zu. Es bieten sich Möglichkeiten innerhalb der Neigungsgruppen (z. B. Waldlaufserie über mehrere Termine mit einer Gesamtwertung), zwischen den Schulklassen oder Jahrgangsstufen (z. B. Staffelwettbewerbe mit jeweils einer ersten, zweiten, dritten usw. Mannschaft oder Mannschaftswertung mit allen Klassenangehörigen) und auf gesamtschulischer Ebene (Schulmeisterschaften in verschiedenen Ausdauerdisziplinen) an.

- Auf **Leistungskontrollen** kann im Rahmen des Schulsports nicht verzichtet werden. Um Kinder und Jugendliche im Ausdauertraining einerseits differenziert und individuell optimal belasten und andererseits den Leistungsfortschritt feststellen zu können, ist das Messen der Ausdauerleistungsfähigkeit mittels Test zu gewissen Zeiten unumgänglich. Aus den vielen Testverfahren eignen sich dazu am besten der **Cooper-12-Minuten-Test** oder der **15-Minuten-Lauftest** (nach

225

Tabelle 80
Leistungsbewertung nach Cooper-Test für Kinder und Jugendliche
(Für Mädchen gelten jeweils 200 m weniger.)

Kondition	Jahre									
	7	8	9	10	11	12	13	14	15	16
ausgezeichnet	2600	2650	2700	2750	2800	2850	2900	2950	3000	3050
sehr gut	2400	2450	2500	2550	2600	2650	2700	2750	2800	2850
gut	2000	2050	2100	2150	2200	2250	2300	2350	2400	2450
befriedigend	1600	1650	1700	1750	1800	1850	1900	1950	2000	2050
mangelhaft	1000	1050	1100	1150	1200	1250	1300	1350	1400	1450

PAHLKE/PETERS 1979). In beiden Testverfahren ist in der vorgegebenen Zeit (12 bzw. 15 Minuten) durch Laufen bzw. Gehen die größtmögliche Strecke zurückzulegen. Anhand der erarbeiteten Leistungstabellen (Tab. 80) kann auf Grund der absolvierten Strecke der Ausdauerzustand des einzelnen Schülers eingestuft werden. Kürzere Testzeiten bzw. Teststrecken sind für die Erfassung der aeroben Leistungsfähigkeit ungeeignet, da die anaerobe Leistungsfähigkeit mit abnehmender Belastungszeit immer mehr von Bedeutung wird. Dies ist auch der Grund dafür, dass im Kindesalter Laufstrecken von 600–1200 Metern nicht als adäquate Teststrecken geeignet sind. Unter der Aufgabenstellung, möglichst schnell zu sein, wird dabei genau das provoziert, was den Kindern entwicklungsbedingt noch fehlt (anaerobe Energiebereitstellung).

Zum Vereinssport

Das frühe und späte Schulkindalter (8.–12. Lebensjahr) ist für die meisten Ausdauerdisziplinen die Trainingsstufe des **Grundlagentrainings.** Eine Ausnahme bildet der Schwimmsport. Dort wird zum Ende dieser Altersstufe bereits mit wesentlich höheren Trainingsumfängen gearbeitet, was der Stufe des Aufbautrainings entspricht.

Bezüglich des Laufens lassen sich für ein altersangepasstes Ausdauertraining folgende Leitlinien herausstellen (BUSCHMANN 1986):

● Der **Trainingsumfang beträgt ca. 5–6 Stunden pro Woche** (= ca. 30–50 km; Tab. 81), die **Intensität** ist überwiegend **mittel bis submaximal** (kontinuierliche extensive Dauermethode, variable Dauermethode). Gelegentlich wird auch die

Tabelle 81
Umfang und Intensität im Grundlagentraining (Übersicht)

Alter	TE/Woche	Umfang	Intensität	Verhältnis aerob/anaerob
8	4	30 km	6:00 min/km (= 2,7 m/s)	6:1
9/10	4	40 km	5:45 min/km (= 2,9 m/s)	6:1
11/12	4	50 km	5:30 min/km (= 3,1 m/s)	6:1

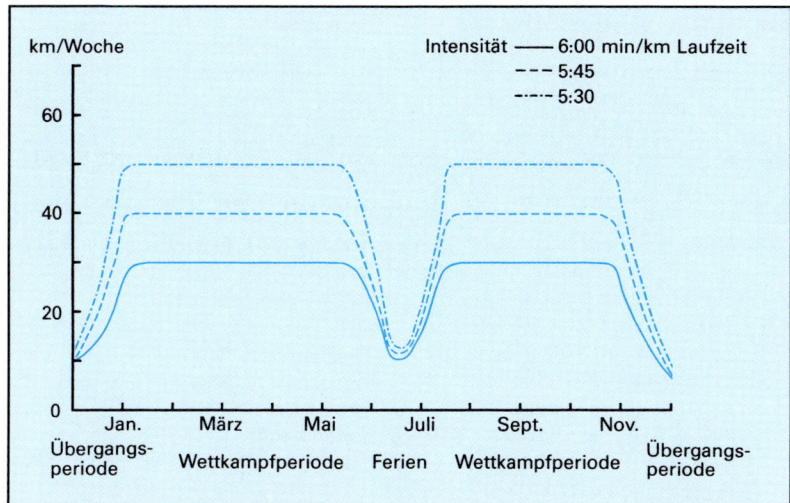

Abbildung 82
Periodisierungs-
schema für Lang-
streckenläufer im
Grundlagentraining
(8–12 Jahre)

maximale aerobe Kapazität (intensive Dauermethode, Wiederholungsmethode mit Tempoläufen) gefordert. Letzteres ist in überlegter Anwendung zur optimalen Ausbildung des Herz-Kreislauf-Systems notwendig. Die entstehenden Laktatwerte liegen dabei etwas über der anaeroben Schwelle (ca. 5–6 mmol/l).

● Das **Grundlagentraining** ist bereits zu **periodisieren** (Einteilung des Trainingsjahres), und zwar in der Art, dass die Witterungsverhältnisse (Winter) und die Schulferien maßgebend für die Übergangsperioden zwischen den Trainings- und Wettkampfblöcken sind (Abb. 82). Die Wettkämpfe sind in erster Linie ein Trainingsmittel (Mittel zum Zweck), weshalb Training und Wettkämpfe über die ganzen »Wettkampfperioden« hinweg parallel durchgeführt werden.

● Für die Leistungsüberprüfung am **Ende des Grundlagentrainings** (12-Jährige) schlägt Buschmann (1986, 66) **Normwerte** für verschiedene Laufstrecken vor (Tab. 82).

	Jungen	Mädchen
100 m	15,0 s	15,4 s
800 m	2:30–2:35 min	2:45–2:50 min
1000 m	3:05–3:10 min	3:15–3:20 min
3000 m	10:30–10:45 min	11:30–11:45 min
10000 m	unter 40 min	40–42 min
Halbmarathon	1 h 35–1 h 45 min	1 h 40–1 h 50 min

Tabelle 82
Leistungsüber-
prüfung am Ende
des Grundlagen-
trainings

227

Tabelle 83
Umfang und
Intensität im Auf-
bautraining

Alter	TE/Woche	Umfang	Intensität	Verhältnis aerob/anaerob
13/14	5 (1×2 h)	60 km	5 min/km (= 3,3 m/s)	4/5:1
15/16	6 (1×2 h)	80 km	5 min/km (= 3,3 m/s)	4:1

In die Pubertät (ca. 13.–17. Lebensjahr) fällt im Allgemeinen die Stufe des **Aufbautrainings,** das selbst in zwei Phasen gegliedert werden kann. Unter der Voraussetzung, dass ein Grundlagentraining vorausgegangen ist, können folgende Richtlinien für die Trainingsbelastungen (im Laufen) angegeben werden:

- Der **Trainingsumfang** steigt in der ersten Phase (13./14. Lebensjahr) auf **6–7 Stunden pro Woche** (= ca. 60 km Laufstrecke; Tab. 83). Von den **5 Trainingseinheiten** sollte eine mit zweistündiger Dauer durchgeführt werden, was der weiteren Ausbildung der aeroben Kapazität zugute kommt. Die **Belastungsintensität steigt** im Durchschnitt **an,** da sowohl bei der Dauermethode (submaximale Intensitäten) wie auch bei der Intervallmethode (submaximale bis maximale Intensitäten) jeweils die intensive Variante einen vermehrten Einsatz erfährt. Der Anteil der vorrangig anaeroben Belastungen steigt damit auf ca. 20% des Gesamttrainings an.
- In der zweiten Phase des Aufbautrainings (15./16. Lebensjahr) liegt der **Trainingsumfang bei ca. 8–9 Stunden pro Woche** (= ca. 80 km; Tab. 83). Von den **6 Trainingseinheiten** sind eine mit zweistündiger Dauer und wenigstens weitere zwei mit 90-minütiger Dauer durchzuführen. Die durchschnittliche Belastungsintensität erfährt keine weitere Steigerung. Die in der ersten Phase erhöhte Intensität wird vielmehr umfangsbetonter durchgeführt. Der Anteil der anaeroben Belastungen wächst auf ca. 25% (Tab. 83).
- Die **Jahresperiodisierung im Aufbautraining** geschieht prinzipiell nach den gleichen Gesichtspunkten wie im Grundlagentraining. In der Wettkampfperiode zwischen März und Juli wird allerdings bei gleich bleibendem Umfang die Intensität im Hinblick auf einige wenige Wettkämpfe, die als Meisterschaftswettbewerbe bestritten werden, etwas gesteigert. Ansonsten haben die zahlreichen **Wettkämpfe** (ca. 15–20 pro Jahr) nach wie vor den **Charakter von Trainingswettkämpfen** zu behalten. Anderenfalls würde die Vielzahl eine deutliche psychophysische Überforderung darstellen.

Mit einer tabellarischen Übersicht (Tab. 84, S. 229) wird abschließend nochmals auf die unterschiedliche und notwendige **altersstufengemäße Belastung** im Rahmen des **Schul- und Leistungssports** hingewiesen.

Nach dem Aufbautraining (am Ende der zweiten puberalen Phase) beginnt das **Leistungstraining** mit einer gewissen Strecken- bzw. Disziplinspezialisierung. Für diese Trainingsstufe gelten dann die Gesichtspunkte des Erwachsenentrainings.

Tabelle 84 Übersicht zur altersstufengemäßen Belastung im Schul- und Leistungssport

Altersstufe	Schulsport	Vereins-(Leistungs-)Sport	
frühes Schul-kindalter 6.–9. LJ	»periodisiertes Ausdauertraining« 4–6 Wochen Umfang: 45 min/Woche (9–10 km) Intensität: leicht (50–60% VO₂max)	8.–12. LJ Grundlagentraining	Umfang: 5–6 Std./Woche (30–50 km) Intensität: mittel–submaximal $v = 6–5:30$ min/1000 m Periodisierung: nach Ferien und Winterpause
spätes Schul-kindalter 10.–11./12. LJ	»periodisiertes Ausdauertraining« 4–6 Wochen Umfang: 60 min/Woche (12–14 km) Intensität: mittel (60–75% VO₂max)		
1. puberale Phase ♂ 13.–15. LJ ♀ 12.–14. LJ	regelmäßiger Unterricht (2–3 TE) Umfang: 60 min/Woche (Neigungsgruppen, Eigentätigkeit) Intensität: mittel (60–75% VO₂max)	13.–14. LJ Aufbautraining	Umfang: 6–7 Std./Woche, 60–70 km; 5 TE Intensität: mittel–submaximal $v = 5$ min/1000 m
2. puberale Phase ♂ 15.–18. LJ ♀ 14.–17. LJ		15.–16. LJ	Umfang: 7–8 Std./Woche Intensität: mittel–submaximal $v = 5$ min/1000 m Periodisierung: nach Ferien und Winterpause

Abkürzungen

AANÜ	= aerob-anaerober Übergangsbereich
ADP	= Adenosindiphosphat
AMP	= Adenosinmonophosphat
AMV	= Atemminutenvolumen
ANS	= anaerobe Schwelle
AS	= aerobe Schwelle
ATP	= Adenosintriphosphat
$AVDO_2$	= arteriovenöse Sauerstoffdifferenz
Ca^+	= ionisiertes Kalzium
CoA	= Coenzym A
CO_2	= Kohlendioxid
CS	= Citratsynthetase
FAD	= Flavin-adenin-dinukleotid (oxidierte Form)
$FADH_2$	= Flavin-adenin-dinukleotid (reduzierte Form)
FFS	= freie Fettsäuren
FTG	= glykolytisch schnelle Muskelfaser
FTO	= oxidativ-glykolytisch schnelle Muskelfaser
G6P	= Glukose-6-Phosphat
GTP	= Guanosintriphosphorsäure
HDL	= High-Density-Lipoprotein
HF	= Herzfrequenz
HMV	= Herzminutenvolumen
IANS	= individuelle anaerobe Schwelle
K^+	= ionisiertes Kalium
kcal	= Kilokalorie (Maßeinheit für Arbeit, Energie, Wärme; 1 kcal = 4,185 kJ)
KG	= Körpergewicht
KH	= Kohlenhydrat
kJ	= Kilojoule (Maßeinheit für Arbeit, Energie, Wärme)
Kr	= Kreatin

KrP	= Kreatinphosphat
Lac	= Laktat
LDH	= Laktatdehydrogenase
LDL	= Low-Density-Lipoprotein
mÄq/l	= Milliäquivalent pro Liter; ältere Maßeinheit für Stoffmengenkonzentration
Mg^{++}	= ionisiertes Magnesium
mg%	= Milligrammprozent (1 mg% = 10 mg/l)
mmol/l	= Millimol pro Liter; Maß für Stoffmengenkonzentration
mol	= Mol (Stoffmenge in Gramm, die das Molekulargewicht angibt) mmol = 10^{-3} mol; μmol = 10^{-6} mol
NaCl	= Kochsalz
NAD	= Nicotinamid-adenin-dinukleotid (oxidierte Form)
$NADH_2$	= Nicotinamid-adenin-dinukleotid (reduzierte Form)
NH_3	= Ammoniak
O_2	= Sauerstoff
PFK	= Phosphofruktokinase
pH	= pH-Wert
P_i	= anorganisches Phosphat
SDH	= Sukzinatdehydrogenase
ST	= langsame Muskelfaser
SV	= Schlagvolumen
U/l	= Units pro Liter; Maßeinheit für Enzymaktivität
val	= Grammäquivalent; Äquivalentgewicht, das sich bei Teilung von Mol durch die Wertigkeit des betreffenden Ions ergibt
V_{AS}, V_{ANS}	= Geschwindigkeit an der aeroben bzw. anaeroben Schwelle
VO_2max	= maximale Sauerstoffaufnahme
W	= Watt (Leistung: 1 W = 1 J/s)

Literatur

ÅSTRAND, P. O.; K. RODAHL: Textbook of Work Physiology. New York 1977.

AUTORENKOLLEKTIV: Sportpolitische und trainingswissenschaftliche Grundlagen für den Übungsleiter. Theorie und Praxis der KK, Beiheft 1 (1982).

AUTORENKOLLEKTIV: Zur Ausbildung von Ausdauer und Technik im Nachwuchstraining. Theorie und Praxis der KK 7 (1974), 612 f.

BACHL, N.: Stellenwert anaerober Belastungsverfahren unter Labor- und Feldbedingungen. In: RIECKERT, H. (Hrsg.): Sportmedizin-Kursbestimmung Berlin 1987.

BADTKE, G. (Hrsg.) et al.: Lehrbuch der Sportmedizin. Heidelberg–Leipzig 1995, 3. Aufl.

BARTEL, W.: Ausgewählte Probleme der Trainingsgestaltung im Freizeit- und Erholungssport der Werktätigen unter dem Aspekt der Betonung des Ausdauerlaufs. Theorie und Praxis der KK 1 (1979), 55–57.

BATALOV, A. G.: Zur Normierung der Belastungsintensität im Training der Skilangläufer. Leistungssport 19 (1989), 1, 51 f.

BAUERSFELD, K.; G. SCHRÖTER: Grundlagen der Leichtathletik. Berlin-Ost 1980.

BAUMGARTL, P.: Laktatfeldtests im Leistungssport. Öst. J. Sportmed. Sonderheft 1987 März.

BENSON, R.: The art and science of swim coaching. Swimming Technique May/July 1984, 25.

BENZI, G.; E. ARRIGONI; E. MERLATI: Zur Bedeutung enzymatischer Veränderungen in den Mitochondrien durch Ausdauertraining. Leistungssport 1 (1976), 55–57.

BERGH, U. et al.: Maximal oxygen uptake and muscle fiber types in trained and untrained humans. Med. and Scie. in Sports 3 (1978), 151–154.

BERGH, U.; I. K. KANSTRUP; B. EKBOLM: Maximal oxygen during exercise with various combinations of arm and leg work. J. appl. Physiol. 41 (1976), 191.

BERNETT, P.: F. ZINTL: Bergmedizin – Ernährung – Training (Alpin-Lehrplan 7 des DAV), München 1987.

BLÖDORN, M.; P. SCHMIDT: Trablaufen. Training, Technik, Taktik. Reinbek 1977.

BÖHMER, D.: Die Beurteilung von Leistungsfähigkeit und Trainingszustand im Blutserum. Sportarzt und Sportmedizin 1 (1972), 6–8.

BÖHMER, D. et al.: Das sportmedizinische Untersuchungssystem. Beiheft zum Leistungssport (1975).

BÖHMER, D. et al.: Sollwerte zur Beurteilung der Dauerleistungsfähigkeit von Hochleistungssportlern unter besonderer Berücksichtigung des Körpergewichts und der Sportart bzw. -disziplin. Leistungssport 11 (1981) 4, 260–264.

BORMANN, T.; U. PAHLKE; H. PETERS: Blutlaktatkonzentrationen nach Wettkampfbelastungen im Schwimmen und Laufen bei 9jährigen Kindern. Medizin und Sport 21 (1981), 198–201.

BOUCHARD, C.; DEPRES J. P.: The response to exercise with constant energy intake in identical twins. Obes. Res. 2 (1994), 400.

BOYD, A. et al.: Lactat inhibition of lipolysis in exercising man. Metabolism (1974), 531–542.

BRAUMANN, K.; M. BUSSE; N. MAASSEN: Zur Interpretation von Laktat-Leistungskurven. Leistungssport 4 (1987), 35.

BREMER, D.: Aktuelle Tendenzen im Triathlontraining. Leistungssport (1990) 1, 40.

BÜHRLE, M. (Hrsg.): Grundlagen des Maximalkraft- und Schnellkrafttrainings. Schorndorf 1985.

BUENO, M.: Die anaerobe Schwelle. Leistungssport 20 (1990), 1, 13 ff.

BUHL, H.; R. HÄCKER; D. APPELT: Adaptationsmechanismen im aerob-anaeroben Übergangsbereich bei Kindern und Jugendlichen im Vergleich zu hochtrainierten Sportlern. Medizin und Sport 22 (1982) 2/3, 40–43.

BUSCHMANN, J.: Ausdauertraining für Kinder. Aachen 1986.

BUSKIES, W.; G. KLÄGER; H. RIEDEL: Möglichkeiten zur Steuerung der Belastungsintensität für ein breitensportlich orientiertes Laufausdauertraining. Dt. Zschr. f. Sportmedizin (1992), 6, 248 ff.

BUSSE, M. et al.: Neuorientierung in der Laktatdiagnostik: Laktat als Glykogenindikator. Leistungssport 5 (1987), 33.

BUSSE, M.; N. MAASSEN; D. BÖNING: Die Leistungslaktatkurve – Kriterium der aeroben Kapazität oder Indiz für das Muskelglykogen? In: RIECKERT, H. (Hrsg.): Sportmedizin-Kursbestimmung Berlin 1987.

CAI DA YU; P. NOWACKI; S. SCHÜLKE: Vergleichende Untersuchung über den Wert der sportartspezifischen Leistungsdiagnostik im Feldtest und im Labor bei Skilangläufern der deutschen Spitzenklasse. In: RIECKERT, H. (Hrsg.): Sportmedizin-Kursbestimmung Berlin 1987.

CARL, K.: Training und Trainingslehre in Deutschland. Schorndorf 1983.

CARL, K.; M. GROSSER: Trainingssteuerung. In: RÖTHIG, P. (Red.): Sportwissenschaftliches Lexikon. Schorndorf 1983, 5. Aufl., 424–426.

CHRUSTSCHOW, S. et al.: Der Einfluß von Sport auf den kardiorespiratorischen Apparat von Jugendlichen. Medizin und Sport 12 (1975), 365–369.

CLASING, D.; J. SIEGFRIED (Hrsg.): Sportärztliche Untersuchung und Beratung. Erlangen 1986.

COGGAN, A. R. et al.: Histochemical and enzymatic characteristics of sceletal muscle in master athletes. In: J. Appl. Physiol. 68 (1990), 1896.

CONCONI, F. et al.: Determination of the anaerobic threshold by a noninvasive field test in runners. J. Appl. Physiol. 52 (1982), 869–873.

COOPER, K. H.: Bewertungstraining. Frankfurt 1984.

COSTILL, D. et al.: Muscle glycogen utilization during exhaustive running. J. Appl. Physiol. 3 (1971), 353–356.

COSTILL, D. et al.: Determination of marathon running success. Int. Z. Angew. Physiol. 29 (1971), 249–254.

COSTILL, D. et al.: Glycogen depletion pattern in human muscle fibers during distance running. Acta Physiol. Scand. 3 (1973), 374–383.

COSTILL, D.; W. FINK; M. POLLOCK: Muscle fiber composition and enzyme activities of elite distance runners. Med. and Scie. in Sports 2 (1976), 96–100.

COUNSILMAN, J. E.: Schwimmen. Bad Homburg 1977.

CRETI, C.: Nuove prospettive per il mezzofondo femminile: la maniera di intendere il mezzofondo e l'allenamento alle specialità del mezzofondo in Romania e URSS. Athleticastudi 2–3 (1987), 77–91.

DEMETER, A.: Sport im Wachstums- und Entwicklungsalter, Leipzig 1981.

DI PRAMPERO, P.: Grundlagen der anaeroben Energiebereitstellung und der Sauerstoffschuld bei körperlichen Höchstbelastungen. Medizin und Sport 1 (1973), 1–12.

DIETRICH, R. et al.: Die Trainierbarkeit von Jugendlichen im Alter von 14–19 Jahren. Medizin und Sport 4./5./6. (1974), 142–147.

DITTER, H. et al.: Kardiopulmonale Reaktionen von 10jährigen untrainierten Jungen und Mädchen bei einem 3000-m-Lauf auf dem Laufband. Dt. Zschr. f. Sportmedizin (1978), 127–135.

DÖPP, H.: Trainingssteuerung in der nordischen Kombination. Leistungssport 15 (1985) 5, 27–29.

DREISBACH, W. et al.: Untersuchungen zur Frage einer trainingsbedingten Verbesserung der Sauerstoffsituation im Skelettmuskel des Menschen. Dt. Zschr. f. Sportmedizin 12 (1979), 377–384.

DROGHETTI, P. et al.: Noninvasive determination of the anaerobic threshold in canoeing, cross-country skiing, cycling, roller and ice-skating, rowing and walking. Eur. J. Appl. Physiol. 53 (1985), 299–303.

ENDERT, T.: Sportspiele für die planmäßige Ausdauerschulung nutzen. Körpererziehung 4 (1979), 160–162

ENGELHARDT, M.: Erfolgreiches Triathlontraining. München 1994.

ENGELHARDT, M.; G. NEUMANN: Sportmedizin. München 1994.

FETH, W.: Materialien zum Höhentraining. Leistungssport 9 (1979) 5, 399–410.

FINDEISEN, D.; P. LINKE; L. PICKENHAIN: Grundlagen der Sportmedizin für Studenten, Sportlehrer und Trainer. Leipzig 1976 und Leipzig 1980 (2. Aufl.).

FÖHRENBACH, R.: Umfang und Intensität im Dauerlauftraining von Mittelstreckenläuferinnen des DLV und Maßnahmen zur individuellen Trainings- und Wettkampfoptimierung. Lehre d. LA. 34/35 (1981), 1343–1388.

FÖHRENBACH, R. et al.: Wettkampf- und Trainingssteuerung von Marathonläuferinnen und -läufern mittels leistungsdiagnostischer Felduntersuchungen. In: FRANZ, I.-W. et al. (Hrsg.): Training und Sport zur Prävention und Rehabilitation in der technisierten Umwelt. Berlin 1985.

FÖHRENBACH, R.: Leistungsdiagnostik, Trainingslehre und -steuerung bei Läuferinnen und Läufern verschiedener Laufdisziplinen. Konstanz 1986.

FÖHRENBACH, R. et al.: Schnelligkeit und Ausdauer bei Fußballspielern unterschiedlicher Spielklassen. (Unveröffentl. Forschungsbericht des Instituts für Kreislaufforschung und Sportmedizin der Dt. Sporthochschule Köln, 1986).

FRANZ, I.-W. et al.: Zur Methodik der Bestimmung der PWC 170. In: MELLEROWICZ, H.; I.-W. FRANZ: Standardisierung, Kalibrierung und Methodik in der Ergonomie. Erlangen (1983), 145–152.

FRANZ, W.; G. GAISL: Die Bestimmung des aerob-anaeroben Übergangs bei den Skilangläufern in der Vorbereitungsperiode im Feldtest. Leistungssport 13 (1983) 6, 38–40.

FRITSCH, W.: Handbuch für das Rennrudern. Aachen 1990.

FRITSCH, W.: Zur Entwicklung der speziellen Ausdauer im Rudern. Beiheft zu Leistungssport (1986), 26.

FUCHS, U.; M. REISS: Höhentraining. Münster 1990 (DSB-Trainerbibliothek).

GAISL, G.: Der aerob-anaerobe Übergang und seine Bedeutung für die Trainingspraxis. Leistungssport 4 (1979), 235–243.

GAISL, G. et al.: Schätzung der Laktatwerte bei erfahrenen und unerfahrenen Mittel- und Langstreckenläufern. Leistungssport 15 (1985) 1, 13–14.

GAISL, G.; J. BUCHBERGER: Der aerob-anaerobe Übergang bei 10–11jährigen Sportschülern. Leistungssport 3 (1979), 202–205.

GAISL, G.; J. BUCHBERGER: Veränderung des aerob-anaeroben Übergangs bei 13–14jährigen Sportschülerinnen nach 3 Jahren Training. Leistungssport (1986) 3, 34–36.

GAISL, G.; WIESSPEINER: Eine unblutige Methode zur Bestimmung der anaeroben Schwelle bei Kindern. Leistungssport (1987) 3, 27.

GAMBRIL, D.; A. BAY: Handbuch für den Schwimmsport. Aachen 1988.

GERISCH, G.; H.-J. TRITSCHOKS: Cooper-Test und Sprintausdauer-Tests mit und ohne Ball im Fußball. Leistungssport 15 (1985) 5, 42–48.

GOLF, S. et al.: Schutzeffekt von Magnesium für die Membran der Muskelzelle beim Marathonläufer. Dt. Zschr. f. Sportmedizin (1987) 2, 51.

GOTTSCHALK, K.; S. ISRAEL; A. BERBALK: Neue Aspekte der Kardiodynamik und der Adaptation des Herz-Kreislauf-Systems. Medizin und Sport 22 (1982), 56–59.

GROSSER, M.; P. BRÜGGEMANN; F. ZINTL: Leistungssteuerung im Training und Wettkampf. München 1986.

GROSSER, M.; S. STARISCHKA: Konditionstests. München 1986, 2. Aufl.

GROSSER, M.; S. STARISCHKA; E. ZIMMERMANN: Konditionstraining. München 1985, 3. Aufl., 2000, 8. Aufl.

GÜRTLER, H. et al.: Die Entwicklung des Ausdauervermögens im frühen Schulalter. Medizin und Sport (1974), 137–141.

GÜRTLER, H. et al.: Erkenntnisse zur Ausdauerleistungsfähigkeit bei Schulkind und Ableitungen für die Gestaltung der Belastung im Schulkindalter. Theorie und Praxis der KK, Beiheft 1 (1979), 16–19.

GÜRTLER, H.; H. BUHL; S. ISRAEL: Neuere Aspekte der Trainierbarkeit des anaeroben Stoffwechsels bei Kindern im jüngeren Schulalter. Theorie und Praxis der KK, Beiheft 1 (1979), 69–70.

GREITER, F. et al.: Performance Economy, ein Index zur einfachen Bestimmung der Leistungsökonomie. Medizin und Sport (1983) 8, 254–257.

HARRE, D. et al. (Autorenkollektiv): Trainingslehre. Berlin-Ost 1971.

HARRE, D. et al. (Autorenkollektiv): Trainingslehre. Berlin-Ost 1979.

HARRE, D. et al. (Autorenkollektiv): Trainingslehre. Berlin-Ost 1982.

HAGELOCH, W.; H. WEICKER: Methodik der Blutammoniakbestimmung unter sportmedizinischen Aspekten. Dt. Zschr. f. Sportmedizin (1988) 5, 180.

HECK, H.: Energiestoffwechsel und medizinische Leistungsdiagnostik. Schorndorf 1990. (Studienbrief 8 Trainerakademie Köln)

HECK, H. et al.: Vorschlag zur Standardisierung leistungsdiagnost. Untersuchungen auf dem Laufband. Dt. Zschr. f. Sportmedizin (1982) 9, 304.

HECK, H. et al.: Vergleichende Untersuchung zu verschiedenen Laktat-Schwellen-konzepten. Dt. Zschr. f. Sportmedizin (1985) 1, 19–25.

HECK, H. et al.: Verhalten von Pulsfrequenz und Laktat bei unterschiedlicher Beschaffenheit der Laufstrecke im Vergleich z. Laufband. In: FRANZ, I.-W. et al. (Hrsg.): Training und Sport zur Prävention und Rehabilitation in der technisierten Umwelt. Berlin 1985, 789–797.

HELD, T.; B. MARTI: Pro und Kontra für Höhenhäuser in der Schweiz. Schweizer Zschr. f. Sportmedizin und Sporttraumatologie. 47 (1999) 3, 129–133.

HERREN, D.; I. CHARRIÈRE; H. HOWALD: Conconi-Test und anaerobe Schwelle. Schweiz. Zschr. Sportmedizin (1987), 107.

HIRSCH, L.: Maßnahmen zur Verbesserung der aeroben Kapazität. Lehre der Leichtathletik 4 (1977), 123–126.

HOPF, H.: Zum Marathonlauf im Kindes- und Jugendalter. Leichtathletik-Magazin 28 u. 29 (1984), 17.

HOWALD, H.: Auswirkungen von Höhentraining auf die Leistungsfähigkeit im Flachland. Jugend und Sport 28 (1971), 273–276.

HOWALD, H.: Morphologische und funktionelle Veränderungen der Muskelfasern durch Training. In: BÜHRLE, M. (Hrsg.): Grundlagen des Maximal- und Schnellkrafttrainings. Schorndorf 1985, 35–52.

HOLLMANN, W.; T. HETTINGER: Sportmedizin. Stuttgart 2000, 4. Aufl.

HOPPELER, H. et al.: Mitochondrienvolumen und -oberflächen im menschlichen Skelettmuskel mit hoher aerober Kapazität. In: Sport in unserer Welt – Chancen und Probleme. Berlin 1973.

HOTTENROTT, K.: Trainingssteuerung im Ausdauersport. Ahrensburg 1993.

ISRAEL, S. et al.: Ausdauertraining und Gesundheit. Dresden 1979.

ISRAEL, S.: Körperliche Leistungsfähigkeit und Gesundheit. Medizin und Sport 19 (1979), 267–269.

ISRAEL, S.: Die bewegungsbedingte Energiebereitstellung als Basis für ein allgemeingültiges Ausdauerkonzept. Med. u. Sport (1991), 5, 101 ff.

ISRAEL, S. et al.: Die Trainierbarkeit in späteren Lebensabschnitten. Medizin und Sport 22 (1982), 90–93.

ISRAEL, S.; B. BUHL: Die sportliche Trainierbarkeit in der Pubeszenz. Theorie und Praxis der KK, Beiheft 2 (1980), 33–36.

JABLONSKI, D. et al.: Intensitätssteuerung und Leistungsbeurteilung beim Jogging. Fortschr. Med. (1985) 4, 27–32.

JAKOB, E. et al.: Die Bestimmung der anaeroben Schwelle mittels Conconi-Tests in Labor- und Feldversuchen. In: RIECKERT, H. (Hrsg.): Sportmedizin-Kursbestimmung. Berlin 1987.

JAKOWLEW, N.: Die Bedeutung der Homöostasestörung für die Effektivität des Trainingsprozesses. Medizin und Sport 12 (1972), 367 f.

JAKOWLEW, N.: Sportbiochemie. Leipzig 1977.

JAKOWLEW, N.: Die biochemische Grundlage der Ermüdung und ihre Bedeutung in der sportlichen Praxis. Leistungssport 6 (1978), 513–516.

JESCHKE, D. et al.: Zur Beurteilung der sportartspezifischen Ausdauerleistungsfähigkeit bei Tennisspielern. Leistungssport 15 (1985) 4, 22–26.

JOCH, W. (Hrsg.): DLV-Rahmentrainingsplan für Aufbautraining – Lauf. Aachen 1992.

JONATH, U. (Hrsg.): Lexikon Trainingslehre. Reinbek bei Hamburg 1986.

JONATH, U.; R. KREMPEL: Konditionstraining. Reinbek bei Hamburg 1986.

KARLSSON, J.; B. SALTIN: Diet. Muscle Glycogen and Endurance Performance. J. of Appl. Physiol. 2 (1971), 203–206.

KARVONEN, J.; T. VUORIMAA: Heart Rate and Exercise Intensity During Sports Activities. Sports Medicine (1988), 303 ff.

KEUL, J.: Die Bedeutung des aeroben und anaeroben Leistungsvermögens für Mittel- und Langstreckenläufer(innen). Lehre der Leichtathletik 17 + 18 (1975), 593–632.

KEUL, J.: Kohlenhydrate zur Leistungsbeeinflussung in der Sportmedizin. Nutr. Metabol. 18 (Suppl. 1), 157 (1975).

KEUL, J. et al.: Bestimmung der individuellen anaeroben Schwelle zur Leistungsbewertung und Trainingsgestaltung. Dt. Zschr. f. Sportmedizin 30 (1979), 212–218.

KEUL, J. et al.: Vergleich von Herzvolumen myographisch ermittelter Sauerstoffaufnahme und Wettkampfleistung bei Ausdauersportarten. Dt. Zschr. f. Sportmedizin (1980) 5, 148–154.

KEUL, J. et al.: Der Einfluß eines fünfjährigen Ausdauertrainings auf Kreislauf und Stoffwechsel bei Kindern. Dt. Zschr. f. Sportmedizin 33 (1982) 8, 264–270.

KEUL, J. et al.: Erschöpfung und Regeneration des Muskels bei sportl. Belastungen. In: HARTOGH, H. (Hrsg.): I. Internat. Kongreß der Sportphysiotherapie. Erlangen 1986, 66–84.

KEUL, J.; E. DOLL; D. KEPPLER: Muskelstoffwechsel. München 1969.

KEUL, J.; G. HUBER; W. KINDERMANN: Unterschiedliche Wirkung des Skilanglaufes und des Skiabfahrtslaufes auf Kreislauf und Stoffwechsel. Sportarzt und Sportmedizin 3 (1975), 49–58.

KEUL, J.; W. KINDERMANN; G. SIMON: Die aerobe und anaerobe Kapazität als Grundlage für die Leistungsdiagnostik. Leistungssport 1 (1978), 22–32.

KIENS, B.; B. SALTIN: Enhanced fat oxydation by exercising skeletal muscle after endurance training. Clin. Physiol. (Oxf.) 5 (Suppl. 4), 86 a (1985).

KINDERMANN, W.: Regeneration und Trainingsprozeß in den Ausdauersportarten aus medizin. Sicht. Leistungssport 8 (1978) 4, 348–357.

KINDERMANN, W.: Problemfelder im internistisch-leistungsphysiologischen Bereich sportmedizinischer Betreuung. Lehre der Leichtathletik (1987) 23, 1039.

KINDERMANN, W.: Ammoniak – quo vadis? Deutsche Zeitschrift für Sportmedizin (1988) 5, 171.

KINDERMANN, W. et al.: Dauertraining. Ermittlung der optimalen Trainingsherzfrequenz und Leistungsfähigkeit. Leistungssport 8 (1978) 1, 34–39.

KINDERMANN, W. et al.: Anpassungserscheinungen durch Schul- und Leistungssport im Kindesalter. Sportwissenschaft 2/3 (1978), 222–234.

KINDERMANN, W. et al.: Verhalten von Herzfrequenz und Metabolismus beim Tennis und Squash. Dt. Zschr. f. Sportmedizin (1981) 9, 229–238.

KINDERMANN, W.; G. HUBER; J. KEUL: Anaerobe Energiebereitstellung und Herzfrequenz während und nach verschiedenen Trainingsmethoden des Mittelstrecklers. Leistungssport 1 (1975), 66–70.

KINDERMANN, W.; J. KEUL: Anaerobe Energiebereitstellung im Hochleistungssport. Schorndorf 1977.

KLIMT, F. et al.: Körperliche Belastung 8−9jähriger Kinder durch einen 800-m-Lauf. Schweiz. Zschr. Sportmedizin 2 (1973), 57−70.

KLIMT, F. et al.: Wie tolerieren Vorschulkinder ein »Bergaufgehen« auf dem Laufband? Sportarzt und Sportmedizin 8 (1975), 163−169.

KÖHLER, E.: Zur Trainierbarkeit von Schülern im Alter von 6−16 Jahren. Theorie und Praxis der KK 8 (1977), 606−608.

KÖHLER, H. et al.: Ausdauerschulung im Sportunterricht und außerunterrichtl. Sport. Körpererziehung (1978), 5, 204−211.

KOINZER, K.: Zur Dynamik des herzfrequenzbezogenen Sauerstoffausnahmevermögens (VO_2 170) bei Jungen und Mädchen zwischen 10 und 14 Lebensjahren. Medizin und Sport 20 (1980), 202−207.

KOINZER, K.: Energetischer Metabolismus und dessen hormonelle Steuerung bei Kindern und Jugendlichen während Ausdauerbelastungen. Medizin und Sport 27 (1987) 7, 208−210.

KOINZER, K. et al.: Untersuchungen zur Abhängigkeit der W_{170} vom Kalenderalter, vom biologischen Entwicklungsstand und vom Übungszustand bei 10−14jährigen Jungen und Mädchen mittels dreifaktorieller Varianzanalyse. Medizin und Sport 21 (1981), 201−206.

KOINZER, K.; D. GNÜCHTEL; H. SCHINKITZ: Zum Stand und zur Dynamik der Langzeitausdauerfähigkeit von Jungen im 6. Schuljahr in Abhängigkeit vom Schuljahresabschnitt und Übungszustand. Theorie und Praxis der KK (1981), 654−659.

KOINZER, K.; U. KRÜGER: Die Altersspezifik von Anpassungen an physische Belastungen. Medizin und Sport 22 (1982), 82−85.

KONOPKA, P.: Richtig Rennradfahren. München 1987.

KONOPKA, P.: Sporternährung. München 1985.

KUSNECOVA, S.; V. MJAKISEV: Langsame Läufe zur Entwicklung der Ausdauer im Sportunterricht. Theorie und Praxis der KK (1975), 830−831.

LAGERSTRÖM, D.; R. ROST; W. HOLLMANN: Ein neues Lauftraining für die Prävention und Rehabilitation. Sportarzt und Sportmedizin 8 (1975), 169−172.

LEGER, L.; D. MERCIER; C. GAUVIN: The relationship between %VO_2max and running performance time. In: LANDERS, D. (eds.): Sport and Elite Performers, vol. 3, (1986), 113 ff.

LEHMANN, M. et al.: Plasmakatecholamine, Glukose, Laktat und Sauerstoffaufnahmefähigkeit von Kindern bei aeroben und anaeroben Belastungen. Dt. Zschr. f. Sportmedizin 8 (1980), 230−236.

LEHMANN, M.; H.-H. DICKHUTH; E. JAKOB; W. STOCKHAUSEN; G. HUBER; W. GENDRICH; J. KEUL: Sympathicus, Training und Übertraining. Leistungssport 20 (1990) 2, 19−24.

LEHMANN, M.; W. SCHNEE; R. SCHEU; G. STOCKHAUSEN; G. HUBER; J. KEUL: Basale nächtliche Katecholaminausscheidung mit dem Harn: eine Kenngröße zur Trainingssteuerung? Sportmedizin 2 (1992), 36−41.

LEHNERTZ, K.: Ammoniak-Checker − eine simple Methode zur Ermittlung der psychophysischen Belastung. Leistungssport (1986) 5, 53.

LENNARTZ, K.; E. POHL: Ergebnisse einer sportmedizinischen Untersuchung acht- bis neunjähriger ausdauertrainierter Jungen. Leistungssport 3 (1977), 242−243.

Lenzi, G.: Moderne Trainingsmethoden für den Marathonlauf. Lehre der Leichtathletik (1987) 21, 943 f.

Letzelter, M.: Trainingsgrundlagen. Reinbek bei Hamburg 1978.

Levine, B. D.; J. Stray-Gundersen: Living high – training low: effect of moderate-altitude acclimatization with low-altitude training on performance. J. Appl. Physiol. 83 (1997) 1, 102–112.

Liesen, H.: Schnelligkeitsausdauertraining im Fußball aus sportmedizinischer Sicht. In: Fußballtraining 1 (1983) 5, 27–31.

Liesen, H.: Die Bedeutung trainingsbegleitender leistungsphysiolog. Untersuchungen in der Vorbereitung auf die Olympischen Spiele. In: Hartogh, H. (Hrsg.): I. Internationaler Kongreß der Sportphysiotherapie. Erlangen 1986, 178–192.

Liesen, H. et al.: Trainingssteuerung im Hochleistungssport: einige Aspekte und Beispiele. Dt. Zschr. f. Sportmedizin (1985) 1, 8–18.

Lindner, W.: Erfolgreiches Radsporttraining. München 1993.

Mader, A.; H. Heck: A theory of the metabolic origin of anerobic threshold. In: Int. J. Sports Med. 7 (1986), 45.

de Marées, H.: Sportphysiologie, Troponwerke Köln 1992 (7. Aufl.).

de Marées, H.; J. Mester: Sportphysiologie I, Frankfurt 1981. Sportphysiologie II, Frankfurt 1982. Sportphysiologie III, Frankfurt 1984.

Marti, B. et al.: Maximale aerobe Kapazität und anaerobe Schwelle bei 16-km-Volksläufern. Schweiz. Zschr. Sportmedizin (1985), 41–46.

Martin, D.: Die Belastungsmerkmale des breitensportlichen Ausdauertrainings. Sportwissenschaft 19 (1989), 4, 378 ff.

Martin, D.: Grundlagen der Trainingslehre. Teil II. Schorndorf 1982, 2. Aufl.

Martin, D.: Zur sportlichen Leistungsfähigkeit von Kindern. Sportwissenschaft 12 (1982), 255–274.

Martin, D.: Training im Kindes- und Jugendalter (Studienbrief zur Fort- und Weiterbildung von Trainern des Deutschen Sportbundes). Trainerakademie Köln 1983.

Martin, D.: Probleme und Fragestellungen der Trainingssteuerung bei der Ausdauerentwicklung. Leistungssport 15 (1985) 1, 7.

Martin, D.; K. Carl; K. Lehnertz: Handbuch Trainingslehre. Schorndorf 1991.

Martin, D. E.; P. N. Coe: Mittel- und Langstreckentraining. Aachen 1992.

Martin, D.; J. Nicolaus; C. Ostrowski; K. Rost: Handbuch Kinder- und Jugendtraining. Schorndorf 1999.

Matthews, P. (ed.): Athletics. 1990.

Matwejew, L. P.: Periodisierung des sportlichen Trainings. Berlin 1972.

Matwejew, L. P.: Grundlagen des sportlichen Trainings. Berlin-Ost (1981).

Meller, W.; H. Mellerowicz: Vergleichende Untersuchung über Dauertraining mit gleicher Arbeit, aber unterschiedlicher Leistung an eineiigen Zwillingen. Sportarzt und Sportmedizin 1 (1970), 1–4.

Mellerowicz, H.; I.-W. Franz: Training als Mittel der präventiven Medizin. Erlangen 1981.

Mellerowicz, H.; W. Meller: Training. Berlin 1972.

Mona, D. et al.: Test zur Bestimmung der Ausdauerleistungsfähigkeit und Trainingsgestaltung beim jugendlichen Eishockeyspieler. Schweiz. Zschr. Sportmed. (1989) 37, 157.

MÜHLFRIEDEL, B.: Trainingslehre. Frankfurt 1987.

MÜLLER, E.; E. KORNEXL; W. LEITENSTORFER: Fußballspezifischer Ausdauertest. Leistungssport 22 (1992), 2, 22 ff.

NABATNIKOWA, M.: Die spezielle Ausdauer des Sportlers. Berlin 1974.

NADOR, L.: Analyse der Ausdauer bei 4–12jährigen Kindern. Theorie und Praxis der KK, Beiheft 1 (1979), 61–63.

NEUMANN, G.: Ausdauerbelastung. Leipzig 1991.

NEUMANN, G.: Metabole Regulation bei Langzeitausdauerleistungen. Medizin und Sport (1983) 6, 169–175.

NEUMANN, G.: Stoffwechselprobleme beim Ausdauerlauf. Medizin und Sport (1984) 2, 49–56.

NEUMANN, G.: Sportmedizin. Grundlagen der Ausdauerentwicklung. Medizin und Sport (1984) 6, 174–178.

NEUMANN, G.: Hitzebelastung und Hitzeakklimatisation im Sport. Schweizer Zschr. f. Sportmedizin und Sporttraumatologie 47 (1999) 2, 101–105.

NEUMANN, G.; L. BEYER: Biolog. Anpassungen in ausgewählten Organsystemen bei erwachsenen Sporttreibenden. Medizin und Sport (1981) 10, 296–302.

NEUMANN, G.; A. PFÜTZNER; K. HOTTENROTT: Alles unter Kontrolle. Aachen 1993.

NEUMANN, G.; K.-P. SCHÜLER: Sportmedizinische Funktionsdiagnostik. Leipzig 1989.

NOWACKI, P.: Zur Standardisierung der Laufbandergometrie. In: MELLEROWICZ, H., I.-W. FRANZ: Standardisierung, Kalibrierung und Methodik in der Ergometrie. Erlangen 1983, 259.

NURMEKIWI, A.: Hügelläufe, über welche Streckenlänge? Lehre der Leichtathletik 39 (1975), 1358–1386.

OBERHOLZER, F. et al.: Ultrastrukturelle und energetische Analyse einer extremen Dauerleistung (100-km-lauf). Schweiz. Zschr. Sportmedizin 24 (1976), 71.

PABST, H.: Überlegungen zur beschleunigten Regeneration im Leistungssport. in: HARTOGH, H. (Hrsg.): I. Internat. Kongreß der Sportphysiotherapie. Erlangen 1986, 54–57.

PACH, M.: Empirische Untersuchung zur Abgrenzung verschiedener Kraftausdauer-fähigkeiten. Diss. München 1990 (unveröffentlicht).

PAFFENBERG, R. S.: Die Rolle der körperl. Aktivität in der primären und sekundären Prävention der koronaren Herzkrankheit. In: WEIDEMANN, H.; L. SAMEK: Bewegungstherapie in der Kardiologie. Darmstadt 1982, 1–12.

PAHLKE, U.; H. PETERS: Einfluß laufausdauerakzentuierten Sportunterrichts auf Parameter der körperlichen Leistungsfähigkeit von Schülern der Klasse 7–10. Theorie und Praxis der KK (1977), 697–700.

PAHLKE, U.; H. PETERS: Ausdauer und Kenngrößen der körperlichen Leistungsfähigkeit im Schulalter. Medizin und Sport (1979) 12, 353–360.

PANSOLD, B. et al.: Alaktazide und laktazide Energiebereitstellung bei Schwimmbelastungen. Medizin und Sport 4 (1973), 107–112.

PANSOLD, B. et al.: Die Laktat-Leistungs-Kurve – ein Grundprinzip sportmedizinischer Leistungsdiagnostik. Medizin und Sport (1982) 4, 107–112.

PAUL, P.: Effects of long lasting physical exercise and training on lipid metabolism. In: HOWALD, W.; J. R. POORTMANS: Metabolic adaptation to prolonged physical exercise. Basel 1975.

PESSENHOFER, H.; G. SCHWABERGER; P. SCHMID: Zur Bestimmung des individuellen aerob-anaeroben Übergangs. Dt. Zschr. f. Sportmedizin 1 (1981), 15–17.

PÉRONNET, F.; G. THIBAULT: Mathematical analysis of running performance and world running records. J. Appl. Physiol. 67 (1989), 453 ff.

PETERS, H.; U. PAHLKE: Zu einigen Fragen der Entwicklung der Ausdauer im Schulalter. Theorie und Praxis der KK 7 (1977), 533 f.

PETERS, H.; U. PAHLKE; H. WURSTER: Theoretische Positionen und Erkenntnisse zur Ausbildung der Langzeitausdauer im Sportunterricht. Theorie und Praxis der KK 9 (1981), 681–688.

PIEHL, K.: Glykogenvorrat und -schwund in menschlichen Skelettmuskelfasern. Medizin und Sport 2 (1975), 33–42.

PIRNAY, F. et al.: Effect of glucose ingestion on energy substrate utilisation during prolonged muscular exercise. Eur. J. Appl. Physiol. 36 (1977), 247.

PÖHLITZ, L.: Aufbautraining im Mittel- und Langstreckenlauf. Lehre der Leichtathletik (1986) 33–34, 1437.

PÖHLITZ, L: Eine moderne Methode zur computergestützten Erfassung und Auswertung von Trainings- u. Wettkampfdaten für die Ausdauerdisziplinen. Lehre der Leichtathletik (1988) 12, 407 f.

POLLER, TH.: Untersuchungen zur Ermittlung effektiver Belastungsintensitäten für die Schulung der Grundlagenausdauer bei Schülern der Klassen 6 und 7. Theorie und Praxis der KK 4 (1980), 271–274.

PROBST, H.: Conconi-Test. Lehre der Leichtathletik (1988) 5, 183.

PROBST, H.; L. NONELLA: Praktische Durchführung des Conconi-Tests. Der Läufer (1986), 40.

RACZEK, J.: Zur Optimierung der Trainingsbelastungen im Mittel- und Langstreckenlauf. Leistungssport (1989), 3, 2 ff.

REINDELL, H. et al.: Herz, Kreislaufkrankheiten und Sport. München 1960.

REISS, M.: Hauptrichtungen des Einsatzes und der Methodik des Höhentrainings in den Ausdauersportarten. Leistungssport 4 (1998), 21–28.

RIBEIRO, J. P. et al.: Heart rate break point may coincide with anaerobic and not aerobic threshold. J. Sports Med (1985), 22 ff.

RIECKERT, H. (Hrsg.): Sportmedizin-Kursbestimmung (Dt. Sportärztekongreß 1986). Berlin 1987.

ROST, R.: Belastbarkeit und Trainierbarkeit im Kindes- und Jugendalter. In: BRETTSCHNEIDER, W. D.; J. BAUR; M. BRÄUTIGAM (Red.): Bewegungswelt von Kindern und Jugendlichen. Schorndorf 1989.

ROST, R.; W. HOLLMANN: Belastungsuntersuchungen in der Praxis. Stuttgart–New York 1982.

ROTH, W. et al.: Untersuchungen zur Dynamik der Energiebereitstellung während maximaler Mittelzeitausdauerbelastungen. Medizin und Sport (1983) 4, 107–114.

SALO, D.: High intensity training and freestyle performance. Swimming Technique May/July (1984), 20.

SALTIN, B.: Physiological effects of physical conditioning. Med. and Scie. in Sports 1 (1973), 50–56.

SALTIN, B.; B. ESSEN; P. PEDERSEN: Intermittent exercise: its physiology and some practical application. In: Advances in Exercise Physiology. pp. 23–51. JOKL (ed.): Basel–München 1976.

SAZIORSKI, V.: Die Körperlichen Eigenschaften des Sportlers, Berlin 1972.

SAZIORSKI, V.: Biomechanische Grundlagen der Ausdauer. Berlin-Ost 1987.

SAZIORSKI, V.; N. KULIK; J. SMIRNOW: Die Wechselbeziehungen zwischen den körperlichen Eigenschaften. Theorie und Praxis der KK (1970), 141 ff.

SCHARSCHMIDT, F.; K. S. PIEPER: Adaptabilität und Adaptation an sportliches Training bei Heranwachsenden. Medizin und Sport 22 (1982), 37–43.

SCHMITH, G.; S. ISRAEL: Herzschlagfrequenz beim gesundheitsstabilisierenden Ausdauertraining: $170–^1/_2$ Lebensalter (Jahre) $\pm$ 10 min^{-1}. Medizin und Sport (1983) 5, 158–161.

SCHMIDT, P.: Leitlinien für die Gestaltung des Grundlagentrainings im Block-Lauf. Lehre der Leichtathletik (1986) 11, 335–339; 12, 367–370.

SCHMIDT, P.; M. BLÖDORN: Trablaufen. Reinbek b. Hamburg 1978.

SCHMOLINSKY, G.: Leichtathletik. Berlin-Ost 1980.

SCHÜRCH, P.: Talent und Training im Ausdauersport. Schweiz. Zschr. f. Sportmedizin 4 (1976), 263–267.

SCHÜRCH, P.: Leistungsdiagnostik. Erlangen 1987.

SCHWABERGER, G. et al.: Die Beziehung der PWC 170 zum aerob-anaeroben Übergang. – Laufbandergometrische Untersuchungen. In: MELLEROWICZ, H.; I.-W. FRANZ (Hrsg.): Standardisierung, Kalibrierung und Methodik in der Ergometrie. Erlangen 1983, 246–253.

SCHWABERGER, G. et al.: Vergleichende Labor- und Felduntersuchungen zur trainingsbegleitenden Leistungsdiagnostik bei Mittelstreckenläufern und Schwimmern. Leistungssport 14 (1984) 4, 25.

SCHWABERGER, G. et al.: PWC 170 und aerob-anaerober Übergang (fahrradergometrische Untersuchungen). In: FRANZ, I.-W. et al. (Hrsg.): Training und Sport zur Prävention und Rehabilitation in der technisierten Umwelt. Berlin 1985, 655–659.

SHEPHARD, R. J.; P. ÅSTRAND (Hrsg.): Ausdauer im Sport. Köln 1993.

SICHELSCHMIDT, P.; G. KLEIN: Belastungssteuerung im Training. Handballtraining (1989), 7.

SIMON, G. et al.: Herzfrequenzen und Laktatverhalten von Skilangläufern bei Laufbandergometrie und wettkampfspezifischem Training. Leistungssport 2 (1979), 117–120.

SIMON, G. et al.: Ergometrie im Wasser – eine neue Methode zur Leistungsdiagnostik. In: HECK, H. et al. (Hrsg.): Sport: Leistung und Gesundheit. Köln 1983.

SIMON, G.; M. THIESMANN: Ermittlung der aeroben Leistungsfähigkeit im Schwimmsport. Leistungssport 16 (1986) 3, 29–31.

SLEAMAKER, R.: Systematisches Leistungstraining. Aachen 1991.

SPRYNAROVA, S. et al.: Veränderungen der spezifischen maximalen Sauerstoffaufnahme bei Kanuten im Verlauf eines ganzjährigen Trainingszyklus. Medizin und Sport (1983) 6, 185–189.

STARISCHKA, S.: Trainingsplanung. Schorndorf 1988. (Studienbrief 19 Trainerakademie Köln).

STEGEMANN, J.: Leistungsphysiologie. Stuttgart 1984.

STRAUSS, H. (Hrsg.): Sportmedizin und Leistungsphysiologie. Stuttgart 1983, 7. Aufl.

STRAUZENBERG, S.: Grundbedingungen für die Belastungsgestaltung zur gerichteten Beeinflussung der Herz-Kreislauf- und Stoffwechselfunktion bei Erwachsenen durch Freizeit- und Erholungssport. Medizin und Sport 1/2 (1979), 36–42.

STRAUZENBERG, S.; H. CLAUSNITZER: Beitrag zur Beeinflussung des Serumcholesterolspiegels durch Körperübungen und Sport 8 (1972), 239–241.

SVEDENHAG, J.; B. SJÖDIN: Maximal und Submaximal Oxygen Uptakes and Blood Lactate Levels in Elite Male Middle- and Long-Distance Runners. Int. J. Sports Med. (1984) 5, 255–261.

SZÖGY, A. et al.: Anaerobe Kapazität bei Radrennfahrern. Dt. Zschr. f. Sportmedizin (1984) 5, 153.

SZÖGY, A.: Sportärztliche Trainingsberatung anhand von aeroben und anaeroben Feldtests. In: RIECKERT, H. (Hrsg.): Sportmedizin-Kursbestimmung. Berlin 1987.

TANAKA, H.; M. SHINDO: Running velocity and blood lactate threshold of boys aged 6–15 years compared with untrained young males. Int. J. Sports Med. 6 (1985), 90–94.

TAYLOR, H.; E. BUSKIRK; A. HENTSCHEL: Maximal oxygen uptake as an objektive measure of cardiorespiratory performance. J. Appl. Physiol. 8 (1955), 73.

THIESS, G.; G. SCHNABEL (Autorenkollektiv): Grundbegriffe des Trainings. Berlin-Ost 1986.

TSCHERNJAK, A. W.; S. T. BUTINCINOW: Das Training der Gewichtheber unter Berücksichtigung der Entwicklung seiner allgemeinen und speziellen Ausdauer. Tjasholaja Atletika, Moskau 1978.

TSCHIENE, P.: Ausdauerschulung als Grundlage der Verbesserung früher Sprintleistungen. Lehre der Leichtathletik 16 (1980), 423; 430.

TSCHIENE, P.: Der aktuelle Stand der Theorie des Trainings. – Konvergenzen und Divergenzen –. Leistungssport (1990), 3, 5 ff.

URHAUSEN, A.; B. COEN; W. KINDERMANN: Kritische Anmerkungen zum Conconi-Test in der Leistungssteuerung bei Leistungssportlern. Lehre der Leichtathletik (1988) 19, 605.

VAN AAKEN, E.: Die Ausdauer des Kindes. Hilden 1982.

VÖLKER, K. et al.: Über die Notwendigkeit der Steuerung der Belastungsintensität im Breitensport. In: FRANZ, I.-W. et al. (Hrsg.): Training und Sport zur Prävention und Rehabilitation in der technisierten Umwelt. Berlin 1985, 547–552.

WASMUND, U.; P. NOWACK: Untersuchungen über Laktatkonzentrationen im Kindesalter bei verschiedenen Belastungsformen. Dt. Zschr. f. Sportmedizin 3 (1978), 66–75.

WEICKER, H.: Purinnukleotidzyklus und muskuläre Ammoniakproduktion. Dt. Zschr. f. Sportmedizin (1988) 5, 172.

WEILER, B. et al.: Beurteilung der aeroben Kapazität im Feldtest (12-Minuten-Lauftest) im Vergleich zur Laufbandergometrie. In: FRANZ, I.-W. et al. (Hrsg.): Training und Sport zur Prävention und Rehabilitation in der technisierten Umwelt. Berlin 1985.

WEILER, B. et al.: Anaerobe Leistungsdiagnostik bei Eischnelläufern. In: RIECKERT, H. (Hrsg.): Sportmedizin-Kursbestimmung. Berlin 1987.

WEINECK, J.: Optimales Training, Erlangen 1994, 8. Aufl.

WEISS, M.: Ausdauertraining. Trainerinformation Magglingen 1980.

WEISS, M. et al.: Das Stoffwechselverhalten und seine hormonelle Regulation auf kurzen und langen Wettkampfstrecken im Schwimmen. Schweiz. Zschr. Sportmedizin 1985, 5 ff.

WEISS, M.; K. REISCHLE: Energieumsatz und Leistungsmessung bei Schwimmern. Die Bedeutung der aeroben Kapazität im Schwimmsport und deren Erfassung mit verschiedenen Methoden (eine Literaturübersicht). Leistungssport 16 (1986), 5–8.

WESSINGHAGE, E. u. T.: Laufen. München 1987.

WILKE, K.: Schwimmsportpraxis. Reinbek b. Hamburg 1992.

WILMORE, J. H.: The assessment of and variation in aerobic power in world class athletes as related to specific sports. Am. J. Sports Physiol. (1984) 12, 120–127.

WINKLER, W.: Spielbeobachtung bei Fußballspielern. Leistungsfußball (1983), 63 ff.

WÖLLZENMÜLLER, F.; B. GRÜNEWALD: Ausdauersport. München 1977.

WOROBJEWA, E.; A. WOROBJEW: Die Adaptation im sportlichen Training als eine der Formen der biologischen Anpassung des Organismus an Umwelt und Entwicklungsbedingungen. Leistungssport 2 (1978), 145–150.

WYNDHAM, C. H. et al.: Physiological requirements for world-class performance in endurance running. Med. J. S. Afr. Vol. 43 (1969).

ZATSIORSKY, V.: Krafttraining. Aachen 1996.

ZIMMERMANN, E.; M. DONIKE; W. SCHÄNZER: Katecholaminspiegel, psychische Aktivierung und Wettkampfstabilität. In: FRANZ, I.-W. et al. (Hrsg.): Training und Sport zur Prävention und Rehabilitation in der technisierten Umwelt. Berlin – Heidelberg 1985, 377–382.

ZIMMERMANN, E.; W. SCHÄNZER; M. DONIKE: Streßfaktoren vor und nach dem Wettkampf bzw. Trainingsbelastungen. In: HECK, H. et al. (Hrsg.): Sport: Leistung und Gesundheit. Köln 1983, 277–282.

Register

Register

BLV Sportwissen

Ludwig V. Geiger
Gesundheitstraining
Bewegung als Ergebnis mensch-
licher Evolution, soziokulturelle
Aspekte von Bewegung, Grund-
wissen über die Physiologie der
Bewegung und des Trainings,
Anleitungen zum Gesundheitstrai-
ning mit einfachen, aber wirk-
samen Bewegungsprogrammen.

Manfred Grosser /
Stephan Starischka /
Elke Zimmermann
**Das neue
Konditionstraining**
Kraft-, Schnelligkeits-, Ausdauer-
und Gelenkigkeitstraining, Steue-
rung des Konditionstrainings,
biologische Grundlagen, Trai-
ningsprogramme, Kinder- und
Jugendtraining.

Gerd Thienes
Beweglichkeitstraining
Beweglichkeitstraining als Bestandteil jedes sportlichen Trainings,
biologische Grundlagen, Trainingssteuerung, Praxisteil mit gezielten
Übungen für alle Körperbereiche.

Peter Konopka
Sporternährung
Die wissenschaftlichen Grundlagen und die große Bedeutung
der Ernährung für Leistung und
Gesundheit – anhand von Bei-
spielen leicht verständlich
dargestellt.

Ludwig V. Geiger
**Überlastungsschäden
im Sport**
Sportbedingte Überlastungsschäden: Entstehungsmechanis-
men, Behandlungskonzepte und
vorbeugende Maßnahmen zur
Vermeidung – Hilfe zur Selbst-
hilfe für alle Sportler.

Hans Ehlenz / Manfred Grosser /
Elke Zimmermann
Krafttraining
Grundlagen der Muskelkraft,
Muskelfunktion und Kraftübun-
gen, Arten und Methoden des
Krafttrainings, Trainingsmittel,
Trainingssteuerung, Trainingsbe-
dingungen, Trainingsprogramme.